Wilhelm Bode wurde 1862 in Hornhausen bei Oschersleben geboren. Nach dem Studium der Germanistik und Romanistik betätigte er sich als Lehrer, Redakteur und Schriftsteller. 1889 gründete er den »Alkoholgegnerverband« und war von 1892 bis 1899 Geschäftsführer des »Deutschen Vereins gegen den Mißbrauch geistiger Getränke«. Seit 1900 lebte er in Weimar und veröffentlichte zahlreiche Bücher über Goethe und sein Umfeld, u. a. »Goethes Lebenskunst« (1900), »Stunden mit Goethe« (1904), »Goethes Leben« (1921, unvollendet). Von großem authentischem Wert ist die dreibändige Sammlung »Goethe in vertraulichen Briefen seiner Zeitgenossen« (1918–1923). Bode starb 1922 in Weimar.

Gabriele Radecke, Jg. 1967, lebt in München. 1989–1995 Studium der Germanistik, Politik- und Rechtswissenschaft in Mainz. Promotion über Theodor Fontanes Roman »L'Adultera«, den sie 1998 innerhalb der Großen Brandenburger Fontane-Ausgabe des Aufbau-Verlages neu herausgab. 1999 legte sie die vielbeachtete Erstveröffentlichung des Italien-Tagebuchs August von Goethes »Auf einer Reise nach Süden« vor.

1918 erschien Wilhelm Bodes Lebensgeschichte August von Goethes (1789–1830), des Erstgeborenen, der das einzige Kind von Johann Wolfgang Goethe und seiner Frau Christiane blieb, während vier weitere Geschwister die Tage nach der Geburt nicht überlebten. Diese erste umfassende Biographie behauptet auch heute noch den Rang eines Standardwerkes. Gestützt auf umfangreiche Recherchen, entwirft Bode das Bild eines liebenswürdigen jungen Mannes, dessen Tragik es ist, von Mit- und Nachwelt nur mehr als namenloser Sohn wahrgenommen zu werden. Seine Lebensstationen markieren die vergebliche Suche nach Befreiung von einem aufgezwungenen Rollenspiel, in dem er sich verfängt und zugrunde richtet. Selbst auf seiner späten Italien-Reise gelingt es ihm nicht, sich den übermächtigen Forderungen zu entziehen. Doch gerade dieser letzte Dienst, das für den Vater bestimmte Tagebuch, erweist August von Goethe als einen mit Witz und Humor begabten exzellenten Beobachter und unterhaltsamen Schilderer.

Wilhelm Bode

Goethes Sohn

Biographie

Herausgegeben
von Gabriele Radecke

Aufbau Taschenbuch Verlag

Mit 23 Abbildungen

ISBN 3-7466-1829-0

1. Auflage 2002

Umschlaggestaltung Preuße & Hülpüsch Grafik Design
unter Verwendung eines Fotos der Stiftung Weimarer Klassik
Satz LVD GmbH, Berlin
Druck Clausen & Bosse, Leck
Printed in Germany

www.aufbau-taschenbuch.de

Vorwort

Als August von Goethe achtzehn Jahre alt war, schrieb ihm ein französischer Kriegskommissar ein böses Wahrwort in sein Stammbuch:

> Si vous voulez qu'on vous renomme,
> Songez à cette vérité:
> Rarement les fils d'un grand homme
> Comptent dans la postérité.

Wir wissen alle, daß auch August nicht »zählt«; er hat nichts geleistet, was wir beachten müßten. Es ist also auch nicht erstaunlich, daß seine Person und sein Leben bisher nur in einigen kleineren oder größeren Aufsätzen (von Karl Julius Schröer, Gustav Karpeles, Siegfried Grünfeld, Ludwig Geiger, Otto Bojardzin und andern), aber noch nie in einem ausführlichen Buche geschildert worden sind. Das erklärt sich auch schon aus der bisherigen Armut an überlieferten Nachrichten über ihn oder Urkunden von seiner eigenen Hand. Erst in den letzten Jahren sind in dieser Hinsicht große Lükken ausgefüllt worden, nämlich durch die Briefsammlungen, die Goethes Frau und Goethes Schwiegertochter zu Mittelpunkten haben, die eine von Hans Gerhard Gräf, die andere von Wolfgang von Oettingen uns dargeboten.

Indem ich nun die erste wirkliche Lebensgeschichte dieses Mannes vorlege, sagt mein Titel: *Goethes Sohn,* warum ich es tue und wie ich es meine. Wir haben es mit einem ganz wichtigen Stücke von Goethes Leben zu tun, wenn wir dasjenige Augusts betrachten; wir sehen den großen Dichter als Vater und Erzieher; wir sehen aber auch seine ganze häusliche Umgebung und ihr Tun und Treiben. Und zwar auf vierzig Jahre, denn August entwuchs dem Vaterhause niemals; von seiner ganzen Lebenszeit brachte er nur drei außerhalb dieses Hauses zu; er gehörte auch als Mann noch durchaus zum Vater. Also werden alle, die am berühmten Träger des Namens Anteil nehmen, auch dem Sohne gegenüber nicht gleichgültig bleiben. Zieht er uns nicht durch seine Eigenschaften an, so tut er es durch seine Lage. Es war ja nicht leicht, Goethes und Christianens Sohn zu sein! Und auch nicht leicht, die Ottilie von Pogwisch zur Gattin zu haben! Wir werden sehen, wie August sich in diesen Schwierigkeiten benahm.

Allerdings hat unter diesen Umständen unsere Biographie wohl vor allen andern einen Fehler voraus: ihr »Held« bleibt immer Nebenperson. Seinen Vater, seine Mutter, seine Frau beachten wir unwillkürlich mehr als ihn. Da das Augusts Schicksal im Leben war, so kann es ihm in seiner Lebensgeschichte nicht genommen werden. Man könnte ihren Titel durch den Zusatz erweitern: »Geschichte einer Nebenperson.«

Dr. Wilhelm Bode.
Weimar, im Sommer 1918.

Inhalt

Anhang

I. Erste Kindheit
1789–1797

Als der Amtsarchivar Johann Friedrich Vulpius zu Weimar im Jahre 1786 starb, ließ er seine Kinder in recht bedrängten Verhältnissen zurück. Er hatte deren in zwei Ehen acht oder nach einer anderen Nachricht elf gehabt; davon überlebten ihn aus der ersten Ehe drei: ein Sohn, August, und zwei Töchter, Christiane und Ernestine. Die beiden Mädchen waren 22 und 12 Jahre alt; sie fanden Zuflucht bei einer ledigen Schwester ihres Vaters, Tante Juliane, die wir uns als eine arme Person in den fünfziger Jahren zu denken haben.

August Vulpius, bei des Vaters Tode 24 Jahre alt, hatte in Jena und Erlangen die Rechte studiert, sich aber schon während dieser Zeit großenteils selber ernähren müssen; er tat es durch allerlei Schriftstellerei, die ihm leicht von der Hand ging. Als Schiller im Juli 1787 nach Weimar kam, war dieser junge Vulpius der erste, der den Dichter der *Räuber* und des *Don Carlos* aufsuchte und ihn mit bewundernden Worten zu erfreuen wünschte. Auch Schiller stand damals noch keineswegs auf festem Boden; auch er mußte gar sehr auf Helfer und Gönner sich stützen; aber dieser ärmliche, demütige, weimarische Kollege kam ihm komisch vor: »eine kleine dürre Figur in Weißem Frack und grüngelber Weste, krumm und sehr gebückt.« Bald nachher ward Vulpius Privatsekretär bei einem fränkischen Adligen. Es ging ihm auch da schlecht; er sehnte sich nach Weimar zurück und erwartete Hilfe von der Heimat. Herder sah ihn im August 1788 in Nürnberg; er erwähnte gegen seine Frau: im Gasthofe habe ihn der arme Vulpius erwartet. »Erinnere doch Goethe an ihn; aus dem Menschen wird hier nichts, und er geht verloren. Er hat mir Goethens

Brief an ihn gewiesen und hat alle Hoffnung auf ihn gerichtet, ob ich gleich auch nicht sehe, wo man in Weimar mit ihm hin will.«

Goethe hatte den jungen Menschen schon früher unterstützt. Jetzt, nach Goethes Rückkehr aus Italien, sandte ihm Vulpius wieder ein Gesuch um Hilfe, und diesmal überbrachte die jüngere Schwester des Bittstellers den Brief. Goethe kam mit der munteren Christiane ins Gespräch; ein Wort gab das andere, und nicht lange dauerte es, so war das Mädchen seine Geliebte. Sie hatte ein paar schöne Augen; im übrigen konnte man sie kaum hübsch nennen; von Gestalt war sie untersetzt, von Haltung und Sprache gewöhnlich. Aber sie gefiel dem Dichter als ein echtes Naturkind; Macht gewann sie über ihn, weil sie in kindlichem Zuvertrauen ihr Schicksal in seine Hand gab.

Im nächsten Frühjahr war das Mädchen guter Hoffnung. Uneheliche Geburten wurden im weimarischen Gebiete seit kurzem nicht mehr mit polizeilichen oder Kirchenstrafen belegt; dagegen stand harte Strafe auf die Verheimlichung solcher Schwangerschaften. Auch hatte der Erzeuger des Kindes noch einige Strafgelder zu entrichten; anderthalb Taler an den Kirchner, ebensoviel an den Kantor der Heimatsgemeinde und fünf Taler an die Entbindungs-Anstalt in Jena. Seine Unterhaltspflichten wurden je nach der besonderen Beschaffenheit des Falles bemessen. Diese Bestimmungen galten also jetzt für Christiane und Goethe. Ob sie erfüllt oder durch landesherrliche Gnade erlassen wurden, ist uns nicht überliefert; wir wissen nur, daß Goethe nach der Taufe des Kindes an den Geheimen Rat Voigt die Zeilen schrieb: »Eine in eben diesem Momente vollbrachte heilige Handlung erinnert mich aufs neue an die Gefälligkeit, womit Sie mir vor einem halben Jahre in re incerta beystehen wollten und fordert mich nochmals zur Danckbarkeit auf.«

In den ersten Tagen des Dezembers wurde die Niederkunft erwartet. Goethe tue ihr leid, schreibt Karoline von Beulwitz am 5. Dezember an Schiller. »Sein Liebchen ist in Kindesnöthen seit fünf Tagen und wird vermuthlich sterben«. Und fünf Tage später: »Er ist krank oder sagt sich krank, seines Liebchens wegen, und geht nicht aus.« Das Kindchen wurde jedoch erst am ersten Weihnachtstage 1789 geboren. Am Sonntag darauf, als am 27. Dezember, früh um acht Uhr geschah die Taufe in der Sakristei der Hofkirche zu Sankt Jakob; der zweite Hofdiakon, Oberkonsistorialrat Schulze, vollzog sie. Einzige Patin war Tante Juliane. Dem Kinde wurden die Namen August Walther gegeben. August, der Name von Christianens Bruder, war der Rufname.

Die beiden nächsten Freunde Goethes waren um diese Zeit der Herzog Karl August und der General-Superintendent Herder. An sie konnte er denken, wenn ihm um die Gegenwart oder Zukunft dieses Kindes und seiner Mutter bange wurde. Er selber war ja oft fern von Weimar, und wie leicht konnte ihm in der Fremde oder auch daheim ein Unfall zustoßen! Er hatte den Herzog gebeten, Pate des Kindes zu sein; der Herzog hatte es zugesagt, war aber zur Taufe nicht erschienen und hatte sich auch nicht vertreten lassen. Goethe durfte trotzdem glauben, daß der Herzog sich dem Knäbchen gegenüber verpflichtet habe. »Der kleine Pathe wird mager,« schrieb er ihm am 6. Februar 1790; »die Frauen sagen aber: bey dieser Diät geschehe es so. Biß in die zwölfte Woche müße man Geduld haben.«

An Herder wandte er sich, als er bald danach eine große Reise antrat; nach Venedig führte sie ihn. Schon von der ersten Station, von Jena aus, schrieb er: »Da man gegen das Ende weich und sorglich zu werden anfängt, so fiel mir erst ein, daß nach meiner Abreise mein Mädchen und mein Kleiner ganz und gar verlassen sind, wenn ihnen irgend etwas zustieße, worin sie sich nicht zu helfen wüßte. Ich habe ihr gesagt, sich in einem solchen äußersten Falle an dich zu wenden. Verzeih!« Dann in Venedig angelangt, klagte er dem Herzoge, es wolle ihm bei den Welschen nicht wieder gefallen: »Dazu kommt meine Neigung zu dem zurückgelaßnen Erotio und zu dem kleinen Geschöpf in den Windeln, die ich Ihnen beyde, wie alles das meinige, bestens empfehle.« Durch Herders bekam er einen Brief seines Schätzchens als Einlage. Sie enthielt die Nachricht, »daß mein Kleiner wieder besser ißt; er war 14 Tage sehr übel. Es hat mich sehr beunruhigt; ich bin daran noch nicht gewohnt.«

Augustchen überstand die Leiden der ersten Wochen, Monate und Jahre und wuchs zu einem hübschen kleinen Jungen heran. Er hatte braune Augen wie Vater und Mutter; seine Härchen aber wuchsen ihm im Gegensatz zu ihnen goldig blond.

Christiane Vulpius blieb die Geliebte des Geheimen Rats. Sie trat aber auch allmählich in seine Wirtschaft als Helfende und Aufseherin ein. Schon im Oktober 1790 heißt es in einem weimarischen Briefe, sie sei in Goethes Hause »so gut als etabliert«; sicherlich gehörte sie mit ihrem Kinde im Sommer 1792 zu seinem Haushalte, als er nämlich in jenes Haus am Frauenplan wieder einzog, in dem er schon vor seiner italienischen Reise fünf Jahre gewohnt hatte. Damals war er Mieter eines »Quartiers« gewesen; jetzt konnte er das Ganze als Eigentum, nämlich als Geschenk des Herzogs, betrachten.

Zu der kleinen Familie: Geheime Rat, Küchenschatz und Augustchen, trat jetzt noch ein viertes Mitglied hinzu: ein stellvertretender Hausvater in Gestalt des Malers Heinrich Meyer, der vor kurzem aus seiner schweizerischen Heimat nach Weimar, in eine Lehrstelle an der Zeichenschule, berufen worden war. Goethe hatte den um zehn Jahre jüngeren, kränklichen Mann in Rom kennen gelernt; beide hatten sich sehr lieb gewonnen. Goethe schätzte den Jüngeren und Hilfsbedürftigen als einen guten und klugen Menschen, wie auch als unterrichteten, scharfsichtigen Kunstkenner, und es freute ihn sehr, daß er diesem Manne eine Stätte bereiten konnte. Er nahm ihn selber in Wohnung und Kost, teils um ihm wohlzutun, teils um einen Freund beständig in der Nähe zu haben, mit dem er sich über seine Lieblingsstudien aussprechen konnte; endlich

Johann Wolfgang Goethe

Kreidezeichnung von Johann Heinrich Lips, 1791

aber auch, wie angedeutet, damit ein zweiter Vorstand des Hauswesens da sei. Früher hatte ihn bei seiner häufigen Abwesenheit ein sehr bewährter Diener, Philipp Seidel, im Hauswesen und sonst vertreten; dieser war in eine Beamtenstelle aufgerückt, und Goethe brauchte einen neuen Vertrauensmann. Christiane war mit vielen Dingen der gebildeten und vornehmen Welt recht unbekannt, namentlich auch im Schreiben sehr unbeholfen; Heinrich Meyers Gesellschaft und Beistand mußte ihr in ihrer schwierigen Stellung sehr wertvoll sein. Und gerade jetzt, nach dem Umzuge, erwartete diesen Maler und Kunstverständigen noch eine ungewöhnliche Aufgabe. Man richtete sich nämlich bei dem Umzuge nach dem Frauenplan zunächst nur in den bescheidenen Stübchen des Hinterhauses ein; das stattliche Vorderhaus sollte umgebaut und im italienischen Geschmack eingerichtet und ausgemalt werden. Bei diesem wichtigen Geschäft aber war der neue Hausherr wieder einmal abwesend; Meyer sollte und konnte es an seiner Statt leiten; auf den Geschmack dieses Freundes verließ sich Goethe wie auf seinen eigenen. Nebenbei konnte Meyer auch seine Gabe zum Bildnismalen an Christianen und Augustchen versuchen.

Diesmal begab sich Goethe auf eine ganz besondere Fahrt: in den Feldzug hinein, den die deutschen Monarchen auf Betreiben der französischen Ausgewanderten zur Wiedervereinigung des alten Königtums gegen die neufränkischen Republikaner führten. Sein Herzog war unter den Heerführern; er wünschte den Freund in den Mußestunden in seiner Nähe zu haben; der Dichter konnte dabei Blicke in eine neue Welt tun und bekam eine gute Gelegenheit, Paris kennen zu lernen, denn auf den siegreichen Einzug in Paris rechneten die deutschen Führer sicher. Zunächst sah Goethe seine Heimat Frankfurt wieder und verbrachte neun Tage bei seiner Mutter, mit der er seit dreizehn Jahren nur brieflich Unterhaltung gehabt hatte. Jetzt bot sich die Gelegenheit, ihr von seinen neuen häuslichen Verhältnissen, von ihrem Enkelchen und dessen

Christiane Vulpius und August von Goethe

Aquarell mit Graphit von Johann Heinrich Meyer, 1792/93, nach einer Vorlage von Raffaello Santi

Mutter zu erzählen; ob es geschah, wissen wir nicht. Jedenfalls sandte er nur in seinem eigenen Namen Grüße von der Vaterstadt zur Heimat der Seinen. »Grüße Herrn Meyer und küsse den Kleinen«, schrieb er. »Sage ihm, der Vater komme bald wieder.« Nur von sich aus schickte er seinem Schätzchen ein »Judenkrämchen«, und auch die Großmutter dachte nicht daran, für Augustchen Spielsachen beizulegen.

Über Trier ging's dann nach Frankreich hinein. Am 10. September schrieb er aus dem eben eroberten Verdun: »Mache nur, daß unser Häuschen recht ordentlich wird, für das Andre soll schon gesorgt werden. In Paris wirds allerlei geben; in Frankfurt gibts noch ein zweites Judenkrämchen. Heute ist ein Körbchen mit Liqueur abgegangen und ein Päcktchen mit Zuckerwerk. Es soll immer was in die Haushaltung kommen. [...] Küsse das Kind, grüße Meyern und liebe mich.« Bald aber hieß es: »Der Krieg geht nicht nach Wunsch« und »Du wirst nun wohl schon wissen, daß es nicht nach Paris geht, daß wir auf dem Rückzuge sind.« Daheim war Augustchen krank gewesen, aber man hatte es dem Vater verschwiegen, bis er wieder gesund herum lief. »Du hast wohlgetan, mir nichts vom Uebel des Kleinen zu schreiben, bis es vorbei war,« lobte er das sorgliche Mütterchen. »Ich wünsche euch beide bald wiederzusehen und euch an mein Herz zu drücken.« Das war am 10. Oktober und wiederum in Verdun. Aber erst am 16. oder 17. Dezember langte Goethe endlich in Weimar an. Es war nach Mitternacht, wo er die kleine Familie aus den Betten klopfte; als ihm geöffnet wurde, trat er in das umgebaute, neu eingerichtete, wenn auch erst zur Hälfte fertige Vorderhaus und staunte selber über die sehr vornehme und Platz raubende Treppe, die zu seinen Wohn- und Schlafzimmern emporführte. »Ich bin wohl und glücklich,« schrieb Goethe einem alten Freunde am 1. Februar (1793); »meine Kleine ist im Hauswesen gar sorgfältig und thätig, mein Knabe ist munter und wächst, Meyer ist fleißig und wir halten den bewußten Amor recht fest zwischen uns.«

Aber noch dauerte der leichtsinnig angezettelte Krieg an; die Franzosen waren nun die Angreifer; sie hatten linksrheinische Gebiete erobert; in Mainz wurden sie von deutschen Truppen belagert. Karl August wünschte im Lager vor Mainz wiederum seinen Freund zu sich; am 12. Mai reiste Goethe ab. Kurz vorher war Augustchen an den Blattern erkrankt; Goethe hatte ihn mit seiner Mutter sogleich nach Jena geschickt, weil er dem dortigen Hofrat Stark mehr vertraute als einem der weimarischen Ärzte. »Meinen Kleinen empfehl ich Dir,« schrieb er seinem dortigen Freunde Knebel; »er kommt, hoff ich, glücklich durch.« Die Krankheit war leichter, als der Vater sie einst gehabt hatte, und hinterließ keine bösen Narben. Als Christiane ihren ersten Brief dem Reisenden nachsandte, führte sie auch dem kleinen Patienten die Hand. »Lieber Vater, ich bin wieder bald gesund, schicke mir was.«

Wenige Tage darauf konnte die Mutter mit dem Söhnchen ins eigene Haus zurückkehren. Als der Kleine den Schloßturm wiedersah, jubelte er laut: »Mutter! da ist ja Weimar, nu bin ich froh, da komm ich beis Väterchen.«

Aber der Vater saß jetzt wieder bei seiner eigenen Mutter. Diesmal sprachen sie sicherlich von dem Haus- und Küchenschatz in Weimar und vom kleinen Gustel. Und als Goethe wiederum ein »Judenpäckchen« bereitete, gab die Mutter ihr Geschenk hinein. Noch schrieb sie nicht selber, aber der erste Brückenbalken war gelegt. Eine weitere Sendung, die die Frau Rat für den Sohn besorgte, enthielt wohl auch einen geschriebenen Gruß. Christiane war überglücklich. »Lieber, ich habe das schöne Tuch und alles erhalten und mich herzlich gefreut, aber der Gruß von der lieben Mutter ging mir über alles, ich habe vor Freuden darüber geweint. Ich habe was ohne Dein Wissen gethan, ich habe an die liebe Mutter geschrieben und mich bei ihr bedankt, mein Herz ließ mir es nicht anders zu, ich mußte schreiben, Du wirst doch nicht böse darüber? Der Brief wird nun freilich nicht recht sein; aber bitte die liebe Mutter, daß sie nicht böse auf mich wird, und sage ihr, daß ich es nicht besser kann. Ach, Lieber, wenn Du nur hier wärst und sähest, wie ich mich über das alles freue, aber am meisten freu ich mich, daß die liebe Mutter nicht böse auf mich ist, das macht mich sehr glücklich, denn das hat mich noch mannichmal betrübt. Im Stillen habe ich darüber nachgedacht. Itzo fehlt mir nichts als Du«. Ihrem Freunde gefiel der mutige Brief nach Frankfurt. »Du hast recht wohl gethan, an meine Mutter zu schreiben,« lobte er sie, »sie wird es ja wohl lesen können. Sie ist Dir recht gut, denn ich habe ihr erzählt, wie Du so brav bist und mich so glücklich machst.«

Aber auch die Frau Rat antwortete ihr recht freundlich und erkundigte sich auch »nach dem befinden des kleinen lieben Augst [...] ich hoffe er ist Gesund und munter? sagen Sie ihm wenn er hübsch geschickt wäre und das A. B. C. lernte; so wollte ich ihm ein herrliches bon bon – und schöne Spielsachen schicken.«

So bekam der »Augst« in der Mitte seines vierten Jahres auch eine Großmutter. Nur schade, daß sie aus dem fernen Frankfurt nie heraus wollte! Wenn August groß wurde, konnte er sie besuchen.

Ein ABC-Buch war in dem letzten Frankfurter Päckchen zwischen die Spielsachen geschoben, und das Knäbchen machte sich eifrig daran. »Daß ich auch was kann,« sagte er, »wenn der liebe Vater wiederkömmt.« Zum Lohn verlangte er, daß ihm der Vater einen Säbel und eine Flinte mitbringe, wenn der Krieg aus sei. »Wenn kömmt denn das Väterchen wieder?« fragte er manches Mal, und: »Hat mir der Vater keinen Kuß geschrieben?« Bei allen Erlebnissen fiel ihm sein guter Vater ein, und als ihm einer der ersten Zähne gezogen wurde, erklärte er: »Wenn es der Vater haben will, [will] ich mir sie alle lassen ausreißen, daß er mich recht lieb hat, wenn er wiederkommt.«

Für einen kleinen Knaben war es diesen Sommer eine recht merkwürdige Zeit in Goethes Haushalt. Immer noch arbeiteten verschiedene Handwerker an der Säuberung und Ausschmückung der Zimmer. Die Ställe wurden instand gesetzt, und die Mutter schaffte viele Hühner und Gänse an. Der große Hausgarten wurde zum ersten Male nach eigenem Plan bepflanzt, und bald färbten sich die Kirschen an den Bäumen. Man hatte aber noch einen zweiten, noch größeren Garten, auf der anderen Seite der Ilm, mit einem alten leerstehenden Hause darin; auch da gab es Kirschen und andere Herrlichkeiten. So hatte der Knabe allein auf väterlichem Grund und Boden jeden Tag Erlebnisse, und seine Mutter konnte auch darüber zuweilen Neues berichten. »Nun muß ich Dir doch auch etwas vom Kleinen schreiben; der sieht ganz anders aus, viel hübscher; mir kömmt es vor, er sehe Dir sehr ähnlich. Er hat seine Freude sehr an Thieren und einem lebendigen Habicht im Garten und einem Eichhörnichen, das hat sich aber diese Nacht von der Kette los gemacht und ist fort; da hat er den ganzen Morgen geweint.« »Grüße ihn recht schön und halte ihm allerlei Thiere, da er Freude daran hat,« antwortete der Vater. An einen Freund aber schrieb er: »Mein Knabe ist ein glückliches Wesen, ich wünsche daß er mit seinen schönen Augen viel schönes und gutes in der Welt sehen möge.«

August blieb das einzige Kind des Hauses. Es war zwar einige Male Aussicht auf Geschwister, aber eins davon kam tot zur Welt, und die andern starben nach wenigen Tagen. Christiane und ihr Söhnchen wären also bei der häufigen Abwesenheit Goethes sehr einsam gewesen, und *das* war wohl der Hauptgrund, warum Goethe erlaubte oder herbeiführte, daß auch die alte Tante Juliane und die junge Schwester Ernestine Vulpius in die Hausgenossenschaft eintraten. Sie zogen in eine der Hinterhausstuben; in der großen Wirtschaft konnten sie sich recht nützlich machen. Auch Augustchen trat in ihre Pflege mit ein; er ließ sich von ihnen in der Frühe waschen, kämmen und anziehen, ehe er sein Tagewerk bei seinem Viehzeug, in den Gärten und in der übrigen Welt begann. Auch den Oheim hatte er jetzt in der Stadt, denn August Vulpius, der Schriftsteller, war nach Weimar zurückgekehrt, wo ihm Goethe einige Verdienstgelegenheiten zuweisen konnte. Er bearbeitete Theaterstücke, die ein Ausbessern nötig hatten, übersetzte italienische und französische Operntexte ins Deutsche, verfaßte Romane für die Leihbibliotheken und erzählte geschichtliche Kuriositäten und Pikanterien aufs neue. Er war recht fleißig, hatte aber trotzdem nur ein knappes Auskommen.

Der kleine August gehörte zu dieser in ihrer Armut dienstbaren Familie Vulpius; aber er hatte zugleich ein Anrecht auf die feinen Zimmer und großen Gärten seines Vaters, des Geheimen Rats. Der sonst so vornehme und schwer zugängliche Herr des Hauses plauderte gemütlich mit dem Kleinen, wenn die Arbeitsstunden des Tages vorüber waren. August durfte auch zuweilen mit seinem Mütterchen den guten Vater in Jena besuchen, wo Goethe seit dem Jahre 1794 gewissermaßen einen zweiten Wohn- und Amtssitz hatte. Im Sommer 1795 nahm ihn der Vater sogar einmal mit auf eine Fahrt; es ging nach Ilmenau, wo für einen Sechsjährigen gar viel Neues und Wunderbares zu sehen war. Diesmal hatte also der Vater an die Mutter über Augusts Wohlergehen zu berichten, denn der Aufenthalt dauerte 10 oder 11 Tage statt der 2 oder 3, auf die man gerechnet hatte. »Wir kommen, meine Liebe, nicht zurück, wie Du uns erwartest. Es finden sich der Geschäfte so viele, daß ich wohl noch acht Tage hier bleiben muß. Ich behalte den Kleinen bei mir, er ist so artig, als sich nur denken läßt. Er hat schon vieles gesehen: den Schacht, das Pochwerk, die Porzellanfabrik, die Glashütte, die Mühle, worauf die Marmorkugeln zum Spiele der Kinder gemacht werden, und überall hat er etwas mitgenommen und spricht gar artig von den Sachen. Dann hält er sich zu allen Leuten und ist schon überall bekannt. Hier schickt er Dir einen weißen Pfefferkuchen, den er selbst gern gegessen hätte [...] Gustel grüßt Dich recht schön; er sitzt eben auf dem Canapee, ich habe ihn ausgezogen, und wir sind die besten Freunde.«

Und dann am 2. September: »Es ist mir und dem Kleinen recht wohl gegangen. Wir haben gutes Wetter und mitunter recht schönes gehabt, heut ist ein herrlicher Tag. Der Kleine ist gar zu artig und freut sich über die vielen Sachen und Arbeiten, die er sieht, er behält alles recht gut und fragt gar vernünftig. Er hält sich mit allen Leuten. Ich hab ihm einen Berghabit machen lassen, und morgen, da die Bergleute einen Aufzug haben, soll er mitgehen. Das macht ihm großen Spaß, aber in die Kirche will er nicht mit hinein. Er bringt Dir eine Tasse mit, die man ihm geschenkt hat, und füttert sich überhaupt aufs beste. Des Morgens um 5 Uhr sind wir wach, Abends gehts auch bald zu Bette.« In dem schmucken Bergmannskleide machte sich dann August eine kleine Freundin in Jena. Sein Vater wohnte dort im Schlosse, und der Universitätsstallmeister Seidler war ein naher Nachbar. Dessen Töchterchen Luise ward zum Spielen gerufen, wenn August den Vater besuchen durfte. Mit Lust erinnerte sie sich viele Jahre an diese Kindertage. »August [...] war ein wunderschöner Knabe und sah in der schwarzen idealen Bergmannstracht, die ihm sein Vater hatte anfertigen lassen, besonders reizend aus. Goethe hing mit unendlicher Liebe an ihm; oft fütterten beide miteinander die Tauben; noch öfter versüßte der Dichter des Götz und Werther unsere Kinderspiele dadurch, daß er Stückchen Torte, an einem Bindfaden gebunden, aus dem Fenster seines Arbeitszimmers in den Schloßhof, wo wir uns tummelten, niederließ, damit wir danach haschten. Herzlich lachen konnte er, wenn die Leckerbissen endlich, zu kleinen Brocken zerkrümelt, in unsere Hände gelangten.«

Auch im nächsten Jahre durfte August wieder mit dem Väterchen nach Ilmenau fahren, auf zehn Tage im Anfang November. Diesmal erwies er sich aber als ein unruhiger Gast. Sein Vater klagte: »Denn der Kleine, so artig er auch übrigens ist, läßt mich die Nächte nicht ruhig schlafen und Morgens nicht arbeiten.« Daheim aber bangte seine Mutter, weil man ihr erzählt hatte, daß in Ilmenau so viele Leute krank wären und stürben; außerdem drohte dort von der Jägerei her Gefahr. »Laß, Lieber, das Kind nur nicht bei geladnes Gewehr gehen.«

Goethes Haus steht am Frauenplan da, wo die Seifengasse beginnt; der hinter den Gebäuden gelegene Hausgarten grenzt an die »Ackerwand«. Am anderen Ende der Ackerwand und Seifengasse wohnte viele Jahre eine Dame, die zu dem kleinen August ein ganz besonderes Verhältnis hatte. Sie war so etwas wie eine nächste Verwandte, mit der man aber »böse« ist.

Die Baronin von Stein, seit einigen Jahren Witwe, als die beste Freundin der regierenden Herzogin und wegen ihrer eigenen trefflichen Eigenschaften in der vornehmen Welt sehr angesehen, war viele Jahre Goethes vertraute Freundin gewesen, seine »Schwester«, da sie seine Frau nicht sein konnte. Die innige Liebe zwischen beiden hatte seinerzeit dahin geführt, daß Goethe den jüngsten Sohn dieser Freundin zu sich ins Haus nahm und ihn wie einen eigenen Sohn erzog. Als Freund der Frau von Stein war Goethe allmählich ein alter Junggeselle geworden; man glaubte, daß er nie heiraten würde; er wird es selber oft versichert haben, wenn man gute Partien für ihn wußte. Frau von Stein ließ es sich gern gefallen, daß er Jahr für Jahr in ihr die Auserwählte des weiblichen Geschlechts sah, und ebenso glücklich war sie darüber, daß ihr geliebtes Fritzchen auch sein Liebling unter allen Heranwachsenden wurde. Er versprach zwar nichts mit Brief und Siegel; aber er schickte den Knaben wie einen Adoptivsohn und Erben seiner Mutter in Frankfurt zu. Man spielte wohl auch mit dem Gedanken, daß Fritz einmal Goethes einzige Nichte heiraten könne; dadurch würde ihm das ganze Vermögen zufallen, das der verstorbene Kaiserliche Rat Goethe hinterlassen hatte, und außerdem noch ein Teil des erheblichen Schlosserschen Reichtums. Zugleich ward Fritz von Stein unter Goethes Augen für den weimarischen Staatsdienst ausgebildet; wie die Umstände lagen, durfte er hoffen, nach kurzem Laufe einen der höchsten Posten zu er-

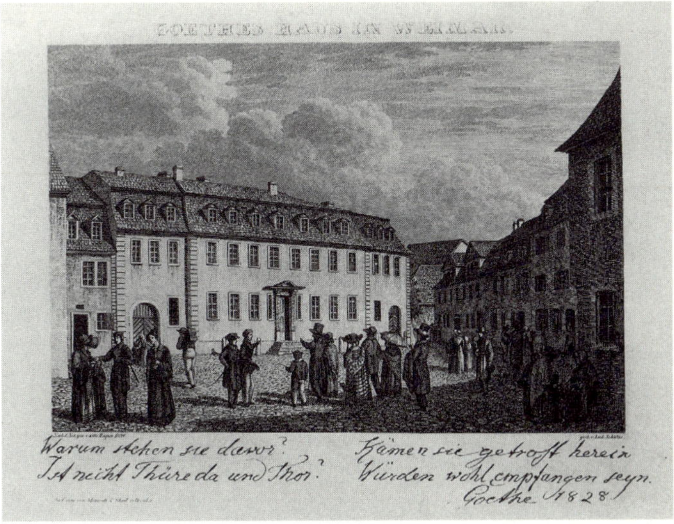

Goethes Wohnhaus am Frauenplan

Kupferstich von Ludwig Schütze
nach einem Gemälde von Otto Wagner

reichen: vermutlich das Kammerpräsidium und einen Sitz im Geheimen Konsilium. Seine Mutter war sehr glücklich, wenn sie sich diese Zukunft des nach ihrer Meinung höchst vollkommenen Jünglings ausmalte. Und daß sie in der Fürsorge für Fritz mit ihrem alten Freunde Goethe gleichsam vermählt war, ohne daß doch jemand über den gemeinsamen Sohn spotten und verleumden konnte, war für die alternde Frau eine besondere Süßigkeit.

Dies schöne Glück wurde ihr zerstört, als der von Italien Heimgekehrte sich ein Schätzchen nahm. Nicht nur deshalb zerfiel die alte Freundschaft; man war vorher schon miteinander unzufrieden; aber Charlotte von Stein mochte freilich nicht Goethes Liebe und Vertrauen mit einem Mädchen teilen, das im Stadtklatsch mit den schlechtesten Namen bezeichnet wurde. Ihr Fritz hielt sich zwar auch jetzt noch zu seinem Gönner und Erzieher; das alte Verhältnis ohne Vorbehalt war es aber nicht mehr. Als dann Augustchen geboren wurde und am Leben blieb, da konnte Frau von Stein nicht mehr zweifeln, wer nun Goethes Sohn und Erbe war.

Sie und Goethe sahen sich nur noch selten, nur am dritten Orte, und wechselten kaum Worte miteinander. Er erschien ihr wie ein Abgefallener, Gesunkener, Verirrter; seine neuen Leistungen waren gering: sogar seine äußere Erscheinung veränderte sich zum Gemeinen und Stofflichen; gut Essen und Trinken schien jetzt das Ideal des Mannes zu sein, der den *Tasso* und die *Iphigenie* gedichtet hatte. Es war nicht mehr ihr Goethe, sondern der Gefährte jener Dirne.

Unter allem Groll aber ruhten in ihrem Herzen die alte Liebe und Treue; sie konnte es leider nicht dahin bringen, daß der Entfremdete ihr gleichgültig wurde. Und wenn sie von seinem Knaben hörte oder ihn von weitem sah, so war ihr die Sippe Vulpius, der er entstammte, ärgerlich und verdächtig; aber August war doch auch das Kind des Mannes, den sie viele Jahre geliebt und als einen Edelsten verehrt hatte. Armer Junge! Armer Vater!

Im Frühjahr 1796 kam Schiller mit Frau und Kind auf ein paar Wochen von Jena herüber. Er für seine Person wohnte bei Goethe, mit dem er seit zwei Jahren eine Freundschaft hatte; seine Frau und ihr Knabe Karl fanden bei Frau von Stein ihr Quartier, denn Lotte Schiller war schon in ihren Mädchenjahren eine Art Tochter des Steinschen Hauses gewesen. Nun liefen die Kinder, Goethes August und Schillers Karl, hin und wieder. »Sein kleiner August«, schrieb Frau von Stein ihrem Sohne, nachdem sie eben Goethe erwähnt hatte, »kommt jetzt oft als Spielkamerad vom kleinen Schiller zu mir. Es scheint ein gutes Kind. Ich schenkte ihm einige Spielereien, die ihn sehr freuten, und nach drei verschiedenen Pausen, wo er sich vermutlich einzeln die Geschenke in seinem Köpfchen rekapitulierte, sagte er allemal ein recht ausgesprochenes: ›Ich bedanke mich.‹ Ich kann manchmal in ihm die vornehmere Natur des Vaters und die gemeinere der Mutter unterscheiden. Einmal gab ich ihm ein neu Stück Geld; er drückte es an seinen Mund vor Freuden und küßte es, welches ich sonst am Vater auch gesehen habe. Ich gab ihm noch ein zweites Stück, und da rufte er aus: ›Alle Wetter!‹«

Goethe hätte gern wieder ein besseres Verhältnis zu der ehemaligen Freundin gewonnen; mit seiner eigenen Person konnte er das nicht erreichen, denn er wußte und fühlte, wieviel Frau von Stein, die von je stark zur Kritik neigte, an ihm auszusetzen hatte. Aber in dem unschuldigen Knaben konnten sich nun freundliche Gesinnungen begegnen: man hätte es zwar nicht erwarten dürfen, aber Frau von Stein zeigte sich ja gütig gegen sein Kind! Also ließ er den Gustel mit kleinen Aufträgen oder auch ohne Auftrag zu ihr gehen und mahnte, wenn er in Jena oder Karlsbad war, seine Mutter: »schicke es [das Bübchen] fleißig zur Frau von Stein.« Und an diese schrieb er: »Erlauben Sie auch ferner meinem armen Jungen, daß er sich Ihrer Gegenwart erfreuen und sich an Ihrem Anblick bilden dürfe. Ich kann nicht ohne Rührung daran dencken daß Sie ihm so wohl wollen.« Sie antwortete dann mit Lobsprüchen über den Knaben. Er tue ihren Augen und ihrem Herzen wohl, und wenn er wegen einer Reise ihr lange fern bleibe, so entbehre sie ihn schmerzlich. »Sie müßens meinem Hertzen eigendlich sehr natürlich finden daß ich Ihr Kind so lieb haben muß.« Gegen ihren Fritz urteilte sie, August sei »ein recht besonnenes Kind, aber er hat etwas Trauriges, als wenn er schon einmal den Trug dieses Lebens erfahren hätte.«

Zur gleichen Zeit, im Herbst 1796, stand Goethe ihr in Angelegenheiten, die Fritz betrafen, bei: so reichten sich beide, nachdem die alte Liebe begraben war, in ihren Söhnen wieder die Hände.

Augustchen überbrachte ihr jetzt Spargel oder Obst aus des Vaters Garten oder etwas Gutes aus der Küche. Dafür war er dann zuweilen ihr Tischgenosse, und »sie gab mir auch 8 Pfennige«, konnte der Knabe seinem Vater melden; zum Jahrmarkt waren es gar 8 Groschen!

»Mein kleiner Favorit, der sich mir immer tiefer ins Hertz schleicht«, heißt August jetzt in einem Zettelchen der Stein an Goethe. Und auch gegen andere versicherte sie: »Das ist gewiß, daß ich seinen August recht liebhabe. Er ist so possierlich und gescheit, daß ich ganze Tage mit ihm spielen könnte. Auch kommt er recht oft.«

Einen wehmütigen Untergrund hatte diese unerwartete und ungewöhnliche Freundschaft auch dadurch, daß ein Mann wie Goethe nach einer besseren Gesellschaft für seinen Knaben sich bemühen mußte. Von seinem armen Jungen sprach Goethe gegen Frau von Stein, der »sich an Ihrem Anblick bilden« solle! Augustchen spielte zuweilen mit Kindern aus besseren Häusern; auch ward er wohl einige Male herbeigeholt, wenn für den jüngsten Sohn des Herzogs, den sehr lebendigen Prinzen Bernhard, eine größere Menge Jungens versammelt wurde; aber für gewöhnlich war er doch auf die Nachbarskinder und die Familie Vulpius angewiesen. Da sah er und lernte er nicht viel Böses, aber er wuchs doch nach seiner Sprechweise, seinen Manieren, seinen Beschäftigungen und Wünschen ins Volk hinein und nicht in die Klasse, der sein Erzeuger angehörte. Des Knaben Mutter war gutherzig, fleißig und ihrem Geliebten treu zugetan, aber doch ganz und gar ein derbes Stückchen Volk; wenn sie ihre Arbeit getan hatte, wollte sie das Leben genießen, und zwar hörbar und sichtbar! Sie putzte sich kräftig auf, ging zum Tanze, zum Jahrmarkt, zum Vogelschießen oder wo es sonst lustig herging, trank und jubilierte mit den Leuten, die sich gerade fanden. Dann war sie oft die Lauteste von allen und im Tanzen die Ausdauerndste. Sie lebte nicht eben in schlechter, aber auch nicht in guter Gesellschaft; die Mädchen und Frauen, die auf sich hielten, schlossen keine Freundschaft mit so einem Schätzchen, das jederzeit abgedankt werden konnte, wenn ihr Gönner sich eines Besseren besann; einige Male gingen Gerüchte über eine bevorstehende standesgemäße Heirat des Geheimen Rates. So blieben als Gefährtinnen der lustigen Christel außer ihrer Schwester ein paar Schauspielerinnen und was der Zufall brachte.

Goethe war ein großer Aufschieber; es fiel ihm schwer, einen Entschluß zu fassen. So ließ er auch diese Dinge gehen, selbst wenn sie ihm Mißbehagen und Sorgen brachten. Er mußte wohl oder übel seine Geliebte ihrem Zirkel und ihrer Lebensart überlassen, da er sie in keine bessere Gesellschaft führen konnte und überhaupt wenig Zeit für sie übrig hatte. Im Laufe der Jahre, hoffte er, würde sie sich wohl an seinem Umgange etwas bilden. Mit dem Knaben aber hatte es noch gute Weile, ehe er vor die größere Welt trat. Je reifer er würde, um so mehr konnte sich der Vater mit ihm abgeben. Einstweilen hatten Mutter und Söhnchen in Weimar eine vortreffliche Bildungs-Anstalt, die sie auch recht gern besuchten: das Theater, das dreimal in der Woche spielte. Von sieben Jahren an ging Gustel mit, wenn das Stück lustig genug für Kinderaugen und -ohren war.

Über der kleinen Familie schwebte Jahre lang eine bedrohende Wolke. Goethe, wenig zufrieden mit seinen weimarischen Verhältnissen, sehnte sich oft nach Italien zurück. Und wenn diese Sehnsucht nachließ, so war er deshalb doch mit jenem Lande noch nicht fertig. Er hatte dort so tiefe Eindrücke, so viel Anregung empfangen, daß er noch viel größere Belehrungen von einer Fortsetzung der dortigen Studien erwartete und sich zugleich gedrungen fühlte, ein ganz großes Werk über Italien zu verfassen. Heinrich Meyer konnte und wollte sein bester Gehilfe sein; aber nur im Lande selbst konnten sie beide den noch fehlenden Stoff zusammentragen; gar viele Gegenstände mußten der eine oder der andere erst noch mit Augen sehen oder noch einmal sehen. Meyer ward 1795 vorausgesandt; Goethe wartete danach nur einen günstigen Zeitpunkt ab, um ihm zu folgen. Seinem Kinde und seinem Liebchen, die an häufige Trennungen auf Wochen und Monate schon gewöhnt waren, stand also ein sehr schwerer Abschied bevor. Würde ihr Beschützer im schönen Süden nicht gar zu heimisch werden? Würde er den vielen Gefahren jenes Landes, in dem die Räuber und Mörder so viel Schrecken verbreiteten, glücklich entgehen? »Wenn Du so weg bist,« schrieb ihm Christiane einmal nach Jena, »sehe ich immer, wie schlecht es mir zu Muthe sein wird, wenn Du in Italien sein wirst. Vielleicht kann ich auch das weg beten.« Sie betete nämlich oft, daß ihrem Freunde das Dichten flink von der Hand gehen möge, weil er immer erst nach Weimar zurückkehrte, wenn ihm in der jenaischen Abgesondertheit seine vorgesetzte Arbeit gelungen war.

Goethes großem Reiseplan stellten sich immer neue Hindernisse in den Weg; zumeist war der Weg nach Rom oder Florenz, wo Meyer ihn später erwartete, durch die Kriegszüge der Neufranken versperrt, die nach jenem unseligen Unternehmen von 1792 nicht wieder zur Ruhe kommen wollten.

Im Mai 1797 glaubte Goethe endlich, nach einigen Wochen die Reise antreten zu können. Über Frankfurt gedachte er den

Weg zu nehmen, wo er mit seiner Mutter alle Vermögens-Angelegenheiten besprechen wollte. Da erkrankte Meyer und mußte in seine schweizerische Heimat zurückkehren, wo er schon einmal Genesung gefunden. Dadurch ward Meyers Dörfchen Stäfa am Züricher See das viel bescheidenere Reiseziel! Auch dahin war es jedoch eine lange Fahrt, und, ehe er sie antrat, mußte für den Fall, daß ihn ein plötzlicher Tod überraschte, endlich gesorgt werden: bisher hatte sein Söhnchen und dessen Mutter ja noch gar kein gesetzmäßiges Recht an seine Hinterlassenschaft! Er machte also sein Testament, nachdem er seine Mutter vorher zum Verzicht auf ihr Erbrecht veranlaßt hatte. Seiner »Freundin und vieljährigen Hausgenossin« vermachte er den Nießbrauch alles dessen, was er zur Zeit seines Todes im weimarischen Lande besitzen werde; der Erbe war ihr gemeinsamer Sohn. Von dem Erbteil, das ihm noch von der Mutter zufallen würde, sollte August drei Viertel und Christiane Vulpius ein Viertel bekommen.

Jetzt, wo Goethe seine alte Mutter zu ernsten Geschäften aufsuchte, wollte er ihr auch endlich sein Söhnchen und die vieljährige Hausgenossin vorstellen, die nun doch auch ihre Erben waren. Schon ehe die Reise angetreten wurde, zeigte sich die verdrießliche Seite seiner Halb-Ehe. Man brauchte Pässe: unter welchen Bezeichnungen sollten ihn die Gefährtin und ihr Sohn begleiten? Der Knabe nannte sich gewöhnlich mit seines Vaters Namen; nach dem Gesetze war er aber nur der Sohn der ledigen Christiane Vulpius. Goethe erbat für sich selber vom weimarischen Justiz-Kanzler einen Paß nach Frankfurt und in die Schweiz. »Da ich aber auch meine kleine Familie biß Frankfurt mitzunehmen denke und sie besonders auf dem Rückwege, den sie allein zurücklegen, sich selbst überlassen muß, so hätte ich auch für Mutter und Sohn um einen besonderen Paß zu bitten. Ich überlasse Ew. Hochwohlgeb., ob Sie unbedenklich finden etwa einen dergleichen auf Frau Vulpius und Sohn ausfertigen zu lassen, oder was Sie sonst schicklich und zweckmäßig finden.«

Viel verdrießlicher noch war die Stellung der drei gegenüber den Frankfurter Verwandten und Bekannten. Goethe half sich dadurch aus den Schwierigkeiten, daß er Christiane und August nur ganz kurze Zeit in Frankfurt behielt, sie im Gasthofe beließ, während er bei der Mutter wohnte und sie niemanden als seiner Mutter zuführte. Fünf Tage hatte ihre Fahrt nach Frankfurt gedauert: vom 30. Juli bis 4. August; am 7. August mußten Christiane und August schon wieder auf fünf Tage in den Postwagen steigen. Aber sie hatten doch nun die große Stadt gesehen, den Mainstrom, die Schiffe und andere Merkwürdigkeiten; sie waren auch im Theater gewesen.

Das Schönste und Wichtigste aber: sie kannten nun die gute und fröhliche Mutter Goethes von Angesicht, und diese konnte sie nun auch als bestimmte Gestalten lieben, was doch viel leichter ist, als wenn man vom andern nur den Namen und ein paar briefliche Nachrichten weiß. »Da unter diesem Mond nichts Vollkommenes anzutreffen ist,« so hatte sich die Frau Rat längst darein gefunden, daß ihr Sohn mit einer Haushälterin zusammen lebte; auch wußte sie aus eigener Erinnerung, wie öde und leer so mancher gesetzmäßiger Zustand ist; war ihr Hätschelhans mit seinem Bettschatz vergnügter und glücklicher als in einer fatalen Ehe – das waren so ihre Ausdrücke – wen ging's was an? »Meine Mutter hat Dich recht lieb und lobt Dich und erfreut sich des Kleinen«, schrieb Goethe seinem Christelchen nach Weimar.

Augustchen hatte schon unterwegs gebeten: »Lieber Vater, Thun Sie mir den Gefallen und reisen Sie nicht in die Schweiz, sagen Sie der lieben Großmama viele Grüße, und ich hätte sie recht lieb. Leben Sie wohl und seien Sie mein gutesVäterchen.« In die Schweiz ging Goethe trotz dieser Kindesbitte, und bald ängstigte sich Christiane, daß er sich damit nicht begnügen werde, da nun einmal der Wagen rollte. »Ich bitte Dich um alles in der Welt, gehe itzo nicht nach Italien! Du hast mich so lieb, Du läßt mich gewiß keine Fehlbitte thun. Was mich die Menschen hier ängstigen, daß Du nach Italien gingest, das glaubst Du gar nicht; dem einen hat es der Herzog selbst gesagt; das andere weiß es von Dir gewiß, ich will gar keinen Menschen mehr sehen und hören.«

Goethe verstand es, sie zu beruhigen, und versicherte sie, daß sein Heimweh nach ihr und dem Knaben nicht geringer sei als ihr Sehnen zu ihm. »Der Gefahr wegen hätte ich wohl nach Italien gehen können, denn mit einiger Unbequemlichkeit kommt man überall durch, aber ich konnte mich nicht so weit von euch entfernen. Wenn es nicht möglich wird, euch mitzunehmen, so werd ich es wohl nicht wiedersehen.« So schrieb er aus Zürich, und dann schon auf dem Rückwege, in Tübingen: »Ich kann aber auch wohl sagen, daß ich nur um Deinet- und des Kleinen willen zurück gehe. Ihr allein bedürft meiner; die übrige Welt kann mich entbehren.«

Nach einer Trennung von beinahe vier Monaten langte Goethe bei den Seinen an. Heinrich Meyer kam mit ihm zurück nach Weimar. Die kleine wunderliche Familie war wieder beisammen.

II. Erste Schuljahre
1797–1802

Goethe hatte große Anlagen zum Lehrer und Erzieher. Er liebte Kinder und junge Leute, traf leicht ihren Ton, ging auf ihre Gedanken und Wünsche bereitwillig ein, war höchst nachsichtig, unterrichtete gern, tat es also auch häufig, obwohl er nie eine Lehrpflicht übernahm. Man erhielt von ihm klarste Darstellungen, weil er für sich selber von jeher nach scharfer und deutlicher Erkenntnis strebte, alles leere oder dunkle Wortemachen verabscheute und bei dem, was unsere Erkenntnis übersteigt, nie lange verweilte. Oft konnte er mit wenigen Strichen eine einfache Übersicht geben, wo andere durch einen gelehrten Wirrwarr die Sache mehr verdüsterten als erhellten. Dazu kam seine große Dichterkraft, durch anschauliche Bilder und glückliche Vergleiche, die ihm wie aus ewigen Quellen zuflossen, auf Phantasie und Gedächtnis zu wirken. Nicht selten steigerte sich dieses Sinnlichwerden der Begriffe bei ihm zur dramatischen Handlung. Als Denker suchte er beständig im Kleinen das Große, im Einzelnen das Allgemeine, im Unwichtigen das Bedeutende; so gewann er Reizendes aus dem, was vorher kalt ließ.

Diesen starken Kräften standen einige Fehler gegenüber. Zuerst seine Unstetigkeit. Schon sein häufiger Ortswechsel hätte ihn an jedem andauernden und gründlichen Unterrichte gehindert; aber auch, wenn er auf der gleichen Stelle blieb, ließ er bei allen seinen Beschäftigungen nach einiger Zeit die Fäden fallen und wandte sich neuen Gegenständen zu. Allerdings kehrte er in der Regel früher oder später zu der unfertigen Aufgabe zurück, um sie wiederum ein Stück weiter zu fördern; aber mit solcher Unbeständigkeit könnte doch auch der Begabteste in der Erziehung der Jugend nur eine Nebenrolle übernehmen.

Goethe hatte selber in seinen jungen Jahren keine eigentliche Schulung erfahren und nur Weniges gründlich durchgearbeitet. Das merkte man ihm so leicht nicht an, weil er bei seiner überaus schnellen Auffassung, bei seinem starken Gedächtnis und seiner lebhaften Anteilnahme an geistigen Dingen trotzdem sehr viele Kenntnisse errafft und festgehalten hatte und diese bei seiner sprachlichen und dichterischen Gewandtheit besser zur Geltung brachte als andere Gelehrte ihr viel größeres Wissen. Ihm gefiel natürlicher Weise sein eigener Bildungsweg besser, als was er von der Quälerei der Schulpedanten mit angesehen hatte: also ließ er die Knaben, die ihm anvertraut waren: der Sohn der Freundin, und danach den eigenen Sohn, auch in möglichster Freiheit den angeborenen Wissenstrieb befriedigen. Lebten diese Knaben doch neben ihm, also in einer Umgebung, wo es an Anregung, Anleitung und vortrefflichen Lehrmitteln nicht fehlte!

Er sah in der Jugendbildung eigentlich nur das Hineinwachsen der Kinder in die geistige Welt und die Geschäfte der Eltern, also ein Reisen, das von selbst vor sich geht, wo die Umstände günstig sind. Der Erzieher nach seinem Sinn braucht nur den Knaben und das Mädchen allmählich vom kindlichen Spiel in seine eigenen Arbeiten hinein zu ziehen. Der Fall, daß die neuen Menschenkinder etwas anderes werden sollen als ihr Vater oder ihre Mutter, war zu jener Zeit recht selten; der Sohn des Musikers wurde Musiker, der Sohn des Geistlichen wiederum Pastor; Goethes Schutzbefohlene waren also zu künftigen Dienern des weimarischen Fürstenhauses und Staates auszubilden. »Welche Erziehungsart ist für die beste zu halten?« fragt Goethe einmal, und er antwortet: »Die der Hydrioten. Als Insulaner und Seefahrer nehmen sie ihre Knaben gleich mit zu Schiffe und lassen sie im Dienste herankrabeln. Wie sie etwas leisten, haben sie Teil am Gewinn; und so kümmern sie sich schon um Handel, Tausch und Beute, und es bilden sich die tüchtigsten Küsten- und Seefahrer, die klügsten Handelsleute und verwegensten Piraten.«

Solchen Ansichten lag die große Duldsamkeit Goethes und sein Vertrauen auf die gute Natur des unverdorbenen Menschen zugrunde. Die Lehre von der Erbsünde war ihm verhaßt; er glaubte nicht, daß gutgeborenen Kindern erst allerlei böse Geister ausgetrieben werden müßten. Als sich Freund Jacobi um einen Sohn sorgte, redete ihm Goethe zu: »Es ist doch dein und Bettys Kind und gewiß nicht zum Bösewicht, zum Nichtswürdigen gebohren.« Und ein andermal: »Ein Blat das groß werden soll, ist voller Runzeln und Knittern eh es sich entwickelt; wenn man nun nicht genug Geduld hat und es gleich so glat haben will wie ein Weidenblatt, dann ists übel.« Geduld haben und auf falsche Forderungen verzichten, das ist eine erste Pflicht des Erziehers:

> Denn wir können die Kinder nach unserem Sinne nicht formen;
> So wie Gott sie uns gab, so muß man sie haben und lieben,
> Sie erziehen aufs beste und jeglichen lassen gewähren.
> Denn der eine hat die, die andern andere Gaben;
> Jeder braucht sie, und jeder ist doch nur auf eigene Weise
> Gut und glücklich.

Vornehme oder auch nur mäßig wohlhabende Leute schickten damals ihre Kinder in keine allgemeine Schule. Sie hielten sich Hauslehrer und für einzelne Fächer noch besondere Instruktoren, oder sie vereinigten sich mit Nahewohnenden zu ganz kleinen Unterrichtszirkeln. Goethe hatte sich nie viel um das Schulwesen gekümmert; sein Vertrauensmann in diesem Teile der Erziehung war Johann Friedrich Kästner, der in früheren Jahren Hauslehrer der Familie von Stein gewesen und jetzt als Professor am Gymnasium angestellt war. Kästner empfahl ihm als Lehrer für August einen jungen Eisert; vielleicht war dieser noch sehr junge Mann Kästners Schwager oder Neffe, denn Madame Kästner war eine geborene Eisert, und wahrscheinlich übertrug Kästner die Unterweisung seines eigenen Sprößlings Ernst eben diesem Anfänger.

Vom April 1797 bis in den Sommer 1802 war Eisert unter Kästners Aufsicht Augusts Lehrer. Er wohnte jedoch nicht in Goethes Wohnung, sondern August ging zu ihm, nämlich zu Kästners. Man nannte das: »zur Schule gehen«; vielleicht waren auch noch mehrere Kinder an den Stunden beteiligt. Die Hauslehrer hatten ihre Zöglinge Tag und Nacht zu überwachen; von Eisert und August wissen wir, daß sie auf vielen Spaziergängen und auch bei Spielen, beim Schlittschuhlaufen und dergleichen zusammen waren. Zeitweilig mag August auch bei dem Lehrer in Kästners Hause gewohnt und geschlafen haben.

Aber die allergrößte Zeit bemerken wir den Knaben doch im väterlichen Eigentum und wenig belästigt vom angestellten Erzieher. »Herr Eisert mag auch in Absicht aufs Lernen mit ihm nur spielen und die Zeit hinzubringen suchen,« schrieb Goethe einmal, als der achtjährige Knabe etwas kränkelte. Der Vater war auch sonst kein Treiber; er hatte keinen Zweifel an der günstigen Entwicklung des Knaben. August »ist recht hübsch und artig geworden,« erzählte er um eben diese Zeit seinem vormaligen Sohne Fritz von Stein, und zwei Jahre später, im September 1799 dem Freunde Knebel: »Mein August wächst und hat zu gewissen Dingen viel Geschick: zum Schreiben, zu Sprachen, zu allem was angeschaut werden muß, so wie er auch ein sehr gutes Gedächtniß hat. Meine einzige Sorge ist blos, das zu cultiviren was wirklich in ihm liegt und alles was er lernt ihn gründlich erlernen zu lassen. Unsere gewöhnliche Erziehung jagt die Kinder ohne Noth nach so viel Seiten hin und ist Schuld an so viel falschen Richtungen, die wir an Erwachsenen bemerken.«

Zu den praktischen Erziehungsmitteln, wie Goethe sie liebte, gehörte es, daß August seiner Großmutter in Frankfurt öfters Berichte über sich und seine Umgebung abstatten mußte. Es waren kleine kindliche Aufsätze, die die alte Dame viel liebreicher aufnahm, als die Lehrer zu tun pflegen. Öfters schilderte August kleine Reisen, einmal eine Menagerie, die in Weimar gewesen war; ein ander Mal einen Maskenball, den er mitgemacht – die Großmutter antwortete: in Frankfurt seien Maskenbälle verboten. Auch die Arbeiten in einer Buchbinderei beschrieb er einmal. Sein Besitz an Tieren und andern Merkwürdigkeiten blieb nicht unerwähnt. Ein Brieflein kam zum andern, dafür sorgte Herr Eisert. »Von Augst habe beynahe eine Bibliotheke von seinen Erfahrungen,« lobte ihn die Großmutter, und zuweilen bedankte sie sich durch ein eigenes Brieflein an ihn. So schrieb sie ihm zum Beispiel am 21. Juli 1798: »Lieber Augst! So ofte ich ein so schön und deutlich geschriebenes Heft von dir erhalte; so freue ich mich daß du so geschickt bist die Dinge so ordentlich und anschaulich vorzutragen – auch schäme ich mich nicht zu bekennen, daß du mehr von diesen Sachen die von so großem Nutzen sind weißt als die Großmutter – wenn ich so gerne schriebe wie du; so könte ich dir erzählen wie elend die Kinder zu der Zeit meiner Jugend erzogen wurden – dancke du Gott und deinen Lieben Eltern die dich alles nützliche und schöne so gründlich sehen und beurtheilen lernen – daß andre die dieses Glück der Erziehung nicht haben im 30 Jahr noch alles vor Unwißenheit anstaunen, wie die Kuh ein neues Thor – nun ist es aber auch deine Pflicht – deinen Lieben Eltern recht gehorsam zu seyn – und Ihnen vor die viele Mühe die Sie sich geben, deinen Verstand zu bilden – recht viele viele Freude zu machen – auch den Lieben Gott zu bitten Vater und Mutter gesund zu erhalten damit Sie dich zu allem guten ferner anführen können. Ja Lieber Augst! Ich weiß aus Erfahrung was das heißt Freude an seinem Kinde erleben – dein Lieber Vater hat mir *nie nie* Kummer oder Verdruß verursacht – drum hat Ihn auch der Liebe Gott gesegnet daß Er über viele viele empor gekommen ist – und hat Ihm einen großen und ausgebreitnen Ruhm gemacht – und Er wird von allen Rechtschaffenen Leuten hoch geschätzt – da nim ein Exemplar und Muster dran – denn so einen Vater haben und nicht alles anwenden auch brav zu werden – das läßt sich von so einem Lieben Sohn nicht dencken wie mein August ist. Wenn du wieder so Intreßante Nachrichten gesammelt hast; so schicke sie mir«.

Wir wissen, daß August schon in den Kinderjahren das Schauspiel zuweilen besuchte und daß sein Vater einverstanden war. Die Mutter, die regelmäßig, nämlich drei Mal die Woche, in's Theater ging, war wohl auch manchmal zu schwach, um das Kind, das mitgenommen sein wollte, abzuweisen. Was ein Knabe von den Bühnen-Vorgängen und den Reden der auftretenden Personen entnimmt, wer will es sagen? Das Kind spricht sich vielleicht über das Wahrgenommene aus, aber das belehrt uns nicht genug; es bliebe immer noch das unbewußte Erlebnis als heimlich Nachwirkendes.

Leichter zu beurteilen ist das Eindringen des Heranwachsenden in die Umwelt seiner Eltern, Verwandten und Freunde. August hatte es in dieser Hinsicht gar gut. In einem vielräumigen Hause mit Hof und Stallungen, in einem großen Garten am Hause, in einem noch größeren Garten, der in wenigen Minuten zu erreichen war, aber doch völlig außerhalb der Stadt in einer Wald- und Wiesen-Einsamkeit lag: da gab es auch für ihn der Spiel- und Arbeitswinkel genug; da konnte auch er manches Mal Hilfe leisten und zuweilen schon mitreden über das Nötige und Wünschenswerte. Und immer mehr breitete sich das Goethesche Reich aus. Wagen und Pferde wurden angeschafft; ja, der Vater kaufte auch ein Landgut, in Oberroßla vor Apolda, das man zwar nicht selber bewirtschaften, aber doch zu Kirchweihen und andern Späßen manches Mal besuchen konnte. Dazu kam dann, daß auch überall sonst das Söhnchen des Geheimen Rats von Goethe gut aufgenommen wurde, wo es zum Anschauen und Lernen sich einstellte.

Immer wieder verließ der Vater die Seinen; zumeist ging er nach Jena, wo er ungestörter arbeiten konnte als daheim; er sandte dann sehr häufig kleine Geschenke an den Knaben, zumeist Obst, das an der Saale früher reift als auf den Hügeln der Ilm. Dafür mußte dann aber Augustchen Bericht erstatten über seine Erlebnisse, und in diesen Briefchen, an denen sein Lehrer wohl half, aber nichts verdarb, spiegelte sich seine Entwicklung rein ab.

Briefe des Siebenjährigen:

14. Juni 1797.

Ich war gestern früh mit meiner Mutter im alten Garten und fand in meinem kleinen Gärtchen ein Stückchen Silber, das mir Dortchen verkauft und dafür einen Groschen gebracht hat. Mein kleines Gärtchen ist jetzt im guten Zustande, die Gurken stehen besser als meiner Mutter ihre, meine Bohnen wachsen auch recht schön in die Höhe, aber meinen Kohl haben mir die garstigen Schnecken fast ganz weggefressen.

16. August.

Jetzt habe ich sehr viel Vergnügen in unserm Garten, denn die schönen Birnen sind reif und werden nun abgenommen. Am Dienstage um 4 Uhr habe ich die Birnen von dem kleinen Bäumchen abgenommen, das bei dem türkischen Waizen steht, ach! da waren viele Birnen, ich hätte sie nicht alle herabgebracht, wenn mir mein liebes Mütterchen nicht geholfen hätte.

2. Oktober.

Ich spiele jetzt in meinen freien Stunden mit Kastanien, die ich mit dem kleinen Kästner bei Ober-Weimar aufsuche. Wir tragen sie in großer Menge nach Hause, durchbohren sie, reihen sie an einem Bindfaden und behängen unsern ganzen Körper mit Kastanienketten. – Am ersten October feierte Hertels Wilhelm seinen Geburtstag, er bat mich auch dazu und tractirte mich mit Milch, Zucker und Kuchen. Auf den Abend spielten wir ein Schattenspiel, das uns viel Vergnügen machte; da kamen ein Hanswurst mit seiner Columbine, ein Nachtwächter, ein Teufel, der Doctor Faust, ein Höllendrache, Bäume, Häuser, Blitze, ein Zauberer, eine Einsiedlergrotte und zuletzt eine lebendige Katze vor, welche das Licht auslöschte. Ehe uns aber die Katze diesen Streich machte, nahm der Teufel den Hanswurst, die Columbine und den Doctor Faust mit sich fort in die Luft.

Briefe des Achtjährigen:

28. März 1798.

Am vorigen Sonnabende bin ich im Schauspielhause gewesen und habe *Cosa rara* gesehen. Die vielen Jäger, welche theils rothe, theils gelbliche Jäckchen anhatten, mit langen Spießen und Säbeln bewaffnet und mit schön glänzenden Waldhörnern versehen waren, haben mir sehr gut gefallen. Herr Benda machte mir aber nicht viel Spaß, denn er sang so lange Arien, wobei mir die Zeit lang wurde; doch gefiel mir dieß von ihm, daß er Steine in eine Stube warf, wo vier Leute aßen. Am Montage nach Mittag war ich mit Herrn Eiserten, dem kleinen Kästner und Fritzen im alten Garten, wo wir zuerst den Ball spielten und Veilchen suchten; hierauf bewaffneten wir uns mit Rechen und Hacken und fingen an, mein kleines Gärtchen von Laub und Unkraut zu reinigen, so daß es nun recht hübsch aussieht.

3. April.

Am letzten Sonnabende ging ich in das Komödienhaus, um die *Hochzeit des Figaro* zu sehen. Dieses Stück hat mir sehr gefallen. Besonders habe ich über die alte Marzeline sehr viel lachen müssen, weil sie sich immer so steif verneigte und sich häßlich gemalt hatte. Auch hat mir der Musikmeister, den Herr Benda vorstellte, sehr viel Spaß gemacht; er hatte einen dicken Bauch, einen schwarz gemalten Bart, und veränderte seine Sprache immer auf eine sehr komische Art. Herr Becker als Schloßgärtner konnte sich recht gut betrunken stellen; er taumelte von einer Ecke zur andern und konnte kein Wort ganz herausbringen, so schwer war ihm seine Zunge. Den Sonntag darauf bin ich sehr vergnügt gewesen. Der kleine Unrein, Schwarze, Kästner und der kleine Rühl waren bei mir; da spielten wir mit den bleiernen und hölzernen Soldaten.

23. Mai.

Unser Jahrmarkt hat gar keinen guten Anfang genommen, am Montage regnete es beinahe den ganzen Tag, welches mich verhinderte, den Markt zu besuchen. Dieß konnte daher erst gestern Nachmittag geschehen, das ich auch in Gesellschaft meiner Tante, der Frau Fischern und meiner lieben Mutter that. Meine Tante hat mir einen englischen Bleistift, meine Mutter einen Groschen, mein Onkel auch einen Groschen, die Frau Fischern eine Apfelsine und Herr Fischer ein Federmesser zum Jahrmarkt geschenkt. Ich selbst kaufte mir ein Pennal für achtzehn Pfennige, ein paar Strumpfbänder und für sechs Pfennige zwölf kleine Pfefferscheiben, die mir recht gut geschmeckt haben. Heute will ich mit Mienchen von Ober-Weimar wieder auf den Markt gehen.

25. Mai.

Ich bin am Donnerstage mit Dortchen und Mienchen nach Ober-Weimar gegangen und habe hier gesehen, wie die Schafe geschoren werden. Achtzig Schafen ungefähr wurde die Wolle genommen, unter welchen sich auch meine Schäfchen befanden, deren Wolle ich aber nicht bekommen habe, sondern Herr Fischer hat mir die Wolle von einem andern gegeben, weil die von meinen Schäfchen nicht viel taugte. Vier Leute waren mit dem Scheeren beschäftigt und schoren die Schafe ganz kahl, welche darüber erbärmlich blökten und machten, daß die Schafe, welche noch im Stalle waren, auch in das Geschrei mit einstimmten, wodurch ein klägliches Heulen entstand, worüber ich lachen mußte. Die Leute brachten von Morgen bis Abend mit dieser Arbeit zu, und weil mir die Sache sehr viel Vergnügen machte, blieb ich auch den ganzen Tag da und kam erst den Abend um sechs Uhr wieder nach Hause.

30. Mai.

Gestern habe ich in dem Hausgarten einen sehr schönen Schmetterling gefangen. Es ist vermuthlich der Fenchelvogel oder der kleine Schwalbenschwanz, denn er hat gelbe Flügel, welche an ihren Seiten schwarz eingefaßt sind. Der kleine Rühl hat den großen Schwalbenschwanz mit der Hand gefangen, wodurch er aber sehr beschädigt worden ist, denn es waren ihm die beiden Schwänze und ein Flügel ausgerissen, ich habe ihn zuletzt unversehens zertreten. Götze hat mir ein Denkmal in unsern Garten errichtet; er machte an dem großen Birnbaume einen Felsen, den er aus sechs Steinen zusammensetzte, so künstlich, daß er aus der Erde gewachsen zu sein scheint. Vor dem Felsen steht ein Sandstein, der wie ein Rechteck aussieht und glatt zugehauen ist. Auf der obern Seite desselben hat er gar artig mit einem Nagel meinen Namen eingegraben.

8. Juni.

Am vorigen Mittwoche habe ich mich in dem Hausgarten in einem Brühfasse gebadet, weil die Hitze in diesen Tagen immer sehr stark war und ich mich einmal etwas abkühlen wollte; den Abend ging ich in die Komödie und sahe die *Schachmaschine,* worinne mir Herr Vohs sehr wohl gefallen hat, weil er so komische Späßchen machte. – Heute habe ich den ersten Versuch gemacht, mich alleine anzuziehen, ich habe alle meine Kleidungsstücke selbst angezogen; auch habe ich mich selbst gewaschen; nur kann ich mit dem Kämmen noch nicht zu Stande kommen, ich hoffe aber, daß ich meine liebe Tante bald auch von dieser Mühe befreien werde.

3. August.

Wir können hier [wegen der Hitze] nicht eher uns eine Bewegung machen als des Abends von sechs bis sieben Uhr, welche Stunde zur Raupen-, Puppen- und Schmetterlingsjagd angewandt wird. Unsere Raupen befinden sich noch ganz wohl, welches sie dadurch zu erkennen geben, daß sie immer einen sehr guten Appetit haben und alle Tage eine große Menge Wolfsmilch fressen. Wir haben am Mittwoche von einem Jungen eine Tannenraupe für drei Pfennige gekauft, welche ich sehr lieb habe und alle Tage mit frischen Futter versorge. Sie sieht röthlich aus, hat dünne schwarze Streifen und ist auf drei Zoll lang.

Zwischen 7. und 9. August.

Mit meinen Raupen scheint eine große Veränderung vorzugehen, die meisten derselben haben sich in die Erde verkrochen und nur einige laufen auf der Wolfsmilch herum und lassen es sich noch immer vortrefflich schmecken. Vermuthlich bereiten sich die ersten in der Erde ein Lager, wo sie sich verpuppen können. Ich will von nun an immer nach ihnen sehen, damit ich beobachte, wie es mit der Verwandlung der Raupe zugeht. Meine Tannenraupe muß krank sein. Sie frißt nicht und ist sehr zusammengeschrumpft; ich will erwarten, was aus ihr werden wird.

13. August.

[Aus Oberroßla] Ich war gestern in Zottelstädt bei dem Müller Hage. Es hat mir bei ihn recht gefallen [...] Fischers haben einen Laubfrosch, Fischers ist ein Schaf krepirt; ich bin übrigens ganz wohl.

Vermutlich 26. September.

Am Montage nach Mittag bin ich in Gesellschaft meiner lieben Mutter und noch anderer Personen in Tiefurt gewesen, wo mir die Frau Grobin zwei große Kürbisse gezeigt hat, welche sie mir schenken will. Wenn ich sie erhalten habe, will ich mir große Schiffe daraus machen oder ich will sie aufheben; vielleicht sind Sie, liebes Väterchen, so gütig und machen mir mit demselben wieder einen Spaß wie vor dem Jahre, wo Sie mir aus einem Kürbisse einen bösen Manneskopf machten, welcher mir mit seinen feurigen Augen und seinem weiten Maule sehr furchtbar war.

16. Oktober.

Gestern früh war ich mit meiner lieben Mutter auf dem Jahrmarkte, da war es gar schön, ich habe mir auf dem Töpfenmarkte 4 kleine Pfännchen gekauft, mit denen ich aber nicht spielen will; sondern sie sollen als Lampen auf meinem Theater gebraucht werden; daher habe ich sie schon mit Wachs angefüllt und mittenhinein einen Docht gesetzt. Auch habe ich mir 2 kleine Spiegelchen und einen bleiernen Säbel auf das Theater gekauft. Meine Mutter hat mir ein paar Strümpfe und 6 Schnupftücher [...] geschenkt.

Vermutlich am 17. November.

Der *Hieronymus Knicker,* welcher am Mittwoche gespielt wurde, machte mir viel Spaß, besonders habe ich sehr über Malcolmi lachen müssen, der immer falsch hörte und erzählte, wie die Ochsen brummen: mu!! wie die Kanonen knallen: puff, puff! wie die Glocken summen: bumm, baum!! Die Geister nahmen sich auch artig aus und sangen immer: lilla, lilla, lilla!!

Ich kann nun das Activum der ersten und zweiten Conjugation; amo und doceo weiß ich fertig herzusagen. Wenn Sie wieder herüberkommen, so können Sie mich fragen, welches tempus und welchen modum Sie wollen; ich werde alles beantworten. Auf Weihnachten werde ich die Conjugationen können und dann mit dem Übersetzen anfangen.

21. November.

Gestern war ein großes Fest für mich, denn wir haben zwei kleine Schweine geschlachtet. Ich war dabei, als sie in den Hals geschnitten wurden; das eine schrie mehr als das andere. Dann habe ich auch gesehen, wie die Würste gemacht werden. Die Schweine wogen 130 Pfund. Die Blasen habe ich bekommen, ein Mann hat sie mir aufgeblasen, wodurch sie sehr groß wurden.

Briefe eines Neunjährigen:

23. März 1799.

Ich muß Ihnen doch schreiben, wie es mit dem Eiersuchen abgelaufen ist. Am Donnerstage um 3 Uhr ging ich zu dem kleinen Stein, bei dem sich schon 4 Kinder versammelt hatten, um Eier zu suchen. Es waren 5 Nester, in einem jeden lagen 6 Eier. Mein Nest, das im Ofen lag, fand ich zuerst. Hierauf spielten wir bis nach 5 Uhr mit dem hölzernen Pferde. Gestern war nun Eiersuchen bei mir. Der kleine Stein, Kästner mit seiner Schwester und Götze waren da. In jedem Neste, welche in dem Garten versteckt waren, lagen 3 Eier, ein rothes, gelbes und weißes, außerdem ein Brottörtchen, eine Makrone, Bisquit und ein spanisches Butterbrot. Ich und Götze fanden unsere Nester zuerst. Nach diesem Spaße ließen wir 2 mit Lanzen bewaffnete Soldaten mit einem Drachen kämpfen.

27. März.

Am zweiten Feiertage habe ich den *Hamlet* gesehen, der mir sehr gefallen hat. Malcolmi machte den Geist sehr gut, er sprach in einem tiefen Tone und betrug sich wirklich wie ein Geist, vor dem man sich fürchten muß. Vohs gefiel mir als Hamlet sehr gut, besonders da, wo er die kleine Komödie aufführen läßt. Gestern wurde im Garten an meinem kleinen Häuschen gemauert, in das ich das Wasserhuhn logiren will. Hierauf schossen wir mit dem Bogen; dann spielte Stein und Götze mit meinem Dorfe, das ich durch den Drachen verwüsten ließ. Die Redoute gefiel mir nicht, weil nichts Komisches zu sehen war.

30. März.

Gestern war ich mit meiner Mutter in Roßla, wo ich mich sehr lustig gemacht habe. Wir fuhren um 9 Uhr von hier weg und waren um 11 Uhr unten. Ich verzehrte nun ein Stück Brot, Eier und Schinken, dann ging ich mit Götzen von 12 bis 3 Uhr in die Schule, wo zuerst 2 Jungen an die Tafel geschriebene Noten absingen mußten, ich sahe indeß Bilder an; dann mußten dieselben Jungen ein Liedchen absingen, wobei ich sehr gelacht habe, weil sie immer jede Zeile 4–6 Mal wiederholten und zwar immer in andern Tönen. Nun wurde geschrieben, ich schrieb eine Vorschrift ab, in welcher die Größe der Erde angegeben war. Nachher wurden einige Wörter buchstabirt. Nach der Schule hüpften wir im Stroh herum.

7. Mai.

Ich habe am Sonnabende den Herrn Dietrich in seinen Gewächshäusern besucht. In dem kleineren, das größtentheils mit Glasscheiben umgeben ist, sahen wir sehr viel Ananas, der in sehr heißer Erde stand, die von unten herauf mit Steinkohlen erwärmt wird. Auch sahen wir das Zuckerrohr, den Chocoladenbaum, und noch viele andere Pflanzen, die ich aber nicht lange ansehen konnte, weil die Hitze zu stark war. Das große Gewächshaus enthielt viele Blumen, mein Citronenbäumchen ist sehr groß. Ich bekam einen schönen Strauß.

21. September.

Vorigen Mittwoch kaufte ich mir auf dem Markte die Columbam domesticam für 2 Groschen 9 Pfennige, den Tauber und das Täubchen, zwei artige Thierchen. Die

Columba dasypus, welche auch Trommeltaube heißt, und welche ich mir heute im Hause gekauft habe, kostet aber 3 Groschen 6 Pfennige. Sie sieht weiß und schwarz aus, und an der Brust hat sie roth, blau und schwarz glänzende Federn.

25. September.

Am Montage waren wir im alten Garten und nahmen Äpfel ab, ich machte mit Ernsten bei meinem Hüttchen ein Grabeland, das ich mit Mohnen umzäunen will. Ich habe im Wäldchen einen Sprenkel gestellt; wenn sich ein Vögelchen fängt, so ist es Ihnen.

6. Oktober.

Gestern schüttelten wir viele Zwetschchen und legten sie ins Gartenhaus auf Stroh. Wir haben nur noch einen Aepfel- und einen Birnbaum abzunehmen. Diesen Morgen um 8 Uhr war ich bei dem Herrn Geheimerath Voigt und trug ihm Aepfel und Birnen hin, ich habe aber nur die Frau Geheimeräthin gesprochen. Der Frau von Stein will ich auch so bald als möglich etwas Obst bringen.

16. November.

Karl befindet sich bei uns sehr wohl, er ist den größten Theil des Tages bei dem kleinen Wolzogen, weil er nicht mit mir in die Schule gehen will. Seine Furchtsamkeit ist sehr groß; er bleibt nicht allein in der Schoppe, besonders nachdem ihn vor kurzen Hertels Ziegen, welche an der Schoppenmauer stehen, durch ihr plötzliches Mäckern so in Schrecken setzten, daß er schnell davonlief.

20. November.

Meine Täubchen befinden sich wohl, sie haben sich um einige Paar vermehrt, welche ich von Wittichs geschenkt bekommen habe; sie haben immer sehr guten Appetit, so daß ich nicht Gerste genug streuen kann. In den Hausgarten baue ich mir einen Pferdestall.

Briefe eines Zehnjährigen:

3. Mai 1800.

Sie haben mir eine große Freude gemacht, daß Sie mir von Leipzig die schöne Mütze und den Geldbeutel geschickt haben. Eine solche Mütze habe ich mir schon längst gewünscht, ich trage sie sehr gern, denn ich gefalle mir darinne. In dem Geldbeutel verwahre ich einen neuen Gulden, 3 Groschen, 1 Pfennig und 1 Heller. Es ist Schade, daß ich Sie in Leipzig nicht besuchen kann, weil mein Onkel nicht in die Messe reiset.

26. Juli.

Am Feiertage holte ich meinen Vogelbauer, den die Frau Legations-Räthin für mich erstanden hat. Er ist 6 Fuß lang und 1 Fuß breit und hat oben ein Thürmchen. Meine Vögelchen befinden sich in dem neuen Häuschen sehr wohl.

30. Juli.

Am Dienstage war ich mit meiner Mutter auf dem Gute, wo ich mich fast den ganzen Tag mit dem Fisch- und Krebsfange belustigt habe.

13. September.

Ich danke Ihnen vielmals für die schönen jungen Nüsse, von welchen mir schon einige recht gut geschmeckt haben; auch sage ich Ihnen dafür vielen Dank, daß Sie so gut für die Ernährung meiner Vögel gesorgt und ihnen ein schönes Futter geschickt haben. Ich befinde mich mit meinen Vögeln recht wohl, nur daß für meinen Magen immer besser gesorgt wird als für die Mägen meiner Vögel.

17. September.

Am Montage war ich mit Ernsten und Herrn Eisert im Webicht, wo ich mit Ernsten unter den Fliegenschwämmen und den Knollenpilzen eine große Niederlage angerichtet habe, wir trugen aus dem Holze einen großen Haufen Schwämme zusammen und schlugen sie nachher mit Stöcken zu einem Brei. Gestern ging ich mit meiner lieben Mutter zu der Madame Schellhorn in Garten. Heute kaufte ich für 1 Groschen ein Rothschwänzchen und ein Rothkehlchen.

20. September.

Herr Meyer kam am Donnerstage hier an und brachte mir viele Geschenke mit, 2 schöne Silbermünzen, Haare aus dem Maule des Walfisches und ein Stück von den Kiemen dieses säugenden Seethieres, drei kupferne französische Münzen und einen hübschen Stein; auch hat er mir einen Affen mitbringen wollen, aber er war so schwer zu transportieren.

27. September.

Meine zwei jungen Täubchen, von denen ich Ihnen schon in einem Briefe geschrieben habe, sind nicht mehr; ich fand sie am Donnerstage früh todt, welches mir sehr leid that, doch nützten sie im Tode noch dadurch, daß sie meinem Milvius ein köstliches Frühstück gaben. – Nun will ich die Frau von Stein besuchen.

1. Oktober.

Ich habe mich diesen Morgen von einer großen Sorge befreiet, denn ich habe nun meinen Milvius nicht mehr zu ernähren; ich habe ihn heute dem Prinzen geschenkt, bei welchem ich von 9 bis beinahe 12 Uhr gewesen bin, und der sich über dieses Geschenk sehr freuete.

19. November.

Gestern war ich mit meiner Mutter in Lützendorf, wo es mir gefallen hat, denn vor dem Gasthofe ist eine schöne Wiese, wo ich mich mit dem kleinen Stein im Laufen und Springen übte. Neben dieser Wiese fließt ein Bächelchen, wo wir einen Schutz baueten und uns dann an dem Rauschen des Wassers belustigten, wenn wir den Schutz wieder öffneten. Am Montage sprach ich im Theater mit dem Herrn Hofgärtner Dietrich über verschiedene Pflanzen, und da versprach er mir ein Pflanzenbuch zu schenken, das ich nachher holen will.

13. Dezember.

Ich will heute den ersten Versuch machen, auf Ihren Schlittschuhen zu fahren, ich muß mir aber erst Bänder daran kaufen. Diesen Abend will ich ein Stück von Iffland, *Die Selbstbeherrschung*, sehen.

Alle diese Bilder zeigen einen frischen, natürlichen Knaben, der seine Kindheit in heiterer Umgebung sehr glücklich verbringt und sich dabei auch auf das Leben der Erwachsenen recht gut vorbereitet.

Und doch sagte mancher: »Armer Junge!«

Der Knabe fing auch selber schon an, seine eigentümliche Stellung zu erkennen. Er unterschrieb sich in seinen kleinen Briefen »August Goethe«, ohne das Adelswörtchen des Vaters; seine Mutter aber hieß Mamsell Vulpius: fand sich kein Grobian, der dem Knaben zu verstehen gab, daß auch er vor dem Gesetze nur ein Vulpius war? In seines Vaters Hause war seine Mutter nicht die Dame, sondern eine Art Wirtschafterin. War auch er nur die Hälfte von einem Sohne?

Das Häuflein Vulpius war ausgeschlossen von der vornehmen Welt; es gehörte aber auch nicht zur Schicht der Handwerker, Diener und Bauern, die sich in ihren fest umschriebenen Rechten und Pflichten doch auch behaglich fühlen können. Sie standen zwischen den Klassen, etwa so wie die Schauspieler, die denn auch sehr oft ihre Gesellschaft ausmachten. August Vulpius, der einzige Mann der Familie, war ein Studierter und ein Schriftsteller; aber er blieb immer noch ein armer Teufel, der nach allen Fliegen schnappte und das Leben galanter Männer beschrieb, als mit den Skizzen aus dem Leben galanter Damen nichts mehr zu machen war. 1797 bekam er endlich ein Amt: er wurde Registrator an der herzoglichen Bibliothek. Mit ganzen hundert Talern im Jahre! Im nächsten Jahre hatte er freilich einen großen Erfolg: er ließ, diesmal unter angenommenem Namen, einen Räuberroman *Rinaldo Rinaldini* erscheinen, der ungeheuer viel Leser fand und in unzählige Sprachen, sogar ins Hebräische, übersetzt wurde. Aber von solchem Bücher-Umsatz floß zu jener Zeit in die Kasse des Verfassers so gut wie nichts. Goethe schätzte den stets bereitwilligen, gewandten und fleißigen Mann nicht gering; es fiel ihm jedoch nicht ein, so etwas wie einen Schwager in ihm zu sehen. »Auf diesen Brief müßten der Geh. Rath mit u m g e h e n d e r Post antworten,« so redet ihn Vulpius einmal in einer Familiensache an; »sonst bekömmt meine Schwester den Brief nicht Donnerstags, wo sie doch Ihre Entschließungen wissen muß.« Und der Schluß lautet: »Ich bin Ew. Excellenz unterthänigster Diener E. A. Vulpius.« Dabei war dieser untertänigste Vulpius doch von Goethes Sohne der Oheim und der einzige männliche Verwandte!

Ebenso wenig rechnete sich Christiane in eine Klasse mit dem berühmten Herrn, der in Kosestunden mit ihr scherzte. Er war ihr Geliebter, aber mehr noch ein gütiger Vater: sie vertraute ihm völlig, war ihm höchst dankbar, hatte aber eine kindliche Scheu und Ehrfurcht vor ihm. »Deine beiden Kinder,« nennt sie Augustchen und sich selber; und sie erklärt: »Du bist unser lieber Vater, der uns immer so gerne Freude macht.« Er sagte immer Du zu ihr; sie redete ihn mit Sie an, wenn jemand um den Weg war. Dies Sie floß ihr aber auch in ihre Briefe unwillkürlich ein, sogar bei Liebesworten: »Wenn Sie nicht bei mir sind, so sehe ich recht, wie lieb ich Sie habe.« Vor andern Leuten zeigten sie sich höchst selten zusammen; draußen ging jeder seine eigenen Wege, und im Hause kam Christiane nicht hervor, wenn Fremde oder Freunde bei Goethe Besuche abstatteten. Hatte er Tischgäste, so aß sie »hinten«.

Immer wieder beschlich sie die Furcht, daß sie eines Tages mit ihrem Knaben aus diesem Hause fortgehen müsse, denn der Geheime Rat konnte sich ja immer noch zu einer standesgemäßen, reichen Heirat entschließen. Es wurden ihr einige Male von bösen Menschen Andeutungen gemacht: jetzt sei es so weit; zum Beispiel damals, als Goethe Kutsche und Pferde anschaffte. Da er so viel abwesend war, konnte sie auch nie recht wissen, welche Bekanntschaften er machte und wie es mit seinem Herzen stand.

Aus solchem zweideutigen, ungeregelten Zustande erwachsen immer neue Verlegenheiten und Übel. Die Mätresse hat keinen Mann, der sie ausführt, sie draußen in der Welt beschützt. Und wo findet sie, die ihr Nächster im Stiche läßt, sonst gute Gesellschaft? Christiane aber ging viel unter die Leute. Goethe nannte sie sein »kleines Naturwesen«; er hätte statt an die Natur auch an das Volk, an die gewöhnliche, naive Menge denken können. Sein gutartiges Schätzchen tat zuerst gegen ihn, gegen das Söhnchen, gegen den Haushalt ihre Geduldigkeit; danach aber wollte sie sich das Leben schön machen, und zwar gründlich und kräftig. Ihr Herr und Freund ließ ihr viel Freiheit und gab ihr die nötigen Mittel: ein Narr, wer sich erlaubte Genüsse versagt! Christelchen putzte sich also auf, zum Neid-Erwecken, und zog hinaus mit der Schwester, dem Söhnchen, den Schauspielerinnen oder andern Freundinnen, überall hin, wo etwas los war. Im Winter Schlittschuhlaufen und Schlittenfahren, im Sommer zu Fuß und zu Wagen; auch das Reiten lernte sie. Es ging in allerlei Dörfer, zuweilen auch nach Jena, Rudolstadt, Naumburg und Erfurt. Und sie aß und trank überall, was es Gutes da gab; sie tanzte eifriger als irgend jemand und lachte und jubelte lauter. Im Theater, auf den Redouten, auf Jahrmärkten: überall fiel Mamsell Vulpius auf; überall brachte sie die bösen Zungen in Bewegung durch ihre Glückseligkeit. »Was solche Lebensart für Geld verschlingt!« redeten die Leute. Zum Tanzen braucht man Tänzer, und einen guten Tänzer liebt man: wie weit geht dann die Liebe bei so einem Frauenzimmer, deren Gönner viele Wochen lang verreist ist? Bald waren es Schauspieler, bald Studenten, und immer sehr junge Männer, unter denen sich die Mamsell bewegte. Man sah, wie sie Wein und Punsch trank; man sah ihr ausgelassenes, man hörte ihr lautes Treiben, Rufen, Schreien, Jubeln; man sprach also von Betrinken. Christiane tat keinem Menschen etwas Böses, und ihre Nächsten waren zufrieden mit ihr; aber ihr Ruf wurde schlechter statt besser.

Die Freunde und Freundinnen Goethes beklagten einmütig, daß dieser hohe Geist mit einer solchen gemeinen Person verbunden war. Sie glaubten nicht, daß er sie wirklich liebe, sondern nahmen an, daß er sie aus einer weichlichen Gutmütigkeit immer länger in seinem Hause behalte. Goethe, so sagten sie unter einander, leide unter seinen häuslichen Verhältnissen selber und tue es mit klarem Bewußtsein, aber er habe nicht die Kraft, das harte, entscheidende Wort zu sprechen. So etwa hätte Schiller sich ausgedrückt; einige, wie Frau von Stein, gingen in ihrer Klage und Anklage weiter. Sie glaubten, daß Goethe durch die Magd, mit der er lebte, auch innerlich herabgestiegen sei: zum Materiellen, zum grobsinnlichen Genuß. Er wurde jetzt dick und zwar in häßlicher Weise dick, wie auch sein Christelchen sich immer kräftiger rundete. Gut und viel essen, gut und viel trinken: dazu mochten sich die beiden gegenseitig ermuntern.

Wer nun aus alter Liebe zu Goethe auch Goethes Knaben liebte, mußte wohl für dessen Entwicklung bangen. Essen und Trinken, Liebeln und Tanzen, alle Vergnügungen aufsuchen, die es gibt: Das konnte ihm gar leicht zum Lebensinhalt, zum Lebenszweck werden. Früh genug hineingezogen wurde er ja. Zum Beispiel ins Weintrinken. Sein Vater erklärte Kaffee und Tee für Gifte; er gebrauchte auch keinen Tabak, weder zum Rauchen, noch zum Schnupfen; im Wein aber schien er keine Gefahr zu ahnen, auch für die Seinen nicht. Christiane war darin seine gelehrige Schülerin; nichts von ihm eignete sie sich so rasch an wie sein Weinverständnis; sehr bald sprach und schrieb sie vom Wertheimer, Malaga, Champagner, Ofner, auch von Bischof und anderen Likören als Kennerin. »Mein Mägelchen thut mir gewaltig wehe, wenn ich keinen trinke,« erklärte sie für ihre Person, und als Dr. Stark in Jena Goethen ärztliche Ratschläge gegeben hatte, half sie nach: »Dem seiner Meinung bin ich gewiß auch, daß Du nicht so wenig Wein trinken sollst und Champagner besonders.« Ihr August stand im siebenten Jahre, als ihr Goethe von Jena eine Art Brezeln schickte, die ihr und dem Knaben, »von Zeit zu Zeit, mit einem Gläschen rothen Wein genossen, [...] wohl schmecken und bekommen« würden. Und als Christiane ein Jahr später mit Augustchen die anstrengende Fahrt von Frankfurt nach Weimar zurücklegte, schrieb sie unterwegs: »An was ich mich und das Bübchen erhole, ist der Wein, den ich im ›Weißen Schwan‹ habe mitgenommen, und Semmeln.«

Man konnte den Bedenklichen antworten, daß ein Mann wie Goethe seinem Sohne schon den Weg bahnen und auf eine ernste Erziehung zur rechten Zeit bedacht sein werde. Gewiß! Aber was würde aus dem Knaben, wenn Goethe starb und Christiane allein die Leitung bekam?

Der Vater unterließ es nicht, seinen Sohn, der nun die Kinderschuhe austrat, in die beste Gesellschaft einzuführen, ihn bei Männern und Freunden zu empfehlen. Zu den Mitteln und Mittelchen solcher Verbindung gehört das Stammbuch. Goethe schenkte eins seinem Knaben im Dezember 1800, also zu der Zeit, wo August das elfte Jahr vollendete; es war ein starkes, feines Buch, durchaus nicht dazu bestimmt, daß sich Augusts Spielgefährten darin verewigen sollten; vielmehr schrieb der Vater dem Söhnchen vor, wem das Buch zu überbringen sei. Zuerst nannte er den Hofrat Schiller und die Frau von Stein: und ehe der Dezember verfloß, hatten sie sich eingetragen.

Zuerst Schiller:

Holder Knabe, dich liebt das Glück, denn es gab dir der
Güter
Erstes, köstlichstes – dich rühmend des Vaters zu freun.
Jetzo kehrst du nur des Freundes liebende Seele,
Wenn du zum Manne gereift, wirst du die Worte verstehn.
Dann erst kehrst du zurück mit neuer Liebe Gefühlen,
An des Trefflichen Brust, der dir jetzt Vater nur ist.
Laß ihn leben in dir, wie er lebt in den ewigen Werken,
Die er, der Einzige, uns blühend unsterblich erschuf.
Und das herzliche Band der Wechselneigung und Treue,
Das die Väter verknüpft, binde die Söhne noch fort.

Sodann Frau von Stein:

Muntrer Knabe! wohl du sammlest dir in diesen Blättern ein Weisheits, Muthwills, Scherzes Sprüche, auch hertzliche dabey: könt ich dir doch einen geben, der als Talisman dir diene, fest zu halten goldne Träume, froher Jugend zugesandt, und daß beym Erwachen bliebe dir die Wirklichkeit noch schöner, Guter Knabe! o wie gerne schenkt ich dir den Talisman.

In diesem Jahre 1800 tat Goethe den Seinen den Schmerz an, daß er nicht einmal zum ersten Weihnachtstage, zu Augusts Geburtstage, seine Arbeitsstube im Jenaer Schlosse verließ; er sandte dem Sohne nach Weimar zum Geschenk ein Theater, an dem er selber mit gemalt hatte. Aber am zweiten Tage des Festes fuhr sein Wagen doch noch vor. Er hatte in Jena eine Erkältung verspürt, sie aber mit starken Mitteln zunächst vertrieben.

Am ersten Tage des neuen Jahrhunderts erkrankte er von neuem, und etwa vom 5. Januar an war er schwer, ja auf den Tod krank. Sein Ableben wurde erwartet. »Es ist ein Krampfhusten und zugleich die Blatterrose«, schrieb Frau von Stein am 12. Januar ihrem Fritz; »er kann in kein Bett und muß in einer immer stehenden Stellung erhalten werden, sonst will er ersticken. [...] Die Schillern und ich haben schon viele Tränen die Tage her über ihn vergossen.«

Am 14. Tage meldet sie, daß es besser gehe. »Nur ist er sehr traurig und soll drei Stunden geweint haben. Besonders weint er, wenn er den August sieht. Der hat indessen seine Zuflucht zu mir genommen. Der arme Jung dauert mich; er war entsetzlich betrübt; aber er ist schon gewohnt, seine Leiden zu vertrinken. Neulich hat er in einem Klub von der Klasse seiner Mutter siebzehn Gläser Champagnerwein getrunken, und ich hatte alle Mühe, ihn bei mir vom Wein abzuhalten.« Wieder einige Tage später war die Macht der Krankheit gebrochen. Am 1. Februar schrieb Goethe selber seiner alten Mutter, sogar mit eigener Hand, daß es ihm wieder ganz leidlich gehe. Und er lobte seine Nächsten. »Wie gut, sorgfältig und liebevoll sich meine liebe Kleine bey dieser Gelegenheit erwiesen werden Sie sich dencken, ich kann ihre unermüdete Thätigkeit nicht genug rühmen. August hat sich ebenfalls sehr brav gehalten und beyde machen mir, bey meinem Wiedereintritt in das Leben viel Freude.«

Wenn der Genesende sich von seinem Sohne jetzt das neue Stammbuch reichen ließ, so konnte er eine dritte Eintragung darin lesen: von seinem nächsten Amtskollegen Voigt, dem eigentlichen Verwalter des Herzogtums. Es war eine unpersönliche Lehre an jedermann:

> Weißt du was Gutes zu thun, verschieb
> es nicht, denn du weißt nicht,
> Ob du morgen vermagst, was du
> noch h e u t e vermocht!

Goethe hatte bisher noch immer versäumt, dem Sohne seinen eigenen Namen und die Vorteile des Adelstitels zuzuwenden; jetzt nach erlebter Todesdrohung, durfte er es nicht länger aufschieben. In aller Form wandte er sich nun an seinen Landesherren und guten Freund, um »Höchstdero Menschenliebe in einem besonderen Falle ehrfurchtsvoll anzurufen. Ich habe einen natürlichen Sohn, August, dessen Wohlfahrth ich auch in Ansehung seiner bürgerlichen Existenz auf die Zukunft gern sichern möchte. In dieser Betrachtung halte ich mich sogar verpflichtet, Ew. p hierdurch unterthänigst zu bitten, denselben propter natales mit einem Legitimations-Decret zu begnadigen. Höchstdieselben werden dadurch eines jungen Menschen Glück auf die Zukunft bestätigen«.

Durch ein Reskript vom 15. März wurde Augusts Legitimation ausgesprochen.

Goethe gab sich in Weimar mit seinem Sohne gewöhnlich nur in den Abendstunden ab; auf Reisen aber waren sie fast den ganzen Tag zusammen. Wir kennen Augusts Aufenthalte in Ilmenau und Jena; auch nach Leipzig zur Messe ließ ihn der Vater einmal mit seinem Mütterchen nachkommen. Als nun dieses Jahr 1801 Goethe nach der gefährlichen Krankheit sich zu einer gründlichen Erholung und Kur entschloß, nahm er den Sohn zum ersten Male auf eine lange Zeit: beinahe zwölf Wochen mit. Göttingen und Pyrmont waren die eigentlichen Ziele; Kassel kam als drittes hinzu. Am 5. Juni fuhren sie in die weite Welt; Vater, Sohn und Geist – denn es fügte sich, daß Goethes »rechte Hand«, der Schreiber, dessen er stets bedurfte, Geist hieß.

Auf solchen Reisen zeigte sich Goethe erst recht als der große Lehrer, der er war. Nicht bloß, weil er dann Zeit und Neigung hatte, Fragen zu beantworten, sondern weil er selber beständig die Augen offen hielt, überall etwas Neues und Merkwürdiges entdeckte und selber immer auf das Erfragen, Erkennen, Einordnen, Verstehen eifrig bedacht war: seine Begleiter lernten mit ihm. Und er, der in mancher Stunde vielleicht tief ins Denken und Dichten versunken wäre, ward hingegen von dem Begleiter immer wieder zum Beobachten und

Erforschen angeregt. Saß ein Knabe neben ihm in der Kutsche, so fühlte er sich gleichsam verdoppelt. Er sah und genoß die Natur zugleich mit den Organen der aufblühenden Jugend und denen des erfahrenen Alters. »Gleich die ersten Meilen waren mir höchst erfrischend«, erzählte Goethe später gerade von dieser Reise. »Ich mochte gern die Folge der Gegend, die Abwechslung der Landesart bemerken, nicht weniger den Charakter der Städte, ihre ältere Herkunft, Erneuerung, Polizei, Arten und Unarten. Auch die menschliche Gestalt zog mich an und ihre höchst merkbaren Verschiedenheiten.«

Ein alter Gelehrter kann mit einem jungen Guckindiewelt im Wissenschaftsbetriebe zusammentreffen und Hand in Hand arbeiten, sobald es merkwürdige Dinge zu »sammeln« oder irgendwo in der freien Natur aufzusuchen und zu entdecken gibt. So war es bei Goethe und August oft der Fall. Bald riß dann der Vater den Sohn, bald auch der Sohn den Vater mit fort. »Als der Knabe vernahm,« erzählt Goethe wiederum, »daß von den vielgestaltigen Versteinerungen der Heinberg wie zusammengesetzt sei, drängte er mich zum Besuch dieser Höhe, wo denn die gewöhnlichen Gebilde häufig aufgepackt, die seltnern aber einer spätern emsigen Forschung vorbehalten wurden.« Das war eine Fahrt von Göttingen aus; von den Pyrmonter Wochen aber lesen wir: »Mich und besonders meinen Sohn überraschte höchst angenehm das Anerbieten des Rektors *Werner* uns auf den sogenannten Krystallberg hinter Lüde zu führen, wo man bei hellem Sonnenschein die Äcker von tausend und aber tausend kleinen Bergkrystallen widerschimmern sieht.«

Aber sogar wenn sich Goethe mit den Göttinger Professoren und andern Gelehrten besprach, was für ihn ein Hauptzweck seiner Reise war, ging der Knabe nicht leer aus. Mancher Pedant kehrte seine angenehmere Seite heraus, weil ihn Goethe aufsuchte, und brachte dies und das hervor, was auch den Knaben beschäftigen konnte. Den Naturforschern und

Länderkundigen fiel das nicht schwer, aber auch die Bibliothekare haben ihre Kuriositäten, und selbst der alte Philologe Heyne holte große Köpfe homerischer Helden herbei, die der »römische Tischbein«, ein vormaliger Freund Goethes, entworfen hatte. August trug sein Stammbuch bei sich und bekam ein halb Dutzend Göttinger Berühmtheiten: Blumenbach, Hugo, Sartorius, Meiners, Hoffmann und Richter, hinein; er nahm auch sonst allerlei mit. »Ich hoffe,« so trug sich der Philosoph Meiners ein, »meinen lieben kleinen Reisegefährten, und dessen vortrefflichen Vater bald wieder in Goettingen zu sehen, und dann mit demselben unsre übrigen schönen Gegenden zu besuchen.«

Kurz, diese ganze Ferienzeit verlief für Vater und Sohn genußreich. Beide konnten auch miteinander zufrieden sein. Viel zu Stande bringe er zwar nicht, schrieb Goethe an Schiller nach den ersten Tagen in Göttingen, aber er klagte keineswegs darüber. »Schon jetzt fühl ich wie sich mein Geist bei Betrachtung dieser Zustände aufheitert. Mein Reisegefährte August [...] ist auch Schuld an meinem mindern Fleiß indem er mich zerstreut und manche Betrachtung ableitet doch ist er sehr glücklich er gewinnt in manchem Sinne und auch mein Verhältnis gegen die Menschen wird durch ihn gelinder und heiterer als es vielleicht außerdem hätte sein können.«

Von Pyrmont berichtete er an Christianen, daß es ihren beiden Geliebten recht gut gehe. »August ist sehr glücklich. Das lange Schlafen, Spazierengehen, ein wenig Wasser-trinken, Kirschen- und Erdbeeren-essen, Baden u. s. w. bekommt ihm fürtrefflich [...]. Übrigens denken wir sehr oft an Dich, und August trinkt täglich Deine Gesundheit.« Dann zum Schluß der Pyrmonter Kur: »August hat sich gar artig betragen und hat mir viel Freude gemacht, Du wirst Dich über ihn verwundern, wenn Du ihn wiedersiehst.« Und als sie wiederum in Göttingen waren: »August ist gar lieb und gut und macht mit allen Menschen Freundschaft, Du wirst Dich recht freuen, wie er zugenommen hat«.

Das Wiedersehen geschah in Kassel, wohin Christiane mit ihrem Hausgenossen, Professor Meyer, den Reisenden entgegenkam. Fünf schöne Tage verlebte man dort; zwei weitere in Eisenach. Am 26. August hatte der Knabe die ungewohnte Freude, die Heimat in ihrer ganz besonderen Traulichkeit zu empfinden. »Wie er die Thürme von unserm alten Weimar wieder sahe, so war er ganz ausgelassen«.

Alles schien wieder im besten Geleise. Der Vater war wieder leidlich gesund, und der Sohn nahm zu in der Gunst der Menschen. Die Briefe des Zwölfjährigen an den nach wie vor in Jena arbeitenden Vater berichten auch von seinen gesellschaftlichen Erfolgen. »Morgen bin ich bei dem Herrn Legationsrath Schmidt gebeten, um den Geburtstag der Mechtilde mit zu feiern.« Oder: »Der Ball bei dem Prinzen ist am Sonnabende sehr gut abgelaufen. Wir fingen um 5 Uhr an zu tanzen, und einige Musici aus der Capelle machten Musik. Unsere Tänzerinnen waren: zwei Comtessen von Egloffstein, die jüngste Imhof, die kleine Schumann; die Tänzer aber die beiden Egloffsteine, Graf Marschalls Theodor, Steins Dieterich, ich, Böhme und Schumann. Die Herzogin und die Prinzessin sahen uns einige Zeit zu, ich konnte ihnen aber meine Tanzkünste nicht zeigen, weil ich keine Dame hatte. Das Confect und die Aepfeltorte haben mir sehr behagt. Um 9 Uhr war der Ball zu Ende.«

Kaum war August dreizehn Jahre geworden, als er in Weimar schon in der feinen Gesellschaft entbehrt wurde, weil er den Vater in Jena besuchte. »Die Frau Gräfin läßt Dich bitten,« schrieb Christiane zum Vater hinüber, »daß August ja den Donnerstag da wäre, weil sie sonst die Quadrille nicht tanzen könnten, wenn sie nicht vorher probirt hätten.« Und bald konnte August wieder von seinem Feste bei Hofe berichten. »Gestern war bei dem Prinzen eine Redoute. Der Prinz stellte einen Wilden vor, Staff einen Türken, Marschall einen französischen Bauer, Böhme einen Savoyarden, Stein einen Römer,

Egloffsteins Karl einen Ritter und Heinrich einen Gärtner, Schumann den Jon und ich einen Spanier. Die jüngste Imhof machte ein Gärtnermädchen, die 1. Comtesse von Egloffstein eine Türkin, die 2. eine Spanierin und die 3. ein Opfermädchen; die Schumannin hatte griechische Tracht.« Das schrieb er am 10. Februar 1802; nach drei Tagen schon wieder: »Sie werden nicht unwillig sein, wenn ich Ihnen sage, daß ich gestern auf der Redoute gewesen bin. Ich habe zwei englische Tänze mit meiner Tante Ernestine und der Actuarius Rentschin getanzt.«

August belustigte sich abwechselnd in den Kreisen der Mutter und in der feinen Welt, zu der er durch den Vater gehörte. Er war ein schöner brauner Knabe – die einst so entschieden goldigen Locken hatten sich längst dunkel gefärbt – und als man dies Jahr zu einem Maskenzuge bei der Herzogin Geburtstag einen Amor brauchte, ward August Goethe dazu gewählt. Darüber ward dann freilich geredet, daß gerade »ein Kind der Liebe« die Liebe darstellen und der Herzogin Verse hatte überreichen dürfen. »Die Leute sagen, das sei unrecht gewesen,« schrieb Frau von Schardt an ihren Neffen Fritz von Stein; »ein Kind der Liebe hätte nicht dürfen als Amor unter honetten Leuten erscheinen.« Aber auch sie fügte hinzu: »Er ist ein gutes Kindle.«

Als den Winter-Lustbarkeiten die ersten Frühlings-Vergnügungen gefolgt waren, fand sein Vater, daß der Dreizehnjährige jetzt wohl konfirmiert werden könnte. Goethe stand sich nicht mehr gut mit seinem vieljährigen Lebensgenossen Herder, aber in dieser Formsache durfte er auf ihn rechnen: Herder konnte sehr weich und freisinnig sein. Am 26. April (1802) bat Goethe ihn schriftlich um ein gelindes Verfahren; vermutlich hatte Heinrich Meyer den Antrag schon mündlich vorgebracht. »Du willst, verehrter, alter Freund, die Gefälligkeit haben meinen Sohn in die christliche Versammlung einzuführen, auf eine liberalere Weise als das Herkommen vorschreibt. Ich danke dir herzlich dafür und freue mich daß er den, für Kinder immer apprehensiven, Schritt, an deiner Hand, auf eine Weise macht, die mit seiner gegenwärtigen Bildung zusammentrift. Er wird sich dir, mit seinem Lehrer, nächstens vorstellen, empfang' ihn freundlich und ordne alles nach Gefallen, indem du meiner gedenckst.« Am nächsten Tage sollte August zu Herder gehen, oder vielmehr zum »Herrn Präsidenten des Konsistorii«, wie Herder jetzt betitelt wurde; es paßte aber nicht, weil er wieder einmal zum Prinzen geladen wurde, wo es viel Zuckerwerk, Bisquittorten und Apfelsinen gab. Am folgenden Donnerstage führte Herr Eisert dann seine beiden Schüler, August Goethe und Ernst Kästner, zum geistlichen Hirten. Herder examinierte gerade in der Kirche die gewöhnlichen Konfirmanden; man ging deshalb in die Kirche hinüber und hörte eine Weile zu. Dann erwartete man ihn im Hause. Als er endlich kam, zeigte es sich, daß Herder den Sohn Goethes nicht von Angesicht kannte! Er fragte ihn nach seinem Namen! Eisert berichtete, was er seinen beiden Zöglingen an Religionsunterricht gegeben habe, und Herder fragte, wie alt sie seien. Augusts dreizehn Jahre fand er hinreichend; Ernst Kästner aber war ihm zu jung. Als er jedoch hörte, daß August sich nicht gern allein konfirmieren lassen möchte, beschied er sie: sie sollten in die Vorbereitungsstunden kommen. Er wollte ihnen sagen lassen, wann sie abgehalten würden.

Den nächsten Eindruck nach Herder machte auf den Knaben die berühmte oder berüchtigte Elise Bürger, des einstmals so kraftvoll schaffenden Dichters unheilvolle dritte Frau. Sie reiste als Schauspielerin herum oder als Deklamatrice oder als plastisch-mimische Darstellerin und lebte eigentlich vom Ausgelachtwerden. In Weimar trat sie als Ariadne in dem alten Melodram von Brandes auf. Es sei vor Lachen nicht auszuhalten gewesen, berichtete Christiane nach Jena; Cordemann als Theseus sei gegen diese Dame wie ein Gott erschienen, und alle Zuschauer hätten gut begriffen, daß er Ariadne verließ. Auch August urteilte: »Die Schauspielerin Elise Bürger gefiel mir am Montage als Ariadne gar nicht. Sie hatte ihren Rock weit über die Knie aufgesteckt und hinten eine lange Schleppe daran, welches nicht schön aussahe. Ihre Declamation war den Ohren sehr unangenehm; auch sprach sie traurige Dinge in einem freudigen Tone, so daß man mehr lachte, als gerührt wurde, zumal da ihre Action sehr ungeschickt war.« Viele Vorbereitungsstunden zur Konfirmation wurden offenbar nicht für nötig befunden. Am 12. Juni kam Goethe von Jena herüber; am nächsten Vormittage »wurde Augustchen confirmirt«. Im Tagebuch des Vaters heißt es weiter: »Mittag zu Tische: Hr. C. R. Günther, Hr. Pr. Kästner und Frau, Hr. Eisert.«

Das war der Abschluß von Augusts Kinderjahren.

Manches Jahr später sprach der alte Landesvater einmal über August Goethes Erziehung. »Etwas wild« nannte er sie.

III. Eintritt in die Jünglingsjahre
1802–1805

Der Eintritt in die Jünglingsjahre bedeutet bei tüchtigen Knaben auch ein selbständiges Greifen nach neuen Idealen oder doch eine freie und eigene Annahme der von den Eltern und Lehrern überlieferten geistigen Neigungen und Richtungen. Die Frage des künftigen Berufs und Lebenszwecks verlangt nach Antwort; sie erweckt also viele Gedanken. Zwar sieht der junge Mensch noch allerlei Zwang und Leitung vor und um sich, aber er wird doch lockerer gelassen als früher, öfter auf eigene Wahl verwiesen und bekommt einen gewissen Spielraum für seine eigene Betätigung. Da er im Begriff steht, ein Mann zu werden, fühlt er sich berufen, auch über die Ordnung und Zwecke der Gesellschaft, in die er eintritt, nachzudenken und mitzureden. Ganz abgesehen davon, daß das Zielsetzen und Ideal-Bilden zum körperlichen und geistigen Wachstum gehört.

Für welche hohen Dinge begeisterte und erwärmte sich der neue Jüngling August Goethe?

August war eben im Christentum »befestigt« und in die »christliche Gemeinde« eingetreten. Das bedeutete: nichts. Tote Formeln! In Weimar wirkte Herder seit einem Vierteljahrhundert als oberster Geistlicher; aber auch hier war die lutherische Kirche unkräftig, ein Überrest der Vergangenheit, ohne neue Lebenssäfte und -triebe. Ein früherer Freund Goethes, Graf Friedrich Stolberg, war kürzlich katholisch geworden; das war vielleicht ein erstes Zeichen einer neuen christlichen und kirchlichen Bewegung. Zunächst dachte jedoch in Stadt und Land Weimar niemand daran, in der katholischen Kirche zu suchen, was die lutherische nicht bot.

Augusts Vater galt jetzt für den größten Dichter in deutscher Sprache. Diese Sprache war im letzten Menschenalter erstaunlich gediehen, verbessert, zu Kraft und Ehren gekommen; man konnte jetzt stolz sein auf deutsche Literatur und Wissenschaft. Aber es gab keine deutsche Nation, und der Begriff »Deutschland« war höchst unbestimmt. Aus grauen Zeiten war da ein deutsches Reich; der Herrscher Österreichs, Franz der Zweite, trug den Titel eines deutschen Kaisers. Aber in diesem sehr altersschwachen Gebilde fand sich nur dann noch ein wenig Kraft zusammen, wenn es etwas Törichtes oder Schlechtes zu tun galt. Vor zehn Jahren hatten sich die deutschen Fürsten in die Angelegenheiten der Franzosen gemischt; die Revolutionäre hatten sich wider Erwarten tapfer gewehrt und herrschten nun bereits in großen Teilen Deutschlands; ihr Führer Bonaparte schien unwiderstehlich zu sein; auch im übrigen Deutschland hatten die Fremden längst mehr Einfluß als die Deutschgesinnten. Eben jetzt verhandelte eine »Reichsdeputation« über das künftige Schicksal der kleineren Reichsmitglieder, und es war deutlich genug, daß man dabei Recht und Gerechtigkeit ebenso mißhandelte wie die Bedürfnisse des ganzen, des »heiligen« römischen Reiches deutscher Nationen. Kurz, alle Gedanken an das deutsche Volk als Nation waren verdrießlich; nirgends zeigte sich ein Lichtblick. Die Untertanen waren ohnmächtig; unter den Fürsten der größeren Staaten war keiner, den man sich als Führer zu einer besseren Zukunft denken konnte.

Vor wenigen Jahren noch hatten sich deutsche Patrioten und Idealisten an der Aussicht erfreut, daß die große französische Neugestaltung aller politischen und gesellschaftlichen Zustände auch auf Deutschland übergreifen und alles Schlechte und Überlebte wegfegen werde. Ganz allmählich war diese Hoffnung erstorben; der Verlauf der Revolution befriedigte schließlich niemand mehr, und das an ihre Stelle tretende sehr erfolgreiche Militär-Regiment erregte zwar Bewunderung, aber noch mehr Unbehagen.

Man mußte also seine Ideale auf die kleineren Bezirke der Heimat und des Berufes einschränken. August Goethes Ziel war von vornherein gegeben; er hatte in den Dienst desselben Fürsten zu treten, der schon seinem Vater der freundlichste Gönner gewesen war. Schwierigkeiten waren da nicht zu überwinden; auf Examina und große Gelehrsamkeit kam es nicht an; der Sohn des Staatsministers würde früh in ein Anfangs-Amt kommen, und dann hatte er sich als fleißiger, redlicher und geschickter »Geschäftsmann« zu erweisen, um gleichfalls hoch zu steigen.

Beamten-Tüchtigkeit ist gewiß nichts Geringeres, aber der Idealist möchte noch ein Weiteres für den Staat leisten; er möchte an der Aussicht über das Ganze, an wichtigen Entschlüssen für das Wohl des Volkes, an der Prüfung neuer Ziele beteiligt sein. Denn was hilft die gute Ausführung eines einzelnen Dienstes, wenn die oberste Leitung des Ganzen im Argen liegt? Für solche Anteilnahme war nun aber in Ländern wie Weimar und Eisenach gleichfalls kein Raum. Die Sorge für das Ganze trug ein Einziger, der angeborene Fürst; es stand bei ihm, ob er die Meinungen seiner Diener – denn *das* waren auch die Beamten in den höchsten Stellen – anhören und beherzigen wollte. Durch die Eigenschaften des Fürsten ward also die gesamte Verwaltung des Landes bestimmt, und auch der beste Beamte konnte daran nichts ändern. Er konnte etwa an seiner Stelle sparsam wirtschaften, aber wenn der Herr zur Verschwendung neigte, so floß sein Erspartes nur zu kostspieligen Liebhabereien hin, die dem braven Beamten vielleicht ein Greuel waren.

Der werdende Jüngling August Goethe sah also gar keine Hindernisse auf seinem künftigen Wege, aber auch keine Felsenhöhen, die ihn anlockten und zur stärksten Anstrengung, zur tapfersten Selbstüberwindung reizen konnten. Vor ihm lagen die Freuden und Unterhaltungen des jungen Mannes, die gemeineren und die edleren. Und wenn ihm wie allen Schülern die Geschichte von Herkules am Scheidewege vorgelegt wurde, so blieb ihm bei der Anwendung auf sich selbst doch nur die Wahl zwischen dem gröberen und feineren Genuß.

An dieser seiner Lage änderte auch sein berühmter Vater nichts. Goethe war längst ein Entsagender oder, anders ausgedrückt: ein Ungläubiger. Zu der Zeit, von der wir handeln, fing Schiller einmal einen Satz an: »Wenn Goethe noch einen Glauben an die Möglichkeit von etwas Gutem und eine Konsequenz in seinem Tun hätte,« und klagte, dieser Freund lebe in einer bloßen Beschaulichkeit. Von seinem Vater konnte August Klugheit und Weisheit lernen, Ordnung und Sorgfalt, ferner ein Honigsaugen aus den Wissenschaften und Künsten, ein feines Genießen der Natur und sogar des verworrenen Menschentreibens, ein Sichfügen in das Unvermeidliche, ein Verachten alles unechten, hohlen, unredlichen, scheinenden Wesens und namentlich ein Sich-Reinhalten von Neid, Mißgunst, Habsucht, Ehrgeiz, Herrschsucht und anderen Trieben oder Gefühlen, die so leicht zur Anwendung schlechter Mittel verführen. Aber den Jugendglauben an ein erlangbares Herrliches und den Willen, seine Kraft und, wenn es sein mußte, sein Leben einer höchsten Aufgabe zu weihen, konnte der Jüngling, wenn dergleichen nicht in ihm selber erwuchs, auch vom Vater her nicht gewinnen. Der Vater hielt sich von je zum Wahren, Guten und Schönen; darin wollte der Sohn ihm gewiß folgen; aber bei aller Ehrfurcht vor diesen Begriffen: sie entzünden selten ein großes Feuer. Gott, Freiheit, Vaterland: Das gibt einen mächtigen Dreiklang! Aber um 1802 ertönte er noch nicht.

Nach der Konfirmation verlebte August mit dem Vater und der Mutter eine schöne Ferienzeit in dem kleinen Badeorte Lauchstädt, wo die weimarischen Schauspieler alljährlich einige Monate vor den Badegästen und vor den Studenten und Philistern aus Halle spielten. Dies Jahr wurde ein neues Schauspielhaus dort eingeweiht, und es ging besonders festlich und fröhlich zu. Die Nähe von Halle veranlaßte den Vater, diese

Universität und ihre Gelehrten nun ebenso genau kennen zu lernen, wie er es voriges Jahr mit Göttingen getan; er nahm seinen August mit, damit er mit neuen vortrefflichen Menschen bekannt werde und die für ihn passenden Stückchen Wissenschaft mit fortnehme. Der große Philologe Friedrich August Wolf, ein ebenso geistreicher wie gelehrter Mann, war der Berühmteste dort; er trieb gern seinen Spaß mit Goethes Sohne. Ebenso besuchte man den Kanzler Niemeyer in den bekannten Franckeschen Stiftungen, den Kapellmeister Reichardt in seinem großen Garten auf Giebichenstein, und natürlich auch die Naturforscher und ihre Sammlungen. August hatte selber schon eine nicht geringe Stein-Sammlung und konnte über mineralogische Dinge Bescheid geben. Hier in der Salinenstadt, wo auch manche Bergwerke nahe lagen, bekam er viele neue Stücke geschenkt oder im Tausch; auch versteinerte Abdrücke von Urweltpflanzen gewann er. Als im Dezember Professor Meyer das Goethesche Haus verließ, in dem er nun zehn Jahre seine zweite Heimat gehabt hatte – jetzt gründete er sich mit einem Fräulein von Koppenfels ein eigenes Heim – erbte August sein Zimmer, und da war es ihm eine Hauptfreude, daß er nun erst seine mineralogischen Schätze in gehöriger Übersicht ausbreiten konnte. »Er ist noch immer passionirt für dieses Fach«, schrieb Goethe damals an Professor Sartorius, einen Göttingen Wandergefährten, »und ich bin neugierig ob er einmal Ernst aus diesem Spiele machen wird.«

Auch bei andern naturwissenschaftlichen Liebhabereien und Forschungen stand August neben dem Vater. Er fing Insekten und anderes Getier und beobachtete sie nach des Vaters Vorbilde. »Eine Betrübniß muß ich Ihnen auch sagen,« meldete er einmal nach Jena, nämlich: »daß unsere Schlange bei der Häutung gestorben ist.«

Vater und Mutter waren mit dem Sohne gleichermaßen zufrieden. »Der August ist sehr artig und recht freundlich mit mir«, lobte ihn die Mutter; »er ist so gefällig und zuvorkommend, als er noch nicht gewesen ist«. Und war Christiane allein verreist, so schrieb ihr Goethe, daß der August sich in der häuslichen Wirtschaft sehr tätig zeige: »Wir kommen fast nicht voneinander, und er ist gar unterhaltend und artig.« Wenn das Heumachen besorgt werden mußte – im alten Garten – so leitete es jetzt August ein und ereiferte sich, bis es trokken herein kam.

Seine Mutter ließ ihn in der Sommerhitze nicht baden und schwimmen, weil man oft von Unglücksfällen bei solchen Vergnügungen hörte; aber an allen Späßen in Lauchstädt mußte das liebe Kind teilnehmen. Christiane, die eine Kur nötig hatte, verbrachte dort einen großen Teil des Sommers von 1803; August war zehn Tage bei ihr. »August ist wegen seines Tanzens recht gelobt worden,« berichtete seine Mutter über einen Nachmittag; »abends gab der Cassir, August zu Ehren, einen Punsch, und wir waren sehr vergnügt.«

Die Entwicklung des lieben Jungen machte gar keine Sorgen, und sein Vater gab nicht viel auf die Schulmeisterei. Wir wissen nicht, ob August in den ersten fünfzehn Monaten nach seiner Konfirmation einen richtigen Lehrer gehabt hat oder nur auf allerlei Gelegenheiten zum Lernen angewiesen war. Als der Vater ihn im Juli 1803 nach Jena mitnahm, schickte er ihn in das Kolleg des Mineralogen. »August setzt sich nun in die Lenzischen Stunden und beschäftigt sich sonst den Tag über, auf diese und jene Weise, daß er mir nicht zur Last fällt.« Der Vater war jetzt auch mit Johann Heinrich Voß, dem berühmten Homer-Übersetzer, in freundschaftlichen Verkehr getreten, denn dieser wohnte seit dem Herbst 1802 in Jena: vorher war er Rektor der gelehrten Schule zu Eutin gewesen. Goethe führte seinen Knaben dem alten Schulmanne zu und begehrte guten Rat über dessen künftige Erziehung. »Es war ein gar lieber lebendiger Knabe,« erzählte Vossens Witwe später. »Der Rath fand Eingang, daß er ihn früh gewöhnen müsse, sich in bestimmten Stunden zu irgend einem Zweck zu beschäftigen, und Rechenschaft von dem zu geben, was er aufgefaßt. Während des Aufenthaltes in Jena ward das Anerbieten, ihn täglich eine Stunde und auch wol länger zu beschäftigen, freudig aufgenommen. Ein paarmal ging dies zu gegenseitiger Freude, so lange die Sache dem Knaben noch ein Spiel schien. In der Folge schlief er das Buch vor sich habend ein. Voß erzählte dies Goethe mit Laune, und fügte hinzu: ›Ich will nicht bestimmen, ob die Schuld an mir oder an August liegt, denn wir haben beide Gefallen an einander.‹ Goethe meinte gleichfalls im scherzenden Ton, er könne es wohl bestimmen, denn er habe ähnliches schon an sich selbst und anderen erfahren. Der Knabe kam noch fortwährend zur bestimmten Stunde, war aber sichtbar froh, wenn Voß grade beschäftigt war und ihn zu mir schickte.«

Goethe wußte wohl, daß es so nicht sehr lange fortgehen dürfe. Aber er zögerte gern. Es war zu jener Zeit auch nicht leicht, den rechten Unterricht für einen derartigen Jüngling zu finden.

Im September 1803 blieben zwei Deutsche, die aus Italien kamen, in Weimar hängen: der ehemalige Maler und nunmehrige Kunstgelehrte Fernow und der Philologe Riemer. Friedrich Wilhelm Riemer, ein Schlesier aus Glatz, im dreißigsten Jahre stehend, war ein Schüler Wolfs in Halle gewesen und wäre gern selber Universitätslehrer geworden. Da seine Mittel für keine Wartezeit reichten, entschloß er sich zur geduldigen Ausarbeitung eines großen griechischen Wörterbuchs, nahm aber auch eine Hauslehrerstelle bei den Kindern von Goethes Freunde Wilhelm von Humboldt an, als dieser nach Rom reiste. Nach einem Jahr empfahl ihn dieser an Goethe; und Goethe glaubte, in dem gelehrten Riemer einen Mann zu finden, wie er ihn brauchen konnte. Er lud ihn ein, in seine eigene Hausgenossenschaft einzutreten. Riemer sah gerade keine bessere Aussicht, denn zu einem Schulamte hatte er keine Lust; also war er zu einem Versuche bereit.

»Herr Riemer [...] hat sich entschlossen diesen Winter bey uns zu bleiben«, berichtete Goethe dem Philologen Wolf, »und besonders den Unterricht meines Knaben im Griechischen und Lateinischen über sich zu nehmen. Sie kennen den lebhaften Knaben und wissen daß es mit seiner Kenntniß der alten Sprachen nicht sonderlich aussah, worüber ich zwar bisher manche Sorge hatte, dem Übel aber nicht abhelfen konnte. Nun glaube ich geborgen zu seyn und auch für mich persönlich nicht wenigen Vortheil von diesem Umgang zu haben.«

Dieser Umgang mit Goethe war begreiflicher Weise für einen Mann wie Riemer das eigentlich Anlockende. Er hatte selber neben gediegenen Kenntnissen im klassischen Fache ein poetisches Talent; seine Verse flossen leicht und gefielen ihrem Verfasser; also war er in Weimar unter dem Nachwuchs für die Berühmten wohl am rechten Platze. Allerdings mußte er oft für Goethe den Diktatschreiber oder Abschreiber machen; aber auch dabei kam es auf Rechtschreibung, Zeichensetzung und grammatische Feinheiten an, worin er sicherer war als der weniger geschulte Dichter. Und überdies würdigte ihn Goethe auch jeden Tag vertraulicher und gelehrter Gespräche; dann und wann, zum Beispiel bei Übersetzungen, kam es wirklich zur gemeinsamen Arbeit.

Riemer war ein bequemer, etwas schlaffer Mann, der mehrere Stunden später aufstand als sein Meister Goethe. Gegen die Freunde und angesehenen Gäste des Hauses zeigte er sich recht gefällig, ja betulich-herzlich. Er wuchs sich rasch zu einem Vertreter Goethes und auch in seiner Ausdrucksweise zu einem zweiten Goethe aus. Viele, die sich an den Meister wandten, hatten Ursache, auch dem Gehilfen um den Bart zu gehen. Andere sahen sich ungern von Riemer abgefertigt. Goethe schrieb höchst selten mit eigener Hand; nächste Freunde und Freundinnen bekamen von ihm Briefe, denen sie nicht recht absehen konnten, ob sie Goethe diktiert oder ob sie Riemer nach des Meisters Winken auch stilisiert habe. Aber er gehörte nun einmal zum Hause und war auch in Jena und sonst auf Reisen Goethes ständiger Begleiter.

Der Unterricht des vierzehn- und fünfzehnjährigen Knaben

mußte ihm neben den höheren Geschäften als Nebenaufgabe erscheinen. Riemer und August vertrugen sich gut, und dem Schüler dünkte sicherlich die griechische, lateinische und sonstige Wissenschaft, die er nach so langer Vernachlässigung erwarb, nicht klein. Der Vater war ebenfalls zufrieden, und Riemer dachte an kein Fortgehen. Die Verpflegung im Hause war reichlich, die Arbeit nicht übermäßig, die Zugehörigkeit zur gelehrten und vornehmen Welt angenehm.

Im Frühjahr 1804 nahm Riemer einmal Urlaub, um sein Wörterbuch in Jena, wo es gedruckt wurde, zu fördern; da vertrat ihn bei August der junge Heinrich Voß, ein Sohn des alten Johann Heinrich. Das war ein Enthusiast, er schwärmte geradezu für den Dichter Goethe, verehrte auch den Menschen Goethe wie einen halben Gott; mit Entzücken sprach er gegen einen seiner vielen Freunde nun auch von Goethes Verhältnis zu August: »Wenn Du doch einmal Zeuge wärest, mit welcher Liebe er diesen seinen einzigen Sohn liebt. Fünf Kinder sind ihm gestorben, und noch jetzt denkt er oft mit Rührung der Entschlafenen. [...] August war sehr krank, und acht Tage hindurch ist Goethe nicht von seinem Bette gewichen. Als er genesen war, stellte er ein Freudenfest an.«

Im Januar 1805 erkrankte der Vater Goethe aufs neue sehr schwer: Brustfieber und Krämpfe. Die Krankheit dauerte lange Wochen, und es kam wieder so weit, daß Frau von Stein einen Brief an ihren Fritz zurückhielt, um noch den guten oder schlimmen Ausgang der Krisis hinzuzufügen. Wiederum ward Dr. Stark aus Jena herübergerufen; er erklärte an einem Freitagabend: wenn der Kranke am Sonntag noch lebe, so sei Hoffnung. Am Sonntag schickte Goethe den August zur Frau von Stein: Stark habe ihn außer Gefahr erklärt.

Er genas jedoch nur zu einem kränklichen Leben. Schiller riet ihm, zu einer gründlichen Erholung nach Italien zu gehen: zu solchen großen Unternehmen konnte sich Goethe nicht mehr entschließen. »Der Geheime Rath«, so schrieb Christiane im April einem Freunde, »hat nun seit einem Vierteljahr fast keine gesunde Stunde gehabt und immer Perioden wo man denken muß er stirbt. [...] ich glaube die Ärzte kennen seine Krankheit nicht recht, oder es ist ihm nicht mehr zu helfen.«

Als diesmal die Zeit der Frankfurter Ostermesse heran nahte, fand sich ein Kaufmann, mit dem August recht gut reisen konnte, um die alte Großmutter zu besuchen. Am 4. April ging's von Weimar fort; am vierten Tage erreichten die Reisenden ihr Ziel. Und am nächsten Tage, den 8. April, meldete die Frau Rat nach Weimar Augusts Ankunft. »Das war gestern als ich um 9 uhr Abends nach Hauße kam eine gar liebliche Erscheinung – ich erkandte Ihn nicht Er ist sehr groß und hübsch geworden – gantz erstaund stand ich da als Er mir den so lieben Nahmen nandte Er schläft in der Stube neben mir – und ich hoffe es soll Ihm wohl bey mir werden – wollen sehen wie wir Ihm die Zeit verkürtzen – erstlich hat Er mit der Großmutter einerley Liebe zum Theater da habe ich Ihn nun gleich auf 18 Vorstellungen Meß abonement abonirt – zweytens hat die Urgroßmutter ein zimliches Talent im schwatzen das soll Ihn aufheitern«. »Heysa lustig ohne Sorgen so wie König Salomo« so gehe es jetzt bei ihr zu, berichtete sie vier Tage später. August besuchte alles Sehenswerte; wenn sie beide zu Hause waren und sich satt geplaudert hatten, spielten sie Schach oder klimperten auf dem Klavier, denn August trieb das Klavierspiel seit einigen Jahren, und die alte Dame liebte es sehr. Und so ging es vier Wochen lang. Überall wurde der junge Goethe herzlich aufgenommen, wo man Beziehungen zum Vater hatte, und er brauchte nicht einmal hinzugehen und sich vorzustellen. Der Geheime Rat Willemer sah ihn im Theater und kam andern Tages zur Frau Rat: »Ist das nicht der junge Goethe – ich habe Ihn an den Augen erkant«. Die Frauen lobten ihn noch mehr als die Männer. »Die Stockin ist gantz verliebt in Ihn,« berichtet die Großmutter; »Der Liebe junge hat was besonders glückliches in seiner Bildung alle die Ihn sehen lieben Ihn.«

Als August wieder abfahren mußte – mit demselben Kaufmann, der ihn hergeführt – gab ihm die Großmutter eine Bescheinigung seines Wohlverhaltens mit:

> Franckfurth d 2ten May 1805
>
> Ich endes unterzeichnete bekenne öffendtlich mit diesem Brief, daß Vorzeiger dieses Julius Augst von Goethe Sich währendt seines hiesigen Aufenthalt brav und Musterhaft aufgeführt; so daß es das Ansehn hat, als habe Er den Ring im Mährgen (Nathan des Weisen) durch Erbschaft an Sich gebracht der den der ihn besitzt angenehm macht vor Gott und Menschen – daß dieß bey oben erwähnten Julius Augustus von Goethe der fall ist bestättigt hiermit Seine Ihn Liebende Großmutter
>
> Elisabetha Goethe.

Schon am 6. Mai zeigte ihr der Sohn seine Freude über diese herzliche Aufnahme ihres Enkels; er bat sie, in seinem Namen allen zu danken, die gegen August liebreich waren. »Dieser erste Versuch in die Welt hinein zu sehen ist ihm so gut gelungen daß ich für seine Zukunft eine gute Hoffnung habe. Seine Jugend war glücklich und ich wünsche daß er auch heiter und froh in ein ernsteres Alter hinüber gehe.«

Als August gerade so recht in vollen Zügen sein junges Leben genoß, antwortete Fritz von Stein auf die Nachrichten, die Schillers Gattin ihm über Goethes sehr bedenklichen Zustand gegeben hatte. Er glaubte mit den andern, daß Goethe nicht mehr lange Widerstand leisten könne. »Sollte er sterben, so wird sein armes Kind einer Sippschaft anheimfallen, von der ich mein Kind nicht erzogen haben möchte. Doch vielleicht überzeugt er sich dessen und übergibt den Knaben fremden Händen.« Der junge Herr von Stein hatte einen Zorn auf Goethe, der ihm seit Jahren kein Zeichen des Anteils mehr gönnte und gerade ihm war eine Voreingenommenheit gegen die Familie Vulpius zu verzeihen. Er wußte auch, daß die Frau von Goethes bestem Freunde über diese »Sippschaft« ebenfalls nicht besser dachte.

Der einzige Mann in der Familie Vulpius, Augusts einziger Oheim, war zuerst vom Registrator zum Sekretär an der Bibliothek befördert worden; von 1805 an war und hieß er Bibliothekar. Nicht mehr ganz so arm wie früher, lebte er noch immer in knappen Verhältnissen. Seit 1801 war er verheiratet: mit Helene de Ahna oder Deahna aus Meiningen, und seit 1802 hatte er ein Söhnchen, das nach dem Helden seines volkstümlichen Werkes Rinaldo hieß. Von seinem großen Fleiße zeugten zahlreiche Arbeiten. Zu der ersten Schicht der weimarischen Gelehrten wurde er nicht gerechnet. Immerhin stieg sein Ansehen von Jahr zu Jahr. Seine Vorgesetzten schätzten ihn; auch hatte er gerade die Mannigfaltigkeit der Kenntnisse, die sein Amt erforderte.

Von seiner und Christianens Schwester Ernestine wissen wir, daß sie in Goethes Hause mithelfend lebte. Die Schneiderei scheint ihre besondere Aufgabe gewesen zu sein. Als sie im Alter der Blüte stand, verliebte sich ein in Jena studierender Herr von Lützow aus Ostfriesland in sie; Ernestine besuchte mit ihrer Schwester Christiane fleißig die Bälle in Jena, und Lützow kam auch manchmal nach Weimar herüber. Er schrieb an seine Mutter, daß er dies Mädchen, eine Verwandte Goethes, mit dessen Zustimmung heiraten wolle. Die Antwort aber war eine dringende Bitte an Goethe: er möge den leichtsinnigen, obendrein auch ganz unbemittelten Jüngling zur Vernunft zurückbringen; der Pastor des jeverländischen Ortes übermittelte sie im Namen der geängstigten Familie. Goethe riet dagegen, man möge den Herrn von Lützow nächste Ostern nach Hause kommen lassen und dort auf ihn einwirken. »Das Frauenzimmer hat, so viel mir bekannt ist, ihm nur in sofern einiges Gehör gegeben als die Einwilligung der Seinigen möglich scheinen konnte und wird sich immer so betragen haben um der Achtung ihres Freundes auf jeden Fall gewiß zu seyn.« Lützow reiste dann auch bald ab, und nun hatte Ernestine diesen schönen Traum ausgeträumt. Andere Enttäuschungen folgten; bald gedieh sie nicht mehr; sie magerte ab, während ihre Schwester immer dicker wurde, und schließlich war es ihr anzusehen, daß sie zum Tode welkte. »Ernestine hat sich die Auszehrung an den Hals getanzt u geärgert«, drückte es ihr Bruder aus. Eine schwindsüchtige Nähterin von dreißig Jahren: Das ist ihr letztes Bild.

Neben ihr bewegte sich eine andere kraftlose Gestalt: die siebzigjährige Tante Juliane. »Es ist also die ganze große Last der großen Haushaltung auf mich gewälzt«, klagt Christiane im Frühjahr 1805, »und ich muß fast unterliegen, es wollen zwar die Leute behaupten, man sehe es mir nicht an.«

Ja, dadurch schon ärgerte Christiane ihre Nachbarn, daß sie neben ihren drei dem Tode geweihten Hausgenossen wie die liebe Gesundheit aussah. Ein rotes Gesicht und überall pralle Dickigkeit: Das machte auch den Eindruck des Rohen. Mit dem Blassen und Magern verbindet man den Begriff des Geistigen; beim Gegenteil scheint sich das Tierische zu offenbaren: es deutet auf Genußsucht und Gefräßigkeit. Wir wissen, daß diese Schlüsse sehr oft falsch sind, aber zunächst wirkt das Vorurteil. Und von der Mamsell Vulpius wußte und sah man ja auch, daß sie zu gutem und vielem Essen und Trinken sehr bereit war. An anderer Stelle wäre sie wenig beachtet und getadelt worden; aber sie beleidigte auch als die Geliebte des großen Dichters und Denkers Goethe, der drüben in Jena im einsamen Schlosse an zartesten Werken arbeitete, während sie vergnügungssüchtig in lauter Gesellschaft herumschwirrte. Dergleichen empfindet jeder und jede als eine Disharmonie. Manche blicken dann auch mit Neid auf die vom Zufall so begünstigte Person, die sich solche lustige Lebensweise erlauben konnte, obwohl sie weder durch Schönheit noch sonst eine Gabe von der Natur ausgezeichnet worden war. Schon das Ungewöhnliche ist den Zuschauern oft anstößig: Das ist ja die Grundlage allen Philistertums. Wenn eine Zwanzigjährige den Tanz »über alles liebt« und »nicht totzukriegen« ist, solange die Musikanten fiedeln, so freut man sich an der jungen Kraft und Jugendlust; Christiane aber war vierzig Jahre und darüber, als die Tanzwut sie immer wieder unter die Leute trieb: eine kleine, fette, rote, runde Tanzkugel. Sie seufzte und scherzte selber über diese Unersättlichkeit; jetzt war aber auch ihr Sohn schon so weit urteilsfähig, daß er ihr Übermaß an dem Vergnügen, wozu er selber seit Kindesbeinen erzogen war, mit Verdruß wahrnehmen mußte. Sogar aus den kleinen Briefen des Vierzehnjährigen an den Vater lesen wir das heraus. »Gestern war hier Redoute, auf welcher die Mutter wieder sehr viel getanzt haben soll; ich bin aber zu Hause geblieben.« Oder von einem Balle auf dem Stadthause: »Die Mutter hat entsetzlich viel getanzt.«

Immerhin hatten sich die Zuschauer allmählich daran gewöhnt, daß Goethe in seiner Welt, Christiane in der ihrigen lebte, daß sie nur zeitweilig, nur besuchsweise zusammen gehörten. Jetzt aber ärgerte Goethe das Publikum auf's neue, indem er die alte Gewohnheit häufig durchbrach. Er führte jetzt die Mamsell Vulpius zuweilen selber hinaus: bei Spaziergängen, Schlittenfahrten und dergleichen; er ließ sie in seinem Hause manchmal vor Gästen erscheinen und an den Mahlzeiten teilnehmen, und er richtete seine häusliche Geselligkeit mehr und mehr so ein, daß Christiane mit dazu gehören konnte. Er zog jetzt offenbar die Unterhaltung mit Schauspielern und Sängerinnen seinem früheren vornehmen Umgange vor. Das sah so aus, als ob die geringere Genossin immer mehr Macht über ihn gewönne. An ihren schädlichen Einfluß konnte man auch sonst, zum Beispiel im Essen und Trinken glauben. Einige Freunde waren überzeugt, daß Goethes bedenkliche, ja lebensgefährliche Krankheit mit seinen allzu starken Mahlzeiten sehr viel zu tun habe; in seiner unrichtigen Lebensweise aber bestärkte ihn Christiane. Als er sich einmal in Lauchstädt zu einer besseren Diät entschloß, meinte sein Begleiter Riemer: »Lange wird es wohl nicht dauern: denn der Hausgeist wird ihm so lange zureden, daß der Thee ihn schwäche und er etwas Ordentliches genießen müsse etc.«

Kurz, Christianens Stellung in der weimarischen Gesellschaft war schiefer als zuvor, und obwohl sie keinem Menschen etwas zu Leide tat und keinem Menschen etwas schuldig blieb, stand sie, die Gesellige, allein. Ihr graute auch deshalb vor dem erwarteten Tode Goethes: mit ihm würde sie ihren einzigen Freund in Weimar verlieren. Einen andern Freund hatte sie noch, einen Arzt Dr. Nikolaus Meyer, der vor einigen Jahren als älterer Student ihr liebster Tänzer gewesen war; aber er wohnte jetzt in seiner Heimat Bremen, war also so gut wie verloren. Sie klagte diesem ihre Not und Einsamkeit: »Ich könnte Freunde genug haben, aber ich kann mich an keinen Menschen wieder so anschließen, und werde wohl so für mich allein meinen Weg wandeln müssen.« In Wahrheit jedoch fehlten ihr die Freunde, weil sie außerhalb der sozialen Ordnung stand und weil ihr Fehler ein auffälliger war, der just in großer Öffentlichkeit in Erscheinung trat. Gewiß, Fritz von Stein hätte nicht verächtlich von der »Sippschaft« sprechen sollen; aber verständlich ist, daß die adligen Herren und Damen sich für eine erheblich bessere Menschenart hielten. Und ein Übelstand war es sicherlich, daß der heranwachsende August von Goethe zur Mutter die Mamsell Vulpius hatte.

Als alle Augen ängstlich auf den schwer erkrankten Goethe blickten, starb Schiller. Goethe erholte sich allmählich, besonders auch im Lauchstädter Bad, wo er mit Christiane sechs Wochen zubrachte. Diesmal machte sich August auch den Spaß, unter den weimarischen Schauspielern aufzutreten. Im *Götz von Berlichingen* spielte er einen Statisten und auch den Unbekannten, der im fünften Akt den Ritter vor dem Anführer der Bauern warnt.

Am 12. August kehrte Christiane mit Riemer nach Weimar zurück; Goethe aber fuhr mit August auf eine neue Belehrungs- und Erholungsreise. Zuerst nur nach Halle, wo man den Professor Wolf mit in den Wagen nahm; dann nach Magdeburg, Helmstedt, Halberstadt und ein Stückchen in den Harz hinein. August war auch diesmal ein guter Gefährte. »Er ist lustig und guter Dinge,« schreibt Goethe aus Helmstedt heim, »streitet sich mit Wolf und macht uns oft zu lachen.« Und als man über Ballenstädt, Aschersleben und Halle wieder in Lauchstädt angelangt war: »Augusten sende ich Dir. Er hat sich gar gut betragen und die ganze Reise erheitert; er wird Dir manches erzählen. Nun ists gut, daß er wieder in das Schulgleis kommt und eine Weile darin fortgeht.«

August nahm auf alle solche Reisen sein Stammbuch mit; es wurde also immer reicher an vortrefflichen Inschriften. In Frankfurt zeichneten sich neben den wenigen Verwandten und einigen der Vornehmsten vier Männer ein, die vor vierzig Jahren des Vaters liebste Kameraden gewesen waren: Horn, Riese, Kehr und Moors. Jetzt folgten in Halle Wolf, Schleiermacher, Steffens und der berühmte Phrenologe Gall, der hier gerade Vorträge hielt; in Helmstedt der wunderliche und geheimnisvolle Vielwisser und Raritäten-Besitzer »Godofredus Christophorus Beireis, Primarius Professor Medicinae, Chemiae, Chirurgiae, Pharmaceutices, Physices, Botanices et reliquae Historiae naturalis«. In Jena folgten bald danach Knebel, Eichstädt, Hegel, Fichte, und auch wer von den weimarischen Freunden des Vaters noch fehlte, ward jetzt um Vers oder Prosa gebeten. Die meisten sprachen zum Sohne des Berühmten. Wolf zum Beispiel:

Glücklicher Jüngling, Du trägst in dem Auge den trefflichen Vater,
Trag auch im Busen den Sinn, welcher ihn einstens ersetzt.

Gall führte eine Stelle des Horaz an:

Fortes creantur fortibus et bonis;
Est in juvencis, est in equis patrum
virtus.

Fichte schrieb herzlich und streng zugleich: »Ich sah Sie als lieblichen Knaben, und liebte Sie, ehe Sie mich kannten. Ich werde Sie vielleicht sehen als Jüngling und als reifen Mann. Die

Nation hat grosse Anforderungen an Sie, einziger Sohn des Einzigen in unsrem Zeitalter. Zählen Sie mich sodann unter diejenigen, die am aufmerksamsten beobachten werden, ob Sie würdig sich bilden, des Vaters Platz einst auszufüllen, da ich unter diejenigen zu gehören glaube, die Seinen Werth am tiefsten begreifen und neidlos ihn lieben. Möge sodann dies Blatt Sie mahnen, oder auch trösten.«

IV. Primaner
1805–1808

»Nun ists gut, daß er wieder in das Schulgleis kommt«, erklärte der Vater Goethe, als sein Sohn ihn auf der Herbstreise von 1805 begleitet hatte. Diesmal war eine wirkliche Schule gemeint; denn am 29. Mai war August in's Gymnasium aufgenommen und am 6. Juni auf Grund seiner lateinischen Kenntnisse, die zu jener Zeit allein maßgebend waren, in die Prima eingeführt worden. Dieser Besuch der Prima geschah nach der Sitte vieler vornehmer Familien: unter die Krethi und Plethi, die die unteren Klassen des Gymnasiums besuchten, mochten sie ihre Sprößlinge nicht geben; die beiden oberen Klassen aber waren einigermaßen gereinigt, und die Kundigen urteilten: ein paar Jahre Schulpedanterie tue den Herrn Söhnen ganz gut.

Das Gymnasium zu Weimar war die Schule der Stadt und des Landes: es war Bürgerschule, Lehrerseminar und Gelehrtenschule in einem. Von Alters her der Kirche als ihr Werk zugehörig, stand es unter der Aufsicht und Leitung des Generalsuperintendenten; die Lehrer waren Theologen, die sich zum Teil auf die Dauer, zum Teil nur vorübergehend dem Unterricht widmeten; ein sehr großer Teil der Unterrichtsstunden gehörte der Theologie. Die Gymnasiasten nahmen an allen Gottesdiensten teil und nicht nur als Zuhörer; sie stellten den vierstimmigen Chor in der Kirche, ebenso bei Begräbnissen und Hochzeiten; und eine Schar ärmerer Schüler zog, von einem Präfekten angeführt, als Kurrendesänger durch die Straßen. Die alte Kirchensprache, das Lateinische, war das Haupt-Lehrfach. Freilich konnte man nach Luthers Reformation diese Sprache nicht mehr als das Ausdrucks- und Verkehrsmittel der gesamten unter Rom geeinigten Christenheit pflegen: jetzt ward das Latein schon viel mehr als die Sprache der Dichter, Denker und Redner der größten Nation des Altertums geehrt, als das Mittel, sich an Cicero, Tacitus, Vergil und Horaz heranzubilden. Außerdem aber, dachten die Schulmeister, ist es unsere Sprache, durch die wir Gelehrten uns von der stumpfen, unwissenden Menge abheben, uns unter einander über alle Völker hinweg verständigen und als Auserwählte verbinden.

Das Griechische und Hebräische hatten längst nicht solchen ersten Rang, und der Schüler konnte sich ihnen entziehen. Griechisch war sozusagen ein neumodischer Eindringling, ein Mitbewerber des Lateinischen und wurde deshalb von manchem alten Philologen gar nicht gern gesehen. Französisch wurde nebenbei von einem Sprachmeister gelehrt, Italienisch zuweilen auch, desgleichen Englisch. Deutsch ward in zwei Stunden die Woche vorgenommen. Die deutsche Literatur war jedoch für die Schule noch nichts Beachtenswertes. Philosophie ward ziemlich viel betrieben; Mathematik in gleichem Maße; für die Naturwissenschaften hatte man noch keine besonderen Stunden. Geschichte und Erdbeschreibung wurden gelehrt. Unterricht im Tanzen, Fechten, Instrumentespielen war vorgesehen. Dergleichen Fächer aber waren wahlfrei; auch konnten sich die Schüler mit Einverständnis ihrer Eltern sogar von den Hauptfächern befreien lassen. Es spukte sowohl in den Lehrern wie in den Schülern der oberen Klassen die Lust, Gymnasium und Universität zu verwechseln. Die Lehrer neigten dann zu gelehrten Vorlesungen und benannten ihre Gegenstände mit hochtrabenden Namen: Aesthetik, Psychologie, Enzyklopädie u. s. w.; die Schüler strebten nach der Freiheit, am Betriebe der Schule sich nur soweit zu beteiligen, wie es ihnen paßte. Den Söhnen reicher Eltern, die keine Stipendien begehrten, auch nicht zu künftigen Geistlichen oder Schullehrern auszubilden waren, sah man hierin viel nach. Sie brauchten sich auch über die Prüfungen am Ende des Schuljahres und das Entlassungszeugnis keine Sorgen zu machen; die Professoren der Akademien waren ja froh, wenn sie Studenten bekamen, und fragten nach deren Vorkenntnissen so wenig wie nach dem schließlichen Ergebnis der Universitätsstudien. Ein dreijähriger Besuch der Prima und danach ein dreijähriger Besuch einer Akademie: dieses Zeit-Hinbringen galt für die Vorbereitung zu gelehrten Ämtern.

Von Alters her hatte jede Klasse des Gymnasiums für die Hauptfächer nur einen Lehrer: die Prima ward vom Direktor, die Sekunda vom Konrektor, die Tertia vom Subkonrektor, die Quarta vom Quartus, die Quinta vom Quintus unterwiesen. Seit einem halben Jahrhundert war in Weimar aber auch ein »Professor« als Gehilfe und Stellvertreter in den oberen Klassen tätig; der erste war der bekannte Musäus gewesen, der zweite war noch im Dienst: der gute Professor Kästner, den wir früher als Augusts Aufseher kennen lernten.

In den letzten fünfzehn Jahren hatte das weimarische Gymnasium einen sehr tüchtigen und sehr beliebten Direktor gehabt: Karl August Böttiger, und der Ephorus Herder war auch eifrig bestrebt gewesen, diese Schule auf einen hohen Stand zu bringen. Herders Nachfolger Vogt war schwächer, und für Böttiger, den ein sehr vorteilhafter Ruf nach Dresden gezogen hatte, war noch kein Nachfolger gefunden. Als August in die Prima trat, fehlte also der Hauptlehrer. Der Konrektor Schwabe und die Professoren Kästner und Voß suchten ihn zu ersetzen; das waren dann nur drei Lehrer auf die zwei obersten Klassen mit fünf oder sechs Jahrgängen von Schülern. Professor Voß war der uns bekannte junge Freund des goetheschen Hauses. Er zeigte sich sehr tätig und fühlte sich überaus glücklich in seinem neuen Amte. »Ich bin durchaus frei und ungebunden, wie es der Schulmann auch sein muß,« schrieb er einem Freunde. »Ich habe ein gutes, sorgenfreies Auskommen und die sichere Aussicht zum Direktorate. So hat der edle Goethe für mich gesorgt. [...] Goethe hat nun auch seinen Sohn in die Schule geschickt. Er sitzt jetzt in der Prima und macht mir außerordentliche Freude, aber dieser Junge ist mein Schüler nicht; er ist mein Freund, im engsten Sinne des Wortes. Am Sohne wünsche ich dem Vater zu vergelten, was er an mir tat.« Er hatte diesen Schüler und Freund schon früher gelobt. »August macht sich gar artig in der Schule; auch interessiert ihn jetzt die Wissenschaft; auch ist er fleißig und sehr voll guten Willens.«

Man kümmerte sich in Weimar wenig um Politik. Daß draußen, in der Ferne, an den Rändern Deutschlands Krieg geführt wurde, daran hatte man sich gewöhnt. Aber solche Ereignisse wie die Schlachten bei Ulm und Austerlitz, durch die der neue Kaiser Napoleon sich das ganze südliche Deutschland unterwarf und den Kaiser von Österreich zu dem schmählichen Preßburger Frieden zwang, machten doch tiefen Eindruck. Überdies ward jetzt der Krieg auch in Weimar sichtbar. Sehr viele Truppen, preußische, sächsische und andere zogen durch das Städtchen; viele quartierten sich auf Wochen und Monate ein. Kein Zweifel: noch manches Unheil drohte.

Die nächsten Ereignisse waren aber für August Goethe und die Seinen häusliche und menschliche. Am 7. Januar 1806 starb Ernestine Vulpius; am 1. März folgte die alte Tante Juliane.

Nun war Augusts Mutter sogar im Hause einsam. Mit der Schwester und der Tante hatte sie doch jederzeit ihre Aussprache gehabt; mit ihnen hatte sie einen großen Teil des Jahres in einer Kammer geschlafen; zu dieser Drei-Frauen-Gruppe hatte sie nach Namen und Abstammung gehört. Auf den guten Willen und die Treue der Tante und der Schwester hatte sie sich stets verlassen können; jetzt stand sie nur noch gemieteten Dienstboten gegenüber und hatte doch auch nicht den Rang der Hausfrau. Goethe blieb ihr Freund und Beschützer: aber wie oft war er abwesend oder krank oder durch seine Arbeiten und Geschäfte völlig in Anspruch genommen! August war ein guter Sohn, aber er hatte längst sein Zimmer für sich und er mußte ihr entwachsen; auch sollte er demnächst in der

Fremde seine Studien vollenden. Kein Wunder, daß Christiane »noch ganz untröstlich« war, als sie am 4. April dem Freunde in Bremen von ihrem zweifachen Verluste schrieb. »Und dazu kommt noch immer die Sorge um den guten Geheimer Rath, mit dem es doch auch noch immer auf der Spitze steht.«

Goethe sah die neue Verschlimmerung in Christianens Zustande. Er selber hatte sie auf diesen Platz gestellt: wie war ihr nun zu helfen?

Wir wissen nicht, welche Gedanken jetzt in seinem Geiste hin und her gingen. Ein Mann schneller Entschlüsse war er für gewöhnlich nicht; es kam aber vor, daß er die Freunde und Nachbarn mit fertigen Tatsachen überraschte.

Auch Frau von Stein erwähnte diese Todesfälle gegen ihren Fritz. »Sein Bube«, fügte sie hinzu, »kommt mir auch nicht vor, als könnte er lange leben; gebe der Himmel, daß er nicht vor ihm stirbt!« Ein anderer Nachbar des Hauses, der Schriftsteller Stephan Schütze, meinte – viele Jahre später – von Augusts damaligem Aussehen, es habe den Eindruck gemacht, »als ob man sich von seinen Geistesanlagen nicht viel versprechen dürfe.«

Er war aus einem kleinen Knaben rasch und erheblich gewachsen. »Der ist sehr groß und stark geworden,« schrieb seine Mutter an den Freund in Bremen und fügte hinzu: »Itzo wird er eine Reise nach Berlin machen.« Goethe hatte dort in dem Kapellmeister Zelter einen schwärmerischen Verehrer, und da er selber kein Verlangen nach Berlin trug, so sollte August die Besuche erwidern, die Zelter schon zweimal in Weimar gemacht hatte. Der Jüngling sollte auch durch diese Reise seine Welt- und Menschenkenntnis vermehren. Aber Zelters Frau starb gerade um die Zeit, wo die Reise angesetzt war, und auch anderes kam dazwischen.

Dafür verlebte August wieder einmal einen recht vergnügten Sommer. Im Juni besuchte er auf einer Wanderfahrt den Vater in Jena. »August war hier mit seinen Gesellen. Es hat

Saalelandschaft bei Jena mit August von Goethe

Graphitzeichnung von Johann Wolfgang Goethe, 1810

mich gefreut, zu sehen, daß es mit seinen körperlichen Kräften und seinem guten Muth so wohl steht. Ich habe mich einige Abende recht hübsch mit ihm unterhalten. Sie sind in allen Bergen und auf allen Schlössern herumgezogen, haben Aal in der Trießnitz gegessen, und die Johannisfeuer haben wir zusammen von dem Altan des Daches gesehen.« Dann fuhr Vater Goethe mit Riemer nach Karlsbad; August aber begleitete die Mutter nach Lauchstädt und vergnügte sich mit ihr und mit der weimarischen Schauspieler-Gesellschaft. Der gute Vater schrieb an Mutter und Sohn: er wünsche ihnen allen Spaß; wenn es auch etwas mehr koste, so habe *das* nichts zu sagen. Danach richteten sie sich. Einmal zogen sie mit ihrer Gesellschaft nach Halle, als dort die Prorektor-Wahl gefeiert wurde; August mischte sich unter die Studenten und zechte mit ihnen. Der damalige Student Joseph von Eichendorff trug in sein Tagebuch ein, daß er bei dieser Gelegenheit die Schauspielerin Brand und Goethes Mamsell Vulpius gesehen habe, wie sie aus des Prorektors Hause herausguckten. »Unten unter den Studenten der junge Göthe, in grüner polnischer Jake mit Quasten, nicht groß, jung u. zart u. – geschminkt. Der große Studentenkreiß über den gantzen Markt; der innere bunte Kreis der Burschen in Wiks, ihr Blitzen u. Zusammenschlagen der Hieber, die wankenden Federn, das einstimmige Vivat, mit Trompeten u. Pauken der akademischen Freyheit gebracht, das alte Lied: *ein freyes Leben führen wir* etc. mit Musikbegleitung von vielleicht mehr als 6–700 Studenten auf offenem Markte gesungen, machte einen fürchterlich schönen Eindruk. Darauf wurde die Nacht hindurch wie gewöhnlich auf dem Rathskeller in Wein kommerschiert, wobey auch der Schauspieler Untzelmann aus Weymar u. der Sohn des Ministers v. Göthe tapfer mittranken.« In der Heimat war dann unser August, wie es sich für seine sechzehn Jahre gehörte, wiederum ein bloßer Primaner. Genauer ausgedrückt: er besuchte die Prima. In welchem Maße er sich von den einzelnen Fächern befreien ließ, ist uns nicht überliefert.

Im weimarischen Gymnasium herrschte jetzt eine ähnliche Zerrüttung wie im ganzen Deutschen Reiche. Wir wissen, daß der sechsundzwanzigjährige Heinrich Voß sich Hoffnung auf das Direktorat machte; seine Lehrtätigkeit, die sich so vorzüglich anließ, fand aber bald ein Ende. Der junge Mann war schwächlich, hatte gichtische Anfälle und ein ganz besonderes Leiden an der Unterlippe; er konnte das Sprechen in der Schule nicht vertragen und mußte schon Ende 1805 Urlaub nach Jena nehmen. Ein ganzes Vierteljahr wurde nun kein Griechisch gelehrt. Voß kehrte zwar noch einmal nach Weimar zurück, aber es ist nicht erkennbar, ob er seinen Unterricht wieder aufgenommen hat. Sehr bald bekam er einen Ruf an die Universität zu Heidelberg, wo seine Eltern seit kurzem wohnten.

Am 21. Juli 1806 ward die Direktorstelle endlich wieder besetzt: mit dem bisherigen Direktor in Nordhausen Christian Ludwig Lenz. Er gehörte zu denen, über die man zu sagen pflegt, daß Gott sie in seinem Zorne zu Schulmeistern gemacht habe. Ein Lateiner war er freilich wie kein zweiter, insofern er nämlich das Lateinische lieber und besser sprach und schrieb als das Deutsche; er hatte auch sonst an die acht fremden Sprachen getrieben, hatte sich in fremden Ländern umgesehen und war sehr belesen. Er glich sehr den Gelehrten des Mittelalters, und wenn es nach seinem Kopfe gegangen wäre, so hätte das Lateinische wiederum die internationale Sprache aller gebildeten Menschen werden, also auch das Französische außerhalb Frankreichs verdrängen müssen. Die deutsche Literatur verachtete er; die »Griechenwut« der jüngsten Philologen schien ihm eine Verirrung.

Einen tüchtigen Lateiner wollte man damals immer an der Spitze der Gymnasien haben und einigen Fanatismus für dies Hauptbildungsfach mußte man solchen Leuten zugute halten; aber Lenz war ein Mann ohne Geschmack, ohne Takt, ohne Lehrgeschick, ohne Würde; er verlor also sogleich die Autorität, die seine Vorgänger Böttiger und Heinze bei den Kollegen, den Schülern und den Mitbürgern dem Amte des Direktors erworben hatten. Er kam mit dem Vorurteil nach Weimar, daß die dortige Schule durch Schöngeisterei verdorben sei; diesem Übelstande wollte er abhelfen. Mit größtem Eifer ging er ans Werk, aber er machte sich nur verhaßt und lächerlich.

Nach wenigen Wochen lehnten sich die Primaner schon gegen ihn auf, auch unser Freund August. »Wir haben hier einen neuen Schuldirektor,« schreibt Frau von Stein am 10. August 1806, »welcher seine Schüler die alten Dichter gleich in deutsche Verse übersetzen läßt. Dieses wird den jungen Leuten sehr schwer, und August Goethe nahm das Wort und sagte ihm, er würde es nicht tun; denn sein Vater habe ihm verboten, Verse zu machen.«

Schon am 24. September, also ein Vierteljahr nach seinem Antritt, jammerte der Direktor in einer Eingabe an das Oberkonsistorium über seine unbotmäßigen Schüler. »Es herrscht [...] ein böser, arger Geist unter den Primanern im Ganzen, der ihrem Director seinen Unterricht gar sehr verleidet und ihn nothwendig verstimmen muß [...] Bei weitem die meisten scheinen überhaupt schlechterdings nichts zu thun, als herumzustreichen oder deutsche schöngeisterische Schriften zu lesen. Zu spät kommen, und sogar Lehrstunden versäumen, ohne sich vor oder nachher zu entschuldigen, während des Unterrichts im Angesichte des Directors essen, plaudern, lachen, lärmen und so ihn und die Mitschüler ganze Lehrstunden hindurch stören, höchst unanständig sitzen, – den Lehrer nicht grüßen, kaum ihm danken, auf seine Vorstellungen und Worte folgen; alsdann, wenn er ihnen über Ungebührlichkeiten etwas sagt, Ihm antworten ins Gesicht oder doch gegen einander höhnisch über ihn lachen; auch so oft er etwas sagt, was ihnen sonderbar vorkommt, ganz laut und in corpore auflachen; auftreten und das Essen mitten unter den Lehrstunden gegen seinen Verweis vertheidigen; in sehr ungebührlichem Tone ihm antworten und sich rechtfertigen; überhaupt ungewöhnliche Schamlosigkeit und Frechheit gegen den Director bezeigen«. Und so geht es weiter. Das Oberkonsistorium soll ihm helfen gegen die böse Hälfte seiner Primaner und vor allem gegen den Primus, der die Ruhestörer und Aufwiegler anführe! Bald danach schilderte Lenz ein Fest, welches die Primaner nach Abschluß des Schuljahres, das damals im Herbste mit öffentlichen Prüfungen und Valediktions-Aktus zu Ende ging, oben auf Belvedere in der Gartenwirtschaft sich gönnten. »Nach dem Examen 1806 ging ich nach Belvedere, um theils die Primaner kennen zu lernen und zu beobachten, theils Unfug und Schande für mich und das Gymnasium, womöglich durch meine Gegenwart, zu verhüthen. Aber ich selbst wurde durch die Primaner vor allen aus der Stadt und Gegend anwesenden Honoratioren mit Schande bedeckt. Der Herr Hofkammerrath Kirms z. B. ist mein Zeuge. Nicht nur haben sich Primaner in Wein und Brantwein und Liqueurs betrunken und abscheulich wild und wüst betragen; nicht nur, obgleich ich kurz vorher sie in einer mehr als stundenlangen Vorlesung gewarnt hatte – unter meinen Augen hingesetzt und um Geld Karte gespielt: sondern auch auf der Eremitage drey Herzogliche Stühle zerbrochen und den einen 2 bis 3 Stock hoch heruntergeworfen, daß er in Stücken dalag. Da verfolgte sie der Jäger und eine Menge Gartenpöbel und wollte sie prügeln. Sie liefen davon und flüchteten sich ins Wirthshaus, wohin die Verfolgenden mit Zetergeschrei ihnen nachsetzten. Ohne Hofkammerrath Kirmsens Anwesenheit wären sie vermuthlich jämmerlich geprügelt worden. Der Herr Hof-Gärtner selbst war äußerst gegen sie aufgebracht. Ich bat diesen und die Anderen um Nachsicht; versprach, daß sie alles Zerbrochene wieder machen lassen sollten, und bezahlte, was mir die Unfugmacher wieder gegeben haben, ungefähr einen Laubthaler an den Tischler. Es sollte dem Durchl. Erbprinzen gemeldet werden, das wollte ich doch gerne verhindern. Mit dem einen Stuhl hätten sie bey einem Haar den Primaner Büttner, die Höhe war fast 3er Stockwerke, hinabgeworfen! Und das Alles geschah im Beysein, in großer Nähe, ihres neuen Direktors, den sie alle gesehen und der mit ihnen gesprochen hatte!«

Der unglückliche Schulmann erklärte sich diese Verwilderung zum Teil aus den Kriegszeiten. Sicherlich hatte das fremde Soldatenvolk, das nun fast ein Jahr hin und wieder zog, einen schlechten Einfluß auf die Jugend.

Jetzt wurde es aber auch für Weimar Ernst mit dem Kriege. Preußen hatte sich nach langem Schwanken und vielen Zweideutigkeiten endlich gegen Napoleon erklärt, und der preußische Kriegsplan war: aus Thüringen nach Bayern und Frankfurt zu dringen. Erfurt, Weimar und Jena waren die Versammlungsplätze der preußischen Heerführer und ihrer Truppen. In Weimar nahm auch der König von Preußen mehrere Tage sein Hauptquartier; seine schöne Königin kam mit ihm. Sie wohnten wenige Schritte von Goethes Tür, im Helldorfischen Hause am Frauenplan. Was gab es da für einen jungen Menschen alles zu sehen! Die preußische Garde, wie aus dem Ei gepellt, die Paraden, die Offiziere, ihrem König zujubelnd, die großen Kriegslager mit ihren Zelten und Feuern: jetzt war hier das ganze Treiben weit ausgebreitet, das man sonst in Schillers *Wallenstein* auf der Bühne zusammengedrängt als Bild eingesogen hatte. Freilich erlebte man die stolze Kraft des Soldaten auch, wo sie keineswegs begehrt wurde. In Goethes altem Garten, in dessen Nähe eins der Lager war, drangen die Preußen ins Haus und zerschlugen Fenster und Möbel, um ihre Feuer damit zu nähren.

Das war am 11., 12. und 13. Oktober. Am 14ten dröhnten die Kanonen von Jena her. In Goethes Hausgarten konnte man sie sehr gut hören, besonders in der Morgenfrühe. Gegen Mittag schien alles vorbei zu sein; man setzte sich zur gewohnten Stunde, um drei, zu Tische. Aber kaum waren die Speisen aufgetragen, so fielen Schüsse in der Nähe, Flinten- und Kanonenkugeln. Der Tisch wurde schleunigst abgeräumt. Man schaute und horchte, was vorgehe, und alsbald zeigten sich dieselben Preußen, die in den letzten Tagen so große Bewunderung erregt hatten, in wilder Flucht. Man stand im Garten: hinter der Gartenmauer schwankten immer neue Gewehr- und Säbelspitzen vorbei, und das Geschrei der geschlagenen Flüchtlinge war die Musik dazu. Riemer möge uns weiter erzählen:

> Unter Angst und Erwartung der Dinge, die da kommen sollten, unter Hin- und Wiederrennen der Hausleute und Wegschaffen von zurückgelassenen Effekten der bisherigen preußischen Einquartierung war vielleicht eine Stunde vergangen, als eine furchtbare Stille die Straßen und den Platz vor Goethes Hause erfüllte.
>
> Da kamen einzelne französische Husaren ans nahe Frauentor gesprengt, spähend, ob Feinde in der Stadt wären. Einer wagte sich etwas weiter herein; wir eilten, Goethes Sohn und ich, mit Bouteillen Weins und Biers auf sie zu und reichten ihnen diese Erfrischungen, die sie aber nicht eher annahmen, als bis wir ihnen versicherten, daß keine Preußen mehr in der Stadt wären. Hierauf ritt jener erste und einige mit ihm weiter in die Stadt herein [...].
>
> Zu gleicher Zeit oder bald darauf bemerkte ich, daß Goethe zu Fuße an der Seite eines Husarenoffiziers nach dem Markte zu, also vermutlich aufs Schloß ging. Erst lange nachher erfuhr ich, dieser Offizier, der mir als ein Bekannter Goethes bezeichnet wurde, habe sich sehr geheimnisvoll nach ihm erkundigt; es war ein Baron v. Türkheim, Sohn der unter dem Namen L i l i als Goethes frühere Geliebte berühmt gewordenen Frau v. Türkheim geb. Schönemann.
>
> Goethe ließ uns vom Schloß ins Haus sagen: wir würden zur Einquartierung den Marschall N e y bekommen und außerdem noch einige Kavalleristen, sollten aber sonst niemand hereinlassen.
>
> Es lagerten sich auch bald sechzehn derselben, meist Elsasser, in das Bedientenzimmer [...].

Mittlerweile war Feuer in der Stadt ausgekommen; es brannten mehrere Häuser in der Nähe des Schlosses [...].

Währenddessen herrschte die größte Verwirrung in der Stadt durch das Hereinströmen immer neuer zahlreicher Truppen, die auf den Plätzen der Stadt biwakierten, Läden und Keller erbrachen, in die Häuser drangen, um zu plündern und Mißhandlungen zu verüben.

Goethe war indes zurückgekommen; allein der Marschall erschien immer noch nicht, ohngeachtet die Tafel für ihn und seine Begleiter schon lange bereit war. Die Elsasser schliefen indessen fest. Das Haus war verriegelt. Ich hielt mich auf dem Hausflur hin und wieder gehend auf, um gleich zur Hand zu sein, wenn der Marschall komme, indessen aber andres Volk, das sich eindrängen wollte, abzuhalten und im Notfall die Hülfe der schlafenden Reiter anzurufen.

Während ich so allein auf der Diele des Hauses auf und ab gehend verweilte, ohne Licht und nur von den hochaufleuchtenden Flammen der in der Ferne brennenden Häuser die nötige Hellung empfangend, waren in einem der Zimmer des Hinterhauses eine Menge Personen aus der Stadt zusammengedrängt, die geflüchtet vor der Wut und den Mißhandlungen der Plünderer hier Schutz und Verborgenheit zu finden hofften. Einige derselben waren der Wirtin in Bereitung der Speisen und der Heraufschaffung des nötigen Kellervorrates für den erwarteten Marschall und sein Gefolge behülflich; andere jammerten über das wie ein Blitz hereingebrochene, noch nie erfahrene Unglück und Elend und vermehrten so die Bestürzung und Unruhe der Hausgenossen.

Der Marschall blieb die ganze Nacht aus; statt dessen wußten zwei Kerls von der sogenannten Löffelgarde sich Eintritt zu verschaffen; als sie genug gegessen und getrunken hatten, legten sie sich frech in die Betten, die für die erwarteten Offiziere bestimmt waren.

> Es war nun völlig Tag geworden, der Marschall, der die Nacht anderswo geblieben, kam an; augenblicklich trat Sauvegarde vor das Haus, größere Ruhe und Ordnung stellten sich ein, und ich erfuhr in der ersten Unterredung mit den übrigen Hausgenossen: daß, während ich die beiden Marodeurs in den Betten glaubte, sie dem Hausherren auf das Zimmer gerückt wären und sein Leben bedroht hätten. Da habe seine Frau einen der mit ins Haus Geflüchteten zu Hülfe gerufen, dieser habe Goethe von den Wütenden befreit, sie hinausgejagt, die Türen seines Zimmers und Vorgemachs verschlossen und verriegelt.
>
> Goethe selbst ließ sich nie etwas davon merken [...].
>
> Indeß bewahrte Goethe von diesem Tage an eine treue Dankbarkeit sowohl gegen seinen Retter, als gegen die Frau, die überhaupt in diesen Schreckenstagen sich mit großer Standhaftigkeit und Gewandtheit, ohnerachtet sie nicht Französisch sprach, zu nehmen wußte und trotz des furchtbaren Aufwandes an Lebensmitteln, den sowohl die Soldaten als der Marschall und seine verschwenderischen Köche verursachten, ihr Hauswesen doch so beisammenhielt, daß sie noch andern Bedürftigen aushelfen und ihren Schützlingen aus der Stadt etwas zuwenden konnte.

Zu denen, die solche Hilfe sehr nötig hatten, gehörten Professor Meyer und Bibliothekar Vulpius. »Sagen Sie mir«, so lautet ein Zettelchen Goethes an Meyer, »womit ich dienen kann. Rock, Weste, Hemd pp. soll gerne folgen. Vielleicht bedürfen Sie einiger Victualien?« Meyers Schwiegervater, der Kanzler von Koppenfels, war ebenso vollkommen ausgeplündert. Goethe sah ihn und sagte, er habe nie ein größeres Bild des Jammers gesehen als diesen Mann im leeren Zimmer, rund um ihn alle Papiere zerrissen und zerstreut. Er selbst saß auf der Erde kalt und wie versteinert. »Er sah aus wie König Lear,« sagte Goethe, »nur daß Lear toll war, und hier war die Welt toll.« Augusts Onkel Vulpius hatte sich mit seiner jungen Frau von dem kleinen Bibliothekarsgehalt mühsam seine

Wohnung ausgestattet gehabt; auch bei ihm ward alles zerstört. Seine Frau, mißhandelt, vergewaltigt, suchte im Freien ein Versteck. Die nächsten Tage brachte dann auch diese kleine Familie in Goethes Hause zu. »Wir sprechen jetzt gute Seelen um Geld an;« schrieb Vulpius am 20. Oktober, »u wer hat welches? denn nicht 10 Häuser, selbst das Schloß nicht, sind verschont geblieben. Die fürchterl. Nacht. Geheul, Gewinsel, Brand, – ach! Gott u meine Fr. u das Kind [...] im Park«.

»Meine Schwester stand bei,« schrieb er weiter. »Dem Geheimen Rath selbst hat es über 2000 Rthlr. gekostet; allein 12 Eimer Wein. Er ist nicht geplündert; den ersten Abend hat er's mit Wein u Klugheit abgewendet, dann bekam er Sauvegardes, da die General. Viktor, Marschälle Ney, Lannes, Augereau, u andere Offiziere bei ihm logirten; zu weilen 28 Betten in seinem Hause«.

Kinder und Jünglinge sind in solchem Graus am glücklichsten daran; sie haben zwischen Angst und Schmerzen immer die Freude am Außerordentlichen, Wilden, Romantischen. August Goethe wird diesen plötzlichen Wechsel aller Dinge nicht wenig genossen haben. Der große Kaiser Napoleon im weimarischen Schlosse! Berühmte Marschälle im eigenen Hause! Freilich, die französischen Helden waren auch im Essen und Trinken so tapfer, daß für andere nichts übrig zu bleiben drohte. Einmal drang August in diesem französischen Tumult in die Küche, ergriff eine der gebratenen Enten, die für die Offiziere bestimmt waren, spießte sie auf einen Degen, und trug sie seinem Vater zu, indem er eine Opern-Arie anstimmte: »Himmel, laß meinen Plan gelingen!«

Von Feindschaft mit dem plötzlichen Hausgenossen konnte und durfte nicht die Rede sein; mißfielen einige, so fand man andere um so erträglicher. Es traf sich, daß auch der gelehrte Dénon bei Goethe einquartiert wurde, ein berühmter Kunstkenner, Generalinspektor der französischen Museen, Napoleons Ratgeber bei der Aneignung von Kunstwerken in besiegten Ländern; er hatte einst in Venedig mit Goethe angenehme

Unterhaltungen gehabt und freute sich, sie zu erneuern. Ihm legte August sein Stammbuch vor und Dénon schrieb hinein: »Je viens de l'éprouver, on a toujours le même age en frap(p)ant à la porte d'un ami.« In seiner Begleitung waren zwei Medailleure und Maler, von denen einer, der Elsässer Zix, sogleich weimarische Ansichten und Bildnisse zeichnete. »Ewig werden wir uns der freundschaftlichen Aufnahme erinnern und stolz seyn, den grossen Goethe gesehen zu haben,« schrieben Perue und Zix in Augusts Buch. Auch ein andrer Elsässer, Schweighauser, kam hinein. Rasch mischten sich in das Fürchterliche des Krieges Zeichen freundlicher und gutmütiger Gesinnung, denn die reine, folgerichtige Feindseligkeit könnten auch die Sieger nicht ertragen.

Als der ärgste Tumult in Weimar vorüber, aber noch jedermann mit den Gedanken an die Zeitereignisse beschäftigt war, schrieb Goethe an den Geistlichen, der seinen Sohn konfirmiert hatte: jetzt sei ein alter Vorsatz in ihm zur Reife gekommen und er wünsche nun, in aller Stille mit seiner kleinen Freundin, die so viel an ihm getan und auch diese Stunden der Prüfung mit ihm durchlebt habe, getraut zu werden. Am 19. Oktober geschah es, in der Sakristei der Hofkirche zu Sankt Jakob; August und Riemer waren die einzigen Zeugen.

Auf die Schreckenstage im Oktober 1806 folgte zuerst eine Zeit der Ungewißheit. Wem gehörten nun die Bewohner von Stadt und Land Weimar? Ein deutsches Reich gab es nicht mehr; ob das Herzogtum Karl Augusts noch bestehe, war zweifelhaft, denn dieser Fürst hatte auf preußischer Seite gekämpft, und es stand ganz bei dem großen Sieger, wie er den Unvorsichtigen bestrafen und an welche seiner Brüder oder Generale er die thüringischen Ländlein Weimar, Jena und Eisenach verschenken wollte. Gegen Ende des Jahres aber entschied es sich, daß dem Herzoge Verzeihung gewährt wurde. Er trat nun dem Rheinbunde bei, hatte also den großen Napoleon als seinen Gönner zu verehren. Bei Gelegenheit konnte er einen Vermittler zwischen den Kaisern von Frankreich und Rußland machen, denn eine Schwester des russischen Kaisers war seit einigen Jahren Gemahlin seines Erbprinzen: dieser Umstand hatte den Sieger wohl auch bestimmt, die Herzogtümer ihrem bisherigen Herrn zu belassen.

Im weimarischen Gymnasium trieb Lenz seinen Kultus des Lateinisch-Sprechens und -Schreibens weiter und war doch gar nicht der Mann dazu, seine Schüler auch in den Geist des römischen Altertums und in die Gedanken der klassischen Schriftsteller einzuführen. Er eiferte nach wie vor gegen das Lesen deutscher, schöngeisterischer Schriften. »Diese [...] Pest, dieser tiefeingewurzelte Krebsschade unserer Gymnasiasten [...] zerrüttet und zerstört besonders fast aller unserer guten Köpfe geistige und sittliche Gesundheit, ihre Einbildungskraft und Seelenkeuschheit; raubt ihnen fast die ganze edle Zeit zum gelehrten, ernsthaften Selbststudieren; und macht ihnen alle trockenen, anstrengenden Geistesarbeiten für immer zuwider.«

Man kann sich denken, wie sich die Primaner gegen diesen zurückgebliebenen Pedanten wehrten und an ihm rächten. Er suchte dann durch – Geldstrafen die Ordnung aufrecht zu erhalten. Es war schon vor seiner Zeit Übung gewesen, daß man Zuspätkommen mit 6 Pfennigen und Versäumnis einer Stunde mit einem Groschen büßen mußte. Er verhing diese Strafe nun auch über wiederholtes Plaudern, Lachen, Murren und Widersprechen und steigerte sie bis zu 4 Groschen. In den Karzer schickte er nicht gern, schon deshalb pflegte er die Geldbuße. »Nämlich 4 Gr. gelten in unserer Prima seit vielen Jahren für gerade Einer Stunde Carcerhaft gleich«, erklärte er naiv gegen seine Oberen, und ebenso naiv klingt seine Forderung, daß in den neuen Schulgesetzen jedes Plaudern während der Stunde mit einem Groschen belegt werden müsse: »Weniges hilft nichts.« Diese Geldstrafen flossen der Schulbibliothek zu; so konnte Lenz von seinen Geldstrafen rühmen, daß sie

»wenigstens die Armen und Unbemittelten in Prima, also den größten Teil der ganzen Klasse, in Zucht und Ordnung hielten, und die Wohlhabenden verschafften so der Bibliothek gute Bücher.« Unter 1 000 Bänden, die er für diese Bibliothek erwarb, waren ganze drei aus der deutschen schönen Literatur: die Gedichte Ewalds von Kleist, Schillers *Braut von Messina* und Vossens *Luise*.

Es ist nicht überliefert, wieviele Groschen August von Goethe zu diesem Lieblingswerke seines Direktors beisteuerte; wenig wird es nicht gewesen sein. Als Lenz im Juli 1807 seine 30 Primaner musterte, um die würdigsten Anwärter auf ein altes Stipendium der Behörde vorzuschlagen, schrieb er über August: »Von Goethe ist weder unfähig, noch ganz unaufmerksam; weiß aber wegen seines unverantwortlichen häufigen Versäumens der Schulstunden viel weniger, als sich von ihm erwarten und fordern läßt. Demungeachtet kann man ihn nicht ganz unwissend nennen. Er hat zu Hause für die Schule sehr wenig gearbeitet. Vor und nach seinem Vorgehen gegen den Primus Primaner Gräfe hat er sich, soweit ich gesehen und gehört habe, in der Schule immer gut aufgeführt.«

Der Vater fand an seinem Sohne um so mehr Gefallen. Er blickte mit Vergnügen auf den jungen Reiter, als August den Wagen der Mutter, die nun auch einen längeren Besuch in Frankfurt machen wollte, eine Strecke begleitete. »August glorürt über seinen Ritt nach Erfurt [...]. Er hat sich gestern in einem neuen Starostenkleid gebrüstet.« Oder von Karlsbad aus: »Augusten danke für seinen Brief, der etwas länger als gewöhnlich ausgefallen ist, und sage ihm, daß ein Paar sehr schöne Pistolen bestellt sind. Was aber den Säbel betrifft, so haben sie keinen mit metallener Scheide und wollen, wenn man sie bestellte, sehr hoch hinaus. Auch ist es eigentlich nur eine Offizierstracht.«

August war auf einer Sommer-Wanderung durch den Thüringer Wald, als ihm der Vater der Vorschlag machte, ihn auf acht Tage in Karlsbad zu besuchen. »Mir ist daran gelegen, ihn einige Zeit allein um mich zu haben,« meinte Goethe gegen Christiane, »daß ich nur wieder einmal sehe, wo es mit ihm hinaus will.« August ließ sich nicht lange nötigen; noch ehe er erwartet wurde, stand er vor dem Vater.

August war entzückt von Karlsbad. Er »freut und verwundert sich,« schreibt der Vater heim, »an den seltsamen Felsen, warmen Quellen und dergleichen, daß er sogar gleich angefangen hat, zu zeichnen und zu illuminiren, wobei er, wie es im Anfange geht, wo man noch nichts kann, große Freude hat.« Und weiter: »Augusten schmeckt der Melniker vortrefflich. Es ist so ein Wasserweinchen, das leicht hinunterschleicht, und von dem man viel trinken kann.« Aber auch den Steinen ward große Aufmerksamkeit zugewendet; der Jüngling sammelte viele auf kleinen und großen Wanderungen, ordnete sie zu Hause ein und hörte den Verhandlungen mit Kennern zu, auch mit dem Bergrat Werner aus Freiberg, dem Begründer der Geognosie.

Einige Abenteuer dieser Tage hingen mit den politischen Verhältnissen zusammen; der Vater hat sie später in seinen ›Annalen‹ erzählt.

> Es war zu jener Zeit eine Art von Pekeschen Mode, grün, mit Schnüren von gleicher Farbe vielfach besetzt, beim Reiten und auf der Jagd sehr bequem, und deshalb ihr Gebrauch sehr verbreitet. Diese Hülle hatten sich mehrere durch den Krieg versprengte preußische Offiziere, zu einer Interimsuniform beliebt, und konnten überall unter Pächtern, Gutsbesitzern, Jägern, Pferdehändlern und Studenten unerkannt umhergehen. Mein Sohn trug dergleichen. Indessen hatte man in Carlsbad einige dieser verkappten Offiziere ausgewittert, und nun deutete gar bald dieses ausgezeichnete Kostüm auf einen Preußen.
>
> Niemand wußte von der Ankunft meines Sohnes. Ich stand mit Fräulein Lestocq an der Tepelmauer vor dem Sächsischen Saale; er geht vorbei und grüßt; sie zieht mich

bei Seite und sagt' mit Heftigkeit: Dies ist ein preußischer Offizier, und was mich erschreckt, er sieht meinem Bruder sehr ähnlich. Ich will ihn herrufen, versetzte ich, will ihn examinieren. Ich war schon weg als sie mir nachrief: Um Gottes willen, machen Sie keine Streiche! Ich brachte ihn zurück, stellte ihn vor und sagte: Diese Dame, mein Herr, wünscht einige Auskunft, mögen Sie uns wohl entdecken woher Sie kommen und wer Sie sind? Beide junge Personen waren verlegen, eins wie das andere. Da mein Sohn schwieg und nicht wußte was es bedeuten solle, und das Fräulein schweigend auf einen schicklichen Rückzug zu denken schien, nahm ich das Wort und erklärte mit einer scherzhaften Wendung, daß es mein Sohn sei, und wir müßten es für ein Familienglück halten, wenn er ihrem Bruder einigermaßen ähnlich sehen könnte. Sie glaubte es nicht, bis das Märchen endlich in Wahrscheinlichkeit und zuletzt in Wirklichkeit überging.

Das zweite Abenteuer war nicht so ergötzlich. Wir waren schon in den September gelangt, zu der Jahrszeit, in welcher die Polen häufiger sich in Carlsbad zu versammeln pflegen. Ihr Haß gegen die Preußen war schon seit langer Zeit groß, und nach den letzten Unfällen in Verachtung übergegangen. Sie mochten unter der grünen, als polnischen Ursprungs, recht eigentlich polnischen Jacke, diesmal auch einen Preußen wittern. Er geht auf dem Platz umher, vor den Häusern der Wiese; vier Polen begegnen ihm auf der Mitte des Sandweges hergehend; einer löst sich ab, geht an ihm vorbei, sieht ihm ins Gesicht und gesellt sich wieder zu den andern. Mein Sohn weiß so zu manöuvrieren, daß er ihnen nochmals begegnet, in der Mitte des Sandwegs auf sie losgeht, und die Viere durchschneidet, dabei sich auch ganz kurz erklärt, wie er heiße, wo er wohne und zugleich daß seine Abreise auf morgen früh bestimmt sei und daß wer was an ihn zu suchen habe, es diesen Abend noch tun könne. Wir verbrachten den

Abend ohne beunruhigt zu sein, und so reisten wir auch den andern Morgen ab.

Sein achtzehntes Jahr vollendete August diese Weihnachten. Der Tag wurde immer sehr gefeiert; diesmal hatte Onkel Vulpius ein eigenes Schauspiel dazu gedichtet. Im Saale des Vorderhauses wurde es aufgeführt; zwei große Dramatiker zollten Beifall: außer dem Vater Goethe der Herr Zacharias Werner, der auf seiner unruhigen Lebensreise jetzt gerade in Weimar Station machte.

Die Monate und Jahre, die auf die Schlacht bei Jena folgten, werden oft »die Zeit der Erniedrigung« genannt. Aber einige der Edelsten haben, wenn sie sich später an ihr damaliges Leben erinnerten, gerade diese Zeit als eine schöne und große empfunden und haben den 14. Oktober 1806 gleichsam als Geburtstag eines besseren, würdigeren, stärkeren deutschen Volkes bezeichnet. »Unglück selber taugt nicht viel,« beginnt ein gutes Verschen, »aber 's hat drei brave Kinder: Kraft, Geduld und Mitgefühl.«

Verarmung war die allgemeine Wirkung der napoleonischen Kriege; sie hatte sicherlich ihr Gutes. Heinrich Luden, der damals als ein junger Professor der Geschichte in Jena lebte, schildert dies ärmere Leben im einzelnen:

> Alles Glänzende und Prunkende, aller Flitter und Trödel war verschwunden. In Kleidung, Wohnung, Möblirung, Geräth wurde nur für einige Anständigkeit gesorgt; alles Weitere wie unnützer Plunder vermieden. In Essen und Trinken ging man über das Nothwendige selten hinaus [...]. Selbst solche Dinge, an welche man von Kindheit auf gewöhnt war, mußte man sich versagen. Wer hätte sie zu bezahlen vermocht? Das Alles aber wirkte weder nachtheilig auf die Seele, noch auf den Leib. Man gewöhnte sich an Entbehrungen; man gefiel sich in Entsagungen; man fühlte sich besser und stärker in dem Sieg über alte Neigungen [...].

> Je geringer und armseliger der sinnliche Genuß war, desto reicher und tiefer war der geistige und sittliche, der sich überall darbot. Alle Menschen waren klüger und besser, als sie früher gewesen [...]. Man konnte mit dem Geringsten ein verständiges Wort sprechen, mit dem Vornehmsten ein zutrauliches und offenes [...]. Aller Hochmuth, alle Hoffahrt, aller Dünkel, alle Eitelkeit, jegliche Anmaßung war verschwunden. Das Alter zeigte sich fest und mild, die Jugend ernst und heiter. Niemals ist die Gleichheit größer gewesen unter den Menschen [...].
>
> Der fortdauernde Druck, der auf dem Leben lag, und den Alle empfanden, Hohe und Geringe, reizte die ganze Spannkraft, die in der menschlichen Seele ist, zum Widerstand auf. Der Hohn des Friedens von Tilsit, die verachtende Weise, in welcher das Königreich Westphalen errichtet wurde, die Hin- und Herwürfelungen von Land und Leuten aus dem vernichteten Reiche, das unwürdige Verfahren überall, die Demüthigungen, die Kriechereien und Hündeleien: in der That, es konnte nicht anders sein, die tiefsten Gefühle, die edelsten Leidenschaften mußten in jeglicher menschlichen Brust erwachen, die irgend Etwas werth war.
>
> Sie erwachten. [...]. Es begann sich eine Gemeinde edler Menschen zu bilden, die ohne Bund eng mit einander verbunden, und ohne von einander zu wissen, von Einem Gefühl ergriffen, von Einem Grundsatze geleitet, von Einem Entschlusse durchdrungen waren. Wenn Einer aus dieser Gemeinde auf den Anderen stieß, so erkannten sie sich sogleich und verstanden sich ohne Explicationen.

Ganz ähnlich stellte Professor Steffens in Halle, den August gleichfalls schon kannte, diese Zeit dar:

> Je mehr alle äußere Aussicht und Hülfe verschwand, je drohender die Verhältnisse um uns herum wurden, desto mehr stärkte sich, aller äußern Unwahrscheinlichkeit zum Trotz, die innere Zuversicht, die feste Ueberzeugung, daß

> das Heilige und Große, wie es in Deutschland keimte, die göttliche Macht, die in der Geschichte waltete, ein so herrliches Gut sein mußte, daß der rohe Fußtritt siegreicher Heere es nie vernichten konnte. [...] Die Schlacht von Jena, behauptete ich, eben in diesen Tagen der Hoffnungslosigkeit, wäre der erste Sieg über Napoleon, denn er hatte die mit ihm im Bunde stehende Schwäche vernichtet. [...] Die Gewißheit, daß ich seinen Sturz erleben würde, verließ mich nie.

In der Erinnerung werden die wirklichen Erlebnisse stilisiert und idealisiert. So gar tiefgreifend und verbreitet war die Umwandlung der Geister denn doch nicht; die beiden vortrefflichen Männer, die wir eben hörten, schlossen wohl zu sehr von sich und ihren nächsten Freunden auf andere. In Thüringen fand man sich ganz willig in die neuen Verhältnisse, und in Weimar und Jena tat man oft ein Übriges, um die Franzosen bei guter Laune zu erhalten. Der einzelne Bürger hatte nie etwas zu sagen gehabt; in seiner gewohnten Ohnmacht blieb er auch jetzt und tat am besten, sich des Aufmuckens und Räsonnierens zu enthalten. Gehorchet der Obrigkeit, die Gewalt über euch hat! Und wer gern vergnügt lebt, wird es nicht auf künftige Jahre und veränderte politische Verhältnisse verschieben.

Auf einige wenige Menschen in Weimar traf aber Ludens spätere Darstellung zu, etwa auf die Frau von Stein. Und unter Augusts Lehrern war auch schon ein Vorbote der neuen Zeit. Seit dem Frühjahr 1807 war Franz Passow, ein Mecklenburger, als Professor am Gymnasium angestellt: ein junger Mann von einundzwanzig Jahren, jünger als mehrere seiner Schüler, aber ein Ausbund von Gelehrtheit, ein zum Lehramt Geborener und, wie es zu seiner Jugend paßte, ein Enthusiast und Idealist. Er unterrichtete die Prima und Sekunda im Griechischen, auch lehrte er »Ästhetik« und »Philosophie der Sprache«. »Ich fange mit der Poesie als der zuerst gebildeten Sprache an, und werde zuerst Geschichte der Poesie [...] vortragen. […] In diesen Stunden wird mir das Katheder zum Dreifuß, und ich fühle mich recht als Göthes Mitbürger (dessen Sohn hiesiger Primaner ist).« Als ein ganz neuer Philologe und Schulmeister zeigte sich Passow aber dadurch, daß er die Brücke schlug vom längst üblichen Kultus der Antike zu deutsch-vaterländischer und bürgerlich-freiheitlicher Gesinnung.

> Meine ganze Seele hängt an dem schönen Gedanken, durch Enthüllung des hellenischen Alterthums, Entwicklung des hellenischen Geistes das wenigstens im Einzelnen herzustellen, was den Deutschen im Ganzen schmachvoll abhanden gekommen – Begeisterung für Vaterland und Freyheit. Müßte ich je die Hoffnung schwinden lassen, das zu vermögen; würde mir es je klar werden, dieß Streben sey ohne Erreichung: so würde die Freude am Leben dahin seyn, die mich jetzt heiter seyn läßt bey allen den Schrecknissen, die sich jedem zeigen, der die Zeit und ihren Geist betrachtet und nicht in kaltem Egoismus oder in stumpfsinniger Sklaverei dahin träumt. Darum ist mir auch mein Beruf so werth, so erhaben, weil mir die Bildung einer neuen, so Gott will bessern und dann auch gewiß glücklichern Generation mit anvertraut ist und ich nicht wissen kann, wie unendliche Folgen aus einem einzigen mit Wahrheit und eignem Gefühl gesprochnen guten Worte sich über ganze Menschenalter verbreiten können. Und in Weimar besonders wird man jetzt zur äußersten Anspannung jeder Kraft getrieben: denn die Vergangenheit fängt an, hier so gewaltig, so riesenhaft zu werden, daß man wohl alles thun muß, in der Zukunft ein Gegengewicht zu gestalten. Auch unser Fernow ist nun todt, und Göthe wankt. Es wäre ein unerträglicher Gedanke, wenn wir das unwiederbringlich nennen müßten, was schon dahin ist, und bald dahin seyn kann. Aber noch ist nichts verloren und eben der furchtbare Druck der eisernen Gegenwart, hoff' ich, soll große Kräfte hervor-

> treiben. Unser Fürst gehört zu den wenigen, die noch mit Festigkeit an der guten deutschen Sache hängen und das Volk ist gut und empfänglich.

Im Goethe-Hause war man längst hellenisch gesinnt gewesen; über diese neue, politisierende Griechenwut aber schüttelten Goethe und Riemer ebenso die Köpfe wie der lateinische Direktor Lenz. »Der Freiheitssinn und die Vaterlandsliebe, die man aus den Alten zu schöpfen meint, wird in den meisten Leuten zur Fratze«, so sagte Goethe. Unsere bürgerliche Existenz sei nun einmal nicht die der Alten, wir hätten ein ganz anderes Verhältnis zum Staate. Nicht feindliche Absonderung von andern Völkern dürfe unser Ziel sein, sondern freundschaftlicher Verkehr mit aller Welt, Ausbildung der gesellschaftlichen Tugenden, auch auf Kosten angeborener Gefühle, ja Rechte. »Sich den Obern zu widersetzen, einem Sieger störrig und widerspenstig zu begegnen, darum weil uns Griechisch und Lateinisch im Leibe steckt, er aber von diesen Dingen wenig oder nichts versteht, ist kindisch und abgeschmackt. Das ist Professorstolz, wie es Handwerksstolz, Bauernstolz und dergleichen gibt, der seinen Inhaber ebenso lächerlich macht, als er ihm schadet.«

In den letzten Monaten, die August auf dem Gymnasium verbrachte, kreuzte sich sein Weg zuweilen mit dem eines jungen Mannes, der nicht ganz zwei Jahre älter und gewissermaßen sein Mitschüler war, denn er lernte bei denselben Lehrern Lateinisch und Griechisch; nur kam er nicht ins Schulhaus. Es war Arthur Schopenhauer, aus Danzig stammend, schon viel in der Welt herumgekommen, vor kurzem noch Hamburger Kaufmannslehrling und nun bestrebt, das Gymnasial-Wissen nachzuholen, denn er wollte sich gelehrten Studien widmen. Seine Mutter, eine vierzigjährige, reiche und gescheite Witwe, lebte seit dem Herbste 1806 in Weimar; sie war rasch eine große Freundin Goethes geworden und gehörte zu den ganz wenigen Damen, die seine nunmehrige Gattin anerkannten. Arthur wohnte aber nicht bei seiner Mutter, sondern bei dem jungen Professor Passow, der ihn in's Griechische einführte.

August und Arthur: Das waren nun Söhne aus befreundeten Häusern, und ihre erste Erziehung von den Eltern her war ähnlich gewesen. Denn auch Schopenhauers verstorbener Vater hatte den Sohn vor allem zu einem großen Praktiker machen und ihn durch die unmittelbare Anschauung der Dinge zu ihrem Kenner und Beherrscher machen wollen. Schulmeister und Büchergelehrte sollten ihn möglichst wenig verbilden und mißhandeln. Reisen waren auch in seinem Falle als das größte Belehrungs- und Bildungsmittel angewandt worden. Aber nie waren sich zwei junge Leute am selben Platze unähnlicher! Der junge Schopenhauer war sehr klug, sogar unerträglich klug; die Denkfehler und Schwächen der Mitmenschen entdeckte er mit scharfem Blicke, und er geißelte sie mit scharfen Worten. Seine Mutter bemühte sich, ihn zu lieben, aber sie fühlte sich unglücklich, wenn er in ihrer Nähe weilte. Er machte stets ein finsteres Gesicht, sprach die erstaunlichsten Behauptungen wie Orakelsprüche aus und duldete keine Einwendungen. Die abscheuliche Beschaffenheit der Welt, die Unvernunft alles Bestehenden, die Wertlosigkeit des Lebens: bei solchen Vorstellungen verweilte er am liebsten; er konnte seinem Zuhörer alle Freude am Dasein wenigstens auf einige Zeit gründlich verekeln.

Machte sich sein Verstand und Witz nur unangenehm bemerkbar, so mußte man dagegen den Eifer, die Hingabe bewundern, womit er jetzt die Lücken seines Wissens ausfüllte. In zwei Jahren wollte er nachholen, wozu die Schulknaben sechs oder sieben gebrauchen, und doch wollte er alle diese Fächer viel gründlicher treiben, als je ein Schüler tat. In ganz kurzer Zeit lebte und webte er in den griechischen und römischen Klassikern; er betete den Vater Homer an – er dichtete sogar ein Vaterunser an ihn – und brütete über den Tragödien des Sophokles. Aber auch Geschichte, Geographie, Mathematik ergriff er mit allergrößtem Ernste, alle Stoffe selbständig durchdenkend und fest sich einprägend.

Kurz, ein ungewöhnlicher Mensch, von dem Großes zu erwarten war. Aber der Superkluge war unglücklich und machte seine Nächsten unglücklich. August Goethe dagegen blickte fröhlich in die Welt, ward von allen geliebt, die ihn kannten, und verbreitete Freudigkeit um sich her.

Auf drei Jahre war der Lehrplan der Prima berechnet, und so lange harrte auch August in der Klasse aus. Seine Kenntnisse im Lateinischen und Griechischen waren nicht schlecht, obwohl er zu den Sprachen keine erhebliche Begabung mitbrachte. Da er keine Abgangszeugnisse brauchte, so verlebte er auch den letzten Schulwinter recht vergnügt. Büttner, Brunnquell und Bartholomäi waren seine liebsten Freunde; auch die beiden Söhne Schillers, Karl und Ernst, sah er viel, ebenso einen Boie, der ein Sohn jenes Holsteiners war, der in Göttingen zum Hain gehört und die Musen-Almanache herausgegeben hatte. Aber noch eine ganze Reihe guter Kameraden hätte August nennen können.

Sehr vertraut war er auch mit dem Schauspielervolk männlichen und weiblichen Geschlechts, mit Deny, Wolff, Unzelmann und allen den andern, die bei seiner Mutter verkehrten und vom Vater oft zu Tisch gezogen wurden. An den drei wöchentlichen Theater-Abenden wird August selten gefehlt haben.

Das Reiten und Fechten wurde eifrig betrieben. Da nun einmal das Duellieren Brauch auf den Universitäten war, mußte das Gymnasium die Primaner in der Kunst, mit dem Degen sich zu wehren, möglichst gut ausbilden.

Die Tanz- und Vergnügungsgelegenheiten nahm August nun schon nach alter Gewohnheit mit. Oft als Begleiter der Mutter, die sich in diesem Punkte noch immer nicht änderte. Liebeleien sah er von jeher um sich herum mit Eifer gepflegt; sie galten für die nötigste Lebenswürze. Ihm selber gefiel jene

Karoline Schumann am besten, die wir schon als seine Tänzerin auf Kinderbällen erwähnt gefunden haben. Und es war nicht bloß ein Wohlgefallen zwischen den beiden, sondern zu Zeiten eine heftige Jugendliebe mit ehrlichen Heiratsabsichten im Hintergrunde.

V. Der Student
1808–1811

August von Goethe war achtzehn und ein viertel Jahr alt, als sein Vater ihm erlaubte, die Schule zu verlassen und in dem schönen Heidelberg Jura zu studieren.

Am 4. April 1808 in aller Frühe – Riemer war noch nicht aufgestanden – fuhr er ab. Frau von Stein sandte ihm gerade noch eine erfreuende Gabe zum Mitnehmen; Frau von Schiller wollte ihm ein selbstgearbeitetes Andenken, das nicht rechtzeitig fertig geworden war, nachschicken. Von den Tränen der Mutter, die den Sohn zwei lange Jahre nicht sehen sollte, braucht nicht berichtet zu werden; aber auch den Vater griff der Abschied sehr an, so daß er mehrere Tage fast nichts essen konnte.

Für die ersten Wochen wußten sie den Sohn freilich in allerbester Pflege, in Frankfurt nämlich, das ja an der Straße lag, die August nahm. »Du Logiers bey keinem Menschen als bey mir,« hatte ihm die siebenundsiebzigjährige Großmutter geschrieben; »dein Stübgen ist vor dich zubereitet – das wäre mir eine saubre Wirthschaft meinen Lieben Augst nicht bey mir zu haben [...] daß nicht viel Raum in der Herberge ist das wüst Ihr ja von je – wir loben *doch* die Christel und die Salome.«

Seit einem Jahre hatte Goethe in seiner alten Vaterstadt eine ganz besondere Freundin: die zweiundzwanzigjährige Bettina Brentano, die ihn so innig liebte und so verständnisvoll verehrte, wie kaum ein anderer Mensch, und die selber in der Poesie großes leistete, obwohl sie nur Briefe schrieb. Dies geniale, höchst lebhafte, höchst eigenartige Mädchen war eine Tochter jener Maximiliane Brentano, die, als sie eben verheiratet war, den jungen Poeten Goethe viel besser leiden mochte als

August von Goethe

Ölgemälde von Caroline Bardua, 1807

ihren alten Mann. Dieser ihrer Mutter heimliche Liebe hatte Bettina geerbt und brauchte sie nicht zu verbergen. Da sie den berühmten Dichter in Weimar nur ganz selten besuchen konnte, ging sie jeden Tag, wenn sie in Frankfurt bei den Geschwistern lebte – ihre Eltern waren beide tot – zu seiner alten Mutter; sie wußte die lustige Dame mit ihren drolligen Urteilen und phantastischen Geschichten vorzüglich zu unterhalten; dazwischen rief sie die Erinnerungen der Mutter an die Kindheit und die erste Jugend ihres Sohnes wach und schrieb sie für Goethe auf, da er eine Geschichte seines Lebens plante. Diese junge Goethe-Verehrerin konnte auch dem August in Frankfurt recht dienlich sein, da die alte Großmutter doch zumeist zu Hause bleiben mußte, und so ward ihr denn »der schwarzaugige und braunlockige Jüngling« empfohlen. »Lassen Sie seine väterliche Stadt auch ihm zur Vaterstadt werden, so daß er glaube sich mitten unter den Seinen zu befinden.«

Bettina war gerade ausgegangen, als August ihr den Brief bringen wollte; aber er sah zwei Schwägerinnen von ihr, und diese verliebten sich sogleich in den Jüngling. Sie schauten ihn an, soviel es irgend ging, denn sie waren beide guter Hoffnung und wünschten, ihren werdenden Kindern seine schönen Augen abzustehlen. »Du kannst also denken,« schrieb Bettina nach Weimar, »daß, wenn er auch nicht Dein lieber Sohn wäre um dessentwillen ihm alle gut sind, so würde er doch, blos wegen der Propagation auf Händen getragen.«

Es war Frühling draußen in den Gärten und Weinbergen; auf den Straßen aber herrschte der Trubel der Messe. Jeden Abend ging August ins Theater; den Tag über streifte er herum. Die Schlosserschen Verwandten führten ihn auf die Stadttürme; Bettina suchte mit ihm die Plätze auf, die im Leben seines Vaters wichtig gewesen waren, und zeigte ihm die Kunstgärtnereien, denn sie boten dem aus dem rauhen Weimar Kommenden manches Neue. Auch eine Fahrt auf dem Maine, ein Besuch in Offenbach, wo Bettinas Großmutter, die alte Schriftstellerin Sophie von La Roche wohnte, ward nicht versäumt. Die besten Gesellschaften standen dem Sohne Goethes offen. Er durfte ein Fest mitmachen, das die Offiziere der Bürgerwehr dem Fürst-Primas gaben, der einst als Karl von Dalberg kurmainzischer Statthalter zu Erfurt gewesen war und zu den Jugendfreunden des Vaters gerechnet werden konnte. Ja, der nunmehrige Großherzog von Frankfurt und Fürstprimas des Rheinbundes lud Goethes Mutter und Goethes Sohn zu einem andern Feste und brachte dabei die Gesundheit des großen Dichters aus.

Schön waren auch die Plauderstunden des angehenden Studenten mit der liebenswürdigsten aller Großmütter. Einmal forschte sie ihn aus, ob er seinen Vater recht liebe; er erwiderte, daß all sein Lernen, all sein Tun dahin gehen solle, den Vater recht zufrieden zu stellen. Stundenlang konnte die alte Frau mit dem Jüngling reden; wenn aber Bettina dazu kam und sich auf ein Schemelchen setzte, um zu lauschen, ward die Großmutter still.

So verflogen zwei Wochen gar rasch. Als August sich bei Bettina für die gute Aufnahme bedankte, sang sie ihm vor: »Sind's nicht diese, sind's doch andre, die da weinen, wenn ich wandre, holder Schatz, gedenk an mich.« Und sie küßte ihn dreimal auf seinen lieben Mund. Schwerer fiel es der Großmutter, als der Enkel abzog. Wenn man so alt ist, kann jeder Abschied der letzte sein. Sie schaute ihm aus ihrem Fenster wehmütig nach, und als er an der Katharinenpfort-Ecke noch einmal sein Sacktuch schwenkte, da fühlte sie diesen letzten Gruß im tiefsten Herzen. Es war aber noch nicht der letzte. Am andern Morgen kam ihr Friseur und erzählte, er sei dem jungen Herrn gestern noch begegnet, und dieser habe ihm aufgetragen, die Frau Rat herzlich von ihm zu grüßen.

Mit einem jungen Mediziner aus Frankfurt, Passavant, reiste August am 22. April an der Bergstraße entlang ins schöne Neckartal. Am 26. wurde er als Heidelberger Student eingeschrieben. Seine Wohnung nahm er bei dem Strumpfwirker

Schweizer in der Hauptstraße. »Herr Baron« hieß er nun; die freundlichen Wirtsleute und die übrigen Philister sagten es gern.

Durch vorausgehende Briefe war er in Heidelberg an das Vossische Haus und an Professor Thibaut, außerdem in Mannheim an den Major von Luck empfohlen worden. Bei Vossens fühlte er sich sogleich heimisch. »Wir wollen das alte Leben in Weimar wieder anknüpfen,« hatte ihm Heinrich Voß entgegen geschrieben, »und am Neckar wie an der Ilm wie Freunde und Brüder leben.« Dieser jüngere Voß, durch sein Lippenleiden immer noch am Abhalten von Vorlesungen gehindert, war der herzlichste Mensch, und seine Mutter die vollkommenste Hausmutter; der alte Johann Heinrich, der berühmte Übersetzer und Luisendichter, liebte gar sehr den öffentlichen Kampf mit scharfen Aufsätzen und Büchern; er gab sich aber in seinen vier Pfählen und in den Mußestunden gemütlich genug. Auch seinen Mitschüler Boie traf August in diesem Hause wieder, denn Boie studierte jetzt gleichfalls und war ein Bruderssohn der Hausfrau.

Professor Thibaut sollte nach des Vaters Willen Augusts eigentlicher Lehrer, der Leiter seiner Studien werden. Goethe kannte den angesehenen Pandektisten von Jena her, wo Thibaut von 1802–1806 gelehrt hatte; er schätzte in ihm namentlich auch den Mann von feiner Weltbildung und nicht zum wenigsten den vorzüglichen Musikkenner. Die Pflege der besten Musik in Thibauts Hause war berühmt; Goethe dachte sich gern seinen Sohn als Zuhörer und Lehrling in diesem Kreise.

Gleich in den ersten Tagen begegnete August auf der Straße einem Herrn von Arnim. Das war ein preußischer Junker, der sich jedoch ganz dem Versemachen und der altdeutschen Romantik ergeben hatte. Hier in Heidelberg hatte er vor einigen Jahren mit seinem Freunde Clemens Brentano, einem von Bettinas Brüdern, die Volksliedersammlung *Des Knaben Wunderhorn* zu Stande gebracht; jetzt gab er hier eine seltsame

Zeitung für Einsiedler heraus. Arnim war in jenem Sommer 1801, als der Knabe August den Vater nach Göttingen begleiten durfte, dort Student gewesen; er hatte am Abend nach Goethes Ankunft auf der Straße ein Hoch auf den großen Dichter ausgebracht. Im Dezember 1805 hatte er dann seinen ersten Besuch bei Goethe gewagt, der sein und seines Freundes *Wunderhorn* herzlich lobte; bei dieser Gelegenheit hatte Arnim, obwohl in allerlei Leibeskünsten geschickt, von August Goethe erst noch das Schlittschuhlaufen gelernt. Nun also führte sie der Zufall auf der Straße zusammen, und August konnte dem Herrn von Arnim sogar von seiner besten Freundin, der Bettina, das Neueste erzählen. Arnim nahm ihn sogleich mit zum Buchhändler Zimmer, wo er seinen Tisch hatte, und hätte sich gern mit ihm angefreundet; August ging aber wenig aus sich heraus; er zeigte sich »so unjugendlich stumpf, wie es eigentlich kein echter Sohn von Goethe sein sollte.« So urteilte Arnim gegen Bettina. »In jungen Leuten kann man sich indessen leicht irren,« fügte er hinzu; »doch habe ich ihn bis jetzt von nichts mit Interesse reden hören wie von ein paar miserablen Schauspielern.«

Arnim erriet aber bald, weshalb August seine Freundlichkeit so wenig erwiderte. Der alte Streithahn Johann Heinrich Voß hatte einen Krieg begonnen gegen den Poeten Achim von Arnim, weil Voß als Protestant und Aufklärer alles mittelalterliche Wesen haßte und auch weil Voß als Philologe es nicht mit ansehen konnte, wie diese neuen Romantiker die alten Texte, die sie ans Licht brachten, »verfälschten«, um sie nach ihrer Meinung zu verjüngen und für die Gegenwart zu gewinnen. Wir können das Recht und Unrecht auf beiden Seiten hier nicht betrachten. Kurz, August hatte zu wählen zwischen Vossens und Arnim. Mancher andere Jüngling hätte sich zu dem schönen jungen Edelmann, dem ritterlichen Verkünder deutscher Vergangenheit, hingezogen gefühlt, aber wer will den eben im neuen Lande Angelangten tadeln, wenn er sich alten Freunden des Vaterhauses lieber anvertraute? Wußte er doch auch, daß sein Vater gar wenig Gefallen an den Romantikern, Neupatrioten und Neukatholiken fand, die nach seiner Meinung durch ihre verklärten und geradezu unwahren Bilder einer herrlichen deutschen und christlichen Vergangenheit der Gegenwart Unrecht taten und viele Menschen am Genuß des Augenblicks hinderten.

»Mich freut, an August zu denken«, schrieb Goethe, als er Bettinens und der Mutter Briefe aus Frankfurt hatte; »sein erster Eintritt in die Welt ist so glücklich und so günstig, daß man wohl hoffen kann, es werde so auch vorwärts gehn.«

Auch die nächsten Nachrichten zeigen eine glückliche Fuchsenzeit. »Unser Lieber Augst befindet sich (so wie er mich berichtet hat) wie der Vogel im Hanfsaamen«, gab die alte Frau Rat nach Weimar weiter; »macht Sontags Fußreißen – und erfreut sich an der herrlichen Gegend«. Andere schrieben, der junge Mann sei sehr fleißig und lebe in einem nur kleinen Zirkel. Auch seine eigenen Briefe waren erfreulich – abgesehen von der Handschrift und der Rechtschreibung. Der Inhalt las sich so hübsch, daß sie Goethe der Frau von Stein und den anderen Damen, die dem jungen Menschen von jeher hold waren, zusandte. Schon deshalb bat er den Sohn, seine Hand nicht gar zu sehr zu vernachlässigen. »Der Tag ist lang und wenn Du ein Drittel der Zeit mehr auf einen Brief wendest, so liest ihn Dein Correspondent mit Vergnügen, indem er nicht nöthig hat die mühseelige Dechiffrirkunst anzuwenden.« Dem Vater kam jetzt auch einmal die Sorge, ob nicht in jenem gesegneten Lande am Neckar und Rhein dem jungen Studenten das von jeher gewohnte Weintrinken gar zu sehr zum Bedürfnis werden könnte. Er warnte in seiner vorsichtigen Art, indem er von seiner eigenen Lebensweise in Karlsbad sprach, wohin er diesmal früher als sonst gegangen war. »Wir leben nach unserer alten Weise still und fleißig in allem etwas mäßiger als vorm Jahre, besonders auch was den Wein betrifft; wobey mir denn lieb ist, aus Deinem Briefe zu sehen, daß Du

Dich auch vor diesem so sehr zur Gewohnheit gewordenem Getränk in Acht nimmst, das mehr als man glaubt einem besonnenen heitern und thätigen Leben entgegen wirkt.«

Was der Vater sonst an Lob und väterlichem Rat vermischte, war weniger diplomatisch ausgedrückt. Zum Beispiel fand er es gut, daß August nicht viele Kollegien belegt hatte. »Es kommt beym Studiren alles darauf an, daß man über das, was man sich zueignen will, Schritt vor Schritt Herr bleibe. Sobald einem das Ueberlieferte über den Kopf wächst; so wird man entweder dumpf oder verdrießlich, und kommt gar zu leicht in Versuchung alles abzuschütteln. Daß auch Deine Studien einen historischen Gang nehmen ist mir sehr angenehm. Zu erfahren wie die Zustände nach und nach auf eine irdisch menschliche Weise herangekommen, was verloren gegangen, was geblieben, was fortwirkt ist so belehrend als erfreulich, und die Jugend, die das Glück hat, das Vergangene auf die Weise zu ergreifen, anticipirt das Alter und bereitet sich ein heiteres Leben. Das Allgemeine giebt sich auf diesem Wege von selbst: denn in dem irrdischen Kreise ist denn doch alles wiederkehrend. Daß Du Deiner eignen Natur nach auf diesem Wege bleiben wirst ist mir sehr erfreulich, da ich nicht zu befürchten habe, daß Du Dich auf die philosophischen und religiosen Fratzen einlassen möchtest, welche jetzt in Deutschland sogar manchen guten Kopf verwirren und doch zuletzt auf nichts als auf einen abstrusen Selbstdünkel hinausführen. [...] Frage doch nach ob etwa künftigen Winter über Spittlers Entwurf der Geschichte der europäischen Staaten gelesen wird. Es ist dieses Werk neu abgedruckt und von unserm Sartorius gar trefflich bis auf die neusten Zeiten fortgesetzt worden. Ein solches Collegium würde Dich in die neuere Weltgeschichte einführen, Dir einen Begriff der verschiedenen Regierungsformen geben und die frühern wunderlichen und jetzt höchst seltsamen Verhältnisse der europäischen Staaten zu einander deutlich machen, und würde dir im Verfolg der alten Staatengeschichte recht nützlich seyn. Auch ohne mein Ermahnen wirst Du fortfahren in der Gegend Entdeckungswanderungen zu machen. Die guten academischen Jahre auch in einer herrlichen Gegend und merkwürdiger Nachbarschaft zuzubringen, ist ein Glück das ich nicht genossen habe, da ich drey Jahre in dem steinernen, auf der Fläche wo nicht im Sumpf doch am Sumpfe liegenden Leipzig zubrachte. Wenn die Früchte nun hinter einander reif werden; so wirst Du auch dieser Segensfülle mit Dank genießen.«

Der Vater schrieb geistig, die Mutter herzlich. Sie konnte sich lange Wochen nicht daran gewöhnen, daß gegen Mittag, wenn es Elf geschlagen hatte, kein August mehr aus der Schule kam. »Ich bin nun so ganz allein in dem großen Hause«, klagte sie. »Bei jedem Schritt und Tritt wünsche ich mir, wenn wir beide nur zusammen wären. Dein liebes Bild grüße ich alle Morgen und unterhalte mich mit ihm«. Aber auch von seines Vaters Liebe schrieb sie ihm. »Sei nur recht fleißig, daß der Vater Freude an dir hat, und wirst Dich dann auch sehr freuen, wie gut er alles mit Dir vorhat.« Ihr Lob war bedingungslos. »Dein letzter Brief, den Du an Bartholomäi geschrieben hast, hat dem Vater sehr gefallen. Er hat ihn von Riemer abschreiben lassen und er ist allen Damen produzirt worden; es war so ein hübscher Stil darin.« Sie erzählte ihm auch von den Freunden aus der Theaterwelt und schickte ihm alle Komödienzettel. Sie lebte mit seinen noch in der Prima verbliebenen Kameraden weiter; sie gehörte ja trotz ihrer Jahre noch immer zur jungen Welt, die sich zu Festen und Vergnügungen versammelt.

Daß August schon in seinen Schülerjahren einem Mädchen sein Herz geschenkt hatte, schien ihr wohl das natürlichste Ding von der Welt, aber die von ihm erwählte Karoline Schumann gefiel ihr gar nicht. Ihr Vater: Hofadvokat und Syndikus der Landschaft, Dr. Christoph Wilhelm Schumann, trieb großen Aufwand und genoß viel Ansehen, aber Christiane mochte sich die Tochter nicht als Augusts Lebensgefährtin denken. Der Jüngling jedoch meinte es mit seiner Lina treu.

Schon von seinen ersten Briefen aus Frankfurt war einer an sie gerichtet; Karoline kam auch alsbald zu Augusts Mutter, um nach ihm zu fragen. Da schwätzte sie dann freilich, wie es die Mutter gern hörte: Augusts Brief habe sie recht getröstet über den Abschied; es sei recht gut, daß es nun so gekommen. Das berichtete die Mutter geschwind nach Heidelberg: Karolinchen sei schon wieder lustig und guter Dinge. »So laß Du es auch gut sein und gräme Dich ja nicht, denn sie verdient es gewiß nicht.«

So rasch ist aber eine Jugendliebe nicht aus dem Herzen gerissen! Eine gute Freundin der Mutter, die Doktorin Buchholz, erwähnte, als sie an August den ersten Brief schrieb, ein »Herzchen, das söhnsüchtig nach Heidelberg hinstrebt;« also war Karoline noch nicht getröstet, und Freund Büttner berichtete über einen Besuch, den das Mädchen bei seiner Großmutter gemacht habe: »Die *Schumannin* sang ein Lied welches sich ganz auf Deine Lage mit ihr passte. Es fing sich an ›Vergiß mein nicht.‹ Darin kamen die Verse vor: ›Schenke mir Dein Angedenken, Liebe darfst Du mir nicht schenken, Ach! das Schicksal will es nicht.‹ Was sollte da ein achtzehnjähriger Student anders tun als dichten? Und August schrieb:

Nimm diesen Ring zum Pfande.
Niemals vergeß ich Dich.
Obgl. nach fernem Lande
Das Schicksal führet mich.

Hier denke ich Dein immer,
Stets sehe ich Dein Bild,
Wenn sich im Mondesschimmer
Mein Herz mit Sehnsucht füllt.

Dann kommen vergangene Zeiten
Mir Armen ach in den Sinn
Wie viel muß ich hier leiden
Mit Dir schwand Alles hin

August opferte jetzt manchmal den Musen, wie man das Verseschmieden nach bewährten Mustern freundlich bezeichnet. Besonders gern sprach er dann den Kummer eines Mädchens aus, das auf den fernen Geliebten verzichten soll.

Zu dieser Herzensnot kam ein unpoetischer Kummer, der aber gleichfalls im ersten Semester recht natürlich ist: August machte die Erfahrung, daß der »Wechsel«, dessen Höhe im Anfang recht erfreulich schien, überraschend schnell verging. Er klagte es der Mutter als seiner Vertrauten.

»Sei nur wegen der Ausgaben ruhig«, antwortete die gar leicht Erweichte, »und denke nur, daß der liebe Vater so gut ist, daß er Dir gewiß geben wird was Du brauchst, wenn er weiß, daß Du es ordentlich anwendest, und auf eine Kleinigkeit von mir kannst Du auch immer rechnen.« Im Notfalle solle er sich an die Bettina Brentano wenden; »der Vater wird es alsdann doch bezahlen.«

Sie kannte in diesem Punkte ihren Eheherrn genau. Die Finanzen des Hauses waren zwar seit jenem bösen Oktober 1806 gestört, und die politischen Aussichten nicht gerade heiter; aber Goethe hatte ihr erst neulich wieder versichert, daß er »im Stillen immerfort für [sie] und den guten August sorge, der uns noch viel Freude machen wird.« Jetzt meinte er zu des Jünglings Klage: »Es ist freilich was Eignes, so allein in der Welt zu stehen und alles baar bezahlen zu müssen, da man zu Hause so vielen Hinterhalt und Ausflüchte hat. Er mag sich noch ein wenig hinhelfen, damit er sieht, was das Geld werth ist; dann kann man ihm ja wohl mit etwas Außerordentlichen beispringen.«

Um diese Zeit, im Juni und Juli, lebte der wandernde Dichter Zacharias Werner auch einmal in Heidelberg. Nun schrieb auch er Lobsprüche an den Vater: »Über Ihren Herren Sohn freuen sich alle Menschen. Mens sana in corpore sano, ist das nicht das Ziel? Die Studenten respektiren ihn als ein Muster von Solidität, wiewohl er Niemanden besucht. Ich bilde mir was darauf ein, daß er mir herzlich gut ist.« Ein wenig anders drückte der Herr von Luck dieselbe Sache aus: »Ich habe fleißig nach ihm gefragt, und immer gehört, daß er recht wohl sey, um des guten Vaters willen sollen ihm die Studenten sehr schmeicheln, welches mir nicht lieb ist, dieses könnte ihn stolz machen.«

Schon im Anfang Juni hatte August mit vier Kameraden eine dreitägige Wanderung in den Odenwald unternommen; vom 23. bis 30. Juli fuhr und ging er mit Freunden wieder ins Land hinaus, diesmal nach Süden. Rastatt, Baden-Baden, Kloster Lichtental, die Ebersteinburg, der Mummelsee, der Knibis, Kehl, Straßburg waren die Ziele. Daß der Vater in Straßburg studiert hatte, wußte er; Einzelheiten waren ihm kaum bekannt, und es kam ihm nicht in den Sinn, seinen Namen oben auf dem Münster zu suchen. Er stieg auf dem Turme so hoch, als es erlaubt wurde, stand am Telegraphen, einem eisernen Balkenwerk von zwölf Fuß Höhe, das in 265 Figuren mit Paris und allen französischen Städten, die mit der Hauptstadt verbunden waren, Nachrichten austauschen konnte. Auch das Innere des Münsters besah er genau, die Glasmalereien und das Übrige, und hörte, wie die Orgel in diesen hohen Gewölben majestätisch hallte. Von Kehl brachte ihn die Extrapost in zwei Tagen nach Heidelberg zurück.

Der Vater war mit dem Reisebericht zufrieden und ermunterte zu mehreren Fahrten. »Richte Deine kleinen Excursionen, wie die Ferien es Dir erlauben, von Heidelberg aus nach allen Seiten hin, bis Du einmal späterhin weitere Sprünge machen kannst. Zu Deinen Touren und sonstigen Extraordinariis werde ich mich ja wohl mit einem Zuschuß einstellen müssen. [...] Versäume doch nicht auf Deinen Reisen eine geologische Bemerkung in Dein Tagebuch zu notiren. Es ist gar zu angenehm, wenn einem die Oberfläche der Welt mit ihren Aehnlichkeiten und Unähnlichkeiten, nach und nach, vor die Augen tritt, und man wird alsdann überall veranlaßt das Gesehene wieder in die Einbildungskraft zurückzurufen. Schildre mir doch auch gelegentlich die vorzüglichen Personen, die Du kennen gelernt, an Lehrern und Lernenden, Jungen und Alten. Besonders auch bemerke auf Deinen Wallfahrten das Volk der verschiedenen Provinzen, ihre Gestalt und Art, ihre Sitten und Betragen. Vergleiche sie mit denen, die Du schon kennst und bereite Dich auch hierdurch zu einer weitern und breitern Erfahrung.«

So blieb sich Goethe als Lehrer immer gleich: das eigene Sehen, Hören, Betasten und Empfinden galt ihm für die wahre Quelle der Belehrung; das Sammeln, Ordnen und Vergleichen der Beobachtungen für das rechte Denken. Er war aus der Wahrheit der fünf Sinne, wie er es selber einmal ausdrückt. Wo er sich im Gegensatze zu seinen Zeitgenossen fühlte, standen ihm zumeist Ideen gegenüber, die aus Büchern oder aus Grübeleien herkamen; dies Angelesene, Anempfundene, durch Spekulation Gewonnene, von Philosophen, Theologen und Philologen Eingeimpfte verabscheute und fürchtete er.

Als August auf zwei Jahre die Heimat verließ, tröstete sich seine Mutter mit ihm an dem Vorsatze, daß sie in der Mitte dieser langen Zeit in Frankfurt bei der Großmutter eine Zusammenkunft halten und eine Woche lang ein Wiedersehen feiern wollten. Aber schon nach einem halben Jahre, am 13. September, starb die prächtige alte Großmutter; man möchte fast sagen: sie feierte ihren Tod, denn in heiterer Ruhe bedachte und besorgte sie alles, was zum Sterben gehört. Von August hatte sie eben noch einen Brief bekommen und es fiel ihr im Sterben ein, der junge Student, der jetzt Ferien hatte, könnte plötzlich in Frankfurt erscheinen und dann sehr erschrecken, wenn er die Großmutter als Leiche fände: Das war eine ihrer letzten Sorgen. Ehe sie die Augen schloß, bat sie den Rat Schlosser, ihren Tod auch dem August zu melden: sie lasse ihn noch einmal von Herzen grüßen.

Am 15ten hatte August den Brief und sogleich fragte er bei seiner Mutter an, ob sie nun demnächst nach Frankfurt komme;

denn es war schon früher davon die Rede gewesen, daß bei dem Tode der alten Dame nicht der Sohn, sondern die Schwiegertochter wegen der Hinterlassenschaft reisen solle.

Sehr bald nach diesem Briefe erkrankte August an der Ruhr. Sein Zustand war einige Tage bedenklich. Thibauts und Vossens bemühten sich in echter Freundschaft um ihn; auch Arnim besuchte ihn. Die Eltern erfuhren erst von der Krankheit, als die Gefahr vorüber war.

Am 3. Oktober traf die Geheimrätin Goethe in Frankfurt ein. Sie beschied den eben genesenen Sohn sogleich zu sich in die Wohnung der seligen Frau Rat.

Neben Goethe erbte im gleichen Maße seine Nichte Luise Nicolovius, geborene Schlosser. Auch sie ließ sich vertreten, nämlich von ihrer Stiefschwester Henriette. Das ganze Rechtsgeschäft besorgte ein gemeinsamer Vertrauensmann, der vorhin genannte Rat Friedrich Schlosser; die Parteien brauchten seinen Vorschlägen nur immer zuzustimmen, und alles ging höchst freundschaftlich von statten. Christiane erwarb sich viel Lob in Frankfurt. »Sie betrug sich liberal u. schön bei der Theilung, bei der sie sich doch gewiß verrathen hätte, wenn Unreines in ihr wäre. [...] Ihr äußeres Wesen hat etwas Gemeines, ihr inneres aber nicht.« So schrieb Henriette Schlosser einer Freundin. Den August konnte sie erst recht rühmen. »Er ist ein sehr lieber, braver Junge, gescheut, herzlich u. treu, alle Menschen lieben u. loben ihn die ihn kennen. Genialisch wie sein Vater ist er nicht – auch freut es ihn gewaltig daß seine Mutter nun auch seines Vaters Frau ist, er scheint dergleichen gar nicht zu lieben wie sein Vater, u. wird gewiß ein bürgerlicher wacker Geschäftsmann werden, ohne doch trokken zu sein, er ist äußerst lebhaft u. lustig, u. hat Freude an schönen Wissenschaften – hängt kindlich an seinen Eltern u. ist gegen uns alle zutraulich – u. wir ganz charmirt von ihm.«

August reiste vor der Mutter ab; aber sie besuchte ihn dann noch einige Tage in Heidelberg, um seine dortige Umgebung zu sehen und den Freunden, die ihm in der Krankheit beigestanden hatten, den Dank der Eltern abzustatten. Sie fuhr aber auch mit dem Sohne nach Mannheim zu Lucks, und das hatte eine besondere Bewandtnis.

Als an jenem 19. Oktober 1806 durch die Formeln des Geistlichen die Mamsell Vulpius in eine Frau Geheime Rätin von Goethe verwandelt worden war, führte ihr nunmehriger Gatte sie wohl bei seiner neuesten Freundin, Madame Schopenhauer, ein, und wenn auswärtige Gäste bewirtet wurden, saß jetzt die Hausfrau mit am Tische; aber die Gattin Seiner Exzellenz gehörte darum noch nicht zu den Damen von Weimar. Sie war weder hoffähig, noch gesellschaftsfähig; das will sagen: sie ward nicht in vornehme Häuser geladen und tauschte keine Besuche mit den Frauen ersten Ranges aus. Ihr selber war dieser Zustand bequem; sie wußte ja recht gut, wie verächtlich diese Damen seit manchem Jahre von ihr gesprochen hatten; sie würden, wenn man sie aufsuchte, auch jetzt gewiß nicht versäumen, ihre adlige Herkunft und ihre höhere Bildung, zum Beispiel durch Gebrauch der vornehmen französischen Sprache, der Emporgekommenen zu schmecken zu geben! Christiane war längst daran gewöhnt, so gut wie keine Freunde zu haben; in den letzten Jahren hatte sie ein junges Mädchen an sich gezogen, das eine Waise war, wie sie einst gewesen, und nun gern bei ihr die Gesellschafterin und Reisegefährtin machte. Diese Karoline Ulrich war auch jetzt in Frankfurt und Heidelberg bei ihr. Auch für Goethe war dieser Zustand, daß seine Frau abseits der vornehmen Welt lebte, bequem; das ersparte auch ihm viel unnützen Zeitaufwand; überdies war er durchaus gewohnt, seine Wege allein zu gehn. Aber es plagte ihn doch, daß seine Frau von der besseren weimarischen Gesellschaft, von seinen eigenen alten Freundinnen als minderwertig ausgeschlossen wurde, und er wartete auf den rechten Zeitpunkt, das zu ändern. Jetzt gerade ereignete es sich, daß sein eigenes Ansehen in Weimar gewaltig wuchs: durch die Ehren, die ihm der Kaiser Napoleon und nach dessen Vorgange auch der russische Kaiser bei Gelegenheit des Erfurter

Kongresses erwiesen; mit zwei Orden auf der Brust erschien er nun als ein höherer Mensch. Und gerade jetzt war Christiane auf einer Reise: das Wiederkommen nach längerer Abwesenheit benutzte Goethe von jeher gern als ein Mittel, am alten Orte einen neuen Zustand zu beginnen. Jetzt, nach der Heimkehr, sollte darum Christiane sich überwinden und den Damen den ersten Besuch machen, damit diese in die Lage kamen und gezwungen wurden, auch ihr Höflichkeiten zu erweisen. Den Anfang aber, der sie ermutigen konnte, sollte sie von Heidelberg aus in Mannheim machen, wo seit einigen Jahren Herr und Frau von Luck lebten, die zu Goethes ältesten weimarischen Freunden gehörten. Lucks hatten sich schon beklagt, daß August, der ihnen vom Vater angemeldet worden war, sie noch nicht besucht habe; jetzt trug es der Vater dem Sohne, noch mehr aber der Gatte seiner Gattin auf, nach Mannheim zu fahren und diese seine Freunde zu begrüßen. »Du weißt, daß ich nicht gern sage: mein Wille. August drückt sich von solchen Verhältnissen weg, das nehm ich ihm nicht übel. [...] Du fühlst, warum, und die ganze Sache ist ja nur eine Spazierfahrt.«

Es lief gut ab, und als Christiane wieder daheim war, dauerte es nicht lange, so hatte sie auch die Besuche bei den weimarischen Damen überstanden. Nun konnten Herr und Frau von Goethe endlich eine große Gesellschaft geben. Stolz berichtete es die Mutter nach Heidelberg: »Wir hatten einen Thee von 30 Personen, alle Damen, die Du kennst, Frau von Wolzogen, Stein, Schiller und mehrere. Am zweiten Weihnachtsfeiertag war ein großes Soupé bei Wolzogens, wo ich auch dazu eingeladen war, und ich habe die Schillern und Wolzogen recht lieb gewonnen.«

Zu einer wirklichen Freundschaft mit einer vornehmen Frau brachte es Christiane nicht mehr; nicht nur ihre Vergangenheit war ihr im Wege, sondern auch ihr gegenwärtiges Treiben. Sie blieb so tanzwütig und vergnügungssüchtig, wie sie zuvor gewesen; man sah sie also zumeist mit Schauspielern,

Studenten, Offizieren und anderen jungen Menschen. In diesen sorgenschweren Jahren, wo das Land durch die unaufhörlichen Kriege Napoleons an Menschen und Gütern immer mehr verarmte, fiel dies Gejachter der alternden Frau den Zuschauern um so mehr auf die Nerven. Der Bibliothekar – so nannte Goethe ständig seinen Schwager Vulpius – klagte dem Freunde Nikolaus Meyer, was für ein Druck jetzt auf allen Bewohnern Weimars laste: man könne nicht einmal mehr herzlich lachen hören, in keiner Menschenklasse; die Zeit habe alle zu nachdenkenden Philosophen gemacht. Aber im selben Briefe heißt es: »Meine Schwester, vom Ball in die Comödie, von dieser auf die Redoute, zu einem Ball nach Jena, zu Tracktamenten etc. ganz wohl auf.«

In ihrer fröhlichen Welt begegnete sich Frau Geheime Rätin auch oft mit Augusts Freunden und Freundinnen. Denn die Primaner Büttner, Bartholomäi und Brunnquell gehörten zu ihren Tänzern; und auf solchen Bällen richteten sich Christianens Augen oft auf Karoline Schumann, von der der Sohn immer noch nicht los war. Es verdroß sie, daß Schumanns sogleich nach ihrer Heimkehr aus Heidelberg ihre Begleiterin, die Ulrich, zu sich geladen hatten, um sie nach August auszuforschen; um so eifriger wirkte die sonst so gutmütige Mutter gegen diese Liebe. »Ich habe von 8 Uhr bis 3 alles getanzt, was getanzt worden ist,« schrieb sie dem Sohne über die Neujahrs-Redoute, und: »Die bewußte empfindsame Schöne schlich ganz verlassen umher.« Auf der nächsten großen Redoute war Büttner der Führer der Geheimrätin, die als Braut wie im *Zerbrochnen Krug* angezogen war; Bartholomäi begleitete Mamsell Ulrich; der ganze Zug, den sie gebildet hatten, »war sehr brillant, ausgenommen der Mond, welcher sehr schlecht dargestellt wurde.« Der Mond: damit war die Schumann gemeint; die Gruppe hieß: »Sonne, Mond und Sterne.« – »Wir hatten ein apartes Zimmer, und Dein Vater überraschte den Mond mit Bartholomäi in einem zärtlichen tête à tête. Überhaupt hat sich der Mond nicht sanft, sondern recht frech betragen.« Am dritten Osterfeiertag gab Frau von Goethe einen eigenen Ball, zumeist für Augusts alte Freunde, wozu gerade auch ein neuer Freund aus Heidelberg, von Köckritz, gekommen war. »Nur der Mond war ganz unausstehlich,« heißt es im Bericht der Mutter an den Sohn; »der wird vor lauter Frechheit noch ganz närrisch. [...] Herrn von Köckritz hatte auch der Mond nicht gefallen, wie er sich gegen Büttner geäussert hat; es wird auch hier gar nichts aus ihm gemacht, denn sie beträgt sich ganz schrecklich, auch im Theater ist sie immer die lauteste unter allen, es will gar niemand bei ihr sitzen. Ich danke Gott, daß ich so weit von ihr entfernt bin. Du wirst von Deinen Freunden erfahren, wie sie sich bei mir benommen hat; wenn nur Gott hilft, daß sie bald einen Mann bekömmt.« Die andern Lieblinge Augusts behielten dagegen ihre volle Gunst, Menschen wie Tiere. »Deine Tauben befinden sich sehr wohl, eine aber von den alten Kropftauben ist krank, ich habe sie in meinem Zimmer, bis sie wieder völlig kurirt ist. Sie machen mir viel Freude; denn wenn ich sie locke, kommen sie alle in mein kleines Hinterstübchen, welches dem Vater und der Frau von Schiller letzthin viel Freude gemacht hat.«

August hatte sich in seinem ersten Semester zu ein paar Bekannten von Weimar her gehalten – jener Boie aus Meldorf gehörte wieder dazu – und auch ein paar neue Freunde gefunden. Im zweiten hielt er es aber doch für ratsam, einer Verbindung beizutreten. Sein Vater war einverstanden. August wählte die ›Guestphalia‹, zu deren Senioren sein Freund Ernst Heinrich von Köckritz aus Schlesien gehörte. Nun sang auch er das Bundeslied der Westfalen: »Bekränzt mit Eichenlaub die Becher, krönet die Becher rings umher, denn wir sind Deutsch, und was noch süßer tönet wir sind Westphälinger!« Die Studien wurden darüber nicht zu sehr versäumt. Bei Thibaut hörte er die Pandekten; in dessen Hause und bei Vossens blieb er immer wohlgelitten. Sein Vater schrieb ihm nicht oft, aber immer lobend und zustimmend. So am 5. Dezember 1808: »Ich freue mich Deines Fleißes, und es ist recht wohl gedacht und gethan, daß Du Dir die besondern Halbjährigen Zeugnisse von Deinen Lehrern erbittest. Du nimmst dadurch das löbliche stillschweigende Engagement, daß Du immer so fortfahren wollest und werdest. In so fern dergleichen Zeugnisse zu Deiner künftigen Legitimation dienen sind sie auch höchst schätzenswerth: denn in einer Zeit, wo alles so wunderlich und willkührlich durcheinander geht, ist es nicht genug sich mit innerm Verdienst zu rüsten; man thut auch wohl, wenn man sich nach außen bepanzert und ausputzt [...]. Ich habe mit Vergnügen gehört, daß Du in Frankfurt überall, besonders aber bey meinem alten Freund Willemer wohl empfohlen bist. Versäume nicht, wenn der Fall kommt ein solches angenehmes und gutes Verhältniß zu cultiviren [...]. Von der Reinlichkeit Deiner Wohnung, von Deinen Vögeln, Deiner Aufwartung und was Dich sonst betrifft, haben mir die Mutter und Karolinchen gar Erfreuliches erzählt; besonders war mir lieb, daß ihr Herrn und Frau von Luck gesehen, die ältesten Freunde auf weimarischem Grund und Boden. Ich vernehme von der Mutter, daß Du wegen Deiner rothen Backen Anfechtung hast, und daß es Leute giebt, die behaupten solche Farbe sey eben nicht grade ein Anzeichen guter Gesundheit. Ich hoffe Du wirst selbst von dieser Gunst der Natur, womit sie Dich bezeichnen wollen, einen bessern Begriff haben, und immer so fort leben, wie bisher, daß Du sie nicht verscherzest.«

Für den Fleiß des Winters belohnte sich August im Frühjahr durch eine Reise. Der Bericht, den er davon abstattete, gefiel dem Vater so, daß Riemer ihn »für die Damen« abschreiben mußte. In den Papieren der Frau von Stein blieb er aufbewahrt. Er ist um den 20. April (1809) niedergeschrieben:

> Den 2[t] dieses Monats reisete ich mit noch drey andern von Heidelberg ab. Wir fuhren diesen Tag nach Heilbronn. Es wurde mir ganz eigen zu Muthe, als ich diese alte Stadt durchwanderte, in welcher Götz auch gewaltet und gelebt

hatte. Da ich aber in den Thurm trat, in welchem er vier Jahre gefangen gesessen, da habe ich beynahe die Steine seiner Kammer geküßt, und was mich noch am mehrsten freute, waren meine Freunde, welche von gleichem Gefühl mit mir beseelt waren. Seine Handschrift konnten wir nicht zu sehen bekommen, weil der Archivar verreist war. Zu Heilbronns Annehmlichkeit gehören auch noch seine Töchter – denn ich habe noch in keiner Stadt so viele schöne Mädchengesichter erblickt, ob ich gleich nur einen halben Tag da verweilte.

Den 3^t^ früh gingen wir zu Fuß nach Jaxthausen, welches 6 Stunden davon entfernt liegt. Unterwegs stießen wir bey Neustadt auf eine Linde deren Aeste eine Laube von 153 Schritten im Umfang bildeten und von 120 steinernen Säulen getragen wurden. Das Jaxtthal ist sehr angenehm und Jaxthausen liegt bezaubernd schön. Die jetzigen Herren von Berlichingen haben zwey neue Schlösser daselbst erbaut, welche sie bewohnen; das Stammschloß aber wird nur von einem Verwalter bewohnt. Es ist ganz so wie es der Kupferstich auf meiner Stube zeigt und ich bin selbst auf dem Standpunct gewesen von wo aus es gezeichnet ist. Mir wurde ganz wohl auf diesem Classischen Boden. Von hier gingen wir nach dem Kloster Schönthal 1 Stunde von Jaxthausen, einem der herrlichsten Gebäude welches ich je sah. Es liegt ganz im Thale an der Jaxt, und seine beyden Thürme erinnern an Maria Culm in Böhmen. Nur ist dieses Kloster weit größer und prächtiger und liegt auch ganz allein. Die Kirche desselben ist sehr reinlich gehalten. Man findet hier sehr schöne Bildhauerarbeit sowohl alte als neue, auch einige bronzene Statuen. Aber in einem Kreuzgange, in welchen man aus der Kirche gelangt, findet man in 16 Nischen die Bildsäulen der Herren von Berlichingen alle in Lebensgröße in Stein gehauen. Der vorletzte in dieser herrlichen Reihe ist unser Götz, welcher ganz so ist, wie er vor seiner eigenen Lebensbeschreibung in Kupfer gestochen sich befindet. Der älteste ist aus dem 12[t] Jahrhundert. Sie können denken, lieber Vater, welche Freude mir dieser herrliche Anblick gewährte. Ich stand beynahe eine halbe Stunde vor diesen herrlichen Männern, deren Gesichter soviel Ausdruck zeigten (denn sie waren alle von guten Bildhauern gemacht), aber die liebe treuherzige Mine unseres Götz, in welcher eben so viel Ernst als Milde lag, übertraf alle andern an Anmuth. Ungern schied ich; aber es wurde spät und wir hatten noch 4 Stunden zu marschieren. Diese Nacht campirten wir in Osterburken im Odenwald und hatten nächst der Erinnerung an diesen längst gewünschten Tag ein recht gutes Wirthshaus.

Den 3[t] gingen wir über Walthüren, welches ein sehr berühmter Walfahrtsort im Odener Walde ist. Es ziehen um Pfingsten mehr als 3 000 Menschen aus der Gegend dahin, weil dort das heilige Blut aufbewahrt wird. Wir ließen es uns auch zeigen, konnten aber auf dem Tuche, auf dem es sich befinden sollte, mit dem besten Willen und Glauben nichts mehr erkennen. Von da gingen wir nach Miltenberg, wo wir die Nacht blieben. Den andern Morgen um 10 Uhr fuhren wir mit einem MainSchiff nach Hanau, wo wir des Abends um 7 Uhr glücklich anlangten. Den andern Morgen um 6 Uhr fuhren wir mit dem Marktschiff von Hanau nach dem lieben Frankfurt, und kamen um 9 Uhr wohlbehalten an. Ich eilte sogleich zur Frau Schöff Schlosser, welche mich sehr freundlich aufnahm. Unsern Landrath Schlosser fand ich sehr fröhlich verheiratet, und meine Cousine, (die Tochter der Frau Syndikus) als eine glückliche Braut. Ich kam also unter lauter vergnügte Menschen und habe mich auch 8 Tage daselbst recht gut befunden. Nur wird es zuweilen dem Musen Sohn unter dem seichten u arroganten Volk der Ladenschwengel (ein Ausdruck für Ladendiener) und den entsetzlichen Kaufmanns Philistern etwas übel zu Muthe, besonders bey einer solchen Tischgesellschaft. Aber da unterdrückt man seinen Aerger unter dem alten und guten Rheinwein dieser armen Leute. So mußte ich auch zu meinem Entsetzen den Tell sehen, welchen sie doch so verhunzt hatten, daß man ihn kaum wieder erkannte. Einige Scenen hatten sie ganz ausgelassen; die waren zu verzeihen, wenn man es mit Sinn gethan hätte; aber daran war nicht zu denken. Man wußte z. B. gar nicht, wo der alte Attingshausen hingekommen war. Aber was man *dazu* gemacht hatte, das empörte mich ganz. Denn um nur der Sache wieder einigen Sinn zu geben, hatten sie einige Jamben hineingeflickt, welche wie Kupfer gleich vom Golde zu unterscheiden waren. Außer einigen, worunter Hr Otto als Tell, Hr Reinhart als Geßler, H Heigel als Rudens und H Leisering als Werner gehörten, sprach man die Jamben ganz erbärmlich, besonders H Haßloch spielte ganz erbärmlich einen Hirten, und ich achte ihn nicht werth, in einem solchen Stücke nur eine *stumme* Person abzugeben. – –

Im dritten Semester bat August den Vater um die Erlaubnis zu einer größeren Reise rheinabwärts; eine zweite, unerwartete Bitte fügte er hinzu: er möchte schon im Herbst in die Heimat zurückkehren und seine Studien im nahen Jena fortsetzen. Er sprach von seiner vorjährigen Krankheit, wie wenn er in Heidelberg einen Rückfall befürchten müsse. Im nächsten Brief des Vaters las er die Gewährung. »So lieb es mir war, daß Du Dich in Heidelberg in einer schönen Gegend befandest, und Gelegenheit hattest gut zu studiren, wobey es Dir auch an Freunden nicht mangelte; so war es mir doch nicht angenehm zu hören, daß das Clima Deiner Gesundheit nicht zusagen wollte, und ich will gern glauben, daß es beschwerlich seyn mag dort einen Winter zuzubringen, wenn man sich nicht zu Hause halten kann und aus der Wärme in die Kälte, wie es die Umstände erfordern, zu gehen genöthigt ist. Ich habe daher nichts dagegen, daß Du Deine Studien dort abschließest«. Gegen die Rheinreise hatte der Vater erst recht nichts einzuwenden: »Nur wünschte ich, daß Du als ein fleißiger Heftschreiber auch ein Reiseheft schriebst, nicht um die Gegenden zu beschreiben, sondern nur von manchen Localitäten, Menschen, Gasthöfen, Preisen, gegenwärtigen Zuständen, Gesinnungen u. s. w. eine feste Notiz zu behalten. Dergleichen Aufsätze sind für uns und andre sehr belehrend, und in der Folge, wenn wir wieder an solchen Ort kommen, unschätzbar.«

Am 22. Juli trat August diese Reise mit vier Freunden an; sie fuhren mit drei Pferden. Zuerst über Darmstadt nach Kastel; abends langten sie an der Rheinbrücke an. »Welch ein herrlicher Anblick überraschte mich da! Gegen mir über lag Mainz in einem Halbdunkel, der westliche Horizont war wie ein Feuermeer die Rheingebürge gegen Norden waren wie von einem violetten Schleier umhüllt und im Süden stieg an dem ganz heitern Himmel der Mond in seiner ganzen Pracht auf. Wie es mir hierbei zumuthe wurde kann ich nicht beschreiben.« Am nächsten Tage ward die Stadt Mainz besehen und der »alten guten Zeit« gedacht, wo sein Vater Zuschauer ihrer Belagerung war. Am dritten Tage herrliche Aussicht vom Niederwald und Nachenfahrt von Rüdesheim nach Koblenz; abends Blick auf Ehrenbreitstein im Mondesglanze. Die nächsten Tage besuchten und besahen die jungen Leute eben dies Ehrenbreitstein: gesprengte Trümmer einer ehemals stolzen Feste. Dann Ems, Schwalbach, Schlangenbad, Wiesbaden und Frankfurt, wo sie am 28. Juli ankamen. August fuhr dann allein nach einem Dörfchen bei Darmstadt, wo einer seiner Freunde zu Hause war; fünf Tage blieb er dort, mit dem Freunde auf der Jagd oder auf Fußwanderungen sich erfreuend. Als er am 3. August in Heidelberg wieder in seiner Stube bei Mutter Schweizer saß, berechnete er die Kosten der Reise auf 55 Gulden, »welche sie auch werth war.« Das ganze Leben in Heidelberg hatte jedoch mehr gekostet, als der Vater ihm zugewiesen und die Mutter heimlich hinzugefügt hatte. 360 Gulden fehlten ihm, um sich hier abzulösen und sodann nach Haus zu reisen. »Mein großer Wunsch ist es hier ganz ohne Schulden weg zu gehen, darum habe ich gleich alles aufrichtig geschrieben, und dieses kann ich auch mit gutem Gewissen thun da ich weiß daß ich nichts verschwendet habe, welches mir alle Bekannten und Freunde und Gönner bezeugen werden.«

In der Mitte September nahm August in Heidelberg Abschied. Als sein letzter Bekannter dort schrieb sich Leopold Graf von Hochberg in sein Stammbuch, ein Sohn des alten Landesherrn Karl Friedrich aus morganatischer Ehe. Am schwersten fiel ihm die Trennung von Vossens. Auch diese konnten sich erst gar nicht an sein Ausbleiben gewöhnen. »Oft wenn es abends klingelt, meinen wir, es sei der liebe August.«

Bis Würzburg fuhr unser Reisender im Postwagen; von da an reiste er, ein Jagdtäschchen an der Seite, »propper zu Fuß«, wie man in Weimar sagte. Die Kleidung blieb freilich dabei nicht so propper, wie es sich für einen jungen »Baron« und Geheimratssohn gehörte.

Sein Vater war den ganzen Sommer in Jena geblieben, wo er soeben einen Roman – *Die Wahlverwandtschaften* – vollendet hatte und nun abdrucken ließ; noch jetzt wehrte er alle Besuche ab, alle Störungen und Aufregungen. Also konnte er auch den rückkehrenden Sohn nicht brauchen. »Er soll sich erst recht zu Hause fühlen, seine Freunde, sein hinterlassenes Museum, Haus, Garten, Theater, und was sonst erfreulich ist, genießen und sich dabei wohlbehaben. Dazu braucht es einige Zeit, und es wird mir viel Freude machen, wenn er mir, so oft es Gelegenheit gibt, einige Worte meldet. [...] August wird vor allen Dingen sich ruhig verhalten, wie ihn auch der Mangel an Garderobe selbst nöthigt. Allein wie er einigermaßen ausgehen kann, und ehe er sonst wohin oder herumgeht, so wartet er dem Herrn Geheimenrath Voigt auf und empfiehlt sich ihm, mehr durch gutes Betragen, als durch Worte.« So schon vor des Sohnes Ankunft in Weimar, und am 26. September, wo August dort eben eintraf: »Ich wiederhole, daß, wenn August artig sein will, so wendet er eine halbe Stunde des Tags dran, mir zu schreiben. Es ist gar nicht übel, in solcher Nähe sich durch Briefe und Billete zu unterhalten. [...] Ich will nur eins bemerken; da sich in der Welt so viel durch Zufall macht, so wünschte ich nicht, daß August auf eine pedantische Weise diese oder jene Personen zu sehen vermiede. Besonders wünschte ich aber, daß er, wenn er sich nur einigermaßen produciren kann, den Prinzen Bernhard auf irgend eine Weise zu sehen, zu sprechen, ihm aufzuwarten suchte; welches um so eher geschehen kann, als er gar keine weiteren Hofverhältnisse hat und also sich nicht erst von oben herein zu präsentiren braucht.« Sodann am 2. Oktober: »Herr Präsident von Müffling und Hofkammer-Rath Kirms ist zu besuchen, wenn es nicht schon geschehen ist.«

So schob der alte Vater seinen Zwanzigjährigen an die Staatsverwalter heran. Voigt war der erste Minister, beinahe das Faktotum des Herzogtums; Müffling, eigentlich ein preußischer Offizier und von dem unglücklichen Feldzuge her mit dem Herzoge befreundet, gehörte jetzt dem weimarischen Geheimen Konsilium an, und Kirms war ein altbewährter Praktikus auf dem Gebiete, für das August bestimmt war: für alles Wirtschaftliche.

Am 7. Oktober hatte Goethe in Jena Augusts schriftlichen Reisebericht fertig gelesen und seine eigene große Sommerarbeit beendet. Mittags fuhr er in Weimar ein und schloß den Sohn in seine Arme.

Am 15. Oktober stellte der Vater seinen Sohn dem Landesherrn auf's neue vor; auch vor der Abreise nach Heidelberg war es geschehen. Nun war August ein gereifter Student, der seine Studien auf der Hochschule des Vaterlands beendigen sollte.

Am 27. Oktober siedelte August nach Jena über. In Jena waren von jeher die Studenten (und auch die Professoren) ein unruhiges Volk; die Philisterschaft des Städtchens wußte es nicht anders und nahm an der Verwilderung teil. Von den täglichen Händeln abgesehen, gab es von Zeit zu Zeit allgemeine Explosionen und Revolutionen, die durch Militär aus Weimar oder auch durch kluge Verhandlungen beendigt oder bis auf Weiteres vertagt wurden. Goethes häufiger Aufenthalt in Jena hatte vom Herzog und den Geheimen Räten aus den Zweck, daß er durch sein Ansehen und seinen ruhigen Rat besänftigend und dämpfend auf die Erregten und Schreier, und damit ermutigend auf die stillen Forscher und Lehrer wirke. Ein eigentliches Amt gegenüber der Universität hatte er nicht; nur einige ihrer Anstalten: der Botanische Garten, die mineralogische Sammlung u. s. w. standen unter seiner Aufsicht.

Sein Sohn hatte also in Jena eine besondere Stellung. Er konnte in keine der Verbindungen eintreten, denn diese waren verboten, wenn sie auch in großer Zahl bestanden. Er hatte seinen Mittagstisch beim Stadtkommandanten, dem Oberst von Hendrich, der höchst unbeliebt war, bei dem aber auch sein Vater zu essen pflegte. Er war also mit seinen zwanzig Jahren von der frischen Jugend ausgeschlossen, wo sie in größeren Scharen auftrat, und konnte doch auch bei den Alten noch keinen rechten Ersatz finden. Um so fleißiger warf er sich auf die Studien: juristische, kameralistische, naturwissenschaftliche. In den Rechtswissenschaften traf es sich übel, daß sein neuer Lehrer, Schömann, ein heftiger Gegner seines alten war, und August hatte doch eine dankbare Verehrung für Thibaut mitgebracht. Diesem seinem Heidelberger Lehrer gefiel es auch gar nicht, daß August vom Hendrichsischen Mittagstische aus in die Jenaer Verhältnisse hineinblickte. Thibaut gehörte aber auch zu denen, die an Augusts roten Backen keinen Gefallen gefunden hatten. »Möchte nur seine Gesundheit besser sein!« meinte er gegen Knebel. »Ich fürchte immer, daß etwas Hektisches in seiner Natur liegt.« Knebel dagegen, seines Vaters alter Freund, hatte andere Bedenken. »Dies ist ein wunderlicher Mensch,« schrieb er über August an seine Schwester in Weimar, »aber ich habe ihn doch lieb. Er hat eine innere Rechtlichkeit und einen Ernst, der bis zur Melancholie geht. Wirklich neigt er auch dahin, sodaß man zuweilen um ihn besorgt sein könnte. Doch davon sagst Du dem Vater nichts. Er ist gewaltig in seiner Juristerei fleißig und liebt diese mit strengem Eifer. Beinahe sagt er sich zu sehr von allem übrigen los.« Auch Henriette von Knebel glaubt dies Melancholische zu bemerken. Ebenso Frau von Schiller, die den August gegen Fritz von Stein herzlich lobte: »Er ist recht brav und gut und ernsthaft, beinahe melancholisch in seinem Wesen: er ist recht gebildet und hat eine herzliche Anhänglichkeit in seinem Gemüth. Er ist mir sehr lieb. Zu meiner großen Freude hat er das Organ seines Vaters, und wenn sich seine Stimme ausbildet, so wird sie der seines Vaters ähnlich. Ich weiß mir keine schönere Stimme«.

Der alte Knebel hätte gern an August die Liebe vergolten, die Goethe seinem eigenen Sohne Karl erwies, aber August zeigte sich selten. »Es möchte ihm doch auch nicht ganz unnütz seyn, sich bei Zeiten mit den Alten ennüyiren zu lernen,« meinte Knebel; Goethe entschuldigte den Sohn: »Den Abend bringt er meist in Gesellschaft seiner jungen Freunde zu, und dann ist es freilich sehr weit zu Dir hinaus, besonders für die Jugend, die bequemer ist als das Alter.« Knebel wohnte nämlich in einem Garten der Vorstadt. Er werde den August sich holen lassen, denn sonst komme er nicht, brummte Knebel ein andermal, wo Goethe ihn auf den Sohn verwiesen hatte, der über das letzte weimarische Fest berichten könne. August hatte nämlich in einem Maskenzuge *Die romantische Poesie* am Geburtstage der Herzogin einen »Heldendichter« dargestellt und gesprochen.

Der Vater kam gerade diesen Winter erst zum Schluß des Semesters nach Jena hinüber. Er traf mit seinem fleißigen Sohne nun täglich zusammen und war zum Beispiel damit wohl zufrieden, daß August, der von jeher Sammelfreudige, sich jetzt eine Sammlung von Holzmustern anlegte, denn die Kenntnis aller Arten Hölzer ist dem künftigen Wirtschafts-Verwalter sehr nützlich. Als er dem Sohne aber so zwei, drei Wochen zugesehen, meinte er doch, daß dem Jünglinge dies Jenaische

Leben nicht so gut anschlage wie das Heidelberger. »Es kommt schon etwas Kümmeltürkisches in ihn,« sagte er; Kümmeltürken nannte man solche Studenten, deren Heimat in nächster Nähe der Universitätsstadt lag, die sich also unter den Augen der Eltern und ganzen Verwandtschaft und Nachbarschaft nicht recht entfalteten, sondern Zwitterdinge blieben von Muttersöhnen, Philistern und freien Burschen. »Ich will ihm seinen Sommer nicht verderben,« fuhr Goethe gegen die Mutter fort, »und Du brauchst ihm hiervon nichts merken zu lassen; aber wenn es so fortgeht, so muß er auf Michael wieder in eine andere Welt, nach Göttingen, oder wohin es auch sein mag.«

Im fünften Semester gab es in Jena wieder »Händel mit Landsmannschaften und dergleichen Verhältnissen;« August hielt sich abseits von allen Parteien. Auch verbrachte er im Juni und Juli einige Wochen in Weimar, wo er diesmal den fürstlichen Personen viel näher kam als bisher. Sein Vater, der den Sommer in Karlsbad verbrachte, schickte ihn an Hof, um den fürstlichen Herren und Damen sein vieljähriges, nun glücklich vollendetes Werk über die Farbenlehre zu überreichen; auch die Gedichte, die der Vater kürzlich auf die Kaiserin von Österreich gemacht hatte, mußte er ihnen bringen. Außerdem aber fand jetzt, am 1. Juli 1810, die Hochzeit der einzigen Tochter des herzoglichen Paares, der Prinzessin Karoline, mit dem Erbprinzen von Mecklenburg-Schwerin statt. Es wurden also bei Hofe wie von der Bürgerschaft aus viele Festlichkeiten abgehalten, und August von Goethe wurde zu den Hofbällen geladen. Seine Mutter hatte sich auch schon darauf eingerichtet – die Sechsundvierzigjährige nahm sogar bei einem neuen Tanzmeister Stunden, um neue feine Tänze hinzuzulernen – aber sie wartete von Tag zu Tag vergeblich auf die Einladung zu den Hochzeits-Feierlichkeiten. Schließlich ging Christiane zur Frau Hofmarschallin. Von Damen werde niemand geladen als die, welche an Hof präsentiert wären, bekam sie zur Antwort; am letzten Sonntag wären zu diesem Zwecke noch viele vorgestellt worden; nun sei es zu spät. Mit diesem Bescheide mußte die Gemahlin des ältesten Staatsministers sich zufrieden geben. August dagegen vertrat das Haus Goethe, und an ihn wandten sich alle hohen Herrschaften mit der gütigen Nachfrage nach des Vaters Befinden.

Den Plan mit einer dritten Universität gab der Vater auf. Er konnte jetzt schon auf hinreichende Gunst für August rechnen und ihn auf einem kürzeren Wege dem Ziele näher führen. Am 8. Oktober wandte er sich an den Herzog und Freund: »Es betrifft meinen Sohn August, der bald sein 21stes Jahr erfüllt und für den ich die Stelle eines Cammerassessors erbitten möchte. Ich führe nur kürzlich an, daß er von Jugend auf in mancherley Kenntnissen unterrichtet worden; daß er anderthalb Jahre in Heidelberg der Jurisprudenz hauptsächlich sich befleißigt, weil sie als Fundament eines Geschäftslebens anzusehen ist; daß er nunmehr ein Jahr in Jena diese Studien fortgesetzt und zugleich was von Cameral und Öconomischen Wissenschaften überliefert wird, sich zuzueignen gesucht hat und daß sein Betragen gleichförmig und lobenswürdig sey. Dieses alles jedoch würde mich nicht zu jener Bitte bewegen, indem er wohl noch einige Zeit in Jena zu verweilen und sodann bey einem Rentbeamten auf dem Lande den Gang der Geschäfte von unten hinauf kennen zu lernen gedenckt. Denn eigentlich entspringt mein gewissermassen voreiliger Wunsch aus der peinlichen Lage in welcher sich mein Sohn in Jena befindet. Die mancherley Verbindungen der Studenten sind bekannt, die unter der Form von Landsmannschaften, geheimen Orden, Congregationen, Kränzchen und Gelagen sich constituiren, einander entgegen arbeiten, Händel und Explosionen verursachen, sodann gestört, unterdrückt, und niemals ausgerottet werden. Diese Dinge hat mein Sohn, mit meinem Vorwissen, in Heidelberg gründlich kennen gelernt, in Jena enthält er sich, rücksichtlich auf seine Verhältnisse, von allem und steht dadurch freylich ganz isolirt und muß gegen alle Parteyen face machen, welches denn, so klug er sich auch benimmt, ein unbequemer und gefährlicher Stand bleibt. Hierzu kommt noch, daß er als Student von einer Gesellschaft der Honoratioren ausgeschlossen ist, welche man die Resource nennt, und welche keinen Studirenden aufnimmt. Es ist also in diesem Sinne daß ich Ew. Durchl. bitte, die ihm etwa zugedachte Gnade zu beschleunigen. Sobald er aus der Reihe der Studenten herausgehoben ist, hat er keine Anfechtung weiter und kann seine Winterabende in Gesellschaft von Professoren, fürstlichen Dienern, Kaufleuten und andern im Leben schon eingeweihten Männern zubringen, manches erfahren und sich zu manchem bilden. Auch wird es kein geringer Antrieb für ihn seyn, wenn Ew. Durchl. ihm das bestimmte Ziel schon früher aufstecken das er zu erreichen hat. Er ist eigentlich pracktischer Natur, auch über seine Jahre im Leben einsichtig und gewandt, und weiß, wie ich schon in häuslichen Dingen sehe, ein ihm aufgetragnes Geschäft mit Ruhe und Sicherheit durchzuführen. Dabey hegt er eine treue angeborne Anhänglichkeit an Ew. Durchl. Höchste Person und was das Glück hat Ihnen anzugehören. Nach aussen, in die Fremde bemerckt man kein Streben, keine Richtung an ihm, so daß er sich sehr bald mit dem vorliegenden Innern bekannt machen und im Gegenwärtigen und Einzelnen brauchbar und nützlich seyn wird. Irgend einer Prüfung unterwirft er sich mit Vergnügen.« Den Satz über das Streben in die Fremde schrieb Goethe in Gedanken an seinen früheren Sohn Friedrich von Stein, der in diesem Falle wohl auch dem Herzog in den Sinn kommen mußte. Fritz war einst zur selben Laufbahn bestimmt gewesen wie August jetzt und auf dieselbe Weise begünstigt worden; der junge Stein hatte sich dann vortrefflich ausgebildet; aber als er damit fertig war, hatte er sich für den preußischen Staatsdienst entschieden; das Ländchen Weimar dünkte ihm zu klein und eng. Karl August fürchtete die Wiederholung dieses Ärgers bei dem neuen Bewerber wohl nicht oder er mußte es darauf ankommen lassen. Am 15. Oktober 1810 ward der zwanzigjährige August von Goethe zum »charakterisierten Kammer-Assessor« ernannt. Das war noch kein Amt; aber der Titel bedeutete die Aussicht auf eine künftige Anstellung. »Für mich ist es eine wundersame Creatur,« schrieb der Vater über den Begünstigten in seinem Dankbriefe, »eben wie sie sich etwa der Vater bestellen möchte«.

Am 21. Oktober speiste der Kammer-Assessor das erste Mal in der Hofuniform an der großen Hoftafel. Er sah recht stattlich aus in dem neuen Gewande wie neben ihm der Papa mit Orden, Stern und Kreuz.

Den nächsten Winter, 1810 auf 11, verbrachte August noch studierend in Jena. Sein eigentlicher Lehrer war jetzt Professor Sturm, der Kameralia und Landwirtschaft vortrug; aber auch bei dem Chemiker Döbereiner hörte er eifrig; es glückte ihm sogar, eine eigene kleine Entdeckung zu machen, die Döbereiner unter dem Namen des jungen Goethe in sein Kompendium aufnahm.

Im Januar war der Vater zwei Wochen dort, und da saßen sie nach des Tages Arbeit oft recht behaglich zusammen. »Künftighin muß ich mir einen größeren Keller hier anlegen,« schrieb der alte Herr an seine Hausfrau, als er neuen Wein bestellte. »Der vortreffliche Juvenil versäumt auch nicht, seinen Teil von der hellen Sorte zu trinken, und so weiß man gar nicht, wo dieses Gewächs des Weinstocks alles hinkommt.«

Sie scherzten dann auch wohl über die Tanzlust der Mutter, die immer wieder um Erlaubnis bat, nach Jena fahren zu dürfen, weil der Herr von Bülow oder sonst ein Student sie zu seinem Balle eingeladen habe. Zuweilen verging ihnen aber auch das Spaßen bei diesem Gegenstande. In Weimar mißredete man über die Freundschaft der Geheimen Rätin mit einem jungen Russen, Michael von Lewandowski; in Jena höhnten doch auch recht viele Studenten über diese volkstümliche Frau des so vornehmen und würdigen Geheimen Rates von Goethe. Frau von Stein klagte jetzt in einem Briefe an Fritz, Goethe gebe seiner Frau zu viel nach, und sie bringe auch ihn in's

August von Goethe

Ölgemälde von Carl Joseph Raabe, 1811

Gerede. »Da er seine Frau immer auf die Studentenbälle nach Jena schickt, haben sie ihr neulich allerhand Polissonerien gemacht. August schämt sich, mit seiner Mutter auf die Bälle zu gehen; man sagt, er sei nie dabei.«

Ostern 1811 waren die üblichen drei Studienjahre vorüber. August, der »Kammer-Assessor«, ging nun zur praktischen Ausbildung nach Kapellendorf, das zwischen Weimar und Jena etwa in der Mitte liegt; der Rentsekretär Urlau war dort sein Hauswirt und Lehrer. In dem Örtchen befand sich außer dem herzoglichen Rentamte auch ein Justizamt; auch bei diesem wurde August am 3. Mai verpflichtet. So hatte er eine vortreffliche Gelegenheit, die ländlichen Verhältnisse, den Betrieb größerer und kleinerer Güter, besonders aber die Aufgabe und Betätigung des Staats in solchen ländlichen Gebieten mit allen Einzelheiten näher zu betrachten. Recht gute Vorkenntnisse brachte er mit; der Natur war er stets nahe geblieben und für alles Praktische hatte er immer Sinn gehabt. Es war ein gemütliches Leben dort: des Abends saßen die paar Gebildeten des Örtchens bei Boston und Schafskopf zusammen oder sie rauchten ihre Pfeifen unter munteren Gesprächen.

Aber noch war das Jahr nicht vergangen, so drängte der Vater wieder vorwärts. In einem Gespräche mit dem Herzoge hatte er bemerkt, daß dieser schon bereit war, den jungen Mann wirklich anzustellen. Und zwar in Weimar selbst, so daß nebenbei der Sohn seinem alten Vater mancherlei Geschäfte erleichtern konnte. Es wurde also wiederum eine feierliche Eingabe abgefaßt, worin der Vater nochmals Augusts durch die Umstände sehr begünstigte Ausbildung hervorhob; er selber habe ihn von Jugend auf in den Naturkenntnissen unterrichtet und ihn auf Reisen nach Jena, Halle, Helmstedt, Göttingen mitgenommen, wobei August längere oder kürzere Zeit des Umgangs und der Belehrung der ersten Naturforscher genießen durfte. In Jena habe er sich das Lob der Professoren Sturm und

Döbereiner, sowie auch des Obersten von Hendrich erworben. »Überzeugt daß Leben mehr als Lehre bilde, lies ich ihn nach anderthalb Jahren von Jena abgehen und nach Capellendorf zu dem Rentsecretair Urlau ziehen. Hier ist er denenjenigen Geschäften welche in einem Herzoglichen Rentamte vorkommen aufmercksam gefolgt, und hat zugleich die ländliche Öconomie dabey näher kennen lernen, nicht weniger sich durch Lesung dienlicher Schriften weiter ausgebildet. Den ihm von Herzoglicher Regierung verwilligten Access beym Justiz Amte hat er fleißig genutzt und unter Anleitung beyder Beamten, einen Entwurf zu einer Frohnebeschreibung verfertigt, die dazu nöthigen Registraturen selbst aufgesetzt. [...] Er hat ferner das Glück gehabt von den meisten Gliedern der Herzoglichen Cammer bey Commissarischen Verhandlungen zu denen ihm der Zutritt gestattet worden an verschiedenen Orten beobachtet und mit der Gunst behandelt zu werden, wie er sich denn auch einer geneigten prüfenden Aufnahme des Herrn Geh. Rath v. Voigt zu erfreuen gehabt. Daß dieser mehr gedachter mein Sohn, das einmal ergriffene Geschäft mit Aufmercksamkeit und Gründlichkeit zu behandeln gesonnen ist, davon dürfte auch die gleichfalls beyliegende angefangene Sammlung von Wollproben zeugen, wodurch der Unterschied eines so wichtigen Erzeugniss vor Augen gebracht und das Urtheil darüber allein gesichert werden kann. Nach allem diesem wünsche ich nunmehr meinen Sohn einige Jahre bey mir zu behalten, um die Zeit die mir noch gegönnt ist auch zu seinem Vortheil zu benutzen und sowohl durch Umgang als durch zweckmäßige Lecktur ihn immer weiter ausgebildet zu sehen. Aber alles würde unzureichend seyn, wenn er nicht in Thätigkeit versetzt auf das eigentliche Ziel seines Strebens unmittelbar hingewiesen in sich demselben eiliger zu nähern gewissermassen genöthigt würde.«

Durch Dekret vom 23. Dezember 1811 wurde August zum wirklichen Assessor beim Kammer-Kollegium ernannt. Zwei Tage darauf vollendete er sein zweiundzwanzigstes Jahr.

VI. Assessor
1812–1815

Acht Räte bildeten die Herzogliche Kammer und verwalteten das Vermögen des Landes: Büttner, Ridel, Rühlmann, von Fritsch, Ortmann und Stichling in Weimar, dazu Thon und Steinbrück in Eisenach. Statt eines eigenen Präsidenten leitete der Geheime Rat von Voigt, der weimarische Allesbesorger, auch diese Behörde. Am 6. Januar 1812 wurde August eingeführt; er war zur Zeit der einzige Assessor.

Seine erste Aufgabe war, sich einzuarbeiten; dabei machte er den Gehilfen und Schüler der verschiedenen Räte, zuweilen auch ihren Begleiter auf Dienstreisen. Als er so zum ersten Male nach Eisenach fuhr, schrieb der Vater: »Ich freue mich über seinen Geschäftsgang, seine Reise und seine Aussichten.« Gut vorgebildet für diese mehr praktischen als wissenschaftlichen Geschäfte war er und an Eifer ließ er es nicht fehlen. »Er lebt [...] ganz still und ernsthaft,« heißt es in einem Briefe der Frau von Schiller; sie liebte ihn sehr, zumal da er auch in der Literatur mit ihr einer Meinung war und treu bei Schiller und Goethe verblieb, als andere junge Leute bereits neueren Moden huldigten.

Frau von Schiller bedauerte nur, daß der sonst so treffliche August nicht geistreich und gelehrt genug war, um seinen Vater als guter Gesellschafter zu unterhalten und anzuregen, der »Meister« vereinsamte gerade jetzt noch mehr als bisher, denn Riemer verließ das Haus und trat endlich doch eine Stelle am Gymnasium an. Sie sprach mit Riemer darüber, und dieser meinte auch, August könne dem Vater nichts in den höheren Dingen werden, weil er gar zu klug für das ökonomische Leben sei und dabei immer auf den Nutzen sehe. »Es gibt seltsame Kombinationen,« philosophierte Schillers Witwe. »Ich glaube, der Sohn will für die lustige Natur der Mutter ein Gleichgewicht geben und ist doppelt ernsthaft dafür. Bei dieser bleibt es beim alten.«

Schon nach einem Jahr Dienst wurde dem jungen Assessor eine Stimme bei den Verhandlungen gegeben. Um dieselbe Zeit ward er als Hofjunker auch dem Hofe angegliedert. Von Ostern 1813 an bekam er Gehalt: einhundertfünfzig Taler im Jahr. Zu jener Zeit mußten im armen Weimar immer erst ältere Besoldungen frei werden, ehe ein jüngerer Beamter eine Bezahlung oder Besserstellung erwarten konnte.

August wuchs jetzt auch in sein zweites Amt hinein, das er ebenso wie das erste nach dem Willen des Landesherrn ausfüllen sollte, in die Gehilfenschaft bei seinem Vater. Zunächst nahm er ihm nur allerlei Prosa und Tagesplage ab: hausväterliche Rechnungen, Aufsichten, Verhandlungen mit kleinen Geschäftsleuten, Stellvertretung bei Besuchen, die angenommen oder gemacht werden mußten. Der alte Dichter hatte nie zu Begräbnissen gehen mögen – wir kennen nur eine einzige Ausnahme – jetzt konnte er doch seinen Sohn als Vertreter senden, zum Beispiel, als der alte Wieland in Oßmannstedt seine letzte Ruhestätte fand. Und so geschah es bei vielen Höflichkeits- und Teilnahme-Erweisungen.

Da August nun einmal der kluge Rechner war, so schob ihn der Vater auch gern vor, wenn es galt, Vorteile zu erlangen. In Frankfurt standen von der Mutter her noch 21 000 Gulden ererbtes Geld auf Grundstücken, und Goethe, der immer noch Frankfurter Bürger war, hatte dort die Steuern von diesem Kapitale zu zahlen. Er hätte gern sein Bürgerrecht aufgegeben und das Geld nach Weimar gezogen, aber das hätte ihm nach damaligen Gesetzen in Frankfurt 2 975 Gulden Abzugsgeld gekostet. Nun wollte er versuchen, ob ihm nicht der Großherzog von Frankfurt dies Abzugsgeld schenkte, zumal da er kürzlich in seiner Lebensgeschichte die Stadt Frankfurt so liebevoll und ehrend dargestellt hatte; statt seiner mußte der Sohn die Füllhörner ausstrecken. »Mein Vater,« schrieb August, »kann sich nach seiner Denkweise mit Geschäften dieser Art weniger abgeben; doch halte ich es für meine Schuldigkeit, uns das Wenige soviel als möglich zu erhalten.«

Zunächst steckte August statt des Vaters die Antwort ein, daß ein Erlaß dieses Abzugsgeldes eine Beraubung der übrigen Frankfurter Bürger sein würde. Aber die Sache wurde weiter betrieben, immer in Hinblick auf Dalbergs alte Freundschaft und seine von den deutschen Dichtern seit jeher reichlich in Anspruch genommene Güte. Als diese Angelegenheit gerade zum günstigen Abschluß kommen sollte, traten weltgeschichtliche Ereignisse dazwischen, die den freundlichen Dalberg um sein Großherzogtum brachten.

Der weimarische Herzog Karl August hatte in jüngeren Jahren vom preußischen Herrscherhause, mit dem er verwandt war, Erfüllung seiner nicht geringen Hoffnungen auf Landerwerb und Machtzuwachs erwartet und er, der regierende Fürst, war deshalb sogar in preußische Militärdienste eingetreten. Dieser Staat und sein König konnten ihm nun längst kein Vertrauen mehr einflößen; nur mit ein paar alten Kriegskameraden aus seiner preußischen Zeit hielt Karl August noch treu zusammen. Sein Sohn und Nachfolger war mit einer Schwester des russischen Kaisers verheiratet; man hatte auch von dieser neuen Verwandtschaft große Förderung erwartet; die »Großfürstin« war jedoch im kleinen, armen Weimar halbfremd geblieben; ihr unbegabter Gatte bedeutete ihr nicht viel, und sie hatte zwar Töchter, aber keinen Sohn, für dessen künftige Stellung sie sich hätte bemühen können; ihr kaiserlicher Bruder verhielt sich gegen ihren Schwiegervater freundlich, aber untätig. Zu einem Mächtigen muß sich der Schwache halten; so war es denn für Weimar ein Glück, daß der in Kriegsführung und Friedenstätigkeit erfolgreichste Herrscher, der große Napoleon, der Schutzherr des west- und süddeutschen Verbandes war, dem man nach den Ereignissen von 1806 sich angeschlossen hatte. Fast alle in Betracht kommenden Personen Weimars bewunderten den Emporkömmling und weil sie ihn bewunderten, vertrauten sie ihm auch. Allerdings litt auch Thüringen sehr unter den immer neuen Anforderungen Napoleons, die wegen seiner beständigen Kriegszüge unvermeidlich waren; diese Opfer und Lasten schienen zuweilen über alle Kräfte zu gehen; aber man hielt sich dann immer wieder an die Hoffnung, daß der große Kriegsheld demnächst den letzten Widersacher geworfen haben werde: danach könne dann ein geeintes Europa die Segnungen des Friedens unter der Oberleitung des berufensten Imperators genießen. So sah der weimarische Minister, von Voigt, die Dinge an; so ungefähr auch Goethe und vermutlich auch Goethes Sohn. Der Vater Goethe sprach in diesen Jahren einmal mit dem früher genannten Geschichtsschreiber Heinrich Luden in Jena über den Dreißigjährigen Krieg und einen der damaligen Heerführer, Bernhard von Weimar. »Das Reich war dahin und bestand nur noch in einer verblaßten überlieferten Vorstellung«, urteilte Goethe über jene längst vergangene Zeit, der die Gegenwart recht ähnlich war. »Die Gedanken: Vaterland und Nationalität, waren dem Zeitalter fremd, und sind den späteren Zeiten fremd geblieben, wie sie denn auch wohl früher selten wirksam gewesen sein mögen. Darum ist Niemandem zum Vorwurfe zu machen, daß er nicht vaterländisch oder national handelte; es ist Niemandem zu verdenken, daß er sich nach allen Seiten wandte, um die Stellung zu erhalten, in welcher er größeren Einfluß gewinnen konnte, und kein Geschenk zurück wies, das er zu besitzen wünschte, gleichviel ob es ihm vom Norden her geboten ward oder vom Süden.«

Das ist kein stolzer Standpunkt, aber die große Mehrzahl der Menschen hat ihn immer gehabt, und die deutschen Fürsten jener Zeit besaßen keinen höheren Ehrgeiz. Mit allen den fürstlichen Vettern jener Zeit war Karl August bereit, neue

Gebiete oder höheren Rang anzunehmen, wer sie ihm auch bot oder versprach. Zur Zeit also vom Kaiser Napoleon.

Gerade zu der Zeit, wo August von Goethe in den Staatsdienst trat, wurde ein für mehrere Kleinstaaten bestimmter französischer Gesandter nach Weimar gesetzt. Dieser Baron de Saint Aignan zeigte sich als ein freundlicher, mit allen seinen Neigungen sehr gut nach Weimar passender Edelmann, der durchaus kein Vergnügen darin suchte, den Späher oder den Aufseher über den immerhin etwas unzuverlässigen und sehr oft unvorsichtigen Herzog zu machen. Er konnte ja auch zufrieden sein mit der Gesinnung, die er hier vorfand. »Der Herzog liebt die Russen nicht,« meldete er wahrheitsgemäß nach Paris, und das wollte man jetzt gerade lesen.

Nicht lange dauerte es, so war Saint Aignan ein Freund von Goethe dem Vater, und sein Sekretär, ein Baron von Wolbock, ein Freund von August.

Schon im Frühling 1812 drohte ein großer Krieg Napoleons gegen Rußland. Am 19. Mai hatte der Kaiser in Dresden darüber ein Gespräch mit Karl August und bewährte auch an ihm den Zauber seiner Liebenswürdigkeit. Am 24. Juni überschritt Napoleon den Niemen. Am 14. September zog er in Moskau ein. Unter seinen deutschen Hilfstruppen waren 2 000 Mann aus dem Herzogtum Weimar genommen, dessen Erbprinzessin eine russische Kaisertochter war.

Am 27. Oktober gelangte die Nachricht vom Brande Moskaus und der Schicksalswende nach Weimar; im Saale der Großfürstin begegneten sich der französische Gesandte und der russische Prinz Kurakin, der die Nachricht brachte.

Am 15. Dezember sauste Napoleon in eiliger Fahrt durch das weimarische Gebiet. In Erfurt hatte er ein Gespräch mit Saint Aignan; er fragte auch nach Goethe und ließ ihn grüßen. Augusts Freund Wolbock richtete die Bestellung aus.

Napoleon brachte sehr bald mit erstaunlichstem Erfolge neue Heere zusammen und zog noch einmal gegen den Osten. In Weimar zweifelte man nicht an seinem Siege. Von den Vorgängen in Preußen wurde wenig bekannt; noch am 6. März 1813 hieß es in Weimar, der preußische König habe sich aufs neue mit Napoleon gegen die Barbaren verbündet. Bald danach drangen jedoch die Preußen und Russen vereinigt gegen die Elbe vor. Am 27. März besetzten sie Dresden, am 3. April Leipzig, am 14. April Altenburg. Stadt und Land Weimar lagen nun zwischen der starken französischen Festung Erfurt und den heranmarschierenden Preußen und Russen. Am 6. April reiste die »Großfürstin« ins neutrale Böhmen ab; aber auch der französische Gesandte zog sich zunächst nach Gotha zurück. Man mußte mit einem Siege der östlichen Völker rechnen: Das steigerte gar sehr die Beschwerden, die man gegen die Franzosen immer gehabt hatte. Eine Schlacht bei Weimar war nicht unwahrscheinlich.

Jetzt konnte August seinem Vater eine große Wohltat erweisen: durch sein bloßes Dasein und seine häusliche Brauchbarkeit. Im Verein mit der Mutter lag er dem Vater an, sogleich abzureisen. Es hatte keinen Sinn, daß der Dreiundsechzigjährige sich Unbilden aussetzte, die leicht ärger werden konnten als anno Sechs. Er war längst kränklich und weichlich; er sah seit 20 und mehr Jahren die Zeitereignisse ohne Hoffnung oder Glauben an; in Weimar aber war viel Plage mit Einquartierungen zu erwarten; mit Plünderung und Brand mußte man gleichfalls rechnen. August war diesen Gefahren so gut gewachsen wie ein anderer Mann; also konnte der Vater ruhig in seinem geliebten Böhmen seiner Arbeit leben, während der Sohn dem Sturme Trotz bot. Goethe schrieb seine Lebenserinnerungen nieder; die Zahlungen Cottas für dieses Werk brauchte man in seinem Hause sehr nötig, denn noch nie war das Geld so knapp gewesen.

Am 16. April, Karfreitag, erschien in Weimar plötzlich eine Abteilung preußischer Husaren und reitende Jäger; sie nahmen die wenigen französischen Soldaten, die sich noch in der Stadt befanden, gefangen und zogen sich zurück. Einige Stunden danach ritten von Erfurt her französische Reiter in die Stadt; sie fanden keine Preußen mehr und zogen sich gleichfalls zurück. Am nächsten Morgen fuhr Goethe ab. Gleich vor der Stadt begegnete er den Husaren und Jägern des jüngeren Blücher; sie ritten in Weimar ein und wurden dort von vielen Bürgern freudig willkommen geheißen. Abends wurde getanzt und gezecht; am andern Mittag als am Ostersonntag wollte Blücher eben an Hof gehen und mit dem Herzog speisen: da hörte man Schüsse vor dem Erfurter Tore; die Franzosen, eine Schwadron Badener Dragoner an der Spitze, rückten ein. Dreimal warfen sich die preußischen Husaren ihnen entgegen, dreimal wurden sie zurückgetrieben; der letzte Kampf war auf dem Karlsplatze. Die meisten Preußen entkamen.

Nun hatte Weimar wieder französische Einquartierung; General Souham, ein barscher Soldat, war Herr der Stadt und brauchte sie nicht zu schonen: die Bürgerschaft sowohl wie der Herzog hatten ihre Unzuverlässigkeit deutlich genug gezeigt. Zunächst strafte man sie nicht besonders; auch war die Einquartierung schon Strafe genug. Vom 18. April bis 18. August mußte dies Städtchen von 6 000 Einwohnern 6 108 Offiziere und 203 617 Mann längere oder kürzere Zeit unterbringen und verpflegen; dazu kamen 49 593 Fourage-Leistungen und 12 216 Vorspanne. Frau von Schiller hatte schon bis zum 1. Mai nach und nach 100 Mann Einquartierung; im größeren Hause Goethes werden es noch mehr gewesen sein.

Auch Napoleon erschien wieder und zeigte sich noch einmal von seiner liebenswürdigsten Seite. Zwei jüngere Beamte, Kammerherr von Spiegel und der Regierungsrat von Voigt, ein Sohn des Ministers, waren der Todesstrafe verfallen, da sie den Preußen in Jena Winke über die Vorgänge in Weimar gegeben hatten; der Kaiser schenkte ihnen Leben und Freiheit, um, wie er sagte, der Herzogin damit eine Freude zu machen. Er wurde vom Herzog ein Stück Weges begleitet, als er weiterritt, um die Preußen und Russen zu schlagen; bei der Rückkehr sprach Karl August in ehrlicher Begeisterung von diesem »wahrhaft außergewöhnlichen Wesen.« »Er kam mir vor wie ein von Gott Erfüllter. Mohammed muß so gewesen sein.«

Aber alle Huld des Kaisers hinderte nicht, daß das Land Sachsen-Weimar nun vollends von den Franzosen ausgesogen wurde. Der Krieg zwang dazu. Die Festung Erfurt mußte viel stärker ausgebaut und reichlich mit Vorräten versehen werden: zu diesen Zwecken mußte Weimar an Arbeitskräften und Lebensmitteln das Meiste stellen. Sodann führten durch das Ländchen leider zwei Heerstraßen, die eine von Erfurt über Buttelstedt und Eckartsberga nach Naumburg, die andere von Erfurt über Weimar und Jena nach Altenburg: die Nachbarschaft dieser Straßen mußte zuerst liefern, was die durchziehenden Truppen brauchten. Man stellte den französischen Heerführern und Verwaltungsmännern vor, daß ein so armes Land dabei völlig zu Grunde gehe; sie konnten es beim besten Willen nicht ändern. Man erbat sich künftige Belohnungen, und die alten Träume des Herzogs wurden jetzt dem französischen Minister des Äußeren ans Herz gelegt, auch dem Kaiser selbst vorgetragen. Die Antwort blieb unbestimmt.

Napoleon drängte seine Feinde rasch zurück. Schon im Juni kam es durch österreichische Vermittlung zu einem Waffenstillstande und zu Friedensverhandlungen. Für Weimar bedeutete das leider nur noch viel längere Dauer der Einquartierung. Welche Arbeiten und Sorgen August zu Hause und als »Geschäftsmann« davon hatte, läßt sich denken; seine Berichte liegen uns nicht vor, wohl aber die Antworten des Vaters an die Mutter. »Grüße Augusten zum schönsten,« schrieb Goethe am 1. Juni aus Teplitz. »Er soll ja mit seinem Weimarischen Zustande zufrieden sein, wenn er auch manchmal lästig ist. Was die jungen Geschäftsleute hier ausstehn, die für Freund und Feind die Bedürfnisse herbeischaffen sollen und deßhalb immer mit im Felde liegen müssen, geht über alle Begriffe [...]. Fahret ja so fort und in der Lage, in der ihr seid, beklagt euch ja über nichts: denn wie es in denen Gegenden aussieht, wo die Armeen wirklich zusammentreffen, das darf man sich gar nicht vergegenwärtigen.« Goethe schrieb ja immer aufrichtend und tröstend. Er lobte gern und oft. Er dachte daran, daß auch seine Frau gewohnt war, im Sommer in einem Badeorte ihre Gesundheit zu erneuern; jetzt begnügte sie sich mit Ausflügen nach Belvedere. »Daß Du Dich so gut eingerichtet hast,« schrieb er der Gattin, »freut mich gar sehr. Deine Gegenwart erspart uns wenigstens die Hälfte von dem, was es sonst kosten würde: denn Du kannst doch gar manches ableiten und das Unvermeidliche wohlfeiler einrichten.« Ein andermal sah er aus einem eben erhaltenen Briefe, »daß ihr euch, den Umständen nach, leidlich und immer thätig und resolut verhalten habt.« Am 6. Juli antwortete er auf die Klage, daß entsetzlich viel Geld darauf gehe. »Ich werde diesem Briefe eine Anweisung [...] auf 300 Thaler beilegen, damit haltet Haus und besorgt die Zwangs-Anleihe, so gut es gehen will. Zwar ist es freilich hart, daß man das, was man soeben mühselig verdient hat, gleich wieder hergeben soll; indessen muß man schon zufrieden sein, daß man es verdienen konnte. Von Hauptmann von Böhme und nun von Durchlaucht dem Herzog habe ich so viel von euren Schicksalen gehört, daß ich gerne zahlen will, ohne gelitten zu haben, da ich doch, wenn ich mitgelitten hätte, noch darüber auch zahlen müßte.«

In Kriegszeiten wundern wir uns zuweilen darüber, daß auch das gewöhnliche Leben weiter geht. Wie kann man beim Erleben oder Erwarten größter Ereignisse die Masern bekommen! Oder durch ein Paar Mädchenaugen immer wieder entzündet werden! Beides begegnete jetzt dem jungen, vielbeschäftigten Kammer-Assessor. Die Masern gingen bald vorüber; die Liebespfeile hatten allerlei Haken, die im Herzen festsaßen.

Wie seine erste Liebe zu jener Karoline Schumann, die seine Mutter so gar nicht leiden mochte, ein Ende nahm, ist unbekannt. Vielleicht wurde August ihr nie ganz untreu; denn er liebte noch im Jahre 1815 ein Mädchen, deren Name mit S. anfing, und man erzählte sich in späterer Zeit, August sei vom Vater gezwungen worden, eine große Jugendliebe aufzugeben.

Wie dem auch sei, jetzt hatte ein kleines Fräulein Gewalt über ihn: Ottilie von Pogwisch.

Ihr Vater, aus einer alten holsteinischen Familie stammend, war preußischer Offizier; ihre Mutter kam aus der gräflichen Familie Henckel von Donnersmarck. Ihre erste Tochter, Ottilie, wurde am 31. Oktober 1796 in Danzig geboren, das seit drei Jahren von den Preußen besetzt war. Spätere Garnisonen des Vaters waren Berlin und Ansbach, das von 1792 bis 1806 den Preußen gehörte. Eine zweite Tochter, Ulrike, kam acht Jahre nach Ottilien hinzu. Die Eltern dieser kleinen Mädchen waren beide sehr arm, und die Besoldung der Offiziere zu jener Zeit sehr gering. Da sie nicht standesgemäß leben konnten, so trennten sie sich; und zwar soll die Mutter der Frau diese Scheidung durchgesetzt haben, obwohl die Frau ihren Mann liebte, und durch die Trennung von ihm sehr unglücklich wurde. Diese Großmutter Ottiliens, Gräfin Ottilie Henckel, eine sehr begabte kenntnisreiche und willenskräftige Dame, wurde 1804 Oberhofmeisterin bei der jungvermählten Erbprinzessin-Großfürstin in Weimar; ihre geschiedene Tochter lebte mit den beiden kleinen Mädchen zunächst in Dessau, wo sie nahe Verwandte hatte; 1809 zog auch sie nach Weimar, und zwei Jahre darauf ward sie Hofdame der Herzogin Luise. Auch diese Mutter war eine sehr gescheute und zumeist sehr selbständige Frau. In Ottilien, die mit dreizehn Jahren nach Weimar kam, setzte sich diese Begabung und Ursprünglichkeit fort. Sie war etwas wild aufgewachsen und hatte auch in Weimar nicht die gehörige Ordnung, da Mutter und Großmutter in erster Linie ihren fürstlichen Herrinnen verpflichtet waren: Hofdienst stört und verkürzt immer das Familienleben. Ottilie wohnte mit ihrer kleinen Schwester und einer Dienerin zuerst im Dachgeschoß des Fürstenhauses, später bei der Großmutter; sie aß zu Mittag bei der Oberkammerherrin Caroline von Egloffstein und verbrachte die Teile des Tages bei der Mutter, der Großmutter, in Unterrichtsstunden oder bei Freundinnen. Ihre Talente zeigten sich am deutlichsten in der

Musik; sie erkannte und liebte das Beste darin; auch hatte sie eine sehr schöne Singstimme. Dadurch kam sie zur näheren Bekanntschaft mit dem großen Dichter Weimars, der von 1807 bis 1813, also zufällig gerade in den Jahren der französischen Herrschaft, sich eine sogenannte Hauskapelle hielt, nämlich einen kleinen Sängerchor, der einmal in der Woche übte und dann an den Sonntagmittagen vor den Freunden des Hauses das Eingeübte vortrug. Ottilie sang zuweilen mit und wird sonst unter den Zuhörerinnen selten gefehlt haben. Äußerlich fiel sie nicht auf. Sie war hübsch, aber nicht schön; nur ihre großen blauen und sehr lebhaft redenden Augen durfte man so nennen. Ihre Mutter war groß und breit, Ottilie blieb klein. Früh zeigte sie sich als eigenartiger Charakter. Sie war in diesem Rheinbundstaate eine begeisterte Preußin. Obwohl ihr Vaterland vor kurzem erst die schmähliche Niederlage erfahren hatte und sich nun in einem traurigen Zustande befand, schien ihr der Preuße eine höhere Art Mensch zu sein gegenüber diesen Sachsen und Thüringern, mit denen sie jetzt leben mußte; in einem preußischen Offizier verkörperte sich ihr Ideal. Das hing mit dem Kultus zusammen, den sie ihrem nun ganz entschwundenen Vater widmete, und auch mit angenehmsten Eindrücken in Berlin, Ansbach und Dessau, welche letztere Stadt sie auch halb zu Preußen rechnete. Es lebte aber in dem kleinen Fräulein auch schon jener neue preußische Geist, der aus der napoleonischen Unterdrückung geboren war und im Jahre 1813 plötzlich als ein ungestümes Heldentum zu Tage trat.

Ottiliens große Tugend war ihre volle Wahrhaftigkeit; sie schwärmte und träumte, kehrte aber immer zur Wirklichkeit zurück. Nie belog sie ihre Mutter und Großmutter; sie machte nicht einmal sich selber etwas vor. Jetzt erfuhr sie alle die Herzensregungen der Jungfrau mit Weh und Wonne; ihren Gefühlen ließ sie volle Freiheit, und was in ihr vorging, sprach sie offen aus. Allerdings lebte sie auch nicht unter Philistern, sondern in derjenigen deutschen Stadt, wo noch mehr als ander-

Ottilie von Pogwisch

Kreidezeichnung von Franz Heinrich Müller, 1813

wärts Gott Amor als der Allbezwinger verehrt wurde und wo es für selbstverständlich galt, dessen unumschränkte Herrschaft anzuerkennen. Auch Ottiliens Mutter hatte noch ihre eigenen Herzensnöte; sie nahm jetzt an den Erlebnissen der jungen Tochter teil und war klug genug, sie nicht durch Verbot oder Predigt aus der Offenheit in die Heimlichkeit zu treiben.

Im Jahre 1812, vielleicht auch schon früher, bewarb sich August von Goethe um Ottiliens Liebe. Und die Augen des schönen jungen Mannes baten nicht umsonst. Der Dreiundzwanzigjährige und die um sieben Jahre Jüngere hatten manche ungesuchte Gelegenheit, sich zu sehen, und fanden bald noch heimliche dazu. Draußen an der Ilm lagen zwei alte Gärten mit zwei alten Gartenhäusern nebeneinander; das eine gehörte Augusts Vater, das andere Ottiliens Großmutter: dort waren die beiden jungen Menschen manches Mal beisammen. Auf solchen Wegen hatte das Fräulein in ihrer Freundin Adele Schopenhauer eine stets zuverlässige Vertraute und Begleiterin. August empfand und suchte Leidenschaft; Ottiliens Gefühle wuchsen nicht eigentlich über zärtliche Freundschaft hinaus. Aber sie genoß dies Erlebnis sehr; sie nannte es ihre erste Liebe, denn die früheren Hofmacher aus den halben Kinderjahren brauchte sie nicht mitzurechnen.

So kamen die ersten Wochen und Monate von 1813 heran. Um diese Zeit sammelten und erhoben sich in Preußen die Patrioten gegen die französische Tyrannei. Niemand in Weimar war dafür hellhöriger als dies Mädchen. Die neuen Freiwilligen drüben im Vaterlande, die Lützower und alle die andern, die jetzt auf häusliches Behagen verzichteten und ihr Leben für das Vaterland in die Schanze schlugen: Das war das herrliche Erlebnis, wonach dies junge Herz sich längst gesehnt hatte. Das Heldenvolk, zu dem sie dem Blute und dem Geiste nach gehörte, richtete sich auf!

Bei den Kämpfen streifender Abteilungen im April 1813 ereignete es sich, daß ein preußischer Freiwilliger verwundet und hilflos im weimarischen Parke liegen blieb, während die Franzosen sich wieder zu Herren der Stadt machten. Er ward von guten Menschen aufgefunden, in ein sicheres Haus verbracht und dort aufs beste gepflegt. Wie bald Ottilie von Pogwisch an dieser romantischen Lebensrettung beteiligt war, ob sie ihn vielleicht mit ihren Freundinnen selber im Parke gefunden hatte, ist uns nicht bekannt; ihr preußisches Herz berechtigte sie, dem Leidenden am eifrigsten zu dienen. Der junge Jäger, Ferdinand Heinke, Jurist aus Breslau, war überdies ein schöner, guter, edler Mensch; Ottilie liebte und verehrte ihn mit ganzem Herzen; er war die Erfüllung ihrer schönsten Träume. Nun erst sah sie klar, daß sie für den Herrn von Goethe nur Freundschaft empfunden hatte.

Als Heinke wieder reisefähig war, entschwand er den Augen, aber nicht den Herzen seiner Pflegerinnen. Außer Ottilie hatte sich auch ihre Freundin Adele, eine höchst leidenschaftliche, aber leider gar nicht schöne Person, in ihn verliebt; beide trieben nun zusammen ihren Kultus mit diesem ihrem eigenen Helden der preußischen Heldenschar.

August Goethe aber bewarb sich immer noch um die blonde Ottilie. »Wir leben [...] ganz still und duceken,« schrieb diese am 14. Juli 1813 an ihre Mutter nach Karlsbad, »und unsere Ruhe wird durch nichts unterbrochen; nicht einmal durch die Seufzer eines Anbeters, da dieser wenige Tage nach Deiner Abreise die Masern bekommen hat; doch weiß ich aus sicheren Quellen, daß die Masern ihn nicht von einer andern Krankheit befreit haben, an welcher der junge Herr schon seit mehreren Monaten litt, die vorzüglich entspringen soll aus dem zu vielen hinein schauen in die Sonne, und welche unter dem Nahmen des Liebesfiebers bekannt ist.« Wochen und Monate lang spannen August und Ottilie ihr Verhältnis weiter; Ottilie kannte ein höheres Ideal und hatte es mit Augen gesehen; aber sie konnte sich nicht von dem jungen Manne loslösen, der sie so heiß liebte, so sehr begehrte. Sie nahm es als ihr Schicksal, ihm ewig anzugehören. Und sie brachte ihm schon das große Opfer, daß sie ihre Begeisterung für ihre preußischen Landsleute auch gegen ihn nicht laut werden ließ. Öffentlich durfte die Tochter der Hofdame erst recht nicht die Feinde rühmen; in Weimar regierten die Franzosen.

Am 10. August endigte der Waffenstillstand. Wider Erwarten war der Friede nicht zu Stande gekommen; Preußen und Rußland nahmen den Kampf gegen Napoleon wieder auf, und jetzt trat Österreich an ihre Seite. Auch England leistete bedeutende Hülfe.

In Böhmen ward es höchst unsicher; deshalb traf Goethe am 19. August wieder in Weimar ein. Nach wenigen Tagen bewog ihn sein Sohn jedoch wieder zur Abreise, denn es hatte jetzt den Anschein, als ob die Österreicher vom Südosten her auf Weimar marschierten. Diesmal ging der Vater aber nur nach Ilmenau und nur bis zum 2. September.

Von den Siegen der preußischen Heerführer Blücher, Bülow, Kleist, York, Marwitz und Tauentzien drang wohl nur geringe Kunde nach Weimar. Immerhin wußte man, daß die nördlichen und östlichen Barbaren näher rückten. Am 28. September schrieb der Staatsminister von Voigt seinem Freunde Böttiger: »Uns ist hier zur Zeit kein Unglück widerfahren, als daß wir aufgezehrt werden und ganz verarmen. Gott weiß was noch kommt. Wir sind von Feinden umgeben, die schwedische Armee steht in der Gegend von Halle. Bei Chemnitz ein österreichisches Corps u. s. w. Eine große Menge Depots unserer franz. Beschützer und Freunde sind seit 10 Tagen bei uns durchgezogen, um bald in vereinter und verstärkter Kraft zurückzukehren. Ich fürchte, daß das Kriegstheater sich zu uns zieht.«

Zufällig trug sich an eben diesem Tage der zweite Sohn des Herzogs in Augusts Stammbuch ein:

Dulce et decorum est pro patria mori.
Bey Lesung dieser Zeilen erinnre Dich Deines aufrichtigen Freundes
Bernhard Prinz zu Sachsen-Weimar.

Der junge Prinz durfte wohl den Tod des Kriegers rühmen, denn er hatte schon als Vierzehnjähriger bei Jena und als Siebzehnjähriger bei Wagram mitgekämpft; durch seinen Hut waren die Kugeln geflogen. Aber wenn der Tod »für's Vaterland« süß und ehrenvoll ist: was war denn des Deutschen Vaterland? Bei Jena hatte dieser Prinz auf preußischer Seite gegen Napoleon gestanden, bei Wagram auf französischer Seite gegen Österreich. Jetzt, Ende September 1813 konnte er doch wieder nur einen Kampf unter Napoleons Fahne meinen?

Immer unbehaglicher wurden die Aussichten. In der Nacht vom 18. zum 19. Oktober ritten plötzlich Kosaken in Weimar ein; sie verhafteten den französischen Gesandten, ließen ihn aber auf Bitten des Prinzen Bernhard wieder laufen, nachdem er versprochen hatte, das Land zu verlassen. Diese Russen verschwanden ebenso schnell, wie sie gekommen waren. Aber in der Nacht zum 21. erschienen wieder Kosaken, diesmal fünfhundert. Ihr Anführer, Oberst von Geismar, ließ sich vor das Bett des Herzogs führen und berichtete ihm von einem ganz großen Siege der Verbündeten bei Leipzig; der Kaiser Alexander schickte ihn zum Schutze der herzoglichen Familie, fügte er hinzu.

Die nächsten beiden Tage waren sehr unruhig; es wurde um die Stadt herum und bis in ihre Straßen hinein heftig gekämpft; man sah Franzosen und Rheinländer, Kosaken, preußische Jäger, ungarische Husaren. Schließlich wichen die Franzosen nach Erfurt zurück. Ein russischer Obristleutnant von Bock dachte an den berühmten Dichter, als die Verbündeten in Weimar einströmten, und stellte einen Kosaken als Sicherheitsposten vor Goethes Haus.

Aber die Flut von Einquartierungen konnte kein Kosak abhalten. Ein General mit zwei Adjutanten war der erste Gast. Dann folgte der österreichische Feldzeugmeister Graf Colloredo. Goethe schritt ihm im Staatskleide entgegen, mit seinen beiden Orden geschmückt. »Pfui Teufel, wie kann man so etwas tragen!« rief Colloredo aus, indem er auf die Ehrenlegion hinwies. Der Herr Feldzeugmeister machte es sich dann recht bequem im Hause; vier Tage blieb er und jeden Tag hatte er 24 Personen an seinem Tische, auf Kosten des Hauses.

Kaiser Alexander und sein Bruder Konstantin zogen am 24. Oktober in Weimar ein; am nächsten Morgen folgten Kaiser Franz und der preußische Kronprinz. In Goethes Hause wurde es nicht leer von Gästen. Auch der nunmehr mächtigste Staatsmann, Metternich, machte einen Besuch. Als Colloredo endlich abzog, war sein Nachfolger der preußische Minister Wilhelm von Humboldt. Er war seit zwanzig Jahren einer der wertvollsten Freunde Goethes und hatte auch den August manches Mal beobachtet; jetzt schüttelte er über Vater und Sohn den Kopf. Er war selber früher ein Weltbürger wie Schiller und Goethe gewesen, ja ernstlicher noch als sie, da er viel mehr in der Welt herumkam und im Auslande sogar lieber lebte als daheim; aber seitdem sein Vaterland Preußen elend zu Boden lag, war er ein guter Preuße geworden und er hatte kein kleines Verdienst daran, daß jetzt der Befreiungskrieg vor sich ging. Schon im Frühjahr hatte er oft nach Weimar gedacht, ob nicht die Söhne seiner Freunde Schiller und Goethe ebenso wie Theodor Körner für die deutsche Sache zum Schwerte greifen würden. Jetzt suchte er im Gespräch zu erforschen, wie es um die Gesinnung Goethes stehe und was der rüstige Sohn nun vorhabe. Er hörte nichts, was ihn erfreuen konnte. August zeigte keinerlei Begeisterung, und der Vater meinte in Erinnerung an Colloredos Grobheit: er könne doch einen Orden, durch den ihn ein Kaiser ausgezeichnet habe, nicht deshalb ablegen, weil dieser Kaiser eine Schlacht verloren habe. Allerdings glaubte jetzt auch Goethe an die endgültige Vertreibung der Franzosen und trauerte ihnen keineswegs nach; aber werde ein besserer Zustand eintreten? Das Gewohnte habe doch als solches einen Vorzug vor dem Ungewohnten. Das Heilmittel sei vielleicht übler als die Krankheit; man werde die Knechtschaft los werden, aber zum Untergehen. Goethe konnte sich nicht denken, daß das Heil der

Deutschen von den Engländern, Preußen und Russen zu erwarten sei. »Die Verheerungen der Kosaken, die wirklich arg sind, nehmen ihm alle Freude an dem Spaß,« schrieb Humboldt seiner Frau. Aber auch die Österreicher wüteten arg. »Ihr sächsischen Hunde!« antworteten sie, »ihr verdient es nicht besser, als daß man euch die Herzen aus dem Leibe brennt.«

In Goethes Hause folgten sich noch eine Zeit lang die Einquartierungen und Besuche. Einige davon schrieben sich in Augusts Stammbuch: Prinz August von Preußen und der englische Gesandte Jackson. Schließlich waren alle diese hohen Herren nach Westen weitergezogen; aber auch dann konnte man noch nicht erleichtert aufatmen. Vielmehr wurden die ersten Wochen und Monate nach der Befreiung von der Franzosenherrschaft die schlimmsten, die Stadt und Land Weimar je erlebten. Noch war die Festung Erfurt in französischen Händen; also war hier noch nicht einmal der Krieg vorbei. Der Minister klagte jetzt noch viel beweglicher als vorher: »Wo der französische Rückzug hinging, ist Vieh und Vorrat überblieben. Einige Dörfer erlitten Brand. Was aber übrig blieb, wurde von den verfolgenden Truppen, wo nicht ganz aufgezehrt, doch verheert. Die Kosaken und die Österreicher haben sich hierbei ausnehmend vorgetan. Hier haben wir den größten Teil der österreichischen, russischen und preußischen Herren gehabt; ich begreife kaum, wie man sie hat ernähren können [...]. Ihr Nachlaß besteht in Lazaretten, die uns vollends herabbringen. Wenn Erfurt noch belagert wird, müssen wir auch noch die Belagerungsarmee ernähren helfen. Erst mußten wir einige hundert Acker Fichte umhauen, um die Festungswerke zu vermehren; jetzt: um Feuerholz ins Lager zu schaffen [...]. Pferde und Rindvieh sind hier größtenteils fort.«

Erfurt wurde belagert, und Weimar war in den Monaten November und Dezember ein wichtiger Punkt für die verbündeten Heere. Es befanden sich hier die Hauptlazarette des zweiten preußischen Armee-Korps, das diese Belagerung durchführte; in dem Korps aber herrschten Typhus und Ruhr.

Nach Weimar wurden aber auch die Genesenden und Ergänzungsmannschaften geleitet, die von hier aus ihren Truppenteilen zugeführt wurden. Der Chef eines preußischen Landwehr-Kavallerie-Regiments war Kommandant der Stadt; auch ein russischer und ein österreichischer Etappen-Kommandant walteten hier ihrer Ämter. Es strömten also beständig Truppen verschiedener Völker zu und ab. So ereignete es sich zum Beispiel am 6. November, daß Goethes Haus vom städtischen Einquartierungsamt, offenbar zu Unrecht, mit zwölf Donschen Kosaken belegt wurde; sie drohten, die Haustür mit ihren Lanzen einzuschlagen, als sie nicht eingelassen wurden. Fast zwei Stunden dauerte ein durch allerlei Mißverständnisse hervorgerufener Tumult, der viele Zuschauer versammelte. Solcher unbehaglichen Dinge waren viele zu überstehn.

Das Schlimmste aber war, daß durch diese Soldaten und besonders durch Lazarette – die Krankenzahl darin stieg zeitweilig bis auf 1 200 – auch die Einwohnerschaft der Stadt und des Landes von den Kriegskrankheiten durchseucht wurde. Am 26. November schrieb Frau von Stein nach Jena, in Weimar seien jetzt 500 Menschen am Nervenfieber krank, 500 von 6 000! »Auch alle unsere Doktors haben sich gelegt.« Der Schriftsteller Johannes Falk, der selber in einem Monate vier blühende Kinder verlor, schrieb im folgenden Jahre: »In manchem Hause […] ist auch nicht eine Seele davongekommen […]. Der Schrecken, die Angst vor Ansteckung bemächtigte sich so der menschlichen Gemüter, daß eine allgemeine Niedergeschlagenheit herrschend wurde. Täglich ging eine Räucherung von weißem Pech frühmorgens und abends spät durch die Stadt; aber der Totenkorb und der Leichenwagen ließen sich in ihrem traurigen Geschäfte durch keinen Rauch irremachen. Viele, sehr viele gingen unter, weil eine drückende Nahrungssorge ihnen nicht länger zu leben gestattete. […] Ein so scheußliches, menschenquälendes Ungeheuer ist der Krieg.«

Unter solchen Umständen war es eine schwere Zumutung an das Land, daß es auch noch möglichst viele Freiwillige gegen Frankreich stellen solle. Man verstand darunter wohlhabende junge Männer, die sich auf eigene Kosten bekleiden und ausrüsten konnten, zumeist also Männer aus den gebildeten Berufen. Von Jena aus wurde zuerst die Bildung eines solchen Freiwilligen Banners aus weimarischen Landeskindern angeregt; Professoren und Studenten traten hervor und wollten Muskete tragen. In der Geliebten des Herzogs, der schönen Frau von Heigendorf, fanden sie eine warme Fürsprecherin. Der alte Minister von Voigt schüttelte den Kopf. Es sei ein jugendliches Feuer, das man zurückhalten müsse, war seine Meinung. Und es sei doch nicht nötig, daß gebildete Menschen marschierten; dazu könne man Bauernburschen ebenso gut und besser brauchen. Die Studenten, die sich in Jena gemeldet hätten, seien gerade die besten; also müsse man gerade sie zurückhalten suchen.

Goethe dachte ebenso. Er unterschied scharf zwischen diesen Freiwilligen und den Berufssoldaten im geordneten, geschulten Heere. Die Letzteren wurden jetzt freilich gebraucht. »Je mehr junge Leute nun Lust haben, die militärische Carriere [...] zu ergreifen, desto besser ist es,« schrieb er, und als Knebels Sohn auch unruhig wurde: »Ich würde rathen, um eine Stelle bei dem Linien-Bataillon, denn das ist ein respectabler Körper, dessen Glied zu seyn man sich nicht schämen darf.« Aber den Freiwilligen war er schon abgeneigt gewesen, ehe der Plan in Weimar aufkam. In seine ganze politische Denkweise paßte es nicht, daß jüngere oder auch reifere Männer, die in bürgerlichen Berufen standen, sozusagen auf eigene Hand Krieg führen wollten, um ihr Land zu befreien. Daß sie sich selber ausrüsteten, sich ihre Offiziere wählten, sich hier oder dort anschlossen und zumeist abseits der geordneten Heere herumstreiften und Kleinkrieg trieben: Das war etwas Demokratisches und Revolutionäres. Er war ja selber im Frühjahr gerade nach Dresden in das ihm befreundete Körnersche Haus gekommen, als eben der hochbegabte junge Sohn mit andern Landsleuten abgezogen war, um sich den Lützowern anzuschließen. Das hatten Theodor Körner und seine Kameraden zu einer Zeit getan, wo ihr Kurfürst noch keineswegs Partei im Sinne der Lützower ergriffen oder seinen Landeskindern eine Ermunterung zu solchem Tun gegeben hatte: sächsische Jünglinge zogen in den Krieg gegen denselben Kaiser Napoleon, dem ihr Landesherr in treuer Verehrung anhing! Was konnte bei solchem eigenmächtigen Treiben von Liebhaber-Soldaten anderes herauskommen als Pfuscherei? Diese Lützower hatten im Frühjahr und Sommer auch der weimarischen Regierung viel Not gemacht, indem sie besonders im jenaischen Gebiet den Franzosen allerlei Schaden zufügten, wofür dann wieder die französischen Behörden die weimarische Obrigkeit verantwortlich machten.

Man hätte nun wohl den großen Dichter Goethe fragen können, ob nicht die Erhebung eines Volkes zur Vertreibung seiner Bedrücker ein schönes Schauspiel sei und ob er nicht die Männer loben wolle, die, alle gemeine Selbstsucht vergessend, Gesundheit und Leben auf's Spiel setzen, um dem Ganzen zu dienen. Auch darauf haben wir seine Antwort: »Vor den Freiwilligen habe ich allen Respect, wenn sie von Hause aus Masse machen und der Geist, der sie vereint, eintritt, anstatt des Handwerks, das sie noch nicht verstehen.« In Weimar aber konnte von keiner Volkserhebung die Rede sein! Wer vor zehn Wochen noch dem Rheinbund und seinem Protektor ergeben war, hatte wenig Anlaß, jetzt für die russisch-preußisch-österreichisch-englische Sache in den Kampf zu ziehen.

Herzog Karl August ging als Kleinfürst auch jetzt wieder mit den Mächtigen, die sein eigenes Land und andere verteilbare Gebiete in der Gewalt hatten. Er war als alter Freund des Soldaten-Handwerks auch bereit, selber in den Krieg zu ziehen, nun also gegen den vor einem halben Jahre Höchstverehrten. So mußte er auch wohl nach dem preußischen Vorbilde die getreuen Vasallen und Untertanen, die »als Freiwillige der allgemeinen deutschen Sache ihre Dienste zu widmen bereit sind«, aufrufen, sich zu melden. Dieser Aufruf geschah am 22. November. In der ersten Woche zeichneten sich nur 32 Mann ein; am 13. Dezember waren es 62; langsam stieg die Zahl auf 57 Jäger zu Pferde und 97 Jäger zu Fuß. August von Goethe verhielt sich abwartend. Als aber die Bewegung seine Kollegen und Freunde ergriff, da schrieb er sich ein; er wurde Nr. 50 unter den Jägern zu Fuß. Neben ihm standen auf der Liste Kammerjunker Ludwig Albrecht von Groß, Oberhofmeister von Seebach, Kammerherr von Poseck, Vizepräsident von Gersdorff, Landrat Gottfried von Egloffstein, ein von Helldorf, ein von Häseler, ein von Donop und andere mehr.

Sein Vater war sehr unglücklich über den nach längerem Zaudern dennoch plötzlichen Entschluß Augusts. Andere Jünglinge aus der Freundschaft: Karl von Schiller, Karl von Knebel, Adolf von Wolzogen traten in regelrechte Regimenter als Offizier-Anwärter ein; sie hatten noch keinen Beruf gehabt und gelobten sich nun dem Mars an; das war alter Ordnung gemäß. August aber wurde in seinem Amte und zu Hause benötigt, und für ihn kam, wenn er trotzdem mitkämpfen wollte, nur diese zweifelhafte Freiwilligen-Schar in Frage. Gerade im letzten Jahre hatte Goethe sehr empfunden, wie oft er den Sohn brauchte. Nach Riemers Fortgange hatte er sich einen andern Sekretär angenommen gehabt, einen John aus Weimar; er hatte ihn bald nach vieler Not und Plage wieder entlassen müssen. August konnte ihm nun zwar nicht den Schreiber als Schreiber ersetzen, aber ihm doch viele andere Besorgungen abnehmen, die man sonst einem zuverlässigen Sekretär aufpackt. Der alte Vater mochte den Gedanken nicht ausdenken, daß ihm dieser einzige Sohn für Monate oder Jahre oder auf immer genommen werden sollte.

Goethe eröffnete sich seinem Freunde Voigt und dem Herzoge, der glücklicherweise noch im Lande war; die beiden fanden einen trefflichen Ausweg. Es waren jetzt gerade Verhandlungen wegen der militärischen Verpflegungsgelder in

Frankfurt, dem Hauptquartier der Verbündeten, zu führen; der Kammer-Rat Rühlmann sollte dahin abgehen; der Kammer-Assessor August von Goethe konnte ihn als Gehilfe begleiten. Das schrieb der Fürst dem ängstlichen Vater: »Mein lieber Freund, es ist mir sehr lieb, daß dein August sich unter die Schaar der Freywilligen gemeldet hat; dieser Entschluß macht seinen guten Willen und Gesinnungen Ehre, und schützt ihn in der Meinung seiner Mittbrüder. Er bleibe also in den Listen der Schaar verzeichnet, reise aber einen dieser Tagen mit Rühlmann nach Franckfurth am Mayn, als Commandirter ab. Hinterdrein wird sichs zeigen, wohin ihn sein eigner Wille führt, da das erste Gesetz der jetzigen revolution ausspricht, denen jungen Leuten ihren Willen zu laßen.«

Der Fürst, von jeher ein Liebhaber des Gefährlichen, konnte auch jetzt noch scherzen; der Vater aber erwiderte ihm aus tiefstem Herzen, seine Wünsche noch einmal aussprechend: »Ew. Durchlaucht haben geruht meinen Sohn, den Hofjunker und Cammer-Assessor, dem Cammerrath Rühlmann auf seiner Reise nach Frankfurt zur Begleitung zu geben und ihm dadurch die höchste Gnade erzeigt, weil er sowohl glückliche Gelegenheit findet sich zu Welt- und Staatsgeschäften mehr zu qualificiren, als auch sich nach den Resten meines Vermögens umzusehen. Alle meine Wünsche wären daher erfüllt, wenn es in Ew. Durchlaucht Plan läge ihn in der angetretenen, seiner Natur und Eigenschaft ganz angemessenen Carriere fernerhin zu belassen, damit er sich früher oder später unter diejenigen Ärzte zählen könne, die berufen sind, Wunden, welche der Krieg geschlagen hat, zu heilen. Zu gleicher Zeit würde er mir in meinem kleinen Geschäfts- und Hauskreise behülflich seyn können, wo man eines angebornen vertrauten Beystandes bedarf, da es mit denen die man sich anzueignen gedenkt, nicht immer gelingen will, und man unversehens wieder verlassen dasteht. Meine bürgerliche und öconomische Lage, welche Ew. Durchlaucht geschaffen, würde dadurch erhalten, gesichert, und ich von allen Seiten in einer so stürmischen Periode beruhigt seyn. Dieses hätte ich alles Höchstdero Ermessen stillschweigend anheim gegeben, wenn nicht mein Sohn, nach dem letzten Aufrufe, der Pflicht und Ehre es gemäß gehalten hätte sich gleichfalls zu melden, nicht ohne Muth und Lust, wie es jüngeren wohl geziemt, die mehr vorwärts als zurück und nach der Seite sehen sollen. Zu diesem Schritte hätte ich widerstrebender meine Einwilligung gegeben, wenn Ew. Durchlaucht Höchste Erklärung nicht zum Voraus bezeugte daß Ihro oberste Übersicht jeden an seinen Platz zu stellen sich vorbehalte.«

Am nächsten Tage, dem letzten des traurigen und schrekkenvollen Jahres, wie es Goethe eben jetzt nannte, muß es dem Vater Goethe klar geworden sein, daß ein Austritt seines Sohnes aus der Freiwilligen-Schar durchaus unratsam oder unmöglich sei. Was sollte der Herzog von einem jungen Manne denken, dessen Vaterlandsliebe und Kriegslust so rasch von den Sorgen des Vaters und der Mutter zu dämpfen war? Ließe man solchen Wankelmut zu, wie schnell möchte da manche Heldenschar auseinanderlaufen! August, so wird man dem Vater gesagt haben, müsse sich auch fernerhin zu den Freiwilligen rechnen und an den Übungen teilnehmen; über seine Verwendung jetzt und fernerhin könne der Herzog dann immer noch so verfügen, daß der Vater sich nicht zu ängstigen brauche. Vielleicht war schon davon die Rede, daß August Adjutant des Erbherzogs Karl Friedrich werden könnte, der, weil er so gar kein Kriegsmann war, zwar Chef der Freiwilligen hieß, aber als Kommandierender der Landwehr in Weimar blieb.

Wiederum schrieb nun der höchst aufgeregte Vater einen neuen feierlichen Dankbrief an den fürstlichen Fürsorger: »So seltene Gaben wie Sie meinem Sohne zu verleihen geruhen, ausspenden zu können, gehören Übersicht, Gewalt und Wohlwollen in einer Person vereinigt und da ein günstiges Geschick Sie damit ausgestattet hat; so darf ich mich glücklich preisen daß Sie solche mir und den Meinigen besonders zuwenden wollen. Sie geben meinem Sohne Gelegenheit sich nach zwey

Seiten hin auszubilden, in Tagen wo niemand mehr einseitig bleiben darf: denn wenn man voraussehen kann daß Deutschland so bald nicht wieder sich eines bürgerlichen Friedens erfreuen werde; so darf es sich vielleicht mehr als jemals eines gewaffneten Friedens getrösten. Um so nöthiger ist es daß sich ein jeder vorübe und sich, selbst in dem städtischen und höfischen Zustande, dergestalt vorbereite daß er in keine fremde Region geräth, wenn er ins Feld gefordert wird. Die ehrenvolle und auslangende Gelegenheit, welche Ew. Durchl. meinem Sohne hierzu bereiten, ist mir in ihrem ganzen Umfange deutlich und schätzenswerth. Es fehlt ihm weder an Zeit noch Kräften, noch an bestrebsamem Willen sich den anvertrauten und angedeuteten Pflichten gleichzustellen und durch den Beyfall seiner Vorgesetzten Ew. Durchl. sich auch in der Abwesenheit zu empfehlen.« Des Herzogs Antwort war kurz, enthielt aber doch einen Stachel für August: »Mein Sohn, als Chef der Schaar der Frey[willigen] wird Herrn August, wenn dieser wieder von Franckfurth am Mayn zurücke kömmt, als Ordonnanz bey sich behalten, in so ferne es den Jünglinge beliebe hier zu bleiben.«

Am 6. Januar fuhr August mit seinem Vorgesetzten nach Frankfurt; am nächsten Tage reiste der Herzog ab, um den Oberbefehl in Flandern zu übernehmen, diesmal im russischen Waffenrocke. Am 28. Januar wurden die Freiwilligen nach notdürftiger Ausbildung in der Stadtkirche feierlich vereidigt; am 31. zogen sie ab; auch ihr Ziel war Flandern.

Am 6. Februar kam August aus Frankfurt zurück. Er meldete sich nun auch zum Adjutanten-Dienst beim Erbprinzen. Dem Vater schien alles auf's beste geordnet zu sein. Er schrieb an seine Freunde, wie wenn August ein wirklicher Soldat sei: »Meine ganze Canzley [hat] das Schwert ergriffen« und »mein Sohn wird, nicht dem Kalbfell, wohl aber dem Hüfthorn folgen«; die Freiwilligen hießen nämlich »Jäger«.

Andere dachten über den vierundzwanzigjährigen Freiwilligen, der zu Hause blieb, nicht ebenso günstig und machten ihre Glossen über seinen militärischen Dienst. Einige tadelten auch den Vater, daß er das neue patriotische Leben des deutschen Volkes so gar nicht teile und nun auch den Sohn zu solcher Absonderung zwinge. Vermutlich hatten Vater und Sohn nicht erwogen, in welche mißliche Lage August gegen die übrigen Freiwilligen geriet, die jetzt die schwersten Strapazen und Gefahren ertrugen und fernerhin zu erwarten hatten. Diese Männer waren doch, wenn sie zurückkehrten, Augusts Amts- und Lebensgenossen! Würde er ihre volle Achtung haben? Ihre Freundschaft und gelegentliche Hilfe? Würden nicht auch viele andere noch lange Zeit in ihm den Mann sehen, der sich zuerst zu Heldentaten erboten und sodann rechtzeitig in Sicherheit gebracht hatte?

Zufällig hielt sich Arthur Schopenhauer jetzt wieder in Weimar auf: zufällig, denn Mutter und Sohn kamen nur schwer miteinander aus und lebten fast immer fern von einander. Der junge Schopenhauer stimmte sehr für die Vertreibung der Franzosen und er gab Geld her für die Ausrüstung von unbemittelten Freiwilligen. Aber er dachte nicht daran, selber in's Feld zu ziehen. Ein Gelehrter und Denker wie er brauchte nicht Dienste zu leisten, zu denen die Fabrikware der Menschheit ebenso gut und besser taugt, und mit seinen philosophischen Werken konnte er dem Vaterlande besser nützen als mit einem etwaigen Heldentode. So sah er die Sache an, und niemand grollte dem Arthur Schopenhauer; man hatte von diesem Privatgelehrten keine anderen Ansichten erwarten dürfen. Der Herr von Goethe aber war mit den andern jungen Edelleuten des Landes als Patriot auf die Bühne getreten.

Über August Goethe habe sie manche Kämpfe, schrieb Frau von Schiller am 15. März der Erbprinzessin von Mecklenburg, der vormaligen weimarischen Prinzessin Karoline: »Ich finde es natürlich, daß der Vater in seinem Alter alles tut, um ihn nicht Militär werden zu lassen; es ist doch eigentlich die einzige Freude, die er von seinem häuslich ehelichen Leben hat. Und dann hat auch der Sohn nicht den eigenen Trieb. Da es den

Vater glücklich macht und den Sohn nicht unglücklich, so gönne ich es ihnen. Und doch gibt es hier und da Menschen, die die Achseln zucken darüber. Karl hätte ich um keinen Preis, auch wenn ich darüber gestorben wäre, abgehalten, denn seine ganze Existenz, sein ganzes Wesen wäre zerknickt gewesen; er hätte melancholisch werden können. Aber da August selbst nicht den Trieb hatte, so bin ich des Vaters wegen froh, daß seine Neigungen mit dem Glück des Vaters übereinstimmen.« Am 24. April erwähnte auch Frau von Stein gegen ihren Fritz diese Sache. »Goethe, wie man sagt, hat seinen Sohn nicht wollen mit den Freiwilligen gehen lassen, und ist er der einzige junge Mensch von Stand, der hier zu Haus geblieben. Sein Vater scheint gar unsern jetzigen Enthusiasmus nicht zu teilen; man darf nichts von politischen Sachen bei ihm reden.« Mit seiner Meinung über den Wert des thüringischen Freiwilligen-Häufleins behielt Goethe allerdings Recht; sie kamen nicht dazu, etwas zu leisten, teils weil sich in Belgien jetzt noch nicht viel wichtiges ereignete, teils weil sie als eine ganz mangelhaft ausgebildete Truppe nirgends gut zu verwenden waren. »Mit unserm Korps geht's schlecht,« schrieb Professor Kieser, einer der Eifrigsten, im März aus Brüssel; »drei sind desertiert, unsere Fahne ist hier ins Depot gelegt [...]. Unsere Offiziere taugen sämtlich nichts. Alles wird zerfallen, wenn nicht Etwas geschieht.« Der glückliche Erfolg der Verbündeten in Frankreich machte sie erst recht überflüssig; am 20. April sandte sie der Herzog heim, indem er sie in einem Dankschreiben ehrte, das die meisten immerhin durch ihren guten Willen verdient hatten.

Am 21. Mai zogen die Heimkehrenden in Weimar ein. August von Goethe war unter denen, die die alten Freunde herzlich begrüßen wollten; er empfing – so scheint es – von ihnen Hohn und Spott als Dank. »Pfui über dich Buben hinter dem Ofen,« hatten sie von Theodor Körner singen gelernt: »Unter den Schranzen und unter den Zofen! Bist doch ein ehrlos erbärmlicher Wicht«. Ihren besonderen Zorn aber erregte es, daß er ihnen nicht im bürgerlichen Kleide, sondern in Uniform, vermutlich in derjenigen eines Offiziers ihrer eigenen Schar, entgegentrat. Es kam zu harten Worten und Beleidigungen; als er antwortete, forderte ihn der Führer der berittenen Freiwilligen, Rittmeister von Werthern-Wiehe, zum Zweikampf.

Der Vater hielt sich um diese Zeit in dem nahen Bade-Örtchen Berka auf und dichtete ein von Berlin her erbetenes patriotisches Festspiel. Mitten in seinen poetischen Vorstellungen erhielt er einen Brief, den ihm die Herzogin durch eine beiden Teilen nahestehende Dame, vermutlich durch Frau von Wedel, schreiben ließ, um ihn auf Augusts gefährliche Lage aufmerksam zu machen. Er überlegte und antwortete: »Indem ich Ihnen, verehrte Freundinn, für jene Warnung dancke, so wünschte ich daß Sie nun auch Vermittlerinn würden. Empfehlen Sie mich Durchl. der Herzoginn zu Gnaden und Stellen Höchstderselben vor daß mein Sohn von Serenissimo nicht freygegeben worden, vielmehr als Ordonanz bey Durchl. dem Prinzen angestellt geblieben, daß er Seinen Dienst pünctlich verrichtet und sich nur zuletzt auf des Prinzen ausdrücklichen Befehl die Uniform machen lassen, also nichts verschuldet und wohl hoffen darf daß man sich seiner annehme und den Cameraden und ehemaligen Jugend Freunden das eigentliche Verhältniß deutlich mache und sie versöhne. Die Herren von Voigt und Gersdorf würden gewiß hiezu behülfliche Hand leisten und durch Einsicht und Klugheit die Sache beylegen.« Er schrieb auch an den Minister von Voigt und an den Geheimen Regierungsrat von Müller in dieser Sache; Müller kam sogleich nach Berka, besprach alles mit Goethe und eilte nach Weimar zurück. Ihm und dem Präsidenten von Gersdorff wurde es leicht, den Streit beizulegen; schon am nächsten Mittage, am 30. Mai, war Müller wieder in Berka und brachte Gersdorff mit: diese Drohung war verschwunden.

Aber wenn Herr August teils vom Herzoge, teils vom Prinzen gedeckt worden und also unangreifbar war, so änderte das doch die Meinung über seinen eigenen Manneswert nicht.

Man zuckte die Achseln; man mied ihn; der alte gemütliche Verkehr war ein Ding der Vergangenheit.

Ist nun aber ein Mensch mit einem Makel behaftet, so blickt man auch wieder schärfer auf seine Herkunft und seine Blutsverwandten. Der weit vom Schuß verbliebene Held war der uneheliche Sohn der Christiane Vulpius. Diese Mamsell Vulpius war nun seit sieben Jahren als Gattin eines hochberühmten Mannes und vornehmsten Staatsdieners gelegentlich zu beehren; aber Christiane war selber schuld, daß man ihre Vergangenheit nie vergaß. In Badeörtern, wo aller Verkehr nur für kurze Dauer gilt, gingen auch vornehme Damen und Herren mit ihr freundlich um, und die Gutwilligen fanden, daß sie keinem Menschen Böses antat oder nachsagte; in Weimar aber gewann sie unter den vornehmen Frauen keine einzige Verbindung; sie machte ihnen Visiten und bekam Gegenvisiten, aber es blieb bei der äußeren Form; mit ihrem Geselligkeitsbedürfnis mußte sie sich an Schauspielerinnen oder an die ins Haus genommene Gesellschafterin Karoline Ulrich halten. Immer neuen Anstoß erregte sie durch ihre Vergnügungs- und Tanzsucht. Ihr Gatte zwar nahm »die Lustigen von Weimar« scherzhaft. »Donnerstag nach Belvedere, Freitag geht's nach Jena fort,« dichtete er am 15. Januar des schweren Kriegsjahres 1813: »Und es schlingt ununterbrochen Immer sich der Freudenkreis Durch die zwei und funfzig Wochen.« Aber schon einer seiner Nächsten, Riemer, der Bräutigam der Karoline Ulrich, ergrimmte über dies Treiben; an einen andern aufrichtigen Freund des Dichters, Frommann, schrieb er im März 1814: »G[oethe]s tanzlustige Damen werden heute nach Jena gekommen sein, denn sie ziehen wie die Geier und Raben immer der Armee nach. Das ist ein wahres Schlaraffenleben, was diese führen! Vielleicht die einzigen in Deutschland, denen es wohl ist.«

August erlebte in dem Winter 1813 auf 14 noch ein Schweres: den Zusammenbruch seiner Liebe.

Der Zufall brachte es mit sich, daß Ottiliens und Adelens auserwählter Held, Ferdinand Heinke, nach der Schlacht bei Leipzig Wochen und Monate lang in Weimar lebte; da er nach seiner Verwundung und schweren Krankheit noch nicht völlig kriegstauglich war, macht er hier den Adjutanten des preußischen Befehlshabers. Jetzt kam er viel mit den Freundinnen zusammen, herzlich und unbefangen, denn als Bewerber brauchte er nicht zu gelten; sie wußten, daß er daheim in Schlesien eine Braut hatte; außerdem hätten Ottiliens Großmutter und Mutter deren Verbindung mit einem bürgerlichen Pelzhändlerssohn für unmöglich erklärt. Der junge Leutnant und die beiden Freundinnen waren in ihrem Denken und Fühlen sehr einig, namentlich auch im Patriotismus, und jetzt verbarg Ottilie ihre Begeisterung für die Preußen natürlich nicht mehr. Es war für sie eine wunderbar herrliche Zeit, und diese Zeit war für sie verkörpert in dem wunderbar herrlichen Ferdinand Heinke.

August sah deutlich und empfand in seinem leidenschaftlichen Herzen tief, daß sich die Heißgeliebte von ihm weit entfernt hatte. Es führte zu heftigen Aussprachen, wobei ihm Ottilie wiederum Argwohn und Mangel an Offenheit vorwarf. Es kam schließlich zu einem harten Bruche, und zwar so, daß August als der schwer Beleidigte die Dame auf rauhe Weise von sich stieß. Er zeigte sich plötzlich vor aller Augen als ihr Feind, vermied ihre Nähe und bei Hofe, wo das nicht möglich war, behandelte er sie wie nicht vorhanden.

Heinke war unterdessen genugsam hergestellt; er folgte den andern Kriegern, erwarb sich in Frankreich das Eiserne Kreuz und kam nach der Eroberung von Paris noch einmal durch Weimar. Von da an blieb er nur durch gelegentliche Grüße und gemeinsame Bekannte mit Ottilien und Adelen in Verbindung; für beide aber war er noch manches Jahr ihr Heiliger und ihr Held.

Der Gefangene auf Elba verließ am 26. Februar 1815 seine Insel und setzte am 1. März seinen Fuß wieder auf französischen

Boden. Ein zweiter Krieg mußte gegen ihn geführt werden; die weimarischen Freiwilligen wurden nicht wieder aufgeboten, aber die beiden regelrechten Bataillone des Landes zogen aus; der General von Egloffstein war ihr Anführer; auch der jüngere Sohn des Herzogs, Bernhard, kämpfte in den entscheidenden Schlachten mit.

Der zweite Sturz Napoleons wurde in Weimar, wie überall, als die Erlösung von dem Übel aufgenommen. Niemand durfte jetzt von dem korsischen Abenteurer anders als mit Abscheu und Verachtung reden. Sehr schnell vergaßen die meisten, daß auch sie diesen Bonaparte einst bewundert, ja verehrt hatten und daß auch in ihrer Stadt sein Geburtstag, der Napoleonstag, als ein schönes und feierliches Fest begangen worden war.

August von Goethe hatte die tiefste Wunde in seinem bisherigen Leben erlitten, weil er nicht mit den andern gegen diesen gestürzten Gott ins Feld gezogen war. Er durfte nicht viel darüber reden; aber in seinem Innern wuchs der Kummer über die von den vorigen Kameraden erlittene Kränkung nun auch zu einer neuen Verehrung des großen Kaisers an, zu einem heimlichen Kultus. »Wenn Alle untreu werden, so bleib' ich dir doch treu,« sprach er nun in seiner Weise. Keiner will vor sich selber schlechter erscheinen als seine Nachbarn; also erwiderte er den Vorwurf der ehemaligen Freunde durch einen eigenen Vorwurf: Ihr seid die Abtrünnigen und Wankelmütigen!

Sein Vater fügte sich ja auch nicht den vergänglichen Stimmungen der Menge; seine vormalige Bewunderung des kraftvollen Emporkömmlings war eingeschränkter, aber nicht in ihr Gegenteil verkehrt. Mit ihm konnte August über den großen Mann reden; der Vater durfte seine Sammlung von Gegenständen des Andenkens an Napoleon kennen. Als ihm der Vater dazu nun gar den Orden der Ehrenlegion schenkte, den er im Oktober 1808 erhalten und nun nicht mehr tragen konnte, da wurde August von Goethe zum begeisterten Dichter. *Traum* überschrieb er seine Verse.

Des Tages Last entließ die müden Glieder,
Und sanfter Schlummer fand sich freundlich ein,
Ein Traumes-Meer, es wogte auf und nieder,
In mir erschien ein alt' und neues Seyn.
Harmonisch hört' ich Kriegs- und Siegeslieder,
Es schien als wär' die ganze Welt nun mein.
Doch anders war's, es kam die mächtigste Gestalt,
Und fesselte auch mich mit Ihrer Allgewalt.

Und mit Verehrung heben sich zu Ihm die Augen
Der Glorie zu, die mächtig Ihn umstrahlt,
Ach, könnt' ich aus dem Blick Gedanken saugen,
Auf ewig wär' ich dann so kühn verstahlt;
Ich lausche auf und fühl' ein sanftes Hauchen,
Wie Rosenduft am Horizont sich malt,
Vernehmend so des großen Kaisers Worte,
Bleib' ich erstaunt, verehrend still am Orte:

»Du hast an mich geglaubt, an mir gehangen,
Als mich die Welt gehaßt, verwünscht, verflucht,
Und als man mich zuletzt sogar gefangen,
Hat Dein Gedanke mich stets aufgesucht.
Und jede Schandthat, die man frech an mir begangen,
Schien Dir so ungerecht als auch verrucht,
Des Zweifels Pforten hast Du nie betreten
Ich hörte Dich sogar für mich oft beten.

So nimm von mir der Anerkennung Zeichen,
Das manchem schon die treue Brust geziert,
Du hast's verdient durch nimmer weichen
Vom Großen, wenn es auch den Schein verliert.
Nichts konnte Deine Liebe zu mir beugen,
Das hat mich innig, hat mich oft gerührt.
So trage dieß von mir zum Angedenken,
Es ist das Größte, was ich dir kann schenken.«

VII. Im neuen Großherzogtum
1815 – 1817

Napoleons erster Nachfolger im Weltregiment war der Wiener Kongreß. Von dessen Mitgliedern wurden die Grenzen der Staaten neu gezogen, die Länder genommen und gegeben und die Titel der großen Herren gesteigert. Die Wünsche, die man vor einem Jahre dem Kaiser von Frankreich oder dem Herrn Maret, »Herzog von Bassano«, als seinem Minister des Auswärtigen vorgetragen hatte, wurden jetzt von den versammelten Staatsmännern Europas hin und her gezerrt. Karl August von Weimar brachte dabei seinen Staat auf 198 000 Seelen – vorher waren es 121 000 – und durfte sich nunmehr Großherzog nennen.

Für die weimarische Beamtenwelt bedeutete dies Wachstum viel: neue Aufgaben, Ämter und Titel, höhere Gehälter, eine glänzendere Hofhaltung. Bald kam dazu auch die Einführung einer neuen, auf eine gewisse Mitwirkung der Staatsbürger eingerichtete Verfassung.

Auch August von Goethe stieg einige Sprossen auf der Leiter. Zunächst (am 20. Juni 1815) wurde der Hofjunker zum Kammerjunker befördert. Sein Vater meinte, August »genösse der Ehre noch lieber, wenn auch etwas Klingendes dabei gewesen wäre. Das wird auch kommen.« Die Mutter freute sich, daß an dem neuen großherzoglichen Hofe nun auch ihr Sohn sein Röllchen spielte. »Und alles lobt unsern August in seinem neuen Stande bei Hof,« schrieb sie ihrem lieben Geheimrat, der am Rhein und Main zu alten Erinnerungen neue sammelte. »Zum Geburtstag des Großherzogs, als den 3. September, hat sich alles in den neuen Uniformen gezeigt, und sie soll Augusten recht gut gestanden haben. Ich habe ihn nicht darin gesehen, denn ich war in Berka«.

Zu Weihnachten wurde August zum Kammer-Rat ernannt. Als Besoldung hatte er nun 800 Taler. Sein Präsident war jetzt Herr von Gersdorff, einer der vier Minister des neuen Großherzogtums.

Um dieselbe Zeit, am 5. Dezember 1815, ließ er sich in die weimarische Loge aufnehmen; Meister vom Stuhl war einer seiner Kollegen, Geheimer Kammer-Rat Ridel. Auch sein Vater gehörte seit vielen Jahren dem Orden an. Aber nur ein einziges Mal, bei Augusts Aufnahme, sah man die Brüder von Goethe I und II in der Loge zusammen. Denn dem Vater, der niemals zu den eifrigen Maurern gehört hatte, war die Teilnahme an den Sitzungen lästig; im Jahre 1812 hatte er sich ausdrücklich von dieser Pflicht befreien lassen. Er wünschte aber durchaus, wenn auch nur mittelbar, von allen Vorgängen in der Loge unterrichtet zu werden, und trug auch gern zu ihren ernsten Arbeiten wie zu den fröhlichen Feiern das Seinige bei. August war von nun an seine Stimme und sein Ohr gegenüber den Ordens-Brüdern.

Schon am 16. Januar 1816 erbat sich August in der Maurer-Versammlung das Wort, »um den Dank seines verehrten Vaters abzustatten für die ihm in der letzten Loge widerfahrene ausgezeichnete brüderliche Aufnahme,« und trug dessen letzte Verse: *Dank des Sängers* vor:

Von Sängern hat man viel erzählt
Die in ein Schloß gekommen,
Wo nichts ermangelt, nichts gefehlt,
Sie haben Platz genommen.
Doch war wo, irgendwo ein Platz,
Vergleichbar diesem Brüder-Schatz,
Wo auch ich Platz genommen?

Ihr fraget nicht woher ich sey,
Wir alle sind von oben;
Doch singend wird der Freie frei

Und darf die Brüder loben.
Die Brust entlöse der Gesang!
Was außen eng, was außen bang,
Uns macht es nicht beklommen.

So hab ich euch denn schon den Dank,
Den ich gedacht, erwiesen,
Und euch mit Tönen rein und schlank
Als Würdige gepriesen.
Was bleibet übrig als der Schall
Den wir so gerne hören,
Wenn überall, allüberall
Im Stillen wir uns vermehren.

Wenige Wochen später konnte Goethe den Sohn nach Erfurt schicken, um statt seiner dem dreißigsten Stiftungsfeste der dortigen Loge beizuwohnen. »Und dem Vater,« heißt es im Erfurter Protokoll, »wurde in dem anwesenden Sohne für das, was er ißt noch der Ehre Deutschlands so teuer ist und bleiben wird, gedankt.«

Nach einem Jahre, am 8. Dezember 1816, wurde der Lehrling August in den Gesellengrad befördert. Wiederum antwortete er, indem er ein Lied des Vaters bei der Tafel-Loge sang. Der Freimaurer-Tugend Verschwiegenheit war es gewidmet:

Wenn die Liebste zum Erwiedern
Blick auf Liebesblicke beut;
Singt ein Dichter gern in Liedern
Wie ein solches Glück erfreut!
Aber Schweigen bringet Fülle
Reicheren Vertrauns zurück:
Leise, leise! Stille, stille!
Das ist erst das wahre Glück.

Wenn den Krieger wild Getöse,
Tromml' und Pauken, aufgeregt,

Er den Feind, in aller Blöße,
Schmetternd, über Länder schlägt.
Nimmt er, wegen Siegsverheerung,
Gern den Ruhm, den lauten, an,
Wenn verheimlichte Verehrung
Seiner Wohlthat wohlgethan.

Heil uns! Wir verbundne Brüder
Wissen doch was keiner weis;
Ja, sogar bekannte Lieder
Hüllen sich in unserm Kreis.
Niemand soll und wird es schauen
Was einander wir vertraut:
Denn auf Schweigen und Vertrauen
Ist der Tempel aufgebaut.

Im Staatskalender des neuen Großherzogtums stand August dreimal verzeichnet: als Rat der Kammer, als Glied der Hofhaltung und »zur Assistenz« seines Vaters in dessen Oberaufsichts-Amte.

Der Vater hieß Minister und war unter den vier Kollegen der Rangälteste; er verwaltete aber seit vielen Jahren keine Abteilung der Geschäfte mehr. Einen Staatsdiener durfte man in diesem Staatsminister also kaum sehen; er war es auch in jungen Jahren nur mittelbar gewesen, denn immer hatte er sich nur dem Herzoge Karl August als Gehülfe gewidmet. Seit seiner Rückkehr aus Italien war es völlig nur ein Dienst von Person zu Person; er gab dem Fürsten seinen Rat, wenn der Fürst ihn darum ersuchte; sonst blieb er schweigender Zuschauer. Und nur in Angelegenheiten der Universität Jena wurde er mit einiger Regelmäßigkeit befragt; doch lehnte Goethe auch hier den Titel wie die Pflichten eines Kurators ab, nur zwei Geschäfte besorgte er im Auftrage des Landesherrn ständig: die Direktion des Hoftheaters und die Oberaufsicht über »die unmittelbaren Anstalten für Wissenschaften und Kunst«. Darunter verstand man Anstalten, die aus eigenem Entschluß des

Fürsten oder seiner Vorgänger ins Leben gerufen waren und aus Mitteln des fürstlichen Hauses erhalten wurden. Ihre Abtrennung vom Landeseigentum war zwar oft nur eine künstliche; Goethe aber bestand auf solcher Unterscheidung; er weigerte sich, von einem andern als dem Großherzoge abhängig zu sein oder einem andern Rechenschaft zu leisten. Mit dem modernen Verfassungsstaate wollte er nichts zu schaffen haben; seine »Oberaufsicht« war also ein Überbleibsel der alten Zeit.

Die Anstalten, um die es sich handelte und die seit 1809 unter einer »Oberaufsicht« standen, waren die Großherzoglichen Bibliotheken zu Weimar und Jena; die freien Kunst-Institute oder einfacher: Zeichenschulen zu Weimar, Jena und Eisenach; der Botanische Garten in Jena; die Sternwarte und vier naturwissenschaftliche Kabinette ebendort: das mineralogische, zoologische, anatomische und physikalisch-chemische. Davon waren die Bibliotheken und der Botanische Garten aus früheren Jahrhunderten überkommen; die Zeichenschulen gehörten zu Karl Augusts und Goethes ersten Werken; die naturwissenschaftlichen Sammlungen und Einrichtungen waren neueren und neuesten Datums. Ihre Vorsteher und Diener bildeten Goethes Beamtenschaft. Es waren die Bibliothekare Vulpius und Riemer in Weimar, Güldenapfel und Weller in Jena, die Kunst-Professoren Heinrich Meyer und Jagemann in Weimar, vier Zeichenlehrer in Weimar, zwei in Eisenach, einer in Jena; sodann fünf Universitätsprofessoren in Jena, jedoch nur in ihrem Nebenamte als Kabinetts-Vorsteher: der Botaniker Voigt, der Mineraloge Lenz, der Chemiker Döbereiner, der Anatom Fuchs und der Astronom von Münchow. Sie zu beraten und zu begünstigen, war Goethes Aufgabe; er vertrat ihre Wünsche vor dem Großherzoge, nicht selten auch vor den fürstlichen Damen, denn zumal die reiche Großfürstin wurde auch oft in Anspruch genommen, wenn zu neuen Anschaffungen oder Verbesserungen die gewöhnlichen Mittel nicht reichten. Höchst anregend aber für alle Anstaltsvorsteher waren Goethes häufige Besuche und seine eingehenden Besichtigungen; ihre eigene Teilnahme an ihrem Werke wuchs durch seine Bemerkungen, und dem so leicht einreißenden Schlendrian war vorgebeugt. Übrigens erschien auch der Großherzog selber manchmal, denn er liebte Naturwissenschaften und kannte sie sehr gut.

Bei diesen Geschäften war August seit 1815 des Vaters Gehülfe. Das bedeutete namentlich, daß der jüngere Mann für den älteren manchen Weg und Auftrag übernahm. War zum Beispiel in Jena ein Bau im Gange, so konnte August hinüber reiten. Sehr oft konnte oder mochte der Vater nicht aus dem Hause gehen; dann verhandelte er sogar mit seinem alten Freunde Voigt durch Augusts Vermittlung; Voigt, der wirkliche Staatsminister, ward auch in den Geschäften der Oberaufsicht doch immer wieder begrüßt, denn sein persönlicher Anteil an allen wissenschaftlichen Dingen war gleichfalls groß. Gar nicht selten wurden in der Umgegend Weimars naturwissenschaftliche Merkwürdigkeiten entdeckt, namentlich in den Steinbrüchen; August eilte zuerst an Ort und Stelle. In vielen andern Fällen war der Sohn des Vaters Begleiter und Adjutant; Goethe fühlte sich namentlich auswärts nie recht wohl, wenn er nicht solch einen Jüngeren zur Unterstützung neben sich wußte.

Eine solche Stellvertretung bekam der Sohn auch im Hauswesen immer mehr. Und nicht bloß im Wirtschaftlichen. Des Vaters eigene wissenschaftliche Sammlung kannte August sehr gut; auch wenn er sie Fachleuten zeigte, gab er sich keine Blößen. »Er kann recht gut Auskunft geben über Alles,« bezeugte der Kunstgelehrte Karl von Rumohr, der 1816 mit ihm die große Münzen-Sammlung durchging. Der Vater hatte ihm das an der Ackerwand gelegene Gartenhaus überlassen; dort breitete August seinen eigenen bedeutenden Besitz an Mineralien und Fossilien aus. Immer war er bereitwillig und geschickt zum Aufheben und Ordnen. Sogar diejenigen Gedichte des Vaters, die noch nicht an die Öffentlichkeit kommen konnten, brachte er an sich und hob sie auf. Es waren zumeist polemische Verse, in denen Goethe sich mit seinen literarischen Gegnern oder den Zeitströmungen in der Politik, der Religion und den bildenden Künsten auseinandersetzte. Er pflegte sich seinen Ärger von der Leber weg zu dichten; August aber sagte sich, daß auch diese Verse einst in Druck erscheinen könnten.

Plötzlich aber ward der Sohn dem Vater noch nötiger, als man je geahnt.

Viele Jahre war Goethe der kränkliche Mann gewesen, mit dessen baldigem Tode man rechnete; seine Christiane stand neben ihm als ein Bild der vollblütigen, strotzenden Gesundheit. Zwar hatte auch sie zuweilen zu klagen und mußte Kuren gebrauchen; aber wir wissen schon, in welchem Sinne ihre Lebenskraft übermäßig und unzerstörbar schien.

Anfang Januar 1815 hatte sie plötzlich im Wagen einen Schlaganfall. Sie erholte sich sehr rasch. »Das Gegenteil wäre für *ihn* vielleicht gut gewesen, für uns andre gewiß,« meinte ihr vieljähriger Hausgenosse Riemer.

Anfang Februar war sie plötzlich wieder dem Tode nahe, ja einige Stunden wie tot. Der Arzt eröffnete dem Sohne: sie könnte nicht leben. Aber sie erholte sich wiederum. Nur hieß es jetzt: die schweren Krämpfe könnten bei jeder Veranlassung wiederkommen. Damit sie durch Ortsveränderung und Zerstreuung sich stärke, ließ Goethe sie am 2. März nach Jena fahren. Eine Frau Kirsch begleitete sie, denn Karoline Ulrich war jetzt mit Riemer verheiratet.

»August steht mir in allen Dingen bei,« schrieb ihr Goethe, der selber wieder kränkelte, nach Jena.

Den Sommer verbrachte Christiane in Karlsbad, wiederum mit Madame Kirsch. Ihr Gatte vergnügte sich in Wiesbaden, Frankfurt und Heidelberg.

Den Winter und das Frühjahr verbrachten beide recht gesund. Am 18. Mai 1816 aber, als Goethe wieder drüben in Jena arbeitete, hatte Christiane einen neuen Anfall. Wiederum befand sie sich nach einigen Tagen wohl. Aber vom 29. Mai an war sie bedenklich krank; Goethe eilte von Jena herbei.

Am nächsten Tage ging's besser; am 31. ein Rückfall. Als die Schauspielerin Engels sie zu besuchen kam, bat Goethe sie, bei der Kranken zu bleiben; die Riemer und die Schwägerin Vulpius leisteten gleichfalls Gesellschaft und Hilfe.

Am 1. Juni: »Gefährliches Befinden meiner Frau während der Nacht.«

Am 2. Juni war die Engels vormittags und nachmittags bei der kranken Freundin. »Sie war bis zum Tode schlecht. Die Riemer und Vulpius blieben mit mir bis um 10 dort.«

Am 3. Juni diktierte Goethe ins Tagebuch: »Eine unruhige sorgenvolle Nacht verlebt. Die Köchin dieselben Anfälle, zu Bette. Frau von Heygendorf bey meiner Frau, die noch immer in der größten Gefahr.« – Auch die Engels und die gleichfalls mit Christianen befreundete Schauspielerin Lortzing kamen; sie hielten sich in der Küche auf und halfen dort statt der kranken Köchin. Auch die andre Dienerin, Mienchen, war erkrankt.

Goethe selber fühlte sich nicht mehr wohl; sein Schreiber Kräuter mußte in der Nacht bei ihm bleiben. Doch konnte er am andern Vormittage, am 4. Juni, ausfahren. Nach Tisch aber hatte er einen heftigen Fieberanfall. Er mußte sich legen. Jetzt war August der einzige Gesunde im Hause!

Am 5. Juni blieb Goethe im Bette. Christiane hatte weiter ihre fürchterlichen Krämpfe. Es scheint, daß keine verwandten oder befreundeten Frauen es mehr bei ihr aushalten konnten; fremde Wärterinnen waren die letzten Zuschauerinnen ihrer Not. Schließlich soll sie alle Minute einen Krampf gehabt haben. »Meine Frau in äußerster Gefahr,« ließ Goethe ins Tagebuch schreiben, und weiter: »Mein Sohn Helfer, Rathgeber, ja einziger haltbarer Punct in dieser Verwirrung.«

Am nächsten Tage ward die arme Frau von ihrem fürchterlichen Leiden erlöst.

Goethe stand in seinem 67. Jahre. Er war auch während seiner Verbindung mit Christianen des Junggesellen-Daseins nicht entwöhnt worden, da er so viele und lange Zeiten in Jena, Karlsbad, Teplitz oder anderwärts für sich lebte; nun aber hieß es: das ganze Jahr allein zu sein!

Alle seine Freunde beklagten längst seine große Vereinsamung. Heinrich Meyer war der einzige in Weimar, mit dem er ganz vertraut sich aussprach und mit dem er auch über alles, was ihn beschäftigte, offen reden konnte. Die Nächsten nach Meyer waren dann schon Riemer, der ihm immer wieder bei seinen literarischen Arbeiten half, und der nunmehrige »Kanzler« von Müller; aber gegen diese beiden ihm sehr dienstwilligen Männer hatte Goethe oft eine Abneigung zu überwinden. Es verblieb der Sohn, dessen große Brauchbarkeit für den Vater wir kennen, der aber doch in einer andern Sphäre lebte, schon weil er vierzig Jahre jünger war. August betrieb jetzt zum Beispiel die Rabenjagd mit großem Eifer: Das gab keinen Unterhaltungsstoff für den alten Vater! »Die Einsamkeit«, meinte Riemer nicht ohne Grund gegen Frommann, »wird immer größer werden, sobald der Sohn erst wieder seinen Geschäften und – Vergnügungen nachgeht. Denn außer Meyern und mir sieht er nur wenige und selten; und wir können gerade in den einsamsten Stunden am wenigsten um ihn sein. Auch wird die ökonomische Gesinnung des Sohns ziemlich alles von ihm entfernen, was ihn zerstreuen und aufheitern könnte. Ein Aufenthalt in Jena und dann eine Reise nach Teplitz wird also das Beste und Wirksamste sein, um sein unschätzbares Leben uns länger zu fristen.«

Von den beiden Dienstleistungen Goethes für seinen fürstlichen Herrn war die »Oberaufsicht über die unmittelbaren Anstalten für Wissenschaft und Kunst« ein angenehmes Geschäft, das gerade zu Goethes Neigungen, Stärken und Schwächen sehr gut paßte. Dagegen brachte die Theaterdirektion, die nicht mit zu dieser Oberaufsicht gerechnet wurde, neben manchen Freuden immer neuen Verdruß. Das lag am Amte selbst, an den nie aufhörenden Anforderungen, Torheiten und Dreistigkeiten der Schauspieler, der Verfasser und der Zuschauer; in Weimar mußten außerdem auch die wichtigsten Personen des Hofes zufriedengestellt werden, die mit ihren Liebhabereien nicht immer übereins gingen. Sehr schwer zu behandeln war sodann die Frau von Heygendorff, geborene Jagemann, da sie zugleich die beste weimarische Schauspielerin und Sängerin, wie auch die Geliebte des Großherzogs und Mutter seiner jüngeren Kinder war; mit ihr mußte sich der Theater-Direktor in der Macht wohl oder übel teilen. Zu solchen sehr schwierigen Aufgaben kamen dann Goethes Mängel: er war fast jedes Jahr während vieler Wochen der Spielzeit abwesend: und wenn er sich in Weimar aufhielt, so wechselten bei ihm Eifer und Gleichgültigkeit. Auf eine stetige Teilnahme und Anweisung war bei ihm nie zu rechnen. Auch war er durch seinen hohen Rang, seinen Ruhm und durch die Steifigkeit und Kälte seines Umgangs allzusehr von den meisten Beteiligten getrennt; seine Bekanntschaft und Verbindung mit der Theaterwelt, die er doch leiten sollte, wäre längst viel zu gering gewesen, wenn er nicht für sie seine Frau und seinen Sohn als Organe gebraucht hätte; sie berichteten ihm beständig und waren statt seiner aufmerksam und freundschaftlich.

Von Anfang an, also seit 1791, hatte Goethe einen Beamten des Hofmarschallamts, Hofkammer-Rat Kirms, zum Kollegen und Stellvertreter gehabt, und dieser sehr tüchtige Wirtschafter übte nicht weniger Gewalt aus als Goethe, der sich ja später am liebsten auf das »höhere Kunstfach« beschränkte. Als größere Schwierigkeiten entstanden, suchten Goethe und Kirms durch Einführung einer Kollegialverfassung ihre Personen besser zu decken oder den Schein des persönlichen Regiments zu mildern; aber die in die »Hoftheater-Kommission« Hinzugewählten blieben ohne Einfluß; tatsächlich bestimmte entweder Goethe oder Kirms, was geschehen sollte, wenn nicht gerade der Herzog oder die Herzogin oder die Großfürstin oder die schöne Karoline Jagemann ihre Pläne durchkreuzten. Aus der Kommission ward im April 1816, also zu jener Zeit, als im neuen Großherzogtum alle Titel anschwollen, eine Hoftheater-Intendanz: Goethe, Kirms, Graf Edling und Rat Kruse bildeten sie. Immer neue Mißhelligkeiten entstanden; Goethe war den andern oft im Wege; er mußte sich selber zu alt und oft auch zu gut für dies Geschäft fühlen, wollte es auch mehr als einmal ganz von sich werfen und konnte sich doch wiederum nicht entschließen, sich von diesem Theater, das in hohem Maße sein eigenes Werk war und dessen Vorstellungen ihn zu Zeiten vollkommen befriedigten, ganz abzulösen.

Da lag denn wieder – ihm selber und andern – der Gedanke nahe, daß sein Sohn, der ja den Betrieb des Theaters von frühester Jugend her genau kannte, sein Mittelsmann werden könnte; vermutlich schlug sein fürstlicher Freund selber den Eintritt Augusts in die Intendanz vor. Am 6. Februar 1817 geschah die Aufnahme. Sein Vater begrüßte ihn in feierlicher Rede. Die heutige Sitzung sei für sie alle von Bedeutung und Wichtigkeit, begann er. »Für mich am meisten, denn indem ich, dem gnädigsten Rescripte vom 29^{n} Jan: gemäß, meinen Sohn, den CammerJunker und CammerRat von Goethe, als Mitglied der ansehnlichen TheaterIntendanz einführe, weiß ich recht gut, was für eine müh- und sorgenvolle Laufbahn ich ihm eröffne, und in diesem Sinne müßte mir der gegenwärtige Augenblick schmerzlich sein. Bedenke ich aber, daß dieser Schritt nach dem eigensten Willen unseres gnädigsten Fürsten und Herrn geschieht, so muß ich darin die größte Belohnung der vieljährigen in diesem Fach erduldeten Mühseligkeiten betrachten: denn es zeigt an, daß HöchstDieselben mit der bisherigen Führung und Leitung dergestalt zufrieden gewesen, daß Sie wünschen künftighin möge das Geschäft nach gleichen Grundsätzen und auf gleiche Weise fortgeführt werden. Dadurch seh ich mich denn, bei merklicher Abnahme an Kräften, durch jugendlichen Mut und Tätigkeit im Bilde wieder hergestellt und ich darf hoffen, von dem Geschäft dereinst nicht ganz abzugehen.«

»In kurzer Zeit soll alles ein anderes Ansehn haben,« schrieb Goethe jetzt an Zelter. Das traf ein, aber nicht nach Wunsch. Sehr bald ereignete es sich, daß der Großherzog die Aufführung eines Stückes verlangte, in dem ein Hund als Entdecker und Verfolger eines Mörders die Hauptrolle spielte; ein mittelmäßiger Schauspieler, der mit einem dressierten Pudel herumreiste, brachte dies Glück mit und machte die Aufführung möglich. Goethe, der gerade jetzt mit größtem Eifer seine künstlerischen Ideale zu verwirklichen bemüht war, empfand den Befehl des Großherzogs wie einen Schlag in's Gesicht; er geriet in große Erregung, erklärte die Mitwirkung des Hundes für eine Entweihung der Bühne, und der sonst so Verschlossene verbarg seine Entrüstung keineswegs. Um dem Verdrusse etwas ferner zu sein, flüchtete er sich in sein Jenaisches Asyl. Frau von Stein ließ ihm dorthin durch Knebel sagen: er möchte doch das Theatergeschäft ohne Groll von sich abgeben, seinen Sohn aber dabei lassen und in Zukunft nur manchmal mit gutem Rat beistehen. Goethe wußte wohl, daß er durch diese alte Freundin die Stimme der Großherzogin vernahm, die sich gleichfalls in der Sorge für sein Wohl stets bewährt hatte; aber er folgte dem guten Rate nicht, sondern blieb unschlüssig und untätig. Am 12. April ward das Stück unter großem Zulauf gegeben, am nächsten Tage teilte der durch Goethes Äußerungen gleichfalls erzürnte Großherzog dem immer noch in Jena Grollenden mit, daß er von den Geschäften der Hoftheater-Intendanz »dispensirt« sei.

Nun bat Goethe, daß auch sein Sohn aus der Intendanz ausscheiden dürfe, indem »eigentlich seine Wircksamkeit dabey nur insofern bedeutsam seyn konnte als er die täglich, ja stündlich zudringenden Einzelnheiten aufnehmen und vermitteln konnte«. Er wies dabei auch auf den neuen Auftrag hin, den August von der Kammer aus kürzlich bekommen hatte und der ihn nun völlig in Anspruch nehme. Der Auftrag ging dahin, sich in das Bauwesen einzuarbeiten; August sollte darin völlig oder teilweise ein Nachfolger des Geheimen Kammer-Rats Rühlmann werden. Er ist denn auch für eine Reihe von Jahren der Vertreter der Kammer in der Ober-Baudirektion des Landes geworden.

In die Hoftheater-Intendanz hatte August nur eben hineinblicken können; im übrigen ging er als Beamter seinen sicheren Weg. Als Sohn war er dem Vater und dem ganzen Hauswesen sehr nützlich; am Hofe spielte er seine Rolle tadellos. Aber sein Verhältnis zu den Menschen seiner Umgebung hatte sich in wenigen Jahren ungemein verschlechtert. So viel er früher gelobt worden war, so viel ward er jetzt bemäkelt. Daran war zuerst sein unglückseliges Verhalten in der Freiwilligen-Sache schuld; noch mehr vielleicht der Umstand, daß man den nunmehr fertigen jungen Mann eben als fertig beurteilte und ihn zu seinem Schaden mit seinem Vater verglich. Dabei schrieb man ihm dann eine schöne Haltung, schöne Stimme, schöne Augen, aber auch eine flache, zurückweichende Stirn zu; man kam schließlich zu dem Ergebnis, Vater und Sohn seien einander so ähnlich, wie ein Hochbegabter und ein Unbedeutender es sein können. Die einen nannten den Sohn einen trockenen Pedanten. Andere sahen in dem guten Hauswirt einen Geizigen oder Habgierigen; Riemer, der mit seinem ehemaligen Schüler verfallen war, deutete öfters an, der Dichter Goethe müsse sich und die Musen für den Sohn plagen. Wieder andere nannten ihn schroff, hart, wild. Man erzählte sich Geschichten von ihm, die wohl auf ein wüstes Leben hindeuten mochten: auf starkes Zechen und auf Umgang mit Weibern schlechten Rufes. Als sich einmal Schillers Tochter Karoline gegen ihren jüngeren Bruder Ernst über dessen Freund August beschwerte, antwortete dieser (am 22. Dezember 1816): »Es tut mir unendlich leid, daß Goethe einen andern Ton annimmt, weil sich dadurch eine Seite des Charakters offenbart, die ich bei meinem Freunde nicht zu sehen wünsche. Er muß mit Dir immer freundlich sein, so lange er mit mir in gutem Verhältnisse lebt […]. Hätte ich je Anlaß, unzufrieden mit ihm zu sein, so würde nach und nach sich ein anderes Verhältnis bilden, dessen Entstehung er einst schmerzlich bereuen würde. Denn er hat wenig Freunde, und ich bin der Einzige, der auf die üblen Gerüchte, die von ihm gehen, nicht gehört hat.«

Ottilie von Pogwisch blieb dem Vielgescholtenen, der ihr immer noch grollte, freundlich gesinnt. Sie war ihm Liebe schuldig geblieben. Sie hatte für sich das große Glück erlebt, das den Namen Ferdinand Heinke trug: auch das rechnete sie dem armen einsamen Herrn von Goethe als ein Guthaben an, für das sie ihn gern entschädigt hätte. Man redete von seinen Ausschweifungen mit gewöhnlichen Mädchen oder Frauen: trieb ihn wohl die Verzweiflung über sein Mißgeschick mit ihr in solch schlechte Gesellschaft? Solche Entschuldigung erdenken sich Frauen gern. Er war ihre erste Liebe gewesen, und außerdem hatte er den besonderen Reiz, daß er sie wie durchsichtige Luft behandelte. Was meinte er damit? Gegen gleichgültige Leute ist man doch in der feinen Gesellschaft liebenswürdig oder wenigstens höflich. Liebte er sie vielleicht noch?

Eines Abends im Theater kam es ihr vor, als ob ihr Verächter und Feind sich in ein Gespräch mischen wollte, das sie mit dem Obristen von Germar führte. Am nächsten Tage, am 25. Juni 1815, stand sie bei Hofe mit ihrer Freundin Karoline von Harstall und einem Herrn von Groß zusammen, als August, ein Freund von Groß, hinzutrat, sich zuerst im allgemeinen am Gespräch beteiligte und dann auch an Fräulein von Pogwisch Fragen richtete.

Sie schrieb danach sogleich an ihre Mutter. Sie ahnte, wie wichtig der kleine Vorgang war: »Wir führten sämmtlich das Gespräch mit bewunderungswürdiger Leichtigkeit und wirklich feinem Weltton, was wohl, dünkt mich, obgleich er einige male mit den Blicken etwas himmelte, zeigt, daß keine Liebe dabei war. Das Gespräch rulierte auf Krieg und Frieden, die

Todten-Listen, das Leben seines Vaters, der preußische Ball, wo der Cotillon vorzüglich heraus gehoben wurde, und Abneigung zum tanzen. – Nachdem diese Scene eine Weile gedauert hatte, erinnerte ich Caroline, daß wir hatten weggehen wollen; wir machten einen Knix, und es war aus. Keine Idee von Bestürzung war bei mir wahrzunehmen; ich antwortete so ruhig und unbefangen als wenn jeder Andere hinzugetreten war. Daß er mich in diesen Tagen anreden würde, hatte ich Abends vorher schon im Theater vermuthet, so überraschte es mich nicht; und Herr von Göthe seine Stimme war mir so fremd geworden, daß sie nicht eine Erinnerung der alten Zeit in mir zurückrief. Caroline konnte sich lange nicht vor Schreck und Erstaunen erholen, aber man sah sehr deutlich, daß die ganze Sache mit Groß schon früher beredet und verabredet worden sey. Was nun werden wird? und werden soll? – wirst Du mich fragen. Das Erste weiß ich nicht, wohl aber bin ich entschieden was ich möchte! Leider habe ich eingesehen, daß mit dem freundschaftlichen Verhältniß, wie ich es sonst und auch wohl jetzt wünschte, es etwas schwierig ist, zumal bei Charakteren wie der des Herrn von Göthe. Es bleibt also nichts zu wünschen übrig als ein freundliches, geselliges im Äußern und recht viel wahre Freundschaft im Innern von meiner Seite. – Nun möchte ich nicht, daß er zur alten Liebe wiederkehrte, denn dann hätte ich die alte Qual. Mit der Erwiederung von meiner Seite, möge sie nun Nahmen haben wie sie wolle, scheint es, will es nicht recht gehen, und ich befinde mich in meiner Gleichgültigkeit so wohl, daß ich mich garnicht grämen werde, bliebe es immer so. Nun, beste Mutter, habe ich Dir über diesen Punkt auch alles gesagt, was ich nur dachte und fühlte; daß übrigens nun diese öffentliche Fehde wahrscheinlich aufgehört hat, ist mir sehr lieb.«

Eine Woche verging, ehe sich die beiden wieder begegneten. Dann geschah es bei Hofe wie das vorige Mal: August näherte sich der Gruppe, in der Ottilie stand, sprach zuerst im allgemeinen mit und dann mit ihr im besonderen. Begab sie sich in ein anderes Zimmer, so war auch er sogleich dort. Er suchte sie allein zu sprechen; sie aber war klug und gewandt genug, es dazu nicht kommen zu lassen; namentlich war die Freundin Karoline verpflichtet worden, sie nie zu verlassen.

»Ich betrage mich bis jetzt meisterhaft,« konnte sie am 10. Juli der Mutter berichten; sie rühmte sich, daß sie den Herrn von Goethe gestern viermal habe stehen lassen und auch sonst oft die Garstige mache. Und alle Unterhaltung bleibe oberflächlich. »Daß Deine Abreise abgewartet wurde, um diesen gewaltigen Sprach-Schritt zu thun, glaube ich, geschah wohl, weil man sich vor Dir, die Du alle Beweise eines unverlöschbaren Hasses gesehen hattest, etwas schämte, und lieber wollte, die Tochter sollte Dich von allem schriftlich unterrichten, und Du bei Deiner Zurückkunft Dich schon an den Gedanken des alten Verhältnisses gewöhnt haben. – Du glaubst, liebe Mutter, Herr von Göthe traue seiner Kraft zu viel; wir haben alle über diese Äußerung herzlich gelacht, denn uns scheint, als ob er ihr garnichts zutrauen oder sie im geringsten gebrauchen wolle. [...] Mir ist Herr von Göthe sehr fremdartig, doch erinnert mich sein Blick zuweilen an die alte Zeit; ueberhaupt sieht er aber bisweilen so grenzenlos unglücklich und schmerzlich aus, daß Du es sicher wieder nicht ertragen könntest, und mir es recht weh thun kann, da es mir bisweilen den Gedanken giebt, die alte Neigung bestehe noch ganz so wie ehedem oder sey wieder erwacht. – Und wäre das, so könnte mich die Angst dafür zur Stadt hinaus jagen, denn ich habe und behalte nur immer die alte Empfindung für ihn, die einem Andern recht viel scheinen würde, ihm aber in diesem Fall nie genügen würde«.

Adele Schopenhauer, die jetzt gleichfalls verreist war, erfuhr Augusts neue Annäherung durch Ottiliens Briefe. Sie zitterte für die Freundin. Unheil sah sie voraus, wenn Ottilie »mit diesem wilden, zerstörenden, auffahrenden Menschen« umzugehen versucht, »denn immer mehr fodernd zerstört er am Ende doch wieder das kaum erneute freundschaftliche Verhältniß.«

Ottilie suchte sie zu beruhigen: »Ich bin frei, – und bleibe es für immer.« Und sie gab einen starken Beweis für ihre Nicht-Liebe: Herr von Goethe habe ihr vor vier Wochen ein Buch geborgt, und sie habe es noch jetzt nicht zu lesen angefangen, und nicht »etwa aus Affektation – denke einmal selbst: wenn es von Heinken gewesen wäre, wüßte ich es nicht schon auswendig?«

Von Heinke war jetzt die letzte Nachricht, daß er seine Braut heimgeführt habe. Ottiliens Liebe zu ihm blieb nach wie vor die gleiche Kultus-Liebe, und darin war sie mit Adelen völlig einig. Aber über den Herrn von Goethe empfanden und urteilten sie verschieden. Als Adele zurückgekehrt war, sah sie selber, was vorging, und es war ihr wie eine Fabel vom Lamm und Wolf. Auch wenn sie beide in der Stadt lebten, schrieben einander diese Seelenschwestern über alles, was ihr Herz bewegte. Eines Tages war es eine Klage oder Anklage Ottiliens über und gegen ihren seltsamen Bewerber. Und Adele antwortete: »Dein Brief, meine liebe arme Ottilie, hat mich sehr bewegt; ich hoffe Dich zu sehn und dennoch muß ich ihn beantworten – beantworten? Ach, Antwort giebt die ganze weite Erde nicht auf die Frage: was ist jetzt zu thun. August spielt eine Rolle – ob eine edle, ob eine gemeine, weiß ich nicht. Natürlich *läßt* sich sein Benehmen nicht erklären. Du stehst allein und auf der andern Seite die S. und noch *eine* gemeinere Liebschaft. Ob Stolz und Eigensinn ihn zur gemeinen Rolle bewegt haben, ist eine Frage, die sich leider unwillkührlich mit *nein* beantwortet, denn er müßte Dir dann mehr wiederstreben als er thut. Ob er aus Rache und alter Leidenschaftlichkeit Dich betrügt – was ich nicht zu *denken* wage, soll ich *glauben*? Was ist noch auf der Welt, wenn sie Dich betrügen? und doch, doch drängt sich der Gedanke marternd zwischen mich und jede Hoffnung. Mein Kopf ist mir ganz verrückt, wenn er Dich als A[ugust]'s Frau denkt; dieser harte wilde Mensch, ich weiß, er zerstört Dich noch ganz. Ich stehe vor der Zukunft wie in einem gläsernen Zauber-Palast, ich sehe um mich lauter Jammer und sehe ins Weite, ohne das Glas durchbrechen zu können. Ich weiß bestimmt, Du heirathest; ich bins überzeugt und schrecklich drückt es mich, daß auch H[einke] Dich dazu bestimmt. Du glaubst in seinem Sinn zu handeln – ach leider ist das nicht sein Sinn, denn zum Wunsch, den er äußerte, trieb ihn das Gefühl, daß er ein freundlichs Verhältniß gestört; er war im Irrthum, er hatte es z e r s t ö r t. Dieses kennt er gar nicht, das ist ein fremdes, ihm vieleicht gar nicht begreifliches; denn l i e b e n, wie das Wort in unseren Seelen steht, kannst Du A[ugust] nicht. Darum sollst und mußt Du fort, laß Dich erbitten und erleichtere es A[ugust] nicht; der Sommer komt und dann gehst Du und bist g e r e t t e t. Gerettet, denn wir wollen uns nicht betrügen, Du kannst in diesem Verhältniß nicht glücklich seyn.«

Die treue Freundin warnte bereits zu spät: Ottilie fühlte sich an den Augen des jungen Mannes wie festgebannt. Noch immer war sie überzeugt, daß sie ihn nicht liebe; aber entbehren konnte sie ihn nicht mehr. Nach wie vor begegneten sie einander häufig, ohne daß sie selber es einzurichten brauchten; sie sprachen kaum je über ihr höchst eigentümliches Verhältnis; aber ohne Erklärungen wußten sie, daß sie sich nicht mehr von einander ablösen konnten. Einmal war Ottilie acht Tage krank; da sahen sie sich vierzehn Tage lang nicht; sie freute sich auf seine Freude beim Wiedersehn. Als er dann bei der endlichen Begegnung kein Zeichen gab, daß er ihr Fernbleiben bemerkt hatte, geriet sie in Verzweiflung. »Nenne mir seinen Nahmen nicht;« schrieb sie an Adele. »Sieh, ich liebte ihn nicht einmal, aber ich hätte dem Himmel für ihn entsagen können; und er betrog mich«. Gleich danach wünschte sie wieder um seinetwillen, daß er sie achten und lieben möchte: »Vielleicht würde dies ihn seinem beßern Selbst wiedergeben.« Ja, sie klagte sich an, schuldig an seinen Ausschweifungen zu sein: jeder Vorwurf, den man ihm mache, treffe nur sie. »Denn, Adele, so lang er an mich glaubte, war er ja anders«.

So standen die beiden zueinander, als Augusts Mutter starb. Deren Dasein wäre ein großes Hindernis gewesen, wenn August sich bei Ottiliens Mutter und Großmutter förmlich um die Tochter und Enkelin beworben hätte. Jetzt fiel dieser Anstoß weg, und jetzt war es Augusts Sache, in das große Haus am Frauenplane eine neue Herrin einzuführen. Das Schicksal der beiden mußte sich entscheiden.

In der Mitte Juli (1816) begegneten sich einmal der alte Geheimrat von Goethe und unsere Zwanzigjährige draußen an der Ackerwand. Er fragte sie nach ihrem Ziele, und da sie nur ging, um zu gehen, meinte er, da könne sie ihn ebenso gut in seinen Garten begleiten. Den »alten Garten« meinte er, über der Ilm. Sie ging mit ihm und schrieb es nachher an Adelen: »Da trat ich wieder über die Schwelle, die ich in 3 Jahren nicht betreten hatte, war wieder in den Raum eingeschloßen, – in dem mancher Kindertraum geträumt worden war, – mancher duftige glänzende Nebel mich getäuscht, und der mich sehr glücklich, – aber auch manchmal manche kindische Thräne unterdrücken sah. – Der Geheimrath war freundlich und gütig, begleitete mich wieder zurück und schenkte mir Blumen, – wunderbar war es, – daß er mich immer nur auf dem einen Fleck herumführte und ich nicht einen der Plätze betrat, die mir theuer gewesen; – gewaltsam hielt ich mich aufrecht, – und die Augen klar, die jeden Augenblick feucht werden wollten, – wenn die Vergänglichkeit von Allem mich mit so eisig kalter Hand berührte, – und alle die Erinnerungen der frohen und glücklichen Stunden lächelnd an mir vorüber zogen und, wollte ich ihnen näher treten, sich in das Leichentuch hüllten und mir sagten, ›wir sind nur in der Vergangenheit‹; Großer Gott, ich verging in dieser Stunde fast vor Glück und Wehmuth.«

In diesen Wochen begegneten sich August und Ottilie nicht. Er war durch seine Trauer gebunden, aber im hohen Sommer schlief ja auch die Geselligkeit der höheren Kreise: kein Hof, kein Theater, die meisten feinen Leute auf ihren Landgütern oder in Badeorten. Ottilie hatte jeden Morgen einen Weg, der sie an Augusts Fenstern vorbeiführte. Einmal sah er sie zufällig; am nächsten Morgen ebenso; aber von da an war es nicht mehr Zufall. Ottilie schrieb es der Freundin. »Nenn' es Eitelkeit, Liebe, – Neugierde, das unbekannte Etwas, was mich den 3ten Tag denselben Weg wählen ließ; – Still die Stunde meines Vorübergehens erwartend, sitzt er jeden Morgen nun, – den Kopf nach der Seite gerichtet, wo ich herkommen muß, und eben so harrend, finde ich ihn noch auf meiner Rückkehr, – es ist mir drückend, ja lästig, und gerne machte ich selbst einen kleinen Umweg, doch ich kann es nicht über mich gewinnen, ihn mir vergebens wartend zu denken; – ihm die kleine Freude, mich den Augenblick zu sehen, zu nehmen«. Sie beruhigte ihre Adele, daß keine Unbesonnenheit zu erwarten sei, auch nicht von Augusts Seite. »Aber was dieser nachdenkliche, ernste, forschende Blick, der auf mir ruht, bedeuten soll, verstehe ich nicht; – Mir ist zuweilen, als betröge ich ihn«. Sie verstand recht gut, daß es sich jetzt um die Entscheidung handelte. Sie mußte der Anziehung dieses Mannes folgen oder, wie Adele längst ausgesprochen und geraten hatte, Weimar verlassen. Es war in ihrer Familie über eine Hofdamen-Stellung in einer auswärtigen Residenz geredet worden, die sich für ihre Schwester Ulrike eigne. Sollte sie sich nicht erbieten, statt Ulriken dahin zu gehen? Ihr graute vor dem Leben einer Hofdame; aber sie schauderte auch zurück vor der lebenslänglichen Gebundenheit an diesen Mann. Ihr wahres Bedürfnis war: einen auserwählten Mann mit Verehrung zu lieben, anbetend hinaufzusehen zu einem Führer und Meister, mit ihm und durch ihn einer großen Aufgabe zu dienen. August aber stand nicht über ihr; er hatte nur Macht über sie.

In solchem Zwiespalt sehnte sich das ängstliche Herz nach einer Schicksalsstimme. Da sie ausblieb, hätte Ottilie gern von ihrer Mutter einen Befehl gehört, der weiterem Schwanken ein Ende machte. Die Mutter war, wie jeden Sommer, verreist; so konnte Ottilie ihr die große Frage in aller Ruhe schriftlich stellen. Ende Juli geschah es. Sie klagte sich an, daß sie in diesem

Verhältnis zum Herrn von Goethe kraftlos und feige gewesen sei. »Seit 3 Jahren habe ich entweder es so leichtsinnig hingehen laßen ohne darüber zu grübeln, oder mich mit der Hoffnung getäuscht, es würde schon endlich sich lösen oder durch irgend einen Zufall gänzlich aufgehoben werden. – Ich will und kann mich nicht länger darüber betrügen. – Es ist nicht durch die Heftigkeit einer Neigung unlöslich, – wohl aber durch die Länge der Zeit, die es bestanden. Alle die kleinen Zurückziehungen helfen zu garnichts, als es nur noch wunderbarer zu gestalten; es kann nicht zerstört werden, da es im Äußern gänzlich aufgehoben werden kann und dennoch immerfort leise fortdauert, und es also nur irgend eines Zufalls bedarf um wieder sich anzuknüpfen. Wir sind beide immer gegen die ganze Gesellschaft in heimlicher Einverständnis, was mir höchst peinlich ist, und ja durchaus nicht aufzuheben ist, da es nicht in verabredeten Zeichen besteht, sondern nur durch das lange Bestehen eines Verhältnisses zwischen uns, [da] wir uns so genau kennen, daß wir gegenseitig jede Miene und Bewegung auszulegen wissen. – Daß es nicht bestehen sollte, sagt mir meine Vernunft; – ich frage immer: was soll's? – für ein Spiel ist es zu ernst und dauernd, und daß die schönen Jugendträume von Schwesternliebe u. s. w. hier unerreichbar sind, ist mir nun wohl klar; – uebrigens, daß es für mich durchaus von keinem günstigen Einfluß ist und sein kann, bedarf wohl keiner Frage; – Herr von Göthe steht nicht hoch genug über mir, um daß er vielleicht vortheilhaft auf mich wirken und mich zu etwas erheben könnte, und selbst meine frohe Laune litt diesen Winter öfters darunter, und statt, wie es der größte Wunsch meines Lebens ist, Dich aufzuheitern und zu deiner Zufriedenheit etwas beizutragen, betrübte ich Dich! – Nein, liebe Mutter, das will ich nicht mehr. – Ich glaubte früher, es wäre Dir ganz gleichgültig, uns verheiratet zu sehen oder nicht, – jetzt weiß ich doch wohl, daß Du es wünschst – und nehme ich nur den Fall an, daß mir noch einmal Jemand gefiele und ich ihm, so würde ich doch nicht einwilligen können; – ich bin durch kein Wort, keine Äußerung gebunden, ich weiß es wohl, aber dennoch würde ich ganz gegen meine innere Empfindung, gegen mein Zartgefühl handeln, könnte ich eine Verbindung eingehen – auch hierin möchte ich frei sein – Und wir können es uns nicht verschweigen, daß sogar vielleicht meine Ehre darunter leiden könnte. – Sage mir doch nun Niemand, ich müsse meine Vernunft zu Hülfe nehmen! Wäre es eine Verbindung, die sich eben erst anknüpfen wollte, – ja dann könnte sie mir helfen, aber dies alte Band kann sie nicht zerreißen, zumal da die Vernunft im 20sten Jahr ein sehr schlechter Alliirter ist und gewöhnlich auf die Dauer nicht – aushält.«

Und so fuhr sie fort, gegen ihr Herz zu vernünfteln. Ihre Mutter aber schreckte ihrerseits auch davor zurück, das Lebensglück der Tochter in ihre Hand zu nehmen. Sie wußte, wie unglücklich Ottilie als Hofdame sein würde; einen andern Beruf für ein adliges Fräulein kannte man nicht. Eine Versorgung durch die Ehe war für sie das Beste, und Ottilie, die Vermögenslose, die sich auch nicht durch Schönheit auszeichnete, hatte wenig Auswahl. Das Unerwünschte an August von Goethe kannte man; ein anderer Mann würde wieder andere Fehler haben. Aber freilich durfte und mochte sie auch die Tochter nicht zu diesem Manne hindrängen. Sie kam zu dem Schlusse: Ottilie brauche noch nicht ganz von Weimar, von ihrer Familie und ihren Freunden, fort und in einen verhaßten Dienst zu gehen. Um Raum zu setzen zwischen den beiden jungen Leuten, genüge es vorläufig, daß Ottilie eine längst geplante Reise nach Dessau und Berlin mache; bei der Tante in Dessau könne sie sich längere Zeit aufhalten: bis man klarer sehe oder ein Neues sich ereigne.

Nun bohrte sich Ottilie in den Gedanken der Trennung von Weimar hinein; sie nahm, was die Mutter vorschlug, für den Anfang einer völligen Entfernung. Sie sah ja die Notwendigkeit ein, besser als die Mutter! Vor Adelen schüttete sie wieder ihr Herz aus. »Ich muß fort, – ich selbst muß das Wort aussprechen, was mich arm und verlaßen in eine fremde Welt hinaus stößt, – und mir nimmt was Niemand dort mir geben kann. – Du wirst die unaussprechliche Wehmuth begreifen, mit der ich jetzt jeden Ort hier betrete, – und jedem leise das Wort des Abschieds sage; – wie schmerzlich mich die Frage nach meiner Wiederkehr berührt, – und wie ich aus meinem Wesen alles Harte, für ein Mädchen zu Ausgesprochene, was darin liegt – verbannen – und durch Blick und Worte ihnen nur danken möchte für viel glückliche Stunden.«

Die Reise verzögerte sich, ohne ihre Schuld. Als sie endlich bevorstand, wünschte sie eine Eintragung des berühmten weimarischen Dichters in ihr Stammbuch, ehe sie es den Freunden in Dessau vorlegte; sie bat ihn schriftlich darum; unwillkürlich aber flossen ihre Worte an Goethe so, wie wenn sie das Recht ersehne, ihn Vater zu nennen. »Kindern – und Scheidenden darf man nichts abschlagen – ich bin Beides, lieber Geheimrath – denn Sie nannten mich ja oft ›Ihr gutes, liebes Kind‹ – und mögen Sich nun selbst schelten, wenn Sie mich durch manch freundliches Wort verzogen, – und so mir den Muth gaben, – Sie wie ein Kind mit Bitten zu quälen. – Die Mutter schenkte mir ein Stammbuch; – und ich wüßte wirklich nicht, wie es mir lieb werden sollte – fände ich Ihren Nahmen nicht darin; – gern hätte ich es Ihnen mündlich gesagt, – um, falls Sie böse würden, Ihnen gleich wieder Verzeihung abzuschmeicheln, – aber ich war ziemlich lange krank, und dieser Plan daher undurchführbar. – Auf den 18. oder 19ten dieses Monats ist meine Abreise ins liebe Vaterland festgesetzt; – Ich hoffe sehr, daß Sie und Hofrat Meier mir einige Aufträge geben werden, – es wäre mir gar eine gar große Freude, für Sie den kleinen Geschäftsmann spielen zu können, und ich meine, ich eigne mich durch des Kanzlers Ernst ganz trefflich dazu. – Leben Sie recht, recht wohl – und bleiben Sie so gütig gegen Ihr kleines Töchterchen als Sie bis jetzt es immer waren.«

Ottilie reiste wirklich ab; sie verbrachte glückliche Wochen bei den Verwandten und Jugendgespielinnen in Dessau; aber als man ihr dann anbot, eine Tante nach Berlin zu begleiten, wohin doch sonst all ihr Sehnen ging, schlug sie es aus. Plötzlich erkannte sie es als ihre Pflicht, den Winter in Weimar zu sein. Im Frühjahr wollte sie dann nach Dessau zurückkehren und dort die Kräfte wieder herstellen, die dieser harte Winter ihr nehmen mußte.

Nicht wegen des Herrn von Goethe änderte sie ihren Sinn: so behauptete und glaubte sie. Sondern wegen ihrer Mutter. Diese war seit der erzwungenen Scheidung von ihrem Manne stets unfroh geblieben. In Weimar hatte sich ihr Herz dem Grafen Edling zugewandt, einem Südländer, der Hofmarschall und Staatsminister des Großherzogs geworden war. Der Graf zeigte sich als ihr zärtlicher Freund; er war abwechselnd einig und uneinig mit ihr, und machte gern das Väterchen für ihre beiden Töchter, deren gesetzlicher Vormund er auch wurde. Ottilie und Ulrike liebten ihn schon wie einen Papa; sie hätten es gerne gesehen, wenn die Mutter als seine Gattin zur Ruhe gekommen wäre, und manchmal schien diese Aussicht nahe. Eines Tages aber heiratete Graf Edling eine Fremde, eine Prinzessin Sturdza aus der Moldau. Dieser Schlag traf die betrogene Frau von Pogwisch um so härter, als sie bei Hofe täglich mit dem Grafen und häufig auch mit seiner neuen Gemahlin zusammenkommen, also auch äußerliche Freundschaft bewahren mußte. Deshalb wollte Ottilie jetzt nicht in Dessau oder Berlin leben; sie wollte täglich neben der Mutter stehen; denn dieser Tochter konnte die betrogene Frau alles sagen und klagen, was sich zu zweien besser trägt als in der Einsamkeit. Ulrike hätte sie in diesem Amte nicht ersetzen können; sie war noch zu unreif, war auch immer mißmutig in Weimar; deshalb wollte und sollte sie diesen Winter mit einer Tante nach Frankreich reisen. Die Großmutter mit ihren Launen und Härten wäre erst recht keine Trösterin der Mutter gewesen.

Es gab diesen Herbst und Winter manche Aufregung in dieser Familie: vier Frauen, denen allen nicht wohl in ihrer Lage war! Der Herr von Goethe aber war einer der Gegenstände, die immer wieder aufs Tapet kamen.

Am 24. Oktober schrieb Ottilie ihrer immer noch abwesenden Adele: »In zwei Stunden gehe ich an Hof, – werde suchen, Herr von Göthe zu sprechen und ihm auseinanderzusetzen, daß unser Verhältniß enden muß, – da es nur gewiße Bedingungen giebt unter denen es sich fortsetzen ließe und die seinem Wesen ja so wiederstrebend sind, daß ich sie nicht wohl erwähnen kann. – Sobald ich von Hof zurück komme, setze ich diese Zeilen fort; – wenn auch meine Hand zittern sollte«. Aber gerade diesen Abend brachte August bei den Freimaurern zu.

Noch den ganzen November und halben Dezember blieb alles unentschieden. In Adelens Tagebuche lesen wir den vorläufigen Schluß. »18. [...] Sie hat mit August von Heinken gesprochen, und ersterer hat sich dabei, wie sie sagt, männlich edel benommen. Ach, es wird doch nun so kommen, denn sie liebt ihn sehr! Gestern war sie sehr bewegt, heute entscheidet sich wohl viel. [...] 19. [...] Ottilie gesteht selbst, August werde wohl um sie anhalten. – – [...] 26. [...] Ottilien betrachte ich als Augusts Braut. [...] 28. [...] Ottiliens Wille und Überzeugung widerstehen der Mutter, ihrem Schmerz und allem. [...] Silvestertag. Ottilie ist seit drei Tagen seine Braut! Jetzt eben fährt sie zum Vater. Den Abend sind wir bei Pogwischens nach dem Ball.«

Auch auf diese öffentliche Verlobung bei der Sylvesterfeier können wir durch Mädchenaugen blicken, diesmal durch die junge Gräfin Julie Egloffstein, eine Tischgenossin Ottiliens bei der Oberkammerherrin. Und wir sehen mit ihr: »Eine tiefbetrübte, in Tränen zerfließende Mutter, der dies Jahr z w e i Töchter vom Herzen reißen wird [...] ferner eine halb mit dem Zorne, halb mit Rührung kämpfende Großmutter, deren Stolz durch die Verlobung ihrer Enkelin mit dem jungen Goethe bitter gekränkt ist und die gerne gezankt und getobt haben würde, hätte es das in Wehmut aufgelöste Herz und die von Tränen erstickte Stimme gestattet; [...] endlich das beglückte – zärtlich liebende Brautpaar, das nichts von allem sah oder hörte, was umher sich ereignete – wovon jedes mit einem langen, seligen Blick tief in das Auge des andern versank«.

VIII. Der junge Ehemann
1817–1822

Die auswärtigen Verwandten Ottiliens verbargen ihren Kummer über diese Verlobung nicht; für sie war August noch immer der uneheliche Sohn der gräßlichen Vulpius. In der weimarischen Gesellschaft waren die Stimmen geteilt. »Alle Herrens sind davon zufrieden«, berichtete Julie Egloffstein ihrer Mutter; »nur unter den Damen erheben viele ihre kreischenden Stimmen und picken und hacken auf das neue Pärchen los [...]. Da rümpft die eine die Nase über den dummen Tölpel, daß er eine andre als s i e wählen konnte – die zweite meint: wenn ihre Schwester nur gewollt hätte, so wäre sie jetzt die Braut – blickt vergleichend auf Ottilie und dann auf ihr liebes Töchterlein hin und zuckt bedauernd die Achseln über den traurigen Geschmack des Herrn von Goethe usw. – Wir V e r n ü n f t i g e n finden diese Partie sehr zweckmäßig und erfreuen uns an dem Glück der jungen Leute.« Der Vater Goethe hörte und sah nur diese Vernünftigen; »Hof und Stadt billigt die Verbindung, welche recht hübsche gesellige Verhältnisse begründet.« Ottiliens innigste und treueste Freundin, Adele, zitterte immer noch, denn sie zweifelte nach wie vor an Augusts Würdigkeit für solchen Schatz. Wir blättern noch einmal in ihrem Tagebuch: »6. Januar 1817. [...] alles spricht von August. – – – Ottilie hat ihn lieb, l i e b t ihn nicht. [...] 15. [Februar] Die beiden Menschen machen mir viele, viele Not. Es sind so tausend Kleinigkeiten, Mißverständnisse, Abweichungen, kleine Härten [...]. 16. [Februar] Gestern war rechte Not! Ich habe am Ende meine alte Gewalt über Ottilien wieder gezeigt und ihre Stimmung gegen August gemildert. All meine bösen Ahndungen treffen früh ein, ach, es ist hart.

August hat aus Laune Ottilien gezwungen, vom Ball zu Hause zu bleiben, obschon all ihre Landsleute da waren. Das ist für den Moment nichts, für die Zukunft ein böses Omen. Jetzt ist sie äußerst böse, fast hart gegen ihn [...]. 12. [März] [...] er hat unrecht, und sie nimmt alles höher auf. Ach Gott, wüßte ich Hilfe! [...] 22. [März] Man peinigt sie tot, und die Stärke ihrer Seele trägt dazu bei, ihren zarten Körper zu zerstörn.«

Schon in den letzten Jahren hatte Ottilie viel gekränkelt, nicht zum wenigsten von der Seele aus; das setzte sich jetzt im Brautstande fort. Aber sie blieb tapfer und zumeist guten Mutes. Als August einmal mit ihr zu gleicher Zeit nicht wohl und am Ausgehen verhindert war, nahm sie es von der komischen Seite und machte ein Gedicht darauf:

Glücklich ist, ich muß bekennen,
Wer mich seine Braut darf nennen,
Denn so unterrichtet und gescheut
Giebt's kein Mädchen weit und breit; –
Alles hat man mich gelehrt,
Was zur Bildung nur gehört –
In der Geschichte weiß ich zu sagen,
Daß Alexander die Perser geschlagen;
In der Geographie ist mir nicht neu,
Daß Berlin die Hauptstadt Preußens sei; –
Das Wochenblatt les' ich ohne zu buchstabieren,
Und 6 und 2 kann ich zusammen addieren. –
Im Zeichnen bin ich keineswegs zurück,
Denn einen Philosoph und Maulwurf unterscheidet man auf einen Blick,
Das Schreiben geht leicht und schnell mir von der Hand,
Und in der Musik werd ich Meisterin genannt.
Ich kann so jämmerlich quinkilieren,
Daß es so Vieh als auch Menschen thut rühren; –
Wollt' über Astronomie ich beginnen zu reden, –

Müßt's in Erstaunen versetzen'n Jeden –
In der Mythologie aber – da bin ich zu Haus,
Da spreche ich die Leute in den Sack, – und wieder
heraus [...].

Und nun erzählte sie ihm, Gott Amor habe einst die Hygieia verehrt; als er danach von ihr abgefallen, weil Psyche es ihm angetan, habe Hygieia ihm Rache geschworen, und jetzt noch wende sie sich ab von jedem liebenden Paare: eben darum seien sie beide krank.

»Geistreich und lebhaft« wird Ottilie in einem Briefe aus jener Zeit genannt, ganz das Gegenspiel ihrer stillen, guten, gemütlichen Schwester. »Es ist schade, daß die beiden lieben Mädchen nicht in edler, sittiger Umgebung aufgezogen sind, sondern durch die Gleichgültigkeit der Großmutter und das traurige, von Leidenschaft bewegte Leben der Mutter herumgeschleudert wurden«. Und über Ottilien sagt dieselbe Briefschreiberin, Gräfin Karoline Egloffstein: »Ich fürchte, sie werde nicht glücklich mit August Goethe sein, weil er von trockner, pedantischer Lebensweise zu sein scheint und k l e i n l i c h in manchen großen Dingen.«

Am 17. Juni, abends 7 Uhr war die Trauung, in kleinster Gesellschaft.

Die nächsten zwei Tage waren der Hochzeitsreise gewidmet oder dem Schmetterlingsfluge, wie Ottilie es nannte. Es war eine Wagenfahrt, wie Meister Schwind sie gemalt hat; das Ziel oder vielmehr der Weg war das Saaletal. Ottilie mußte dem schon wieder in Jena hausenden neuen Vater alsbald darüber berichten. »Denken Sie Sich zwei junge Leute in einem offenen Wagen, bei trefflichem Sonnenschein und freundlichen Gesprächen von der Vergangenheit und Zukunft, nach Dornburg hinrollen; sehen Sie sie dort sich an der herrlichen Gegend und dem innigen Gefühl ihres Glückes erfreuen; hören Sie viel herzliche Worte von einem verehrten Vater sprechen, steigen Sie alsdann mit ihnen nach Naschhausen herunter, lachen Sie nicht über die Aufmerksamkeit der Frau bei der mineralogischen Vorlesung, die der Gemahl hält, schließen Sie dann mit einem fröhlichen Abendbrodte, und Sie haben eine sehr richtige Skizze des ersten Tages. Der folgende beginnt mit einem Blumenstrauß, der im Hinausfahren aus Dornburg in den Wagen fliegt, wahrscheinlich als ein glückwünschender Gruß, nun geht es nach Sulza, wo ein alter Bekannter Augusts, der Faktor bei den Salinen Zimmermann, sie im vorüber eilen bewillkommt; – von dort wendet man sich nach Kösen, die Luftfahrt wird eine wahre Sonnenfahrt, weshalb die Rudelsburg nicht bestiegen, sondern nur von allen Seiten und nach allen Richtungen zu förmlich umschifft wird, und den Abend um 10 Uhr treffen die jungen Eheleute wieder in Weimar ein [...]. Den 20ten Juny wurde der Morgen zu einigen Besuchen und der Nachmittag zu einer förmlichen Wanderung durch Küche, Keller, Boden u. s. w. angewandt, und bin ich schon ganz eingerichtet und eingewohnt.«

Zur Wohnung des Paares waren die ehemaligen Gastzimmer in der Mansarde des großen Hauses am Frauenplan eingerichtet: behagliche Stuben mit dem Blick auf den Frauenplan. Unter ihnen, im ersten Obergeschoß, lagen die allgemeinen Gesellschaftsräume, wo Ottilie nunmehr die Dame des Hauses machte, und die Zimmer der für ein größeres Publikum ausgestellten Sammlungen. Der Vater Goethe lebte, wenn er in Weimar war, gleichfalls im ersten Obergeschoß, aber im Hinterhause. Zu ebener Erde waren Wirtschaftsräume und die viel Platz wegnehmende Staatstreppe.

»Glückliche sind der junge Goethe und seine junge Frau,« schrieb Sophie von Schardt am 14. Juli an ihren Neffen Fritz von Stein. »Sie sind es würklich, wie die *Kinder*, kann man wohl sagen. Ihre neu eingerichteten Stuben atmen Blumengerüche und Frieden.«

Am 4. August sprach sie ausführlicher über das Paar: »Ich habe Ottilie Pogwisch schon als Kind liebgehabt, Sie ist geist-

August von Goethe

Bleistiftzeichnung von Julie von Egloffstein, 1817

voll und gut, *singt* ganz himmlisch, versteht *Musik* auch ganz gründlich. Da ihre Mutter Hofdame ist, so war ihr Leben sonst gestört dadurch, daß sie in einem Hause [der Gräfin Henckel] *schlief,* bei der Mutter einen Teil des Tags *war* und bei den Egloffstein in die Kost war zu *Mittag*. Daß aber das herumirrende Leben ihr fatal war, sieht man daraus, daß sie sich im Himmel dünkt, weil sie auf festem Boden, im eigenen Hause nun lebt; und mit gutem Willen scheint sie sich der Wirtschaft anzunehmen; auch herrscht vollkommene Ordnung in ihren Stuben. Er, der junge Mann, ist ein *Ordnungsgeist,* welches dem Genialischen meinetwegen widersprechen mag, doch gewiß zum Lebensglück viel mehr beiträgt. Und doch hat er *den* Geist vom Vater geerbt, dünkt mich. Sein Kammergeschäft wird darum auch nicht schlechter gehn. Die Gräfin Henckel und die Herren Söhne [...] hatten ein kleines gegen die Geburt – die *natürliche,* welches man denn etwa begreift. Indes ist es vorüber, das Vorurteil, denn die jungen Leute sind miteinander zufrieden und glücklich. Der Papa hat die Schwiegertochter sehr lieb. Noch in Jena, muß sie ihm alle Woche schreiben, und so er an sie. Er teilt ihr alle Schätze mit, die er con amore hegt oder hervorbringt. Da sie geistvoll ist, hat sie große Freude dran und schmiegt auch ihr Gemüt sehr freundlich am Vater hinauf.«

Ottilie hatte, wie wir wissen, gar keine Vorbildung zur Hausfrau; am wenigsten verstand sie von der Küche, hatte sie doch ihre Mädchenjahre in einem Hause gewohnt, wo gar nicht gekocht wurde. Schon als Braut gab sie sich Mühe, das Versäumte nachzuholen, und fing mit den Soßen an. Als junge Frau dachte sie sich erst recht eine Weile in die Rolle der Küchen-Regentin hinein; sie ermahnte sogar ihre Busenfreundin, von der Leserei, dem Geschreibe und Poesie-Getreibe abzulassen.

[...] Willst Du den Ruhm der Häuslichkeit gewinnen,
Darfst an nichts denken, als kochen und spinnen; –
Statt auf Epigramme oder ein Liebes-Gedicht,
Denke lieber an ein neues Gericht. –
Die Wirtschaft werde Dein Steckenpferd,
Und in nichts als in Saucen sei gelehrt! –
Sobald die Morgenröthe nur erwacht,
Werde schnell an das Hühnerfutter gedacht. –
Dann müßtest Du mit dem Schlüsselbunde gewaltiglich
klappern,
Und dann mit der Frau Nachbarin über den Butterpreis
plappern;
Und bist Du am Tag nun so recht fleißig gewesen,
Magst des Abends den *Rundhuth* oder *Landsturmsblatt*
lesen. –
Dies mein Kind ist der Weg, der von der lieben
Mutter Natur Euch ward vorgeschrieben. [...]

Aber das Goethesche Hauswesen war groß, und die beiden Herren darin verstanden so viel vom Wirtschaftlichen, daß die neue Hausfrau wohl bald den Mut zum Mitreden und Mitwirken verlor. Ihre Vorgängerin, die vielberedete Christiane, hatte diese Dinge wie am Schnürchen gehabt; mit ihrem Schatten hätte Ottilie allemal vergeblich gerungen; also gab sie es bald auf und wurde statt dessen, was Christiane nie hatte sein können und was diesen vornehmen Räumen immer gefehlt hatte: die Dame des Hauses. Jetzt erst, gegen sein siebzigstes Jahr, fand der Geheime Rat Goethe, wenn er sein Arbeitszimmer verließ, im nahen Saal oder Wohnzimmer eine weibliche Gesellschaft, die nach dem Urteil der Welt seiner würdig war, die sich auf gleichen Fuß mit ihm stellen durfte und die auch auf ihn anregend wirkte. Es waren, von der Frau von Pogwisch abgesehen, freilich nur Kinder gegen ihn; aber als Kinder gehörten sie doch zu seiner Klasse und Kaste. Und der alte Herr genoß es sehr, nun endlich von Töchtern umgeben zu sein, die ihn verehrten und liebkosten, die mit Lust seine Schülerinnen waren.

Unter den jungen Damen, die jetzt den Weg in's Haus gewöhnt wurden, waren Adele Schopenhauer und die beiden Gräfinnen Egloffstein dem alten Herrn die liebsten. Adele: geradezu häßlich, aber klug, belesen, durch ihre Mutter mit manchem Menschen von Bedeutung schon persönlich bekannt, poetisch begabt und sich auszeichnend durch ihr besonderes Talent im Schneiden von Gruppenbildern aus schwarzem oder buntem Papier. Die Egloffsteins: große und schöne Jungfrauen, Töchter jener Gräfin Egloffstein, die einst in der cour d'amour Goethes Partnerin gewesen war. Karoline oder Line, die durch ihren Gesang sich auszeichnete, war als Hofdame der Erbprinzessin-Großfürstin angestellt; Julie, die sich zur Malerin ausbildete, wohnte im Hause ihrer Tante, der Oberkammerherrin von Egloffstein. Seit einem Jahre bestand ein Musenverein, den »Museline, Julemuse, Adelmuse und Tillemuse« mit noch ein paar Freundinnen bildeten; Ottilie war das Oberhaupt; die Mitglieder verpflichteten sich zur Mitteilung eigener Gedichte und Aufsätze. Lange verheimlichten sie diese Scherze vor dem alten Goethe, weil er von dichtenden Frauenzimmern spöttisch zu reden pflegte; als er aber dahinter kam, nahm er es doch recht freundlich auf. Erst recht behaglich und lebendig aber wurde er, wenn ihm Line die neuen Lieder-Kompositionen zu Leben erweckte, die Freund Zelter aus Berlin zu senden pflegte, oder Julie als Malschülerin ihn um seinen Rat bat oder Adele sich zum Vortrag poetischer Stücke von ihm anleiten ließ. Manchmal hatte er sie alle beisammen. »Du glaubst nicht, wie überaus gut und liebenswürdig er ist,« schrieb Line Egloffstein an ihren Bruder Karl, »wie sehr er seine Ottilie liebt und wie angenehm uns in seinem Hause bereitet ist; hoffentlich kehrt er bald wieder,« – er war wieder einmal in Jena – »und dann fangen gleich die freundlichen Abende wieder an, in denen er heiter und ernst seine Lehren austeilt und sich von uns verhätscheln läßt.«

Diese jungen Damen hatten gerade das rechte Maß von Unselbständigkeit und Selbständigkeit. Sie verehrten neben Goethe doch auch einige andere Götter; sie standen in Verbindung mit jüngeren Männern von Ansehen und Talenten und sie lasen Bücher, die dem alten Herrn noch unbekannt waren. Die fremden Sprachen waren ihnen kein Hindernis. Als ein neues Geschlecht hatten sie zu den neuesten Dichtern ein anderes Verhältnis. Sie konnten also manchmal eigenes vorbringen und zuweilen mit Glück widersprechen. Sie schrieben sich in ihre Poesie-Bücher Verse von Uhland ab und lasen phantastische Geschichten von Ernst Theodor Amadeus Hoffmann. Sie waren unter den ersten, die sich in der Romanwelt von Walter Scott ansiedelten; sie gehörten namentlich zu den Entdeckerinnen Byrons. Ihre Führung in der neuesten fremdländischen Literatur scheint Frau von Pogwisch gehabt zu haben, die mit andern Damen mittleren Alters ein »Sibyllen-Kränzchen« hielt, aber auch mit ihrer Tochter und deren Freundinnen fleißig im Verkehr blieb. Goethes Teilnahme für die Person, die Schicksale und die Werke Byrons war bald ebenso stark wie diejenige der Damen; auch las er viele Bände von Walter Scott in den nun folgenden Jahren. Wenn jetzt Briten oder Amerikaner in Weimar erschienen, was immer häufiger wurde, so konnten sie im Goethe-Hause sogar über ihre eigene Literatur allerlei Neues hören, sowohl vom alten Herrn, wie von Ottilien, die in der Bewirtung und Unterhaltung solcher ausländischer Gäste gewöhnlich seine Vertretung übernahm und mit viel Glück durchführte.

Welcher Mann sähe nicht mit innigem Vergnügen zu, wenn seine Frau gesellschaftlich so gut besteht! August sprach das Französische, die über die Völker verbreitete Verkehrssprache der vornehmen Welt, nur mangelhaft; er scherzte selber über seinen »Cosaken-Dialect,« und es war ihm bequem, daß die Gattin statt seiner mit Russen, Engländern und andern Fremdlingen fertig wurde. (Auch mit Engländern sprach man damals französisch, da erst ganz wenige Deutsche die Sprache jener Vettern gebrauchen konnten, die nach Deutschland kommenden Engländer aber es für unnötig hielten, unsere Sprache zu erlernen.)

Auch wenn Ottilie durch ihren schönen Gesang die Zuhörer erfreute, war August gewiß der beglückteste Zuhörer. Aber für gewöhnlich herrscht doch zu Hause die Prosa des täglichen Lebens, und da sah der junge Ehemann leider oft in seiner Frau eine Unerzogene und Unbefähigte, der es nicht selten auch am guten Willen fehlte. August war in allen seinen Sachen höchst ordentlich, Ottilie das Gegenteil. Was er anfaßte, besorgte er treu, bis es fertig und erledigt war; Ottilie begann vieles und ließ vieles fahren; es ist zum Beispiel gar nicht zu sagen, wie oft sie in ihrem Leben das Tagebuch-Führen angefangen hat. August war in Geldsachen kein Knauser, aber er verglich Einnahmen und Ausgaben und dachte an zukünftige Bedürfnisse; Ottilie liebte das Rechnen nicht und unterschied beim Geldausgeben nicht gern zwischen dem Notwendigen und dem bloßen Zierat des Lebens. Am liebsten gab sie das Geld hin für immer neue Hüte, Hütchen und Häubchen. Kurz: bei aller Liebe und Freundlichkeit hatte August an seiner Hausfrau sehr oft etwas auszusetzen. Er war im Recht, aber das eheliche Glück leidet unter häufigen Erziehungsversuchen allemal. Wenn eine Frau von ihrem Manne getadelt wird, so schließt sie: »Er liebt mich nicht, sonst sähe er über solche Kleinigkeiten hinweg.« Zwei Menschen können noch so guten Willen gegen einander haben; Verständigkeit und Schwärmerei klingen nimmermehr zur Harmonie zusammen.

Am 9. April 1818 ward ihnen das erste Kind geboren, ein Knäbchen. Die Niederkunft war schwer; es heißt aber auch: »Der arme junge Papa hat viel ausgehalten.« Charlotte von Schiller schrieb es; damit meinte sie die Aufgeregtheit der »weiblichen Umgebungen« und ganz besonders die Adele Schopenhauer, die ihrer Besorgnis über das Schicksal der schwächlichen Freundin einen sehr heftigen Ausdruck gab, wie sie denn in allem, was Ottilie betraf, zur Überspannung neigte. »Zur Geschichte des Tages wird Freundschaft und Liebe unter solchen menschlichen Wesen.« Der alte Vater war zur rechten Zeit nach Jena entwichen. Die Taufe geschah am 21. April: Walther Wolfgang waren die erwählten Namen. Gevatter standen der nunmehrige Großpapa, die nunmehrige Urgroßmutter Gräfin Henckel, Adele Schopenhauer und Ernst von Schiller. Die Frau von Stein hatte dem ersten Enkel ihres alten Freundes gleich an seinem ersten Lebenstage einen Besuch gemacht.

Schon zwei Monate nach Walthers Geburt ward die Familie um ein neues Glied bereichert. Ulrike von Pogwisch, die jetzt im fünfzehnten Jahre stand, kehrte nach Weimar zurück, und Ottilie erbat sich vom Schwiegervater und vom Gatten die Gunst, diese Schwester zu sich nehmen zu dürfen. Auch Ulrike wurde nun dem alten Herrn des Hauses sehr lieb.

Um seine eigenen Blutsverwandten hatte sich Goethe sein Leben lang wenig gekümmert. Eine eigentümliche Scheu hielt ihn in jungen Jahren, als ihm Vater, Mutter und Schwester noch lebten, zurück, sie aufzusuchen oder ihnen zu schreiben; es geschah wohl, aber höchst selten. Die Geschwister der Eltern und ihre Nachkommen, also nächste Vettern und Basen, beachtete er wenig. Jetzt noch lebte eine alte Schwester seiner Mutter, Tante Melber, in Frankfurt, und auch ein Sohn von ihr: er hätte kaum eine Verbindung mit ihnen gehabt, wenn sie ihm nicht von der Mutter her ein kleines Kapital schuldig gewesen wären. Am seltsamsten war es, daß seiner Schwester einziges am Leben verbliebenes Kind ihm ganz fremd blieb. Erst nach dem Tode dieser Nichte (1811) trat er mit dem Witwer, dem Staatsrat Nicolovius in Berlin, in ein näheres Verhältnis. Einer von dessen Söhnen kam 1818 nach Jena, um die Rechte zu studieren; er machte einen Besuch bei den weimarischen Verwandten. Da nun auch August und Ottilie ihn freundlich aufnehmen konnten und Zeit für ihn hatten, so entstand jetzt endlich eine wirkliche Bekanntschaft und Freundschaft. Als dann Franz Nicolovius im März 1819 Jena verließ, verbrachte er vor der Rückkehr nach Berlin noch einige Wochen bei August und Ottilien. Vielleicht hing sein Verweilen mit dem Verdacht zusammen, den man in jenen Tagen in Preußen gegen jeden von Jena kommenden Studenten hatte; denn am 23. März war Kotzebue durch einen von ihnen ermordet worden, und nun galt auf einmal die ganze jenaische Burschenschaft für eine Bande von Verschwörern und Attentätern. Sei dem, wie ihm sei: die bisher schlafende Verwandtschaft zwischen beiden Familien war nun zu Kraft und Ausdruck gekommen.

Schon 1805 hatte August nach Berlin zu seines Vaters Freunde Zelter kommen sollen. Jetzt, nach vierzehn Jahren ward der Plan neu, und nun waren Zelter und Nicolovius die Einladenden. Ottilie sehnte sich längst nach der Hauptstadt ihrer geliebten Landsleute.

Im April 1819 ließ sich August einen großen Urlaub geben; Ottilie konnte jetzt, da ihr Knäbchen das erste Jahr vollendet hatte, ihren Gatten begleiten. Dessau, Berlin, Dresden und die Sächsische Schweiz waren die Ziele. Neben den Aufgaben, die sie sich selber setzten, nahmen sie die schon gewohnte Pflicht mit sich, dem alten Papa als Gesandten zu dienen: für ihn Besuche zu erwidern und Höflichkeiten zu erweisen, aber auch für ihn zu schauen und zu lauschen: im Theater, in den Sammlungen, und unter den Künstlern und Gelehrten. Der Sohn wußte es nicht anders, als daß er ein Tagebuch für den Vater führen mußte, angefüllt mit lauter Tatsächlichem und so, daß der Papa nachher, bei mündlicher Unterhaltung an der Hand dieser Notizen die Reise Schritt für Schritt durchnehmen und sie in seiner starken Einbildungskraft nacherleben konnte.

Augusts Berliner Tagebuch ist auch für uns lesenswert: es zeigt uns den Sohn Goethes auf der Höhe seines Lebens; es bekundet seine praktische, sachliche Art, und es gibt außerdem ein Bild der damaligen preußischen Hauptstadt, indem es die wichtigsten Persönlichkeiten des gesellschaftlichen, geistigen und künstlerischen Berlins und ihre wichtigsten Einrichtungen aufführt. Freilich nur in kurzen Notizen und Andeutungen.

Die Reisenden fuhren am 4. Mai (1819) von Weimar ab und verbrachten zuerst einige Tage bei Ottiliens alten Freunden und Verwandten in Dessau. Am 8. Mai langten sie in Berlin an, wo sie in Zelters Hause an der Weidendammer Brücke abstiegen. Sehr bald machte sich August an die versprochenen Tagebuch-Briefe.

Berlin den 10ten May 19.

Gleich nach meiner Ankunft besuchte ich mit Zelter seinen Nachbar Staatsrat Langermann, welcher uns freundlich empfing. Nach diesem gingen wir noch ein wenig die Stadt zu besehen, nämlich das Schloß, Zeughaus neue Hauptwache pp. Um ¾ Sechs brachte mich Zelter ins Theater grade neben die Königl. Loge, es wurde Donna Diana nach Calderon gegeben. Wolff spielte den Don Cäsar; trotz dem großen Opernhause verstand man alles vortrefflich und es machte mir viel Vergnügen, ihn wieder zu sehen. Die Costüms und Decorationen waren vortrefflich und überhaupt konnte man mit der Aufführung sehr zufrieden seyn. Abend nach dem Theater aß Langermann mit uns und wir waren sehr vergnügt zusammen.

Sonntag den 9ten May besuchte uns früh Nicolovius der Sohn und wir gingen alle drey ein wenig die Stadt zu besehen, Ottilie freute sich wie Sie leicht denken können unendlich. Wir besuchten Nicoloviussens wo wir vom alten sehr herzlich und freundlich empfangen wurden; den Mittag aßen wir bey Zelter allein und Abend gingen wir ins Theater wo die Vestalin gegeben wurde. Hr. Bader vom Braunschweiger Theater gab den Licinius recht gut und sehr erfreulich war es Mad. Milder als Obervestalin zu hören.

Die Decorationen und Anzüge, die Züge, Tänze usw. waren gut arrangirt und reich, so wie Sonnenaufgang, Mondschein usw. nicht fehlten. […]

Montag d. 10ten May haben Ottilie und ich einige Visiten, bey Fr. von Treskow einer Tante, Brühls, welche nicht zu Hause waren, und Schultz wo nur die Frau zu Hause war, gemacht und Sie sehen, daß wir schon früh anfangen das Nothwendige abzuthun. Capellmeister Weber trafen wir unter den Linden; er grüßt schönstens.

Wolffs trafen wir leider nicht zu Hause, sie waren in der Probe von Iphigenie, welche uns heute zu Ehren gegeben wird. […]

Berlin den 11ten May 19. früh 8 Uhr

[…] Mittag aß Langermann mit uns und nach Tisch ging meine Frau zu ihrer Tante; ich blieb bis gegen 5 zu Hause, wo ich meine Frau ins Theater abholen ging. Staatsrath Schultz begegnete mir unterwegs, begleitete mich bis an die Linden und versprach auch ins Theater zu kommen.

Graf Brühl hat uns freye Plätze in einer Loge des ersten Rangs neben der Königlichen Loge gegeben, wo man gut hört und sieht. Der Anblick von Wolffs war mir in der Iphigenie sehr rührend, und überhaupt wurde das Stück recht gut gegeben, es war zwar nicht sehr voll, aber es herrschte eine unendliche Aufmerksamkeit, der Kronprinz war auch daselbst.

Nach dem Theater ging ich mit Zelter in den Montagsklub, wo ohngefähr 16 Menschen versammelt waren, lauter bejahrte Männer z. B. Geh. Rath Rudolphi der Anatom, Geh. Rath Schulze, Professor Wilkens u. s. w., wo man bei einem einfachen Abendessen recht vergnügt war. Es ist dieß der älteste in Berlin bestehende Club und ist von Lessing gestiftet.

Nächstens gehe ich mit dem alten Nicolovius auch zu den Gesetzlosen.

Wolffs sprach ich nach dem Theater einen Augenblick in

der Garderobe und wir hatten große Freude des Wiedersehens.

Ottilie war unterdessen mit Staatsrath Schultz und Hrn. von Brederlow (einem Vetter) zu den berühmten Conditor Fuchs gegangen und als wir um 10 Uhr nach Hause kamen blieb Zelter und seine Tochter noch bis 11 Uhr bei uns. [...]

Berlin den 15ten May 19.

[...] Dienstag den 11ten May ging ich in Begleitung von unserem Raabe zu Schadow, wo ich denn den Blücher so weit gediehen fand, daß der Kopf und das Schwert ganz fertig waren so wie auch die Seitenwände zu dem Piedestal; der übrige Körper war schon zusammen gesetzt und wurde eben bearbeitet. Schadow empfing mich sehr freundlich und erbot sich mir Gelegenheit zu verschaffen die Bildergallerie und das Schloss zu besehen. Wir sahen auch bei ihm mehrere Bilder, meistens von seinem Sohn in Italien.

Hierauf gingen wir, nachdem ein gehöriges Frühstück in einer sehr amönen Kneipe eingenommen worden auf den Bauplatz des neuen Theaters, wo uns Herr Ob.-Baurath Schinkel herumführte; es wird ein ungeheueres Gebäude, welches ich Ihnen näher beschreiben werde, wenn ich erst Grund- und Aufriß gesehen habe, welches mir Ob. B. R. Schinkel auch schon versprochen hat. Das mir fast unglaubliche dabey ist, daß aller dazu gehörige Sandstein von Pirna bey Dresden geholt werden muß!!! Den Mittag aßen wir bei St. R. Schultz, wo wir sehr vergnügt waren und nach Tisch Ihre Festgedichte lasen, die eben angekommen waren.

Meine Frau fuhr mit Schultzens in den Thiergarten, ich aber ging in Zelters Singacademie, wo ich einen großen Genuß hatte, um 7 Uhr ging ich noch ins Theater wo Deny in einem kleinen Stück, Die beschämte Eifersucht, nicht ohne Beifall spielte. Ein darauffolgendes Ballet, wovon ich den ersten Act sah, war höchst komisch; besonders lächerlich waren viele Dreysinen, welche vorkamen und welche sehr gut gefahren wurden, besonders war eine auf welcher sogar eine Dame mit aufsaß merkwürdig. Nach dem Theater gingen Zelter und ich noch zur Liedertafel wo wir einen sehr genußreichen Abend zubrachten, ich lernte daselbst St. R. Körner, Justizrath Wollanke (Componist) Rungenhagen (Componist) Lauska (Componist) und mehrere andere Männer kennen. Minister von Altenstein war auch da, es dauerte bis nach 12 Uhr und um eins waren wir zu Haus.

Mittwoch den 12ⁿ May [...] gingen wir in Begleitung des St. R. Nicolovius in die Porzellainfabrik wo wir das Glück hatten das Service zu sehen, welches der König dem Herzog von Wellington schenken wird. Dieß ist ein ungeheures Unternehmen und wenn man die Ausführung sieht fast unglaublich. Der Director Staatsrath Rosenstiel, welcher mit Ihnen in Straßburg studirt hat, empfiehlt sich Ihnen bestens.

Von hier fuhren wir in Rauchs und Tiecks Atelier wo wir manches schöne sahen als 1. eine sehr schöne vollendete Büste des Königs in Marmor von Rauch, ein äußerst geschmackvolles Postament dazu, 2. zwey Büsten der jetzigen Großfürstin Alexandrine, 3. die bis zur feinern Ausarbeitung fertigen von Rauch in Italien angefangenen circa 9 Fuß hohen Statüen von Scharnhorst und Bülow in Marmor, man konnte sie nur nicht recht sehen, da sie noch halb in den Kisten staken. Ueberhaupt scheint mir Rauch ein sehr talentvoller Mann mit einem angenehmen Äußeren und vieler Bescheidenheit. Auch sahen wir dort das Modell zu dem Blücher für Breslau, welcher 12 Fuß hoch werden soll, so wie die Modelle der Greifen und des Apollo, welche aufs neue Theater kommen sollen.

Von hier fuhren wir mit Nicolovius, Rauch und Tieck nach Monbijou, wo die Antikenabgüsse aufgestellt sind. Die ganze Statue der Minerva Veletri war eine erfreuliche

Bekanntschaft und es machte mich sehr glücklich einen Begriff von so etwas Herrlichem zu bekommen, der Silen mit dem Kinde war vortrefflich, der atheniensische Pferdekopf, den sie auch erwarten, ist auch hier und es ist freilich ein großer Unterschied zwischen ihm und dem Venetianischen welcher daneben steht, so setzten mich auch die Abgüsse des bekannten Theseus und mir noch nicht bekannten Ilyssus in Erstaunen, jedoch war ich durch Ihre Zeichnungen schon befreundet und vorbereitet.

Die Abgüsse der Phygalischen Marmore haben mich ebenfalls sehr erfreut, besonders als mir gleich die Gruppe, welche Ihnen die Seidler kopirt, in die Augen fiel. Leider hat man nur zu wenig Zeit, um alles reif aus zu genießen, und da es bey Kunstgenüssen nicht wie beym Essen ist, wo man aufhören soll, wenn es einem am besten schmeckt, so wären Repetitionen von diesen Beschauungen wünschenswerth.

Den Mittag brachten wir bey Nicoloviussens zu, wo wir in heiterer Gesellschaft von Savignys, Schultz, Zelter, Rauch, Tieck, Raabe, sehr vergnügt waren.

Der Abend wurde dem Theater geweiht, wo die Jungfrau gegeben wurde, in Hinsicht des Sprechens nicht in unserer Art, was die Decorationen, Costüms und den Zug betraf, so war es wirklich zum Erstaunen. [...]

Donnerstag den 13ten May 1819. Früh nachdem wir etwas lange geschlafen und Zelter hierüber die Bemerkung gemacht hatte *»daß die Murmelthiere wahre Lausejungen gegen uns wären«* gingen wir um 11 Uhr mit Schadow, Raabe und Zelter das Schloß zu besehen. Hier ist ebenfalls eine sehr schöne Sammlung von Oelgemälden und ich merke immer an mir, daß ich von den Bildhauerwerken besser urtheilen und mich mehr hinein finden kann als in die Gemälde. [...]

Freitag den 14. May [...] Devrient habe ich auch kennen gelernt, es ist ein wunderlicher Mensch, der aber fast nicht nüchtern wird.

Den Mittag waren wir bei Brühls, wo noch General Helwig und Frau, Zelter, Raabe und Professor Marheineke.

Den Abend brachten wir bey Verwandten meiner Frau zu.

Sonnabend den 15$^{\underline{n}}$ May war ich mit Nicolovius dem Vater zum Mittagessen im Thiergarten in der sogenannten Gesetzlosen Gesellschaft, deren Vorsteher Buttmann ist, welchen ich auch kennen lernte, auch dem alten Geh. Rath Heim dem Arzt wurde ich vorgestellt, es waren mit den Gästen etwa 40 Personen. Es dauerte bis ¾6 Uhr wo ich dann ins Theater ging. Don Juan wurde gegeben, unser Deny hat nicht besonders als Leporello gefallen, und ich muß gestehen, daß wir den Don Juan in Weimar um einige hundert Prozent besser geben.

Sonntag, den 16. May [...] Nach Beendigung dieser Parade ging ich noch mit unserm Nicolovius in den Thiergarten spazieren, bis 2 Uhr, aß dann bey Zelter, mit welchem ich abermals um 4 Uhr in den Thiergarten ging, wo wir bis 8 Uhr herum dämmerten, berliner Weißbier tranken und um 8 Uhr gingen wir zum The zu Savignys, wo eine ziemlich große Gesellschaft war. Ich lernte hier auch General Gneisenau kennen, er hat ein angenehmes Äußere und spricht sehr freundlich und theilnehmend. Es wurde auch soupirt und ich kam um 12 Uhr erst nach Hause. [...]

Alle Menschen sind hier so freundlich und zuvorkommend, daß einem der Aufenthalt recht angenehm wird.

Montag den 17$^{\underline{ten}}$ May 19. Heute blieb ich etwas lange zu Hause um mein Tagebuch recht in Ordnung zu bringen [...].

Meine Frau war heute früh bey der Herzogin von Cumberland und kam erst spät zu Tisch, den Abend waren wir im Theater; Devrient spielte den Schneider Fips ganz unvergleichlich. Nach dem Theater waren wir bei Schadows zum The und Abendessen wo manche Bekannte, als Seebeck, Rauch, Tieck, Nicolovius, Zelter u. s. w. waren; es wurden auch mehrstimmige Sachen recht gut vorgetragen; um 12 Uhr kamen wir wieder nach Hause. [...]

Dienstag den 18. May [...] Den Mittag aßen wir zu hause und um 5 Uhr gingen wir in Zelters Sing-Academie, wo ein Credo von Cherubini aufgeführt wurde, welches sehr schwer war aber vortrefflich gesungen wurde. Um 7 Uhr ging ich noch ins Theater (Ottilie zu Nicoloviussens); im Theater sah ich den letzten Act vom Doppelpapa und ein Kinderballet, welches beides recht artig war.

Nach dem Theater ging ich nach Hause, wo Langermann mit zu Abend aß, wir blieben unter heiteren Gesprächen zusammen bis nach 11 Uhr, Ottilie kam aber erst um 12 nach Hause.

Mittwoch den 19ten May. Der heutige Tag begann mit einer heiligen Handlung, Ottilie stand nämlich um 11 Uhr bey Schultzens Gevatter und das Kindchen empfing den Namen *Sophie Ottilie,* Schleiermacher welcher taufte, hielt eine recht gute Rede.

Nach der Taufe fuhren wir nach Charlottenburg, wo wir mit der ganzen Taufgesellschaft zu Mittag aßen. Ottilie und ich besuchten Mettings, welche daselbst wohnen, besahen dann den Garten und fuhren den Abend um 9 Uhr bey herrlichen Wetter wieder nach Hause.

Donnerstag d. 20. May 1819 [...] Den Abend brachten wir von ½7 Uhr bei Helwigs zu, wo eine Thegesellschaft war, es waren da General Gneisenau nebst Familie, Savignys, Brühls, Seebeck pp. Besonders interessant waren die mancherley Copien, welche Fr. von Helwig nach den besten Meistern theils in Gouache theils in Oel gemalt in ihren Zimmern hangen hatte, auch eine Anzahl indischer Gemälde war bemerkenswerth. Es dauerte bis gegen 10 Uhr, wo wir nach Hause fuhren, da die Entfernung über ¾ Stunden zu gehen ist. Zelter war noch nicht zu

Hause doch wie er kam so waren wir noch ein Stündchen zusammen. [...]

Freytag den 21sten May 19. [...] Gegen ½7 Uhr Abends gingen Ottilie Zelter und seine Tochter zu Radziwils, wohin wir zu einer Probe der Faustischen Scenen eingeladen worden waren. Der Fürst präsentirte uns beide seiner Gemahlin und Familie und andern Standespersonen, der Prinz Wilhelm und die Prinzeß waren ebenfalls sehr freundlich und erkundigten sich besonders viel nach Ihnen.

Es war eine sehr zahlreiche Gesellschaft sowohl von Zuhörern als Theilnehmenden, da ein ganzes Orchester und ein Theil der Singacademie theil nahm. Folgende Scenen wurden aufgeführt.

1. Das Soldatenchor mit der Composition von Radziwil, sehr schön ausgeführt.

2. Der Monolog vom Faust, Erscheinung des Erdgeistes, Gespräch mit Wagner, gesprochen von Wolff

3. Monolog mit Faust wo er den Gift nehmen will, gesprochen von Wolff alles mit Musikbegleitung. Besonders schönen Effect des Chors *»Christ ist erstanden«*.

4. Die Scene von Faust und Gretchen, wie sie die Blume zupft, als Duett behandelt, gesungen von Eunicke und seiner Tochter.

5. Scene wo Faust den Pudel mitbringt und so lange beschwört, bis der Mephistopholes erscheint, welchen letzten der Herzog Karl von Mecklenburg ganz vortrefflich sprach.

6. Gretchen wie sie singt: *»O neige du Schmerzensreiche«* vortrefflich vorgetragen von Madame *Milder*.

Der Fürst ist ganz Leben dabey und man sieht, daß er nichts anders treibt und thut als sich den Faust ganz zu eigen zu machen.

Diese Probe dauerte bis 10 Uhr und wurde sodann noch soupirt, um 12 Uhr waren wir wieder zu Hause.

Sonnabend den 22sten May […] Den Mittag waren wir bei Nicoloviussens mit Rauch und dem Schriftsteller Hoffmann zusammen und es kamen besonders drollige Geschichten von *Werner* welchen beide gut kannten zum Vorschein, wovon mündlich mehr.

Den Abend hatte Zelter einige Freunde zum The und Abendessen geladen, als: *Hegels, Gassens* sonst in Jena, *Wolffs, Langermann, Raabe* u. s. w. Auch die Familie *Mendelsohn* war da und ergötzten uns die Kinder derselben, ein Mädchen von 13 und ein Knabe von 10 Jahren, Zelters Schüler, besonders mit vierhändigen Musikstücken auf dem Flügel, welche dieselben mit unglaublicher Fertigkeit, Präcision und Kunstgewißheit ausführten. Es war ein angenehmer Abend, und durch die Anwesenden voll angenehmer Erinnerungen.

Sonntag den 23st May 19. Heute früh besahen wir unter Leitung und durch die Güte des Herrn Director Schadow das Königl. Palais, also die eigentliche Wohnung des Königs, wo er seit Kronprinz gewohnt und nicht wieder herausgegangen ist. Das Ganze ist im neusten Geschmack eingerichtet und alles sehr zweckmäßig arrangirt, die Liberalität geht hier so weit, daß man uns sogar in das eigentliche Wohn- Ankleide- und Schlafzimmer führte. […]

Da mir Staatsrath Schultz heute wieder erlaubt hatte die Sollysche Sammlung zu besehen, so stürzte ich mich abermals in dieses Gemälde Chaos, wo denn freylich wie meine früheren Meldungen sagen ein Leben, und nicht eine Stunde zur Erkenntniß gehört. Da noch einige Zeit bis zum Mittagsessen übrig, so führte mich Schultz zu dem Minister von Altenstein, welcher mich sehr freundlich empfing, besonders viel von Ihnen sprach und auch wie alle immer den Wunsch äußerte, daß Sie doch einmal hierher kommen möchten.

Montag den 24sten May 19. Heute früh besuchte ich einige hiesige Fabriken, unter andern die Werkstatt eines jungen Mannes Nahmens *Freund,* welcher jetzt hier Dampfmaschinen und Gasbeleuchtungen einrichtet und viel Talent zu haben scheint.

Den Mittag waren wir zu Hause. Am Abend wurde von den *Prinzen* in *Monbijou* der Geburtstag der Fürstin Radziwil gefeyert und zu diesem Zweck 2 Scenen aus dem Faust auf einem sehr hübsch eingerichteten Theaterchen gegeben.

Es war die Scene wo der Faust den großen Monolog hält, der Erdgeist erscheint und endlich Wagner stört und mit dem Chor; Christ ist erstanden schließt, die Decoration von Fausts Zimmer war sehr gut gemalt, die Erscheinung des Erdgeistes, wozu man *Ihr* Bild, bester Vater, durchs Fenster collossal erscheinen ließ, machte einen großen Eindruck, überhaupt spielte Wolff den Faust herrlich.

Die zweite Scene war die, wo Faust den Pudel mitbringt, welcher sich endlich in den Mephistofoles verwandelt, der Herzog Carl von Mecklenburg spielte ihn ganz unübertrefflich.

Die Compositionen von Radziwil waren sehr gelungen und machten einen angenehmen Einruck. Mündlich mehr davon.

Nach dem Schauspiel war großes Souper, wozu wir auch eingeladen waren, vor Beendigung desselben ging der König, Kronprinz so wie die übrigen Prinzen und Prinzessinen um die Tafel und waren sehr freundlich. Fürst Radziwil stellte mich dem König vor, so wie auch Ottilien, desgl. dem Kronprinzen, welche beide sehr freundlich waren. Dieß war eine große Auszeichnung, so wie die ganze Einladung der Prinzen zu diesem Feste, da wir uns nirgends hatten präsentiren lassen. Um 12 Uhr waren wir wieder zu Hause. Der ganze Garten von Monbijou war sehr schön illuminirt und alles machte einen herrlichen Eindruck.

Mittwoch den 26. May [...] Den Mittag waren wir bei dem Gouverneur von Berlin General Grafen Gneisenau, welcher sehr freundlich gegen uns ist, zum Diner geladen, wo eine kleine aber auserlesene Gesellschaft von meistens Bekannten war.

Den Abend ging ich mit Zelter noch in den Thiergarten, wo wir bis nach 9 Uhr blieben [...].

Donnerstag den 27stn May. Den Morgen blieb ich zu Hause, da eine Visite die andere drängte, worunter auch der Legationsrath Palmer war, um 2 Uhr ging ich zum *Kronprinzen,* welcher mich zum Diner eingeladen hatte. Es war eine kleine Gesellschaft, von der ich nur den General Gneisenau kannte, an der Tafel saß ich neben dem Geheimerath Ancillon.

Hierauf machte ich Visite bey dem Herzog von Cumberland, konnte aber nicht vorkommen, da derselbe die Niederkunft der Herzogin jeden Augenblick erwartete, wirklich erfolgte sie auch denselben Abend mit einem gesunden Prinzen.

Nachdem ich mich zu Hause umgezogen und ein wenig ausgeruht hatte, ging ich noch ins Theater, wo die Dorfsängerinnen gegeben wurden, von denen ich aber nichts Erfreuliches zu sagen wüßte.

Sonnabend den 29 May [...] Den Mittag war ich allein beym Minister von Altenstein zum Diner, welcher alle meine hiesigen Bekannten und Freunde gebeten hatte, wodurch ein sehr angenehmer Mittag entstand.

Den Abend brachten wir von 8–12 Uhr bei Wolffs zu, wo manche alte Spässe aufs Tapet kamen und viel gelacht wurde, wir waren ganz allein mit Zelter da. Nur ist der Weg von Wolffs ¾ Stunden von uns; wir kamen daher sehr ermüdet nach Hause, schliefen aber desto besser und wachten erst

Sonntag den 30st May am ersten Pfingsttage, um 9 Uhr auf. Ottilie ist mit unserem Nicolovius in die Kirche um

Schleiermacher zu hören, ich sitze zu Hause, schreibe am Tagebuch und diesem Briefe, ordne auch schon manches zum Einpacken u. s. w. Gegen Mittag besuchte mich mein Jugendfreund Carl von Egloffstein, welcher hier Militair ist.

Den Mittag aßen wir bei Nicoloviussens und um ½5 fuhr Ottilie mit denselben nach Charlottenburg, ich fuhr aber nicht mit, weil ich den Ferdinand Cortez von Spontini gern sehen wollte, welcher heute Abend gegeben wurde. Das Sujet ist matt, die Musik nicht besonders und sehr verwirrt, die Decorationen, Costüms und sonstige Aufführung ganz vortrefflich. Das Auffliegen der Flotte macht sich sehr gut, so wie alle andern Spectakeleien, auch fehlt es nicht an eingeflochtenen Tänzen, worinn sich besonders Delle. Lemiere sehr auszeichnete.

Den Abend nach dem Theater brachten wir zu Hause zu, Langermann war da und wir blieben bis 11 Uhr zusammen.

Montag den 31stn May 19. Der heutige Tag war zu AbschiedsBesuchen bestimmt, welche Ottilie und ich sowohl des Morgens als des Nachmittags machten. Den Mittag waren wir zu Hause, Sie können sich leicht denken, daß nach so viel erwiesener Theilnahme und Freundschaft der Abschied nicht leicht wurde und besonders bey Ottilien manche Thräne auspreßte. Unser ganzer Aufenthalt war seit unserer Ankunft von Seiten alter und neuer Freunde eine ununterbrochene Reihe von Aufmerksamkeiten und Wetteifer um den Aufenthalt in Berlin angenehm und unvergeßlich zu machen. [...]

Den Abend ging ich noch allein einige Acte ins Theater wo Don Carlos gegeben wurde, und ich kann nur wiederholen was ich schon oft gesagt habe, daß man oft über Decorationen und Costüms das eigentlich Geistige des Stücks zurücksetzt und dem Gefühl des Zuschauers entzieht, weil doch immer das Auge der Sinn ist, welcher am

> schnellsten auffaßt und ununterbrochen beschäftigt ist und daher manchmal das Gehör ableitet.
>
> Als ich aus dem Theater kam, fand ich noch manche Freunde und Bekannte, welche auch von uns Abschied nehmen wollten und so wurde einem denn das Gefühl einer nahen Trennung recht vergegenwärtigt, auch wollte dießmal der Schlaf sich nicht recht einfinden.
>
> Dienstag den 1sten Juny 19. Den ganzen Morgen von früh 6 Uhr brachte ich mit Packen zu, wozu noch häufige Besuche traurig einwirkten, sogar kam Graf Gneisenau noch um uns Lebewohl zu sagen. Zelter war die letzten Tage durch eine Verkältung unwohl und mußte das Bett hüten, doch ging es heute besser.
>
> Den Mittag waren wir allein und um 4 Uhr Nachmittag fuhren wir unter Segenswünschen vieler Freunde und besonders der Nicoloviussischen Familie aus Berlin [...].

Wer vom Sohne eines wunderbar begabten Vaters wiederum außergewöhnliche Leistungen verlangte, konnte über August von Goethe den Kopf schütteln. Jeder billig Denkende aber mußte zugestehn, daß er der echte Sohn seines Erzeugers war, in vielen äußeren und inneren Wesenszügen und Gewohnheiten ihm sehr ähnlich, dazu von Kindesbeinen an sein Schüler und nun auch sein brauchbarer Vertreter. Sein Vater zog größeren Nutzen von ihm, als Väter von ihren Söhnen gewöhnlich haben; allerdings war es in jener Zeit noch das Übliche, daß die jüngeren Leute ihren Eltern halfen und dienten, indem sie ihnen ganz allmählich nachfolgten. Goethe lebte jetzt immer noch ganz häufig fern von seinem Wohnorte; auch mußte er sich oft von seinen übrigen Geschäften völlig absondern, um das Werk, das ihm gerade vor der Seele stand, auszuführen: er brauchte also einen vertrauten Gehilfen und stets bereitwilligen Vertreter in außergewöhnlichem Maße. Sein August hatte keine gute sprachliche Begabung oder Ausbildung; er war kein Bücherkenner und hockte nicht gern über

Handschriften und Druckbogen. Für diese Dinge war Professor Riemer der rechte Mann; in allem Übrigen aber konnte der Vater recht viel Arbeit auf den Sohn abladen und tat es auch. August half also in seiner Weise gleichfalls an der immer länger werdenden Reihe der *Sämtlichen Werke* mit. Sehr oft sprach der Vater mit ihm durch, was ihn geistig beschäftigte: Alles aus den Naturwissenschaften, zum Beispiel die *entoptischen Farben*. Sehr oft war August aber auch der erste Leser der neu entstehenden Dichtungen und ward dann auch im engeren Freundeskreise ihr erster Vorleser, zum Beispiel des großen Prologs zur Eröffnung des neuen Berliner Theaters. »Mein schwer zu bewegender Sohn,« heißt es in einem Briefe des Vaters an Zelter, wo von der Wirkung einer Komposition die Rede ist, aber es wird da bezeugt, daß dieser nicht leicht Entzündbare »außer sich« sein konnte, wenn er echte Schönheit fühlte. In des Vaters Aufsicht über die weimarischen und jenaischen wissenschaftlichen und künstlerischen Anstalten blieb er immer der beste Gehilfe, und der Vater behandelte ihn völlig wie seinen Mitarbeiter. »Alles was hier von uns abhängt,« schrieb er im Juni 1817 aus Jena, »steht gut, schön und ordentlich, es hat sich Dauer zu versprechen; wenn das Element worauf wir wirken breiter wird, mag sich zeigen was wir angelegt und für was wir gesorgt haben.« Gegen einen gothaischen Beamten lobte Goethe seinen Sohn mit Begründung: »Er ist in den Jenaischen Museen vom Knaben heraufgewachsen, sie sind neben ihm entstanden und so ist ihm alles dabei Vorkommende geläufig.«

In der Freimaurerei erwarb August am 26. Januar 1820 den Meistergrad. Er ward auch zum zweiten Schaffner der weimarischen Loge erwählt, welches Amt er manches Jahr pünktlich verwaltete. Immer blieb er auch in diesem Kreise der Vermittler vom und zum Vater. Diesem stattete er regelmäßig Bericht ab. »Mein Sohn kam von der Tafel-Loge, zufrieden mit eigner und fremder Redekunst,« heißt es im Tagebuch des Alten unter dem 10. Juli 1821.

In der Behörde, der er diente, rückte er zum vierten und bald zum dritten Rate auf. Sein Gehalt stieg 1821 auf 1000 Taler. Die Bau-Angelegenheiten waren und blieben sein besonderes Fach; er war also viel auf Baureisen und lernte das ganze Land gründlich kennen. Urlaub nahm er sehr selten, und auf die große Vergnügungsreise nach Berlin und Dresden folgten so bald keine weitere.

Alles in allem: ein brauchbarer Beamter, dienstwilliger Sohn, gutmütiger Gatte, freundlicher Kamerad.

IX. Ein Haus der Leidenschaften
1822–1825

»Von meinen jungen Leuten,« schreibt Goethe im Juni 1818 an den Staatsrat Schultz, »kann ich nur Erfreuliches melden; sie paßten zusammen und wenn sie sich auch nicht liebten. Das dritte Wesen übt seine vermittelnden Kräfte; sie genießen ihre guten Zustände in Weimar«.

Der alte Herr war freilich ein Schönfärber; von allem Unangenehmen lenkte er die Augen ab. In jeder Ehe ist die Angleichung der Lebensweise und Gesinnung eine schwere Aufgabe; August und Ottilie aber waren unter sehr verschiedenen Verhältnissen aufgewachsen, und wenn Ottilie schwankte und widerstrebte, so fand sie leider für ihre Anschauungen und Gewohnheiten die Unterstützung der Busenfreundin Adele, von deren Liebe sie dermaßen verhätschelt wurde, daß ihr Ehemann nicht Schritt halten konnte. Es kam also auch in dieser jungen Ehe zu Gewittern; ja, der Gedanke an Scheidung wurde sehr bald ausgesprochen. Aber für gewöhnlich lebte man doch recht gut zusammen, und August, der kein Phrasenmacher war, unterschrieb sich in seinen Briefen, wenn einer von beiden verreist war, »Dein ewig treu liebender Mann.«

Sogar Adele war mit ihm eine Zeit lang recht zufrieden. »Ottilie hat auf August gewirkt,« schreibt sie im Februar 1819 in ihr Tagebuch, »oft ist ein Strahl von Heinkens Güte in ihm.« Das war das höchste Lob bei ihr. »Ich kenne hier keinen einzigen Mann, der so unbeschreiblich freundlich und gutmütig wäre gegen alles, was er liebt.«

Am 18. September 1820 wurde dem Paare das zweite Kind geboren. Der Großvater war wieder in Jena und traute sich auch nicht sogleich nach Weimar hinüber. »Meine liebe gute Schwiegertochter,« schrieb er an Zelter, »hat abermals einen Enkel gebracht; man sagt: einen derben tüchtigen; ich mag aber nicht gern hinsehn, denn sie hat, Leben gebend, viel vom Leben zugesetzt und ich traue dem augenblicklichen Land- und Hausfrieden nicht.« Die Wöchnerin erholte sich jedoch sehr rasch, und als nun der alte Herr den ganzen Winter und auch das nächste Frühjahr in Weimar wohnte, war er mit seinen Familienverhältnissen recht zufrieden. Der zweite Enkel, Wolfgang Maximilian getauft und für gewöhnlich Wölfchen genannt, entwickelte sich viel kräftiger als das schwächliche Waltherchen. So heimisch wurde diesmal der alte Vater in seinem Hause, daß es ihn Überwindung kostete, im Sommer seine gewöhnliche Badereise anzutreten. »Die gute Vorsorge meiner Kinder bereitet und unterhält mir die beste Bequemlichkeit und fesselt mich an,« schrieb er in der Mitte Juni 1821 an Knebel.

Adele als Busenfreundin wußte über die Ehe besser Bescheid als der Vater, der immer geschont wurde. »Ottilie stritt mit August,« verzeichnete sie am 6. Mai 1821 in ihr Tagebuch. »Man sollte nie streiten ohne Hoffnung des Siegs. – Was kann man von August für Änderung erwarten, was vier Jahre lang war, wird wahrlich nicht im fünften anders, und wenn er in der Zeit nie das Bedürfnis hatte, mit dir vereint seine Lieblingsbeschäftigung zu treiben, dir sein Interesse anzueignen, so wird kein Wort ihm nun die rechte Richtung geben!«

Sie erzählt von diesem Streite noch: »Ich drehte die Sache so lange, bis ich die komische Seite gefunden, und wir alle lachten.«

Es mußte noch nicht tragisch genommen werden; aber die Anlage zum Tragischen war gegeben.

Ottilie blieb eine feurige Idealistin. Sie liebte und forderte das Große, Schöne, Ritterliche, Edle, Kühne; sie verachtete das Kleinliche, Ängstliche, Vorsichtige, Ärmliche. Sie hatte als stolzer Mensch den Mut zu voller Offenheit und Wahrhaftigkeit. Sie paßte also nicht in diese Welt. Und wie hätte ihr August auf die Dauer genügen können, der doch sehr am Irdischen klebte! In ihrer Phantasie trug sie immer noch den Mann, wie er sein sollte: auf Erden vorhanden in dem seit 1814 nicht mehr gesehenen Ferdinand Heinke. Vor ihre Augen traten zuweilen Fremdlinge, in die sie wiederum ihr Ideal legen konnte. Fremdlinge mußten es wohl sein, denn über die Nachbarn betrügt man sich nicht so leicht.

August hatte nach seiner Anlage, aber auch nach seiner Erziehung Sinn für alles Anschauliche und Greifbare, für die Naturwissenschaften, für das Handwerkliche und Praktische, Ottilie führte ihr eigentliches Leben im Reiche der Phantasie; durch die Verse der Dichter nahm sie die Welt wahr. August bewegte sich im kleinen Bezirke; sie schweifte in alle Fernen. Er war im Vergleich zu ihr der Schwerfällige, Plumpe, am Boden Haftende.

Ottilie waltete am zierlichen Tee-Gestell; August fühlte sich hinter einem schweren Tische wohler, auf dem Biergläser oder Weinflaschen standen. Als er in Berlin die tausend Sehenswürdigkeiten und berühmten Leute mit großem Fleiße der Reihe nach besuchte, machte er dem Vater zwischen ihre Aufzählung das Geständnis: »Wenn ich mich nicht manchmal allein eine Stunde in ein Kneipchen flüchtete, so könnte ich es nicht aushalten.« Solche Erholung war ihm sicherlich zu gönnen, aber vielleicht fand Ottilie, daß er gar häufig solche Kneipenstunden nötig hatte und auf gutes Essen und reichliches Trinken noch mehr Wert legte, als die leider so materiellen Männer es gewöhnlich tun.

Die äußere Erscheinung des Menschen ist ein gar wichtig Ding. Ottilie kränkelte; sie war klein und leicht und zart von Wuchs; sie blieb mager; August dagegen gedieh recht sichtbar. »Der Kammerrath wird ganz stark,« schrieb im November 1819 Schillers Witwe ihrem Sohne Ernst. Und im nächsten Jahr: er werde »täglich dicker und wohlgefälliger«. Und wieder ein Jahr später: »beinahe zu dick«; »er wird so dick, daß alle Spur der Ähnlichkeit mit dem Vater, die in den Zügen lag, verschmelzen wird, da die Augen kleiner werden.« 1822 erscheint dann die letzte Steigerung: »seiner Mama ähnlicher«. Und die Fortsetzung lautet: »Die Frau ist mager und unruhig.«

Selbst wer als Fremder zum ersten Mal ins Haus kam, bemerkte, daß die magere Frau und der wohlgenährte Mann auch im geistig-gesellschaftlichen Leben sich unterschieden. »In Goethes Schwiegertochter«, schreibt schon 1819 der Amerikaner Bancroft, »fand ich eine sehr hübsche kleine Frau von lebhaftem, munterem Wesen, witzig angenehm, geistreich. [...] Der Sohn dagegen schien mir ein stumpfer und unwissender Kerl zu sein.« Das war freilich nur die Meinung eines naseweisen jungen Burschen – daß er später ein berühmter Geschichtsschreiber wurde, ändert nichts an der Sache – und es ist sehr unbillig, die Menschen nach ihrer in einer fremden Sprache geführten Unterhaltung über literarische und ausländische Dinge zu beurteilen; aber solche Urteile konnten gerade in Weimar und gerade in Ottiliens Kreise vorherrschend werden.

Darf eine Ehefrau vollkommen aufrichtig sein? Darf sie einem Freunde zeigen, daß sie ihren Mann eigentlich unter sich sieht, daß sie einen andern höher geachtet und wärmer geliebt hat?

Ottilie zog keine Hüllen über ihr Herz. Im Spätjahr 1821 war ein anderer junger Nicolovius in Weimar, Heinrich. Zu ihm faßte Ottilie eine Neigung, die selbst Adele eine »kindisch alberne Vorliebe« nannte; mit diesem Jünglinge erging sie sich in offensten Gesprächen. »Sie hat ihm von Heinke erzählt, töricht, aber wenigstens nur töricht; [...] aber sie hat ihm viel über August, über ihr Verhältnis zu ihm, über ihre Heirat gesprochen«.

Heinrich reiste weiter; Ottilie schrieb ihm nun die vertraulichsten Briefe. Im nächsten Frühjahr (1822) erzählte sie ihm auch von dem schönen Batist. Das war ein Kunstreiter, Mitglied einer französischen Gesellschaft, die im Reithause an der Ilm ihre Künste zeigen durfte. Dieser Batist rief nicht eigentlich Liebe in Ottilien hervor – schon weil die Bekanntschaft zu oberflächlich blieb – aber er bezauberte sie. Sie war entzückt von seiner anmutigen Kraft und sie glaubte, daß er seinen Blick gerade auf sie richte, wenn er bei seinen Künsten die Augen über die Zuschauer gleiten ließ oder zum Schluß für ihren Beifall dankte. Der Kunstreiter erkannte oder erfuhr wohl auch schnell genug, daß er über dies Herz gesiegt hatte. Es scheint, daß sich die beiden im alten Garten an der Ilm trafen; sehr bald klatschte die ganze Stadt über das Verhältnis zwischen Frau von Goethe und dem schönen Batist. Die treue Adele war in Verzweiflung und warnte ihre Freundin, da das Schlimme nicht vermieden war, vor dem Schlimmsten: »Ich bitte Dich, liebe Ottilie, jetzt thue mir den einzigen Gefallen, diese Tage zu Hause zu bleiben oder nur mit August zu gehen! Ich liege im Bett. Man bewacht August von allen Seiten, und alte Erinnerungen thun ihm entsetzlichen Schaden. Erfährt ers, muß Ernst werden. – Augenzeugen (bist Du denn blind?) haben erzählt: Du habest in der kleinen Loge Kaffee getrunken, B[atist] sei im Wirtshaus gewesen, dann auf und nieder gegangen, dann habe er Chocolade getrunken, bis Du aufgestanden. Sogleich folgt er Dir durch die andre Thür, aber laufend, alle Herren der Gesellschaft nebenan laufen nach, erreichen ihn, aber mit den Augen nur, am Bassin; da steht ein Mädchen, die Wasser holt, B[atist] voltigirt in der Eile über sie hinweg, wirft sie um; die tödtlich Erschrockene fängt nun an mörderlich zu schreien: ein Dieb, ein Dieb! Er läuft fort ohne umzusehen. Die Herren folgen, finden ihn im russischen Boskett mit Dir redend. Sogleich wirds stadtkundig. Mutter ist ganz außer sich darüber, sie hat mich gebeten, für jetzt nicht mit Dir auszufahren, und ist bereit, Dir ihre Gründe auseinander zu setzen, die sie dazu bringen. Du kannst sie rathen; sie meint meine, der Vertrauten, Gegenwart könne Dir gar nichts helfen, mir schaden wegen B[atist]. Ich bin in einer wahren innern Verzweiflung, und um was! Ich wollte, ich wäre todt! Die Gartenhistorie ist ganz allgemein bekannt; man sagt, Du wolltest mich betrügen, und es sei Dir sehr fatal, wenn ich Dich, wie neulich, einholte. August mußte doch Alles wissen, und, wie Du mich auch momentan überzeugtest, Du hast verspielt! er mußte gleich alles wißen, denn wir, Du und ich, wissen uns in so gemeiner Welt nicht zu nehmen; wir müssen misverstanden werden. Ein Gedanke bringt mich fast um meinen Verstand. Du hast grausam, fast unmenschlich an August gehandelt um ganz wahr zu bleiben; ich tadelte es, aber Du hattest Recht, denn Du bist viel beßer als ich, d a s w e i ß i c h. Und nun? – wir haben den alten Weg verlaßen; glaube mir: nun ist überall Irrthum.«

Solche Kunstreiter ziehen bald weiter. Ottilie, die sich offenbar nicht sehr schuldig fühlte, suchte das romantische Erlebnis zu einer Novelle zu gestalten. Wie sich August damit abfand, wird uns nicht berichtet. Vielleicht war er sich selber eigener Sünden bewußt, die ihm verboten, den Richter zu spielen.

Im nächsten Winter, am 12. Februar 1823 erkrankte der Vater Goethe so schwer, daß alle seine Freunde um sein Leben zitterten; auch die Ärzte gaben ihn schon auf. Ottilie bewährte sich als zärtliche und opferwillige Tochter; kein Wunder, denn sie liebte den Schwiegervater von ganzem Herzen. »Ottilie«, so schrieb Karoline Egloffstein, als es am schlimmsten stand: »Ottilie zeigt eine ungemeine Standhaftigkeit und kräftigen Geist, trotz ihres schwächlichen Körpers. Sie wacht alle Nächte beinahe und hat ihre Gedanken und Überlegung für die übrigen«. »August Goethe gibt alle Hoffnung auf,« heißt es in demselben Briefe. Und von Ottilien: »Sie ist auch ohne Trost, ohne Hoffnung«. In der Nacht vom 24sten waren viele der Nächsten in Ottiliens Zimmer versammelt, weil sie den Sterbenden nicht verlassen wollten. Da stürzte Dr. Rehbein, einer der Ärzte, zu ihnen, »wie ein Exaltierter« herein: »Wir haben Hoffnung, volle Hoffnung!«

Am 26. Februar berichtete August nach Frankfurt an Rat Schlosser: »Wir haben in der letzten Zeit sehr traurige und beunruhigende Tage verlebt. Mein armer Vater wurde am 17. des Monats plötzlich von einer Entzündung des Herzbeutels und wahrscheinlich auch eines Teils des Herzens, wozu sich noch eine Entzündung der Pleura gesellte, überfallen, welche ihn im Verlauf der Woche an den Rand des Grabes stellte. Glücklicherweise traten am neunten Tage, als am 24., die von den Ärzten ersehnten Krisen ein, und in diesem Augenblicke scheint die Gefahr vorüber zu sein. Wir hoffen, daß die starke und gute Natur des Vaters, welche ihn in seinem hohen Alter diese bedeutende Krankheit überstehen ließ, auch die etwanigen Folgen überwinden helfen wird.«

Der Vater Goethe ging wieder an seine Arbeit. Er hatte es jetzt mehr als je mit der »Weltliteratur« zu tun. Er und seine Schwiegertochter waren dabei einig in der Bewunderung des englischen Dichters Byron. Ja, im alten Manne wie in der jungen Frau wuchs diese Bewunderung zu einer zärtlichen, fast schwärmerischen Liebe an. »Byron allein lasse ich neben mir gelten«, gestand Goethe einem Vertrauten. Die Leser und Leserinnen seiner Umgebung teilte er in Byronisten und Scottisten: die Ersteren hätten ein starkes Herz und einen glühenden Kopf; nur die Ruhigeren zögen den schottischen Romanschreiber vor.

So war es denn in Goethes Hause allemal ein Freudentag, wenn ein Reisender von Lord Byron einen Gruß brachte oder aus guter Kenntnis Neues von ihm zu berichten wußte. Also wurde denn auch im März 1823 der neunzehnjährige Ire Charles Sterling, ein Sohn des britischen Konsuls in Genua, recht herzlich empfangen, denn ein Empfehlungsbrief Byrons führte ihn ein. Der alte Goethe fand den jungen Sterling »angenehm von Person und rein von Sitten;« Ottilie, die um sieben Jahre ältere verheiratete Frau, verliebte sich in den Jüngling. Sie sah hundert Reize an ihm, und was versprach er nicht als Mann zu werden! Bald trieben die beiden Sprachen und Literatur zusammen; Sterling kam jeden Tag zu Ottilien; er bat seine Eltern um die Erlaubnis, längere Zeit in Weimar zu bleiben; sie vergönnten ihm ein ganzes Jahr.

August hielt dies Wohlgefallen seiner Frau für den schlanken blonden Jüngling, den auch er recht gut leiden mochte, für harmlos; dagegen mußte er plötzlich auf einer ganz anderen Seite eine häusliche Gefahr vom Liebesgott her fürchten. Ein Gerücht kam zu seinen Ohren: sein vierundsiebzigjähriger Vater, der den Sommer in Böhmen verbrachte, wolle sich wieder verheiraten! Mit einem neunzehnjährigen Fräulein! Sie hieß Ulrike von Levetzow und gehörte zu einer Familie, die Goethe nur »die Familie« zu nennen pflegte: er wohnte bei seinen Sommeraufenthalten in dem neuen Kurorte Marienbad in einem dieser Familie gehörigen Hause und aß an ihrem Tische; die Mutter kannte er seit manchem Jahre; nun tat es ihm von ihren drei Töchtern die älteste an.

Daß er das Mädchen sehr liebte, konnte man sogar aus seinen Briefen herauslesen. Ob aber schon ein wirklicher Entschluß von beiden Seiten gefaßt worden war, darüber erfuhren die so nahe Beteiligten lange, peinliche Wochen nichts. Was in ihrer Seele vorging, ahnen wir. Ihre ganze gewohnte Existenz stand vor dem Zusammenbruch.

Als der Vater sich endlich heimwärts bewegte und am 13. September zunächst nach Jena gelangte, war August zufällig dort. Er aß bei Knebels zu Mittag, als der alte Herr herein trat. Der Vater setzte sich mit zu Tische. Danach wurden sogleich die Anstalten besichtigt, deren Obhut beiden anvertraut war; von Anfang an waren andere Leute beständig um Vater und Sohn. »Bis jetzt ist nichts verlautet,« meldete August seiner Frau, »aber einige Verlegenheit nicht zu verkennen [...] ereignet sich etwas merkwürdiges, so erhältst du einen Expressen; so viel für heute, Gott gebe ein gutes Ende.« Und am nächsten Morgen: »Gestern Abend habe ich mit dem Vater bis gegen neun Uhr zugebracht, wir tranken zusammen und nichts störte unser Zusammenseyn. Der bewußte Name, das Wort Familie, ist noch nicht genannt worten, und ich fange an zu hoffen, daß alles gut gehen und sich die ganze Geschichte wie ein Traumbild auflösen werde.«

Auch die ersten Tage in Weimar verliefen noch friedlich-gemütlich; bald aber ward es deutlich, daß der alte Dichter sich in seinem Hause gar wenig wohl fühlte. Der Kanzler von Müller, der es bemerkte, ermahnte ihn zu täglichen Spazierfahrten. »Mit wem soll ich fahren, ohne Langeweile zu empfinden?« war die unerfreuliche Antwort. Müller nannte Ottilien und ihre Schwester Ulrike, die noch immer im Hause wohnte. Goethe wollte nichts davon wissen. »Wen man täglich von früh bis Abend sieht, der kann uns nicht mehr verführen. [...] Ja, ich bin wohl und heiter heimgeckehrt,« fuhr er fort, »drey Monate lang habe ich mich glücklich gefühlt, von einem Intereße zum andern, von einem Magnet zum andern gezogen, fast wie ein Ball hin und her geschaukelt, aber nun – ruht der Ball wieder in der Ecke, und ich muß mich den Winter durch in meine Dachshöhle vergraben und zusehn, wie ich mich durchflicke!«

Eines Tages kam es doch zu einer Aussprache zwischen Vater und Sohn über das Heiratsgerücht. Was für Worte da fielen, ist uns begreiflicher Weise nicht überliefert. Auch wissen wir nicht, ob Goethe jetzt noch den Plan oder Wunsch hatte, jenes junge Fräulein als Gattin in sein Haus zu führen; aber er stellte offenbar dem Sohne gegenüber diesen Plan nicht in Abrede und betonte vermutlich sein gutes Recht, für sein Wohlbefinden auch noch durch eine zweite Ehe zu sorgen, wenn es ihm so gut dünke, und sein selbstverdientes Vermögen auch dieser zweiten Frau zuzuwenden. Vermutlich stellte Goethe noch keine Heirat, wohl aber einen Besuch der jungen Dame in Weimar in Aussicht, aber das lief ja auf eins hinaus. August wird in der Erregung scharfe Antworten gegeben haben; vielleicht wollte er auch durch die Ausmalung des entstehenden

Skandals den alten Vater von solcher Verirrung rechtzeitig zurückbringen. Sicherlich erklärte er, daß er mit seiner Familie Haus und Stadt und Amt verlassen würde, wenn der Vater mit dieser unerhörten Heirat wirklich Ernst mache.

Ottilie war um diese Zeit viel krank. Sie sah des Vaters Vorhaben in einem milderen Lichte; sie kannte und verehrte die Allgewalt der Liebe und war sich bewußt, daß ihr eigenes Verhältnis zu dem Jüngling aus Irland gleichfalls gegen alle Regeln verstieß. Sterling war immer noch in Weimar und erwiderte Ottiliens Liebe mit Glut.

Die älteren Männer, die mit Goethe näheren Umgang pflogen – es kamen jetzt gerade auch mehrere auswärtige Freunde zu Besuch – glaubten nicht, daß es Goethe mit der Heirat wirklich ernst meine. Einige Damen des Kreises urteilten, Goethe gefalle sich darin, sich selber die Leidenschaft eines jungen Mannes vorzutäuschen. Wieder andere hielten das Erlebnis mehr für eine poetische Aufregung, bei der neue Gedichte nicht nur zu den Folgen, sondern auch zu den Zwecken gehörten; denn Goethe teilte jetzt allmählich die in Marienbad, Karlsbad und unterwegs entstandenen Verse mit, besonders eine große tiefgefühlte Elegie, die ein Wiedersehen mit der Geliebten und den Abschied von ihr behandelte. So war auch der Kanzler immer der Meinung, daß sein berühmter Freund gar keine ausschließliche Leidenschaft für jenes Fräulein in Böhmen empfinde, sondern in der Hauptsache an seiner Einsamkeit, an seinem unbefriedigten Bedürfnis nach zärtlicher Liebe und Pflege, nach einer schönen Häuslichkeit leide. In diesem Sinne schrieb er am 25. September an Gräfin Julie von Egloffstein, die leider gerade in diesem Herbst und Winter nicht in Weimar lebte, wo sie dem alten Herrn sonst sehr wohltätig hätte sein können. Und er fuhr fort: »Die rohe und lieblose Sinnesweise seines Sohnes und Ulrikens [von Pogwisch] schroffe Einseitigkeit und gehaltlose Naivität sind freilich nicht gemacht, eine solche Krisis sanft und schonend vorüberzuführen, und die arme Ottilie ist seit seiner Ankunft beständig krank und für ihn so gut wie unsichtbar. Daher macht ihn der grelle Kontrast gegen sein heitres Badeleben mitunter höchst verstimmt und niedergebeugt [...]. Nur vom Sohne her droht alles Übel, da der verrückte Patron den Pikierten spielt und sogar Ottilien mit sich nach Berlin nehmen will, wodurch als dann erst alles verloren gehen könnte.«

»Der Cammerrath soll außer sich sein,« drückte es Frau von Schiller aus, »Ottilie aber sich sehr vernünftig betragen.« Und ein andermal: »Der Sohn soll sehr hart mit ihm gewesen sein. Ottilie bekam Krämpfe.«

Die nächsten Wochen gingen unruhig und ungleichmäßig vorüber: auswärtige Gäste beherrschten das Haus. Eine schöne polnische Klaviervirtuosin, die er schon von Böhmen her kannte, war für den alten Herrn das Wohltuendste. Ottilie verliebte sich um dieselbe Zeit in einen Schotten William Wemyß, der nur drei Tage in Weimar blieb und sich durch »ein wunderliches, grausiges Lächeln« auszeichnete. Der Vater Goethe ließ seinen Unmut über die Geschichte mit diesem neuen Briten gegen den Kanzler aus. Das Treiben Ottiliens sei hohl, leer; es sei nur eine Wut, aufgeregt zu sein, ein abenteuerliches Treiben; weder Leidenschaft, Neigung, noch wahres Interesse.

Damit tat er ihr doch Unrecht; wenigstens im Falle Sterling war es keineswegs eine oberflächliche Hitze. Eines Tages erklärte sie diesem Zwanzigjährigen: sie möchte ihm ihr ganzes Leben widmen und ihren eigenen Willen ganz dem seinigen unterwerfen: Das erst würde sie glücklich machen.

Der Jüngling war erstaunt und freudig überrascht über solche Worte; ihm schienen sie aber der echt weibliche Ausdruck höchster Liebe zu sein.

»Möchtest du wirklich mir gehorchen?« fragte er.

»O wie gern!«

»Du würdest mir wie einem Herrn dienen?«

»O wie gern!«

Er ließ sich noch ein paarmal die gleiche Antwort geben, und von nun an sagte er zu jedermann, drei kleine Worte hätten ihm die deutsche Sprache lieb gemacht, die Worte: »O wie gern!«

Im November erkrankte Vater Goethe wieder sehr bedenklich. Eine Erkältung kam als äußerer Anlaß zu der Schwächung durch innerliche Erregungen hinzu. Über vierzehn Tage durfte er nicht liegend schlafen; er saß immer neben dem Bette in dem großen Stuhle, den ihm die Oberkammerherrin von Egloffstein geschenkt hatte. Auch als er langsam genas, blieb sein Arzt der Meinung, daß er innerhalb des nächsten Jahres an der völligen Zerstörung der Nieren und daraus folgender Wassersucht sterben müsse. Von einem Besuche der Fräulein von Levetzow war nun keine Rede mehr, und das Heiratsgerücht schlief ein.

Ottilie hatte schon im November nach Berlin gehen wollen; am 22. oder 23. Dezember trat sie die Fahrt an.

Warum verließ sie den Gatten und die Kinder kurz vor dem Weihnachtsfeste? Sie wolle ihrer Mutter entgegenfahren, sagte sie. Der wahre Grund war offenbar, daß sie sich selber vor ihrer Liebe zu Sterling in Sicherheit bringen und daß August ihr dabei behilflich sein wollte. Die Zerstreuungen in dem geliebten Berlin, wo sie diesmal in der Familie Nicolovius Wohnung nahm, sollten ihre krankhaft erregte Seele heilen.

Fast eine Woche verging, ehe sie in Berlin die Feder ergriff. Am 1. Januar 1824 wandte sie sich an den Gatten: »Es ist billig, lieber August, daß die ersten Zeilen, die ich in Berlin schreibe, an Dich gerichtet sind, dem ich vor Allen die Freude verdanke hier zu sein; und wüßtest Du, wie oft ich Deiner dankbar gedacht, oder ließe sich ein Händedruck 82 Meilen weit fühlen, so würdest Du mit mir zufrieden sein.« Sie berichtete ihm vieles über ihr buntes Leben in der großen Stadt, und er schickte ihr sein Tagebuch über seine gleichmäßigen Tage. Leider verfiel sie in ihren alten Fehler der unangebrachten Offenherzigkeit, und wie sie dem jungen Heinrich Nicolovius früher ihre Gefühle für August und Ferdinand kundgetan hatte, so erzählte sie ihm jetzt allerlei über Charles. Heinrich stand ihr in Unüberlegtheit nicht nach; er schrieb infolge des Gesprächs einen Brief an Sterling. Dieser aber wollte nach strenger Ordnung handeln und übergab seine Antwort dem Gatten zur Kenntnisnahme und Besorgung. August äußerte sich über diese Irrtümer gegen Ottilie ganz kurz: »Anbei folgt die Antwort Sterlings auf Heinrichs unbesonnen geschriebenen Brief; Ulrike hat mich überhoben, über diese unangenehme Sache zu schreiben, und ich kann nichts empfehlen als mehr Vorsicht im Leben, damit dergleichen Unannehmlichkeiten nicht ohne Noth erregt werden; man hat so im Leben genug auszuhalten.«

Sechs Tage darauf – am 6. Februar – hatte er Ottiliens Verteidigung, auch einen Rechtfertigungs-Brief von Heinrich und ein geschlossenes Schreiben Ottiliens an Sterling, das er abzugeben gebeten wurde. Dies tat er nicht, weil er annahm, daß sie in der Hitze ihren jungen Freund aufforderte, Weimar sogleich zu verlassen. Das hielt er für unnötig; es hätte nur Gerede gemacht. Seiner Frau antwortete er sogleich mit seiner gewohnten Güte und Ruhe: »Früh 7 Uhr erhielt ich deinen und Heinrichs Brief über den unangenehmen Vorfall und will jetzt einiges darüber schreiben: 1. daß ich über dein Verhältnis mit Sterling auch jetzt nicht anders denke wie sonst und ich in dieser Hinsicht weder Vertheidigung noch Aufklärung verlange; 2. daß mich aber diese Angelegenheit in dem Maße, wie sie Sterling nahm, sehr ergriff und im ersten Augenblick erstarrte; weswegen ich auch nicht selbst schrieb; 3. daß mein Verhältnis dasselbe mit Sterling ist wie sonst und ich keine Veränderung habe finden können. 4. Nur deine Reden und Benehmen gegen Heinrich konnten ihn vermögen, an Sterling so zu schreiben wie er that; daß also mit ein wenig Vorsicht von Deiner und mit mehr Ueberlegung von Heinrichs Seite diese Angelegenheit, die uns alle tief berührt, hätte leicht vermieden werden können. Einen Brief von der Mutter an dich habe ich abgewendet, und überhaupt mit derselben so gesprochen, wie ich zu denken gewohnt bin. Auch mußte dir die Fortsetzung meiner täglichen Nachrichten Beweis seyn, wie ich die Sache genommen und daß dir Ulrike nur Vorsicht empfehlen konnte. Daß Sterling eher gehe wie er wollte, finde ich unpassend; man würde dadurch ihn glauben machen, daß er gefährlich sey. Nimm also diese Zeilen als eine Beruhigung; uebereile nichts, denn jeder Schritt, den du jetzt thust, ist nicht zurück zu thun. Grüße Heinrich von mir und sage ihm, daß ich gleich von Anfang die Sache so angesehen wie er schreibt, jedoch nicht umhin gekonnt, etwas Vorsicht empfehlen zu lassen. Endlich schließe ich mit der Versicherung, daß mein Inneres gegen dich keinen Groll und kein Mißtrauen hegt, und wünsche, daß dieser Schattenpunkt in deinem Berliner Aufenthalt dir und den Freunden keine trübe Stunde mehr mache. [...] Lebe wohl und beruhige Dich, wie immer dein August.«

Ottilie ließ sich nun im Berliner Strudel der Vergnügungen und Besuche weiter treiben; sie mußte also bald dem guten Ehemann melden, daß es gewaltig viel koste: ob er ihr eine Summe leihen wolle? Und sie fragte zugleich, wann sie zurückkommen solle. Er wies ihr zunächst fünfzig Taler an, auf deren Rückgabe er kaum rechnete; sie erhielt für ihre persönlichen Ausgaben von ihrer Mutter oder wahrscheinlicher von ihrer Großmutter ein bestimmtes Jahrgeld; wir tun ihr aber kein Unrecht, wenn wir annehmen, daß sie nicht damit auskam.

Auf ihre Frage, wann sie von Berlin abgehen solle, gab er keine bestimmte Antwort. Die dortige Zerstreuung war ja als eine Art Kur gedacht; sie mußte selber fühlen, wann sie das Leben mit ihrem Gatten und ihren Kindern wieder aufzunehmen imstande sei. Vielleicht hatte sie vorgeschlagen, daß während ihrer Abwesenheit noch einige gewünschte Umbauten und Erneuerungen in der Wohnung geschehen könnten.

Darauf erwiderte er kurz: dafür sei nach so manchen unverhofften Ausgaben jetzt kein Geld da. »Wir müssen uns also einrichten, und was sieben Jahr gehalten, wird und muß auch noch länger halten.«

Ottilie meldete nun, daß sie am 22. Februar von Berlin abreisen würde. Sie schob die Trennung von den dortigen Herrlichkeiten aber noch einmal hinaus, und es geschah das Schlimmere: Sterling, der sich bisher keine Blöße gegeben, der auch keinen Brief an Ottilien geschrieben hatte, worüber diese, wenn sie im Berliner Taumel zu sich selbst kam, fast in Verzweiflung geraten wollte, dieser behutsame Liebhaber beging jetzt aus Sehnsucht nach seiner Geliebten einen törichten Streich. Er verließ plötzlich Weimar. Seine bisherige Wirtin, Frau von Schwendeler, bemerkte, wohin er reiste; sie gab dem Herrn von Goethe sogleich Nachricht, daß dieser Freund seiner Frau auf der Fahrt nach Berlin sei. Und August schrieb es sogleich an Ottilie: »Nein, die Art seiner Abreise war weder klug eingeleitet noch zeugte sie von Freundschaft gegen mich; denn ohne jemand (*doch das will ich nicht ganz behaupten??*) wenigstens von *unserer Familie*, etwas zu sagen, ließ er sich plötzlich am Hoff beurlauben, sprach nur einmal ganz flüchtig mit mir, und setzte gegen die Gesellschaft *alle Rücksichten aus den Augen* und schied. Eine neue Erfahrung habe ich wenigstens gemacht, und sie wird mir ewig vorschweben, und meine Gutmüthigkeit wird wenigstens nie wieder auf eine Sandbank laufen!« Er berichtete nun die sonstigen Neuigkeiten und wünschte ihr: »Lebe recht wohl und vergnüge dich.« Von sich fügte er hinzu: »Ich habe viel zu arbeiten und leider wenig Muth dazu, da es mir jetzt an körperlichen Übelbefinden nicht mangelt und mein Gemüth durch manche Bewegungen, welche die letzte Zeit hervorgebracht hat, auch nicht in der besten Stimmung ist. Ich hoffe aber auf die Zukunft, und da mir auch manche Belehrung geworden und mancher Entschluß gefaßt ist, so wird die alte Heiterkeit wohl auch wiederkehren.«

Ottilie kehrte zurück: acht Wochen hatte sie in Berlin ausgekostet. Sterling war nun ihren Augen entschwunden, aber nicht ihrem Herzen. Sie betrog ihren Gatten nicht: die Ehe der beiden war nur noch eine Art Freundschaft zwischen zwei Leuten, die mit einander Mitleid hatten.

Schon im vorigen Jahre hatte der Arzt von Ottilien verlangt, sie solle eine Badekur gegen ihr Übel versuchen: sie litt am Halse, an der Leber, an häufigen Kopfschmerzen. Ottilie aber hatte das Geld lieber für den Aufenthalt in Berlin ausgegeben. Wenige Monate nach der Rückkehr fühlten sie und August, daß es so nicht weiter gehe. Ottilie litt gleich sehr am Körper und am Gemüt. Man dachte wieder an Scheidung und verwarf den Gedanken wiederum. Die junge Frau bildete sich ein, sie würde nicht mehr lange leben: also könne sie ihr Joch auch bis zum Ende schleppen.

Eine Badereise empfahl sich im Sommer als das nächste Hilfs- und Heilmittel aus solchen Nöten: Zeit gewonnen, viel gewonnen!

Ems und Schwalbach wurden vom Arzt empfohlen; und diesmal folgte Ottilie dem Rate. In Frankfurt besuchte sie die Freunde des Goetheschen Hauses: Schlossers und Graf Reinhardt. Erst von Ems aus wandte sie sich brieflich an den Gatten: »Ich schreibe Dir, lieber August, weil ich fürchten muß, Du könntest es für eine Unfreundlichkeit halten, Dir nicht meine Ankunft hier und meine Reise hierher mitzutheilen, – doch ich gestehe Dir, daß ich es sehr ungern thue, da ich fühle, daß ich zu gemüthskrank bin, um daß meine Briefe Dir Freude geben könnten. [...] Du weisst, ich ging mit der Überzeugung, eigentlich nicht krank genug für ein Bad zu sein, von Weimar weg. Diesen Gedanken habe ich auf den Weg bis Frankfurth gänzlich verlohren, denn ich hätte nie geglaubt, daß ein Übel sich so schnell entwickeln könnte. Ich weiss kaum mehr, wie man frei athmet, und litt dort recht oft an Leberschmerzen und gänzlicher Erschöpfung, obgleich Schloßers alles für meine Pflege thaten. [...] Sehr gerne wäre ich noch länger in Frankfurth geblieben, aber der Gedanke, daß Du glauben könntest, ich wollte schon anfangen, meine Cur zu vernachlässigen, trieb mich fort; ich gestehe dir, ich hätte kein tadelndes Wort darüber ertragen können; ich bin so gereizt, so herzens- und geisteskrank, daß die bloße Idee einer Unfreundlichkeit mir das Fieber giebt.«

Der Aufenthalt in Ems tat ihr wohl. Sie war einsam, denn sie vermied es ängstlich, sich an jemand anzuschließen. Sie blieb am liebsten in ihrem Zimmer, las oder starrte aus dem Fenster auf den Fluß, oder sie beschäftigte sich mit einer Stickerei, während doch weibliche Handarbeit zu Hause ihre Sache gar nicht war. Dies Entferntsein von Menschen – nur ihre Jungfer hatte sie immer in der Nähe – wirkte heilsam auf ihre Seele. Die erste neu gewonnene Kraft tat ihr aber auch not, um einen Schlag, der vom Arzte kam, auszuhalten. Der Doktor untersuchte nämlich ihren Hals und fand, daß ihr Übel nicht in der Stimmritze liege: aus diesem Grunde hätte sie also nicht auf das geliebte Singen zu verzichten brauchen, wie sie in den letzten Jahren getan. Aber sie habe eine starke Anlage zum Kropf: wenn sie sänge, würde sich dieser sicherlich ausbilden. Das schrieb sie an August: »So ist mir denn auch noch das einzige Talent genommen was mir der Himmel gab; die Freude an der Musik wird jetzt eine täglich nagende Pein werden, und wie ein Bettler, der von den Almosen der andern lebt, bleibt mir keine Aufheiterung und Freude als die mir die Güte der andern gewähren will. Du verstehst mich nicht, ich weiß es, und wirst es auch ewig als eine Überspannung ansehen, aber mit welchen tödtenden Gefühlen ich dieses niederschreibe, ist nicht auszusprechen.«

Ihre Mutter hatte immer Verständnis und Geduld für sie. Jetzt riet Frau von Pogwisch der seelenkranken Tochter, das Klavierspiel um so besser zu erlernen, woraus Ottilie sich bisher nicht viel gemacht hatte; sie werde dann am eigenen Spiel die Freude gewinnen, die sie am eigenen Gesange einbüße.

Ebenso sollte sie das Englische, das sie bisher nur spielerisch betrieben, gründlich erlernen. Das wären dann zwei Aufgaben, die sie ernstlich beschäftigen, die zu ihren Neigungen paßten und sie von ihrer trüben Lage ablenkten. Was diese Lage aber angehe, so wünschte die Mutter, daß sich Ottilie vornähme, noch zwei Jahre in ihrer Ehe auszuhalten. Man rechnete mit dem baldigen Tode des alten Vaters Goethe: ihm wollte man die Erregungen und den Kummer ersparen, den die Scheidung, die Verhandlungen und das Gerede darüber ihm bereiten mußten. Sobald er gestorben, würden August und Ottilie Privatleute werden, um die sich zwar noch die Nachbarschaft, aber nicht mehr die Welt kümmerte.

Ottilie nahm die Ratschläge gern an. Allerdings kam ihr das Klavier unter den Musikinstrumenten immer vor »wie ein in einer vortrefflichen Pension erzogenes Mädchen, die alles kann, alles gelernt hat, nur nicht lieben; es ist keine Poesie darin.« Zum Englischen fehle ihr in Weimar der rechte Lehrer; auch habe ihr August zuletzt jedes englische und französische Buch, worin sie las, vorgeworfen, weil es ein fremdes war. »Wofür ich Dir aber ewig danken will, ewig, ewig, das ist, daß Du mir sagst, ich sollte diese Art von Existenz nur noch zwei Jahr zu ertragen versuchen. Sieh, ich bin fester entschlossen wie je, so lange nur noch ein Athem von Kraft in mir ist, mich nicht scheiden zu lassen, aber dennoch danke ich Dir, daß Du Mitleiden genug hast, um nicht gleich den Andern zu sagen, – Du darfst nicht daran denken –, daß Du nicht kalt und unbarmherzig dadurch das Unglück eines langen Leben bestimmst. Warum ich mich nicht von August trennen will, habe ich schon zu oft gesagt um es noch zu wiederholen, – Sterling kommt jetzt in keinen Betracht dabei. – Auch meine erste Idee, an August ausführlich über unser Verhältniß zu schreiben, habe ich ganz aufgegeben; wozu? – durch welches Gefühl soll sich unser Verhältniß noch verbessern? ich weiß keines, es steht selbst nicht mehr in seiner Macht, – sieben Jahre lang habe ich mich ungeliebt gesehen, stets getadelt, stets verletzt: nun hängt nichts mehr von ihm ab; er mag sein, wie er will, es kann mich zwar noch peinigend, nicht mehr aber erfreuend berühren. Und was sollte ich ihm sagen? hat er nicht in allen, was ihn jetzt schmerzt und worüber er sich beklagt, vollkommen recht?«

Ottilie pflegte ihre Gesundheit weiter, in Ems und Schwalbach. Sie ermahnte ihren Gatten, er möge doch auch eine Reise machen, aber das war nicht möglich. Seine Schwägerin Ulrike war bedenklich krank. Vom Vater hatte man angenommen, daß er seiner alten Gewohnheit folgend im Sommer verreisen werde: nach Böhmen oder an den Main und Rhein; er zögerte jedoch und blieb schließlich ganz in Weimar. Sein Geburtstag nahte, und dazu mußte der Sohn des nun Fünfundsiebzigjährigen wohl am Orte sein. Auch war August durch seinen Dienst stets reichlich beschäftigt, sowohl im Staatsamte, wo er seit Silvester 1823 den Titel eines Geheimen Kammer-Rates führte, wie bei Hofe, wo er zum Kammerherrn aufgerückt war; jetzt gerade war er Diensttuender gewesen, als Prinzessin Marie, die älteste Tochter des erbprinzlichen Paares eingesegnet wurde. So verging sein Sommer, und er drehte sich nach wie vor »wie des Färbers Gaul im Kreise herum«. Aber er klagte nicht; wo ihm so manches andere fehlte, hatte er doch innere Genugtuung, seine Pflicht treulich zu erfüllen. Er sehnte sich wohl auch nach einer längeren Entfernung aus dem gewohnten Leben, nach einer großen Reise, nach Italien oder sonst einem gerühmten Lande; aber die Verwirklichung dieses Traumes schob er auf: seine Geldverhältnisse mußten sich noch sehr verbessern, und der Vater mußte ihn nicht mehr nötig haben.

Am 27. August, gerade zu des Vaters Geburtstage, kam Ottilie zurück.

Einen Monat später war sie schon wieder in schlimmster Gefahr, denn jene Kunstreitergesellschaft, der Batist angehörte, spielte wieder in Weimar, und Ottilie war noch einmal die Motte, die um das Licht flatterte. »Wie ist es nur möglich, daß Jemand, für den man doch nie etwas empfunden hat, einen solchen Einfluß auf uns haben kann!« So schrieb sie in ihr Tagebuch. Es war nur ein glücklicher Zufall, daß sich nichts Abenteuerliches ereignete; an Zuschauern, die darauf warteten, fehlte es nicht. Also auch nicht an Gerede.

Im nächsten Winter und die folgenden Jahre ward Ottilie von den weimarischen Engländern, Schotten, Iren und Amerikanern beherrscht: ihre Stube ward zum Salon dieser Fremdlinge; sich selber bezeichnete sie im Scherze als den großbritannischen Konsul. Wie es kam, daß plötzlich so viele Briten in Weimar erschienen, braucht hier nicht erzählt zu werden; auch lassen sich solche sozialen Moden nie völlig erklären. Kurz, es kamen immer neue junge Männer zwischen Sechzehn und Dreißig, um in der Dichterstadt Deutsch zu lernen – doch war das nur ein Vorwand für das Vergnügen, das sie hier suchten und fanden. Sie wurden bei Hofe und in der Stadt sehr gut aufgenommen; man hielt ja schon seit hundert Jahren in Deutschland die Briten für das erste Volk der Erde, und jeder einzelne Vertreter dieser Nation hatte ohne weiteres Adelsrechte; aber, von diesem Vorurteile abgesehen: die Briten brachten Geld in die weimarische Armut und Leben in die Langeweile des Untersichseins. In ihrer Frische und Unverschämtheit gefielen sie den Damen sehr, und schon weil sie nicht viel anderes zu tun hatten, machten sie diesen deutschen Mädchen und Frauen fleißig den Hof; die gesellschaftlichen Veranstaltungen aller Art bekamen durch sie den allerbesten Schwung. Außer den jungen Männern kamen auch ihre Schwestern, Mütter, Tanten, zuweilen auch die Väter; aber die jungen Männer blieben in der Mehrzahl. Einen besonderen Reiz hatten sie schon durch die fremdartigen Uniformen, in denen sie sich zeigten. Sie waren drüben Offiziere oder konnten sich doch dafür ausgeben; auch weimarische Hofuniformen trugen sie, denn auch bei Hofe sah man ihnen alles nach. Ein Brite wußte es vom andern, daß man bei Frau von Goethe seinen

Besuch zu machen habe; die meisten kamen dann sehr oft zu ihr und blieben lange Stunden. Von ihrem Geburtstag 1824, den 31. Oktober, schrieb sie ins Tagebuch: »Alle Freunde und Bekannte kamen; von Engländer beide Kynastons, French, Oude, Dooland und Wolley, der mir Mr. Stewart vorstellte.« Vom 5. November, wo sie einen Ball besuchte, den die Kynastons gaben: »Neu erschienen Herr May, die beiden Cromey und Herr Shelley. [...] Herr Fitz Roy und Herr St. Clair, Bruder des vorjährigen, kannte ich schon.« Dann über den 12. November: »Nach Tisch Besuch von Herrn Kynaston den Vater. [...] Herr May und die beiden Cromey kamen hierauf. Herr Kynaston ging, und ein paar Augenblicke darauf kam Herr Shelley und Herr Fitz Roy, dann Captain Hotham, hierauf Kynaston Sohn mit Herrn Stewart. Das Gespräch war lebhaft und hübsch, Herr May gefiel mir sehr gut [...]. Nach meiner üblichen Gewohnheit bewies ich diesen Herrn, daß es mir am Ende nicht an Mitteln fehlen würde mich zu vertheidigen, ja gelegentlich sie anzugreifen, wenn etwas Arroganz ihres Charakters als Engländer und Weltleute sie zu weit führen sollte. Ich glaube, die Herrn hatten den Plan den Abend dazubleiben; doch erklärte ich ihnen, daß ich genöthiget wäre, den Vorstellungen des französischen Herkules beizuwohnen, wo der Hof sein würde. So entschloßen sie sich denn alle hinzugehen.«

Jeder Zweite oder Dritte unter diesen Gästen übte auf Ottiliens Herz oder auf ihre Einbildungskraft einen Reiz, wo nicht einen Zauber aus. Der Ausländer, der uns durch die Sprache nur unvollkommen verständlich wird, kann ja so leicht, wenn wir guten Willen mitbringen, für ein seltenes, geistreiches, bedeutendes, geheimnisvolles Wesen gehalten werden, während unser Landsmann uns gar kein Rätsel aufgibt und nur schwer zum Idealbilde sich umbilden läßt. Im großen Kriegsjahr 1813 hatte sich Ottilie einmal im Scherze als das »Fräulein Ottilie von Pogwisch im Fürstenhaus mit der Kaserne im Herzen« genannt; jetzt hatte die Frau von Goethe das Herz voll von großbritannischer Einquartierung. Da es aber so viele und

August von Goethe

Kreidezeichnung von Johann Joseph Schmeller, 1825

immer wieder neue fesselnde Menschen waren, so wuchs ihre Neigung zu den Einzelnen doch nicht ins Auffällige und Schmerzliche.

Mit Sterling hatte sie keine unmittelbare Verbindung mehr. Sie war sich nicht im Zweifel, daß der junge Mann in der Fremde der Macht anderer Frauen unterliege, aber sie blieb ihm immer treu. Das heißt, sie richtete in den wenigen einsamen Stunden und oft auch mitten im Treiben der Menschen ihre Gebete an ihn. Sie beichtete ihm alles: nämlich sie dachte ihn als einen künftigen Leser ihrer Tagebücher; Adele sollte sie ihm nach ihrem Tode übersenden. Sie labte sich an der Vorstellung, daß er ein großer Dichter werden und daß sie, seine erste Liebe, durch ihn ein wenig Leben haben würde:

> [...] Mit Stolz darf ich mir selbst bekennen:
> Zum Dichter küßte ich Dich wach!
> Und wird man Deinen Namen nennen,
> So tönt der meine leise nach. [...]

Wie stellte sich August zu den zahlreichen Gästen, die sich in seiner Wohnung und im inneren Leben seiner Frau so einheimisch machten? Soviel wir sehen können: duldend und freundlich. Die jungen Leute gehörten zeitweilig zur Hofgesellschaft, die sich unter einander vertragen muß; sie gefielen großenteils seinem alten Vater, der sie freilich mehr von weitem sah; sie gefielen in vielen Fällen auch ihm selber. Mit seiner Frau hatte er sich längst auf ein friedliches Nebeneinander geeinigt, das beiden Teilen die größte Freiheit ließ. War er zu Hause, so hielt er sich in seinen eigenen Stuben auf, die er sehr liebte; in die Räume seiner Frau kam er nur zum Besuch. Der Hofdienst und die Loge hielten ihn oft vom Hause fern. Vielleicht verbrachte er viele Stunden in Gasthäusern; doch haben wir aus diesen Jahren kein Zeugnis, daß man ihn einen Trinker genannt hätte. Vermutlich ging er zum Ersatz für die Gefühle, die er daheim nicht fand, einigen Liebschaften nach, feineren und gemeineren. Von einer ehemaligen Mademoiselle Rüter gestand er im Oktober 1826 seiner Frau: Diese habe er im vergangenen Jahre sehr geliebt und ein großes Gedicht *(Die Palme)* auf sie gemacht; das sei nun aber sicher sein letztes Interesse gewesen.

»Erschienen sie öffentlich zusammen, so war ihr Benehmen tadellos«, so erzählte später Jenny von Gustedt von diesen Freunden; »auch zu Hause machten sie den Eindruck eines einigen Paares, sobald die Kinder bei ihnen waren.«

Die beiden Knaben konnten nicht ahnen, was in den Herzen ihrer Eltern vorging; sie waren zu Hause und in dem großen Kreise der Verwandten und Freunde wohlversorgt. Sehr früh wurden sie auch zu Hofe gezogen, da der einzige Sohn des erbprinzlichen Paares, Karl Alexander, gleichaltrig mit Walther von Goethe war und da der Erzieher des Prinzen, Hofrat Soret, sehr oft ins Goethesche Haus kam. Im Sommer 1824 war Walther auch im Schlößchen zu Dornburg mit dem Prinzen zusammen.

Der jüngere Bruder war der gesündere und fröhlichere von beiden; er schien auch der begabtere zu sein. Sein Großvater, dessen entschiedener Liebling er war, sah in diesem neuen Wolfgang Goethe seinen eigentlichen Nachfolger.

»Sehen Sie meinem Wolf in die Augen,« sagte er im September 1825 zu einem böhmischen Gast, »es spricht so etwas heraus, daß ich meinen sollte, er werde ein Dichter. Mein Sohn hat keine Anlage dazu, wohl aber ist er auf seinem Platz als Kammerrath. Er versieht auch meine ganze Wirthschaft, um die ich mich nicht zu kümmern brauche. Meine Enkel machen mir viele Freude, sie werden gut erzogen, meine Schwiegertochter ist eine einsichtsvolle, in Sprachen geübte, im Umgange in höheren Cirkeln gewandte, unterrichtete Hausfrau.«

X. Des Vaters Stellvertreter
1825 – 1828

Der Wirtschafter des Hauses: bald an Stelle der schwärmenden Hausfrau, bald an Stelle des dichtenden und forschenden Vaters!

Wir erinnern uns, daß August außer Versteinerungen und Münzen auch die poetischen Erzeugnisse seines Vaters zu sammeln liebte, das Zerstreute, Vergessene, das noch nicht Druckfertige und dasjenige, was wohl niemals gedruckt werden, aber auch nicht umkommen durfte. Der Alte sprach selber recht respektlos von seinen poetischen Abort-Sitzungen, wobei er sich die Dinge vom Halse schaffe, die ihn ärgerten. Sein Sohn verehre alles von ihm mit Pietät, da lasse er ihm den Spaß. Auch ein größeres erotisch-moralisches Gedicht nach italienischem Vorbilde, *Das Tagebuch*, zeigte der Vater dem Sohne.

Im Frühjahr 1822 bat ihn der Vater, im Verein mit Riemer und Kräuter alle Drucke und Handschriften herbei zu schaffen, die für eine Ausgabe letzter Hand der Werke in Betracht kämen und sie in einige Ordnung zu bringen. Bei seiner Rückkehr aus Böhmen fand er es getan. »Es ist diesen Sommer,« schrieb er an Cotta, »in meiner Abwesenheit, eine Repositur zusammen gestellt worden, worin alles enthalten ist was jemals Gedrucktes und Ungedrucktes, von Werken, Schriften, Arbeiten und Vorarbeiten von mir ausging; wo alle Tagebücher zu Haus und in der Fremde, alle Fragmente und, was mehr ist, seit gewissen Jahren sämmtliche an mich erlaßene Briefe und die bedeutendsten von mir ausgegangenen, in einigen Schränken aufbewahrt sind.«

Die letzte Gesamtausgabe der Werke war 1815 bis 1819 erschienen: 20 Bände, die dem Verfasser 16 000 Taler eingebracht hatten. 1823 war der Vertrag mit dem Verleger abgelaufen; eine neue Ausgabe war also vorzubereiten. Diese Arbeit ging recht langsam von statten, da Goethe durch alte und neue Schriften die Zahl der Bände sehr vermehren wollte. Die Verzögerung aber hatte aus einer besonderen Ursache auch ihren Nutzen.

Es war damals fast überall noch erlaubt, Bücher, die in einem anderen Staate, also auch einem andern Lande des deutschen Bundes, ausgegeben waren, nachzudrucken; alle rechtmäßigen Verleger mußten deshalb erwarten, daß Nachdrucker die gangbarsten Werke ihres Verlages sehr bald in billigeren Ausgaben auf den Markt werfen und ihnen den Absatz verderben würden. Sie konnten in den fremden Staaten um Schutz vor solcher Schädigung einkommen, erreichten aber gewöhnlich nichts, da die Landesväter und Regierungen die Geschäfte ihrer eigenen Untertanen begünstigten. Begreiflicher Weise kämpften die besseren Verleger gegen dieses Übel an, und als 1814 zu Wien das neue Deutschland entstand, waren zwei Männer, die Goethen nahe standen, Cotta in Tübingen und Bertuch in Weimar, sehr bemüht, um im neuen Reiche dieses Unrecht von vorherein auszuschließen. Die Fürsten und Gesandten des Wiener Kongresses wurden jedoch durch Länderschacher und Lustbarkeiten so sehr in Anspruch genommen, daß für Kulturfragen keine Zeit übrig blieb, und nachher waren im neuen Bunde die Turner zu bekämpfen und geheime Vereine auszukundschaften. Der Nachdruck gedieh also nach wie vor. In Goethes Hause empfand man besonders eine Wiener Ausgabe seiner Schriften, die großen Absatz fand, ärgerlich. August, dem der Vater »alle technische, ökonomische und merkantilische Behandlung« in der neuen Verlagssache übertrug, machte sich über den Nachdrucks-Unfug manche Gedanken und besprach sie mit andern. Dabei entstand der kühne Plan, daß sein Vater als der größte deutsche Schriftsteller für seine Werke ein für alle deutsche Staaten gültiges Schutzrecht von der deutschen Bundesversammlung in Frankfurt erbitten solle. Es geschah. Der alte Dichter schrieb an den ihm bekannten Fürsten Metternich, den damaligen Lenker des mittleren Europas; er schrieb auch an die verschiedenen Bundestagsgesandten, sowie an einige regierende Fürsten, und erbat ihre Befürwortung; im Januar 1825 ging die förmliche Eingabe nach Frankfurt ab. Sie fand dort ziemlich viel Widerstand; einige Gesandten bemängelten es, daß der große Dichter so sehr auf seinen Vorteil bedacht sei, aber der preußische und der sächsische Vertreter, von Nagler und von Beust, traten eifrig für Goethe ein. Das Ergebnis war, daß der Bund zwar sich für unbefugt erklärte, in der gewünschten Weise in die Landesrechte einzugreifen, daß aber alle Regierungen einzeln dem großen Dichter das Privilegium gewährten, und sogar auf unbestimmte Zeit.

Mit einem Schlage stieg damit der Geldwert der Goetheschen Werke auf ein Vielfaches. Bisher hatte die Familie zwar nie in ärmlichen Verhältnissen gelebt, aber doch beinahe von der Hand in den Mund. Goethe hatte immer auf's neue für die Buchdrucker-Presse arbeiten müssen, und trotzdem war nicht selten das bare Geld so knapp gewesen, daß nicht jede Wein- oder andere Rechnung sogleich bezahlt werden konnte. Jetzt endlich war der Wohlstand des Hauses auf geraume Zeit hinaus gesichert. Denn nun konnten die Verleger ganz andere Honorare bieten.

Das geschah denn auch. Auf der Leipziger Ostermesse 1825 war das große Goethesche Privileg das Hauptgespräch, und mehrere Buchhändler bewarben sich alsbald um das neue Verlagsrecht. Statt des Vaters antwortete ihnen August.

Goethe hatte sein Leben lang den Verlegern nie recht getraut und in jüngeren Jahren oft mit ihnen gewechselt. Durch Schiller war er 1795 mit dessen Landsmann Cotta in Verbindung gekommen, einem kühnen und glücklichen Unternehmer, der sich sehr bald zum angesehensten Buchhändler Deutschlands und auch zu einem reichen und in seinem Heimatstaate mächtigen Mann hinaufarbeitete. Bei ihm erschienen seit 1798 fast alle neuen Schriften Goethes und auch zwei Ausgaben der gesammelten Werke. Cotta zögerte und knauserte nie, wenn ihm der berühmteste Verfasser Deutschlands etwas anbot; er brachte auch sehenden Auges manches Opfer, denn das Publikum lehnte ja einen großen Teil der Goetheschen Erzeugnisse und namentlich seine Zeitschriften ab. Cotta hatte also nach dem Vorhergegangenen ein erstes Recht auf die nun bevorstehende, unter so viel günstigeren Verhältnissen herzustellende Ausgabe; er fühlte sich tief gekränkt, als er bemerkte, daß Goethe sich nicht an ihn wandte, ja daß mit Fremden verhandelt wurde. Bald glichen Goethe und Cotta zwei Großmächten, die vor dem Abbruch der Beziehungen stehen.

Sie hatten jedoch einen gemeinsamen sehr achtungswerten Freund, den Kunstgelehrten und Sammler Sulpiz Boisserée, einen ehemaligen Kaufmann. Er übernahm die Vermittlung. Cotta erklärte jetzt: nach den früheren Abmachungen könne er in das Höchstgebot jedes anderen Bewerbers eintreten; er sei aber bereit, 10 000 Taler mehr zu zahlen, als Goethen bisher geboten seien. Das war vornehm gesprochen, aber die Goethesche Partei hatte es mit der Antwort trotzdem nicht eilig; sie wartete auf noch bessere Vorschläge. Am 19. August antwortete der alte Dichter, bisher seien von einem neuen Bewerber 50 000 Taler versprochen worden, wozu noch eine Zulage kommen solle; danach müßte Cotta also 60 000–70 000 zahlen. Das genüge aber nicht; sein Sohn und dessen Ratgeber glaubten, daß sie für 40 Bände und ein Verlagsrecht auf 12 Jahre mindestens 100 000 Taler erwarten dürften. Auf den Sohn verwies der Dichter sowohl den Freund Boisserée wie den Herrn von Cotta. »In meinen hohen Jahren allen, aus dem fraglichen Geschäft entspringenden Vortheil meiner Familie überlassend finde ich billig daß sie auch Sorge und Bemühung übernehme, die damit nothwendig verknüpft sind. Diese vorliegende Masse literarischer Productionen verehrte ich meinem Sohn als Capital, kein Wunder daß er das Resultat meines Lebens höher schätzt als ich von jeher auf meine Productionen gehalten habe. Die Theilnahme der Nation, die des Auslandes daran ist auffallend und, bey dem vorwärts bewegten Gang der Cultur, so leicht kein Rückschritt denkbar. Meine Pflicht und tägliches Bestreben ist daher meinen Austritt aus diesen Zeitlichkeiten meinen Angehörigen und Freunden so wenig als möglich fühlbar werden zu lassen, weshalb ich nur thun möchte was niemand thun kann, alles uebrige den jüngeren Thätigen, naturgemäß länger dauernden sorgfältig zu übergeben [...]. Jede Annäherung des Herrn v. Cotta zu meinem Sohn, jede abschließende Verbindung mit demselben würde mir von höchstem Werthe seyn wenn ich noch selbst Amen dazu sagen könnte.«

Cotta ließ sich weder abschrecken, noch zu einem übermäßigen Versprechen verführen. Er bot 60 000 Taler bei 20 000 Auflage; sollte die Zahl der Vorausbesteller größere Auflagen ermöglichen, so werde das Honorar dementsprechend auf 80, 100, 120 000 Taler steigen. Das war ein vornehmer, kluger und gerechter Vorschlag.

In Weimar aber griff man auch jetzt noch nicht zu. August spielte seine Rolle weiter als fremder Erbe, der, an den ehemaligen Geschäftsfreund des Erblassers keineswegs gebunden, in berechtigtem Eigennutz die Mittel sucht, wie er sein Eigentum in die höchste Geldsumme verwandeln kann. Es meldeten sich ja auch immer neue Bewerber: Reimer in Berlin, Hahn in Hannover, Brönner in Frankfurt; im Januar 1826 zählte man ihrer zwanzig. Zwei Zuverlässige boten 70 000, eine andere Firma 80 000 Taler. Man erzählte sich auch, daß August, um ganz sicher zu gehen, selber Verleger werden wolle. Zu anderen Zeiten schien die Begründung einer Aktiengesellschaft ratsam, da das Unternehmen für einen einzelnen zu groß sei.

Ende Januar warnte der edle Boisserée seinen alten Freund Goethe ernstlich vor einem Bruch mit Cotta. Er versicherte nach eigener Prüfung aller Rechnungen, daß dessen Angebot wirklich das höchste mögliche sei. Wenn man bedenke, wie vielen Verlust ein Verleger durch böse Schuldner erleide, so müsse man zugeben, daß Cotta bei seinen Vorschlägen nur einen unbedeutenden Gewinn erzielen könne. »Darf ich demnach hoffen, daß Sie abschließen, so bitte ich, um den Eindruck der letzten Verhandlungen zu verwischen, und das neue Verhältniß mit Ihrem Sohn desto besser zu begründen, behandeln Sie Cotta mit vollem Vertrauen, theilen Sie ihm die höhern Anerbietungen mit, und erzeigen Sie ihm überhaupt auch persönlich Freundliches«. Jetzt gab Goethe nach.

Einige Monate später kam Boisserée nach Weimar und sagte zu August, als ihm dieser für seine Vermittlung dankte: »Sie haben mir dabei aber auch viel Not gemacht!« August entschuldigte sich »durch die theuersten Versicherungen« und überzeugte den Gast namentlich davon, daß ihm wirklich 80 000 Taler geboten gewesen waren; das hatten Cotta und Boisserée bisher nicht glauben können.

Auch als Sprecher vertrat August den Vater zuweilen. So trug er in der Loge am 15. September 1826 ein Gedicht vor, worin der von einer großen Reise zurückkehrende Herzog Bernhard gefeiert wurde. »Das Segel steigt, das Segel schwillt« begann es, und die beiden letzten Verse prägten sich ein:

> Die Erde wird durch Liebe frei,
> Durch Taten wird sie groß.

Ein andermal, am 13. September 1827, sprach er statt des Vaters, obwohl dieser selbst anwesend war. Es geschah im Garten der alten Armbrustschützen-Gesellschaft, die dem verehrten Dichter ein kleines Fest gab. »Goethe ließ seinen Dankes Toast durch seinen Sohn ausbringen, welcher auch seine silberne Medaille von Bovy [...] übergeben mußte und später durch Stiftung einer schönen Armbrust v[on] 1731 ein gar passendes gemüthliches Impromptu machte.« So berichtete es der Kanzler von Müller.

Wieder ein ander Mal sehen wir August in einer höchst merkwürdigen Lage als Redner. Ein weimarischer Patriot, Bürgermeister Schwabe, hatte auf dem Jakobsfriedhofe aus dem Wust des »Kassengewölbes«, worin seinerzeit Schillers Sarg zu vielen andern gestellt worden war, dessen Schädel und Gerippe – was man dafür hielt – herausgesucht, und der alte Landesherr hatte dann angeordnet, daß diese Überreste vorläufig auf der Großherzoglichen Bibliothek aufbewahrt werden sollten, nämlich im Postament zur Danneckerschen Schiller-Büste, welche man zur selben Zeit von den Wühlarbeiten in jenem Toten-Gewölbe und über die Hantierung mit den Schädeln und Knochen begreiflicher Weise viel gesprochen und sehr verschieden geurteilt. Schon deshalb war es geraten, die Aufbewahrung auf der Bibliothek mit einer würdigen Feierlichkeit einzuleiten. Schillers Witwe war kürzlich gestorben; ihr jüngerer Sohn Ernst, der im rheinländischen Gerichtsdienst angestellt war, hielt sich jetzt gerade in Weimar auf, um die Hinterlassenschaft zu ordnen; er konnte als Vertreter der Familie gelten. Für Sonntag, den 17. September, vormittags elf Uhr, ward die Feier vorbereitet: Schillers alter Freund Goethe sollte in seiner Eigenschaft als Vorsteher der Bibliothek aus den Händen von Schillers Sohn den Totenschädel übernehmen. Um 10 Uhr aber bekam Ernst einen Brief Augusts: »Theurer Freund, mein Vater ist seit gestern über das Bevorstehende so ergriffen, daß ich für seine Gesundheit fürchtete. Heute früh sechs Uhr ließ er mich kommen, um mir mit Thränen zu eröffnen, daß es ihm unmöglich sei, dem heutigen feierlichen Akte selbst beizuwohnen. Ich vertrete ihn daher.«

Der alte Dichter ließ sich nach Berka hinausfahren, während die Jüngeren ihre Reden hielten. »Vielgeliebter Freund! Verehrungswürdige Versammlung!« begann Ernst von Schiller; er sagte deutlich genug, daß es den Nachkommen und den Freunden seines Vaters eigentlich lieber gewesen wäre, »dieses Haupt dem Schooß der Erde wieder zu geben;« aber sie fügten sich dem Wunsche Seiner Königlichen Hoheit. »Ich bin demnach von der hinterbliebenen Familie Schillers beauftragt, dir, theurer Jugendfreund, als dem stellvertretenden Sohne des vieljährigen und geliebtesten Freundes meines Vaters, dessen verehrtes Haupt zu überreichen, damit du den gnädigsten Befehl, welchen Se. Königl. Hoheit der Großherzog über die fernere Bestimmung zu erlassen geruhte, ausführen möchtest.« August erwiderte:

Theurer Freund, verehrteste Anwesende!
Die erste Pflicht, welche ich heute zu erfüllen habe, ist die, meinen Vater zu entschuldigen, daß er diesem feyerlichen höchstwichtigen Act nicht selbst beiwohnen kann.

Es war früher sein fester Wille dieses zu thun, doch am heutigen Morgen wurden in ihm alle die Gefühle mächtig rege, welche jene Vergangenheit vorüberführten, wo er mit seinem geliebten, unvergeßlichen Freunde Friedrich von Schiller die schönsten Tage verlebt, auch manche Trauer erduldet hatte, einem Freunde und Zeitgenossen, dessen früher Tod einen Riß in das Leben meines Vaters brachte, welchen weder Zeit noch Mitwelt zu heilen im Stande war. – Auch uns Lebende, die Söhne der zwey Unzertrennlichen, vertrautester Freund, trennte das waltende Schicksal, indem es mich hier fesselte, Dir aber in der Ferne Dein Loos bereitete. Im Geiste sind wir uns immer nah und danken wollen wir der Leitung die uns so in den größten Lebens-Momenten zusammenführt.

Wenn mir nun heute mein Vater auftrug, an seiner Stelle dieser Feyer bei zu wohnen, so fühle ich ganz die Wichtigkeit und die Ehre dieses Auftrags und darf gewiß Ihnen sämmtlich nicht näher ausführen, wie mein Gemüth von allen denen Gefühlen durchdrungen und erhoben ist, welche bei großen Gelegenheiten den Geist berühren, ja bestürmen.

Die zweite Pflicht, welche wir Anwesende sowohl als jeder Weimaraner gewiß gern erfüllen wird, ist, den Dank auszusprechen gegen Dich, geliebter Freund, und die übrigen Hinterlassenen Deines grossen Vaters, wenn Du heute das theure Haupt des Geliebten, Verehrten einem

Lande, einer Stadt weihst, wo sein hoher Geist die schönsten Blüten entfaltete und die herrlichsten Früchte trug.

Doppelt aber muß unser Dank seyn, da Du außerdem noch die von dem Prof. Dannecker im Jahre 1805 mit so vieler Liebe als Kunst ausgeführte Marmorbüste des großen Mannes unserm verehrten Landes-Fürsten und dieser Anstalt überließest und so gleichsam den ernsten Tod mit dem heiteren Leben verbandest.

Was nun die Aufbewahrung dieses heiligen Überrestes anlangt, so soll derselbe in jenem Postament, auf welchem schon die vorerwähnte Büste steht, in einer würdigen Hülle niedergelegt werden. Der Schlüssel zu diesem Behältniß soll stets in den Händen der Oberaufsicht pp. bleiben und nur solchen Personen die Anschauung des Verwahrten gestattet seyn, von denen man mit Gewißheit voraussetzen kann, daß nicht Neugier ihre Schritte leitet, sondern das Gefühl, die Erkenntniß dessen, was jener große Mann für Deutschland, für Europa, ja für die ganze cultivirte Welt geleistet hat.

Und nun sey mir vergönnt, noch einen wichtigen Punckt zur Sprache zu bringen! Schon sind mit wohlempfundener Danckbarkeit die Bemühungen anerkannt, welche von wohlgesinnten Männern diesem Geschäft gewidmet worden, wir aber sehen uns in dem Falle, sie nochmals um geneigte Verwendung anzugehen.

Es ist nämlich zu vollkommenem Abschluß dieser Angelegenheit höchst wünschenswerth, die noch außer diesem theuren Haupt vorhandenen Reste des zu früh Geschiedenen nach erfolgter genauer Anerkennung ebenfalls so lange hier beigelegt zu sehen, bis man über die Vorschläge zu schicklicher Beisetzung und zu würdiger Bezeichnung der Stelle sich vereinigt und worüber mein Vater seine Gesinnungen zu eröffnen sich vorbehält.

Und indem wir auf diese Weise dem auflösenden Moder einen köstlichen Schatz entziehen, so gleichen wir den hohen Alten, die nach erloschenem Holzstoß, aus verglommenen Kohlen, aus unreinlicher Asche fromm das Überbliebene sammelten, um solches, in würdiger Urne bewahrt, mit lange daurenden Monumenten zu schmükken.

Jetzt ersuche ich Sie, Herr Bibliothekar Riemer, die theuren Reste zu übernehmen, mir zu folgen, damit wir sie gemeinschaftlich und in Gegenwart dieser geehrten Versammlung an dem ihnen bestimmten Ort niederlegen.

Die ganze Feierlichkeit mit ihren Reden war nicht nach dem Sinne des alten Goethe. Sein eigener Wunsch ging nur dahin, die Überreste an schicklicher Stelle bis zur rechten Stunde aufzubewahren. Als diese rechte Stunde dachte er sich diejenige seines eigenen Begräbnisses. Der Großherzog hatte sich eben auf dem neuen Friedhofe eine Familiengruft erbauen lassen; in ihrer Nähe wollte Goethe begraben sein: neben Schiller.

Karl August aber verbesserte den Plan: in der Fürstengruft selbst sollten seine beiden Dichterfreunde neben ihm und mit einander ruhen! Er sprach seine Absicht wohl nicht völlig aus, aber er befahl den ersten Teil der Ausführungen. Am 16. Dezember 1827 erstattete August seinem Freunde Ernst von Schiller folgenden Bericht:

Theurer Freund! Wichtige Momente führen uns immer im Leben zusammen [...]. Da sich dem Plane der Errichtung eines gemeinschaftlichen Begräbnis-Monuments für Deinen und meinen Vater, wenigstens in der ersten Zeit, manche Schwierigkeiten entgegenstellten, so hat der Großherzog befohlen, die zeither noch auf der Bibliothek aufbewahrten irdischen Ueberreste Deines Vaters, mit Hinzufügung des Kopfes, einstweilen in der neuerbauten fürstlichen Gruft beizusetzen. Mein Vater erhielt den Auftrag zur Ausführung dieser höchsten Idee. Vorerst wurde ein neuer Sarkophag, von Eichenholz, in antikem Stil gefertigt, sodann die Gebeine sorgsam und folgerecht, mit

Hinzufügung des Kopfes, hineingebracht, und heute Morgen um fünf Uhr die Translocation von der Bibliothek in die Fürstengruft bewerkstelligt. Von ersterem Orte geleiteten der Ober-Baudirektor Coudray, Professor Riemer, Sekretair Kräuter, Hofsekretair Zwierlein und ich den Sarkophag bis zur fürstlichen Gruft, wo uns der Hofmarschall von Spiegel, der Canzlar von Müller, der Generalsuperintendent Dr. Röhr und der Bürgermeister Hofrath Schwabe empfingen. Die Gruft war mit vielen Wachskerzen erleuchtet, und es wurde der Sarkophag an der südöstlichen Seite anständig auf eigens dazu gehauene Steine placirt. Ueber das Ganze wird ein Protokoll geführt, welches ich Dir in Abschrift bald senden werde. Durch diese höchste Gnade ist man nun vor der Hand überhoben, das frühere Project zu sehr zu beeilen, welchem gewiß die Zukunft freundlich förderlich sein wird. [...]

Schon seit Jahren bereitete Goethe ein eigenes Denkmal seiner Freundschaft mit Schiller vor: er gedachte, die zwischen ihnen beiden gewechselten Briefe bekannt zu geben und über diejenigen Wochen und Jahre, wo sie im gleichen Orte gelebt hatten, einen erzählenden Bericht hinzuzufügen. Dazu brauchte er seine eigenen Briefe an Schiller zurück. Dessen Witwe aber machte Schwierigkeiten und wollte sie auch gegen eine mäßige Summe nicht hergeben; denn auf jener Seite hatte man schon seit Schillers Tode an eine Herausgabe der Briefe gedacht. Namentlich Karoline von Wolzogen, Schillers gewesene Schwägerin, paßte jetzt sehr auf, daß dem alten Freunde Goethe kein Geldeswert geschenkt wurde. In diesem Falle erwies sich Wilhelm von Humboldt als der vermittelnde Freund beider Parteien; sie einigten sich dahin, daß das von Cotta erreichbare Honorar zur Hälfte an die Schillerschen Erben, zur Hälfte an Goethe gezahlt werden solle; dabei übernahm Goethe alle Arbeiten der Herausgabe ohne Entgelt, was nicht unbillig schien, da die Schillerschen Briefe mehr Masse machten und auch die gehaltvolleren waren. August von Goethe trat als Erbe und Mitverpflichteter in den Vertrag ein.

Ein vollständiger Abdruck der Briefe lag nicht im Plane: es lebten ja noch manche darin recht freimütig beurteilte Männer. Frau von Wolzogen dachte an alles, also auch an den verbleibenden Wert der unvollständig abgedruckten Handschriften. Goethe antwortete ihr, er wolle alle diese Briefe der Regierung in Verwahr geben, unter Verschluß auf 25 Jahre. Danach könnten dann sein Sohn und Schillers Erben sie ungekürzt herausgeben und gewiß noch einmal einen ansehnlichen Gewinn teilen. »Ich finde den Plan sehr schön,« meinte Frau von Wolzogen gegen ihren Neffen Ernst. »Schreibe August Göthe Nichts darüber!« Denn diesem mißtraute sie.

Nach dieser Einigung erwartete die Familie Schiller die alsbaldige Ausgabe der Briefsammlung; schon im Herbst 1824, meinte sie, würde der erste Band erscheinen. Sie hatten nicht mit Goethes Arbeitsweise gerechnet; er hielt ja nie lange vor derselben Aufgabe aus und brauchte daher trotz seines großen Fleißes gewöhnlich eine Reihe von Jahren, ehe ein Werk zu Stande kam. Außerdem wurde der alte Herr mit den Jahren immer noch vorsichtiger und umständlicher, und deshalb schien ihm in den Briefen gar zu oft bedenklich, ob man diese und jene Stelle jetzt schon oder erst bei dem späteren Abdrucke mitteilen dürfe. Manchen Tag mochte er glauben, daß auch die erste Ausgabe am besten nach seinem Tode herauskommen sollte. Um nun die Geduld der andern Partei nicht gar zu sehr in Anspruch zu nehmen, schlug er im Juli 1825 vor: er wolle ihr zu Michaelis 2000 Taler auszahlen; dabei versprach er im Sinne der ersten Abmachung und »der alten unverbrüchlichen Freundschaft« die künftige Teilung des größeren Gewinns, wenn ein solcher entstehe. August unterschrieb auch diese Erklärung als Mitverpflichteter.

»Die Sache steht freilich auf Schrauben,« urteilte jetzt die Wolzogen, »und der künftige Vortheil wird unsicher. Klar erkennt man den Einfluß des Sohnes, der nach eigenem Gewinn strebt.« Dann betonte sie wieder, man solle ja auf die Sicherung der Urschriften acht geben. »Stirbt dann Göthe darüber, so kann sie doch der Sohn nicht allein an sich reißen.« Ernst von Schiller, der Jurist der Familie, war nicht so mißtrauisch gegen seinen Freund August. Er fand, daß aus den Vorschlägen Goethes »kein eigenmächtiges und feindseliges Benehmen G o e t h e ' s hervorleuchte,« daß sie vielmehr »mit Billigkeit, Vernunft und freundlichen Gesinnungen seinerseits sich zur Zeit noch vereinigen lassen.« Worauf ihm dann die Tante beistimmte; aber Goethe hatte ihr von 4 Bänden zu je 2000 Talern Honorar gesprochen, so daß auf ihre Neffen und Nichten 4000 kamen; deshalb gefiel ihr die vorläufig kleinere Auszahlung nicht so recht. Immerhin mußte man seinem neuen Vorschlage, der ja der Zukunft nichts wegnahm und sogleich bar Geld brachte, wohl zustimmen.

Wiederum kam ein Bedenken dazwischen. Goethe zahlte die versprochene Summe nicht, sondern bat um Aufschub bis nach den Jubiläums-Feierlichkeiten im Oktober und November 1825. Er ließ aber auch dann nichts von sich hören: Zögern und Aufschieben war bei ihm die Regel. Am 20. März 1826 mahnte ihn Ernst von Schiller an die Erfüllung seines eigenen Angebotes: »Hochwohlgeborner, Hochzuverehrender Herr Geheimer Staatsminister, Ew. Excellenz wollen gütigst erlauben, daß ich als nunmehriger Repräsentant der Hinterbliebenen Schillers, des von Ew. Excellenz so sehr geliebten Freundes, den unterbrochenen Faden derjenigen Unterhandlungen wiederaufnehme, welche meine verehrte Tante, die Frau Geheime Räthin von Wolzogen, mit Hochdenenselben zu pflegen die Ehre hatte«. Statt des Vaters antwortete August und ohne Feierlichkeit: »Ich soll Dir, mein theurer Ernst, im Namen meines Vaters den freundlichsten Gruß vermelden und sagen, daß an Deinem Vortrage nach Ansicht der Sache, wie sie zuletzt stand, Nichts zu erinnern sei. Allein ich habe Dir zu vermelden, daß sie seit der Zeit eine viel bessere Wendung genommen hat, und zwar folgendermaßen. Als mein Vater im vergangenen December die Sache wieder vornahm, wollte ihm die Stellung derselben nicht gefallen, und er faßte den Entschluß, die Briefschaften noch einmal durchzusehen und ein Manuscript herzustellen, wie es in den Druck gegeben werden könnte. Dies ist nun auch beinahe zu Stande gebracht und möchte um Johanni vollendet sein [...]. Ueberzeugt, daß dies Dir und den Deinigen angenehm sein wird, vermelde ich Dir solches freudig und freundlich«.

Am 27. Mai hatte Frau von Wolzogen eine mündliche Unterredung mit dem alten Herrn, und »Göthe ist jetzt ganz auf dem guten Wege« war ihr Ergebnis. Es würden jetzt sicher 4 Bände, gleich 8 000 Taler Honorar; dazu müsse Cotta für eine kleinere Ausgabe noch 2 000 Taler zahlen; auf die Schillersche Partei kämen also 5 000 Taler. Nun solle man aber auch Goethen die letzte Regelung mit Cotta völlig überlassen.

Unterdessen war jedoch Ernst von Schiller rabiat geworden, offenbar weil ihn August wieder auf eine Zukunft verwies, statt sofort die längst fälligen 2 000 Taler zu senden. Als nun am 9. Juli 1826 seine Mutter starb, fühlte sich Ernst erst recht als der Beschützer seiner Schwestern und seines Bruders Karl, der zwar der ältere, aber als gutmütiger Forstmann diesen Dingen nicht gewachsen war. Ernst mußte wegen der Erbschafts-Regelung nach Weimar reisen; da gedachte er den beiden Goethes an Ort und Stelle scharf zu Leibe zu gehen. Die Tante hätte ihn gern zurückgehalten: »Mit Göthen rechne ja nicht auf mündliche Verhandlungen. Das liefe schlimm ab; da wird er gleich ängstlich und starr. Von Geld darf man nie mit ihm reden. Ich dächte, durch den Sohn ginge die Correspondenz leichter und ungenirter.« Aber Ernst wollte sich jetzt als Meister zeigen. So trug er seinem Bruder Karl die Sachlage und seine Absichten vor: »Goethe, welcher durch die Güte und das Vertrauen unserer nur edeldenkenden Mutter in den Besitz seiner Briefe an den Vater, und zwar auf Zureden des Ministers von Humboldt, gelangt ist, hat, nachdem die Herausgabe derselben und der väterlichen beabsichtigt war, sich schriftlich verbunden, uns ohne Rücksicht auf die Zeit und Art der Herausgabe, um Michaeli 1825 die Hälfte des uns contractmäßig versprochenen Honorars zu bezahlen. Er hat nachher Göthische Ausflüchte gemacht, dann wieder versprochen, um Johanni d.J. die Sache in Ordnung zu bringen. Die Verbindlichkeit ist auf seiner Seite durchaus klar. Auch August hat sich für den Todesfall seines Vaters zur Erfüllung des Versprechens anheischig gemacht. Ich werde daher Goethe zusetzen und ihm, falls er nicht gleich die schönsten Schritte zur Erfüllung seiner Verbindlichkeit thut, mit der gerichtlichen Klage drohen. Ist die Drohung vergeblich, so werde ich die Klage in Weimar selbst einleiten. Goethe's Mitwelt wird unsren Schritt rechtfertigen. Denn es ist abscheulich, daß Goethe, der Freund, d.h. der angebliche Freund unseres Vaters, daß Goethe, der Minister und nun reiche Mann, erschlichene Vortheile gegen die es bedürfenden Hinterbliebenen seines Freundes benutzt und Verbindlichkeiten zu erfüllen von sich ablehnt, die auch der Bettler, wenn er redlich ist, nach Kräften zu erfüllen sich bestrebt. Die Sache ist so schreiend, daß ich glaube, Goethe wird sich schämen und zahlen.«

Als der gestrenge Appellationsgerichts-Assessor nach Weimar kam, wurde er bald andern Sinnes. Er sah nun die für den Druck fertige Abschrift der 970 Briefe mit eigenen Augen, und es ward ihm deutlich, welche Mühe es gekostet haben mußte, aus den Vorlagen alles zu beseitigen, was die Mitlebenden und die Nachkommen kürzlich Verstorbener ärgern konnte, ohne doch den Wert der früheren Äußerungen Goethes und Schillers über Zeit, Literatur und Menschen zu vermindern. Er wurde sich nun erst bewußt, daß er mit seinen Geschwistern demnächst 4000–5000 Taler in Güte bekommen werde, so daß es sich nicht lohnte, um die halbe Summe einen bösen Streit anzufangen. Er erklärte sich völlig einverstanden mit Goethes bisherigem Verfahren; er tat es in einem förmlichen Schreiben. Und, heißt es darin: »Ich [...] richte an des Herrn Ministers von Goethe Excellenz die unterthänige Bitte, Hochdieselbe wolle sich der ferneren Ausführung des zwischen uns einer- und Herrn von Cotta andererseits beredeten und umstehend näher berührten Vertrages hochgeneigtest so angenehm, als solches bisher mit so vieler Weisheit und freundlichen Güte geschehen ist. Zugleich ergreife ich hierbei die Gelegenheit, für mich und im Namen meiner vorstehend genannten Geschwister, des Herrn Ministers von Goethe Excellenz ehrfurchtsvoll auszudrücken, daß wir die außerordentliche Thätigkeit, welche Seine Excellenz der v. Goethe-Schillerschen Correspondenz gewidmet, in ihrem ganzen Umfange anerkennen und uns für die liebevolle Weise, mit welcher Seine Excellenz in dieser gemeinschaftlichen Sache auch für uns gehandelt haben, von dem innigsten Danke durchdrungen fühlen, den ich hiermit in meinem und meiner Geschwister Namen Seiner Excellenz unterthänig darzubringen die Ehre habe.«

Das war am 14. September 1826, drei Tage vor der großen Reliquien-Zeremonie auf der Bibliothek.

Aber die Komödie der Schillerschen Irrungen und der Goetheschen Weitläufigkeiten war noch nicht zu Ende. Es verging ein Jahr, und man stand noch am selben Flecke. Erst am 16. Dezember 1827 erwähnte August die Sache wieder; er hoffte jetzt, seinem Freunde »baldigst das Endresultat mittheilen zu können. Du kennst ja Cotta,« meinte er; »was er versprochen hat, das hält er. Aber es ist entsetzlich schwer, ihn dahin zu bringen, sich über ein Geschäft deutlich und unumwunden zu erklären.«

Ernst hatte aber eben von Cotta erfahren, wie die Sache lag. Zwischen ihm und Goethe war das Verhältnis noch immer gespannt, und jetzt fühlte sich der Verleger nicht ohne Grund auf's neue beleidigt, weil Goethe zuerst 8 000 Taler bar auf den Tisch gezählt haben wollte, ehe er die Abschrift des Briefwechsels herausrückte. Ernst lachte also über Augusts Redensarten. »August Goethe schreibt mir über die Correspondenz-Sache einen nichtssagenden, abgeschmackten Brief, in seltsamen Vater-Goetheschen Ausdrücken, und meint, Cotta sei schwer zu behandeln, und aus der Verzögerung entspringe Gewinn. Mit Cotta ist weit besser zurecht zu kommen als mit Goethens. Ich kann nicht leugnen, daß mir die beiden Goethe zuweilen albern erscheinen.«

Die beiden Goethe hatten die harte Forderung an Cotta aber gerade darum gestellt, weil sie es auf der andern Seite mit der Familie von Schiller, besonders mit Ernst und dem Vormund der beiden Töchter, zu tun hatten; ihre Verantwortlichkeit gegen diese hatten sie dem Verleger gegenüber zur Rechtfertigung ihrer ungewöhnlichen Bedingung angeführt. Als nun Cotta ihnen sehr scharf erwiderte und dabei auch erwähnte, er habe den Schillers längst mehr vorgeschossen, als ihnen aus diesem Werke zustünde, verstand Goethe diese Mitteilung fälschlich so, als ob die andere Partei sich für dieses Werk bereits habe honorieren lassen, wobei dann Goethe als der beauftragte Herausgeber mit Unrecht im Dunkeln gehalten worden wäre. Nun war überall Ärger entstanden. August machte am 7. April 1828 seinem Freunde Ernst darüber Vorwürfe. »Ich habe, mein theurer Freund, diesmal endlich anzuzeigen, daß die Correspondenz Deines Vaters mit dem meinigen Sonntag den 6. April an die J. G. Cottaische Buchhandlung nach Stuttgart abgegangen ist, nicht ohne vorher erlebten bedauerlichen Verdruß. Mein Vater, welcher den Kindern seines Freundes für den Antheil an dieser Ausgabe verpflichtet zu sein glaubt, wollte, ohne vorhergegangene Berichtigung, ohne Zahlung der stipulirten Summe, das kostbare Manuscript nicht aus den Händen geben, worüber Herr von Cotta als über eine Verletzung wohlverdienten Vertrauens, sich höchlichst beschwerte und dem Vater dadurch bedeutenden Verdruß erregte. Hierbei kam aber zum Vorschein, daß die Schillerschen Erben indessen, ohne daß mein Vater das Geringste erfahren hatte, schon vollkommene, ja überzählige Befriedigung erhalten [...] durch welche Eröffnung die Sache, welche schon längst hätte abgethan sein sollen, ihre Erledigung erhielt. Nun hat mein Vater bei dem endlichen Abschluß dieser Angelegenheit von dem Verleger verlangt, daß er ein rechtsgültiges Zeugniß der Schillerischen Erben beibringen solle, daß sie wegen des Antheils des Honorars der Schiller-Goetheschen Correspondenz vollkommen befriedigt seien, auch den Herausgeber, den Staatsminister von Goethe, von jeder weiteren Anforderung entbänden. Herr von Cotta wird das Nöthige an die Schillerischen Erben gelangen lassen, und ich ersuche Dich hiermit, das Mögliche zur Abfassung eines solchen Documents freundlich beizutragen. Ich kann hierüber weiter Nichts äußern, als daß es meinen Vater höchlich schmerzen mußte, nach so großer und unschätzbarer Arbeit von jener Seite durch eine ganz unnöthige Verheimlichung sich in ein höchst unangenehmes Mißverständnis gesetzt zu sehen.«

Nun konnte sich Ernst von Schiller auf das hohe Pferd setzen. Er hatte zwar wirklich seinen eigenen Anteil im voraus von Cotta erbeten gehabt; Cotta hatte ihm diese 1000 Taler aber nicht als Vorschuß auf den Briefwechsel geben wollen, da er mit Goethe noch nicht völlig einig sei, sondern sie als allgemeinen Vorschuß geschickt, und von dieser Sache wußte man in Weimar nichts. Ernst spielte nun seinerseits den Gekränkten: »Vor Allem glaube ich die Bemerkung nicht unterdrücken zu können, daß mein letzter Brief [vom 5. Januar 1828] an Dich, lieber Freund, Dich in einer nicht freundlichen Stimmung angetroffen zu haben scheint, weil Du ihn erst so spät beantwortest, auf manches darin enthaltene Freundliche gar nicht eingehst und die etwa heftigeren Seiten des Briefes, welche als Ausfluß meines Vertrauens zu Dir zu betrachten waren, weder berührst noch widerlegst, kurz weil Du auf Weise der Diplomaten handelst, eine Weise, die unter u n s B e i d e n nicht stattfinden sollte. Wenn Du damit, was ich nicht wünschen kann und nicht glaube, einen Zweck gegen mich solltest verbinden wollen, so würdest Du denselben nicht erreichen, da mein leider isolirter Standpunkt in der Welt mich hinlänglich gelehrt hat, was meines Amtes ist, sorgfältig wahrzunehmen und die Wahrheit von der Täuschung zu unterscheiden.

Lieber August, ich stehe allein, durch Pflicht und Schicksal berufen, die Interessen der Familie Schillers zu vertreten, und ich habe das Unglück, diese Interessen und diese Pflicht einem Manne gegenüber erwähnen zu müssen, der mein Freund und der Sohn des Freundes meines Vaters ist. August, wo gerathen wir hin? Ist es Dir denn nicht möglich, Deinem guten Herzen zu folgen, in einer Sache, die Du mit mir verhandelst? Doch es steht bei Dir. Ich kann mich irren. Verzeihe als Freund, wenn es der Fall ist. [...] Daß Cotta das Manuscript der Correspondenz hat, ist mir lieb, Cotta's und des Publikums wegen. Wenn Dein erhabener Vater die Ablieferung des Manuscripts aus Sorge für die Befriedigung des Schillerschen Antheils verzögert, um welche Sorge ich nie gebeten, und welche ich auch nie beabsichtigt habe, so muß ich ihm für die gute Meinung Dank wissen. Wenn er aber glaubt, diese Befriedigung habe überhaupt stattgefunden und sie sei sogar mit Verheimlichung gegen ihn erfolgt, so ist es ein schmerzlicher Irrthum, und er hegt eine Unterstellung, welche der Familie Schillers und mir einen ungerechten Vorwurf darbietet. Denn, theurer Freund, es ist gänzlich unwahr, daß von Cotta auf das Honorar für die Goethe-Schillersche Correspondenz den Schillerschen Erben irgend einen Groschen bezahlt hat«.

Was ihnen Cotta wirklich übermacht habe, führt er aus, sei schuldiges Honorar für die neue Ausgabe von ihres Vaters Werken gewesen, und Cotta sei sogar mit der größeren Hälfte dieses Honorars noch im Rückstande. Von Vorschüssen sei also überhaupt keine Rede, und er wolle sofort an Cotta schreiben, um das klarzustellen. »Wenn Dir, lieber August, noch Irgend etwas an der Ehre Deines fernen Freundes liegt, so kläre mir Deine Angabe näher auf. Auch ich werde Dich von Cotta's Antwort in Kenntniß setzen, um den ungerechtesten Vorwurf, der mir jemals gemacht ward und der in eines Freundes Brust nicht leicht hätte Fuß fassen dürfen, von mir zu entfernen. Es wird zu Tage kommen. Du wirst die Sache ebenso rein vor Dir sehen, als ich sehnlichst wünsche, daß eine gleiche

Reinheit Dich stets beseelen möge. Ich bitte Dich um baldige Antwort. Wenn diese Sache unter uns im Reinen ist, so schreibe ich Dir, wie es mir geht. Bis dahin muß jedes Andere ausgesetzt bleiben.«

Im November 1828 kam endlich der erste Band des Briefwechsels heraus. Es wurden sechs Bände, und nur ein kleiner Teil der Käufer war mit dem für teures Geld erworbenen Inhalt zufrieden.

Umständlichkeit und Unentschlossenheit: diese Eigenschaften hatte August mit dem Vater gemein; kam nun gar ein Dritter von gleicher Art hinzu, so konnte es zuweilen lange dauern, ehe zwischen ihnen ein Ding fertig wurde. Ein solcher Dritter war Johann Peter Eckermann aus Winsen an der Luhe.

Seit dem Sommer 1823 wohnte er in Weimar; in Verehrung Goethes war er dahin gepilgert; er wurde freundlich aufgenommen, und danach fiel ihm das Fortgehen schwer. Als ein bescheidener, rücksichtsvoller, verschwiegener, treu ergebener Freund gehörte er bald zum Hause; der Sohn und die Schwiegertochter schätzten ihn ebenso wie der alte Vater. Von Beruf war er Schriftsteller und Dichter; doch lagen seine großen Werke noch vor ihm: in der Sonne Goethes sollten sie reifen. Sein Auskommen fand er vornehmlich durch die weimarischen Engländer, denen er deutsche Stunden gab. Er fühlte sich ganz wohl in seinem Junggesellen-Dasein, aber er hatte in der hannoverschen Heimat eine Braut, und diese war längst ungeduldig. Fünfhundert Taler im Jahre hätte Eckermann verdienen müssen, um Ehemann zu werden; wenn er auch nur zweihundert durch ein passendes Amt sicher gehabt hätte, wäre ihm schon sehr gedient gewesen. Goethe dachte an die Bibliothek; wo Vulpius allmählich abstarb: Riemer hatte Anwartschaft auf dessen Nachfolge; Eckermann könnte dann in die zweite Stelle einrücken. Aber darauf rechnete auch schon Kräuter. Man mußte erwägen, wie alle diese guten Leute versorgt werden könnten. Der alte Dichter schob auch diese

Sache auf die lange Bank; sein Sohn und Gehilfe hielt es nicht anders, und Eckermann war auch kein Treiber.

Da ereignete es sich eines Tages, daß Eckermann alle seine englischen Schüler verlor: eine ansteckende Krankheit vertrieb sie aus dem Melosschen Hause, wo sie zumeist gewohnt und Eckermanns Unterricht genossen hatten. Er berichtete das Mißgeschick seiner Braut – neun Jahre war sie es schon. Und er gab ihr Hoffnungsblicke. »Daß Goethe an meiner Lage sehr nahe Theilnahme beweiset, brauche ich kaum zu sagen. Ich war gestern bey ihm zu Tisch und aß mit ihm ganz alleine. Wir sprachen nur von dieser Sache. Er sagte er habe etwas Neues für mich ausgedacht und mit seinem Sohne besprochen. Ich sollte nur mit seinem Sohne reden, der würde mir alles sagen und ich würde zufrieden seyn. Nun bin ich zweymal bey seinem Sohne gewesen und dieser hat zweymal aufgeschoben, mir diese neuen Intentionen, die man mit mir hat, zu eröffnen. Diesen Nachmittag hat er versprochen, morgen früh zu mir zu kommen und mir alles zu sagen. Mich soll wundern, was es seyn wird. So viel habe ich aus Goethes Worten vernommen, daß er mir widerräth Weimar zu verlassen.«

Nun wartete die alternde Braut acht Tage auf die große Nachricht; denn der treue Bräutigam schrieb ihr alle Sonnabende. Nach Verlaufe der Woche verkündete er in freudigem Tone: er sei aus jenem Unglück ganz wiederhergestellt und genieße in einer angemessenen Tätigkeit ein Glück, wie er es seit Jahr und Tag entbehrt habe. »Das Resultat jener Mittheilungen von Goethe war, daß ich wieder einen näheren Theil an seinen großen Arbeiten nehmen solle, wenigstens für die nächste Zeit dieses Sommers, wo ihm die Sache zu viel und allein zu schwer werde. Nebenbei aber mögte ich in der Arbeit für die Bibliothek fortgehen damit dem Großherzog etwas vorgelegt und meine Anstellung nachdrücklicher eingeleitet werden könne. Für meine ganze Existenz wolle er selbst auf das Liebreichste sorgen, damit ich nur in der Arbeit leben könne und an nichts weiter zu denken hätte. Diese Vorschläge

Johann Peter Eckermann

Kreidezeichnung von Johann Joseph Schmeller, um 1825

theilte mir der junge G o e t h e am vorigen Sonntage mit, und Du kannst wohl denken, daß ich diese Anerbietungen mit Freuden annahm.« Johanna Bertram in Bleckede war nicht sehr entzückt. »Ich dachte mir wohl, als Du mir von jenen Mittheilungen schriebst, die der junge G o e t h e immer noch geheim hielt, nichts anders, als daß das jetzige Resultat heraus kommen würde; nur ists mir unbegreiflich, auch muß ich mich wundern, warum der alte G ö t h e Dir dies, was er ja leicht hätte freundschaftlich sagen können, nicht selbst, sondern durch seinen Sohn, der auch sogleich nicht damit hat herauskommen wollen, gesagt hat. Hierüber muß ich mich wirklich wundern, denn so was Großes und Wichtiges für Dich ists ja eben nicht.«

Wir lesen noch einen andern Brief, in dem Johann Peter sich seines guten Lebens in Weimar freut und nebenbei vom jungen Herrn von Goethe spricht. Er schildert einen Tag, wo Zelter bei seinem alten Freunde war und wo er, Eckermann, gegen Abend nach Tiefurt hinaus spazierte. »Nach einer Weile kam auch der junge G o e t h e nach. Ich trank mit ihm, einem jungen Engländer, Herrn C h i l d e r s und Frau und Hrn. Professor M e l o s Deine Gesundheit. Ich hatte mittags bey G o e t h e schon viel herrlichen Würzburger und Johannisberger Elfer getrunken, hier trank ich wieder viel, die andern tranken Thee. Bald gingen wir nach W e i m a r zurück. Ich ging mit dem jungen G o e t h e hinter der Gesellschaft her in trefflichen Gesprächen. [...] Wir sprachen auch über heirathen. [...] Ich freue mich sehr, daß man nach und nach sagt, daß ich heiraten solle. Professor M e l o s versprach uns guten Elfer wenn wir abends zum Essen bei ihm bleiben wollten. Der junge G o e t h e ging mit. Fräulein N a t a l i e v o n H e r d e r die neben mir saß, trank Deine Gesundheit. Die anderen tranken sie mit.«

Das Gesundheits-Trinken war also recht im Schwange in Weimar, und in Goethes Hause wurde der Wein von je zu den

Goethe, Ottilie von Goethe, Ulrike von Pogwisch und Eckermann auf einer Spazierfahrt bei Weimar im Mai 1824

Photogravüre nach einem Gemälde von F. A. Elmar von Eschwege

ersten Gütern des Lebens gerechnet. August hatte es nie anders gewußt, als daß der Wein vormittags, mittags und abends eine herrliche Gabe Gottes sei. Seinem Vater war dieser und jener Wein zeitweilig nicht gut bekommen; dann wurde die Sorte gewechselt. Auch August war wohl schon längst ein vorzüglicher Weinkenner.

Am 27. Mai 1828 kam der alte Großherzog Karl August mit dem Kanzler von Müller auf ihn zu sprechen. Goethe junior sei gar kein übler Kopf, meinte er; er habe schöne Anlagen. »Schade, daß er früh ans Trinken gewöhnt und etwas wild erzogen worden.«

XI. Ottilie
1826–1830

Ottilie spricht in ihrem Tagebuche einmal von zwei Engländern, Smith und Des Voeux, »die ja [...] die Helden-Rollen in dem Roman des Tages spielen«. Für sie war das Leben Roman und Theater; sie dichtete es sich dazu um. Man mußte sie darin gewähren lassen, denn zu ändern war sie nicht.

Ein paar Tage danach trug sie ein: »Was ich Sonnabend früh gethan, weiß ich nicht, – ehrlich gesagt: wahrscheinlich auf Des Voeux gewartet.« Dann erzählt sie, daß Smith am Abend im Theater sie nicht beachtet habe. »Großer Gott, ist das männlich? ist es nur menschlich gehandelt? Soll ich, den ich so warm geliebt, noch verachten und haßen? – Im Theater war im Parkett ein Mensch, der mich lebhaft an Sterling erinnerte.«

So wirbelten die geliebten Männer in ihrem Kopfe und Herzen herum.

Zu den Schmerzen, die sich die Menschen selber bereiten, kommen zuweilen Stöße und Schläge irgendwoher, von Geistern, Kobolden, Hexen; sie werden gestoßen, geschlagen, geschossen. Der Engländer Smith, der eben genannt wurde, ein Neffe des Herzogs von Wellington, ward, als er im Januar 1824 in Weimar erschien, der Anbeter oder der Angebetete von Ottiliens Schwester Ulrike. Auf einer Redoute im Februar trug Ulrike in ihrer Maske eine Krone auf dem Kopfe; als sie nach dem feierlichen Aufzuge mit Smith tanzte, hatte sie das Unglück, auszugleiten und mit dem Kopf aufzuschlagen, so daß die Krone ihr in den Kopf eindrang. Eine Gehirnerschütterung ließ häufige Kopfschmerzen und zeitweilige Geistesstörungen zurück. Auch eine entstellende Narbe blieb, die sie durch eine Schleife zu verdecken suchte. Im selben Jahre, am

4. Dezember, stürzte sie wiederum auf einem Balle und verschlimmerte ihr Leiden. Ihr Freund Smith war unterdessen weiter gereist.

Ottilie ward noch härter zu Boden geworfen, und nicht nur bildlich. Beim Reiten stürzte sie vom Pferde, auch sie höchst unglücklich. Es geschah am 28. April 1826 vor dem Hause der Frau von Wolzogen, gegenüber der alten »Bastille« des Schlosses. In Blut schwimmend und ohnmächtig ward sie nach Hause getragen. Das Gesicht war entsetzlich zerschunden; auch Arme und Knie. Allein der Mund mußte mehrere Male genäht werden. An den Wunden und verrenkten Muskeln litt sie große Schmerzen. Der alte Schwiegervater hütete sich Wochen lang sie zu sehen; er aß jetzt auch mit August und Ulrike nicht zu Mittag, sondern blieb ganz für sich.

Sie war nun lange ins Zimmer gebannt. Die vielen müßigen Freunde, die sie hatte, besuchten sie fleißig. Als Boisserée nach Weimar kam, ging er auch zu ihr hinauf; es war fast vier Wochen nach dem Unglück: »Das Licht fiel durch ein grünes Rouleaux ins Zimmer, dadurch hatte sie ein bleiches, fast todtenfarbenes Ansehen; Stirne, Nase und Oberlippe waren mit schmalen weißen Pflastern bedeckt, wie eine mit Papier verklebte Fensterscheibe. Ein alter und ein junger Engländer und einige Damen waren zur Gesellschaft um die Kranke, die mitten im Zimmer saß mit ihrem vom Sturz gelähmten Knie. Frau von Goethe ist ein geistreiches, lebhaftes Wesen.«

Die Wunden heilten, aber ein böses Erinnerungszeichen blieb: die Nase war aus ihrer Form gekommen. Am 8. August zog Ottilie in einem Briefe an Ulrike das Ergebnis: »Ich bleibe auf ewig entstellt, und bin daher in meinem Innern in einer Art von Verzweiflung, die kaum ein fremdes Auge ermessen kann. Bei den vielen Fremden, die der Vater sieht, erneut sich mir täglich die Qual des Kampfes! was für ein Gefühl, einem jeden Unbekannten mit dem Bewußtsein entgegen zu treten, daß ich Widerwillen erregen muß; nie kann ich mehr Weimar verlaßen, denn ich würde ein Gegenstand neugieriger Fragen sein.

Das Einzige, was mir Frieden geben könnte, wäre, daß August sich von mir scheiden ließe und ich in einen ruhigen Winkel zöge; dies will er nicht, und doch ist das Leben so nicht zu ertragen; ich bewundere, daß er diesen Trübsinn, diese ewige Unzufriedenheit mit meinem Zustand so geduldig erträgt; doch so kann es nicht bleiben.«

Auch Augusts Gesundheit war längst nicht mehr gut. Wir wissen, was alles auf ihn einstürmte. Innere Organe erkrankten, so daß eine gewöhnliche Erkältung rasch zu schlimmen Zuständen führte. Im selben Briefe Ottiliens lesen wir über eine solche Erkältung, die am 5. August (1826) sich zeigte: »August war in einer Nacht so bedeutend krank, daß ich keinen Augenblick zu Bett gekommen bin; und als sich das Übel in 10 Minuten so steigerte, daß, ich glaube, man ihn auf der Straße konnte schreien hören, dachte ich kaum, daß er zu retten sei. Vogel meinte, hätte man noch länger mit ärztlicher Hülfe gewartet, so hätte er leicht eine Entzündung des Unterleibes bekommen können. Bei dieser Gelegenheit hat man recht gesehen, wie lieb ihn der Vater hat, denn er war sehr besorgt und kömmt täglich herauf.«

Solche Zufälle kamen jetzt öfter vor; zu den kranken Organen gehörte, was die Lebensgefahr sehr vermehrte, auch das Herz.

Charles Des Voeux, ein Schotte, von Beruf Legationssekretär, war unter den jungen Briten vielleicht der ernsteste und fleißigste. Er lernte wirklich Deutsch, übersetzte kleine deutsche Gedichte in englische Verse, und als ihm Ottilie ihre Mitarbeit zusagte, wagte er sich sogar an Goethes *Tasso*; mit großer Zähigkeit harrte er bei dieser schweren Aufgabe aus.

Natürlich verliebte sich Ottilie in ihn – doch nein, natürlich nicht, denn sie liebte doch schon Charles Sterling und Ferdinand Heinke. Aber trotzdem wurde auch diese neue Liebe stark und groß. Ihr selber war es eine schreckliche Erfahrung:

eine solche Untreue ihres eigenen Herzens gewahr zu werden, denn wie konnte sie nun noch an die Treue eines andern glauben? Sie zögerte nicht, als diese neue Liebe zum Ausbruch kam, dem neuen Helden zu sagen, wie sie zu Sterling stehe; er erwiderte, daß er ein ähnliches Verhältnis habe. Sie bat ihn nun, er möge Weimar schleunig verlassen; er weigerte sich, und nun schien es ihr unwürdige Koketterie zu sein, ihre Gefühle noch zurückzuhalten. Des Voeux war eigentlich ein kühler, verständiger Mann, aber eine Zeit lang wurde auch er von Ottiliens Leidenschaft angesteckt. Sehr bald reute es ihn; er zeigte ihr seine Reue und ward mit ihr einig, daß nur Freundschaft zwischen ihnen sein dürfe. Ottilie weinte nun oft Nächte hindurch, kämpfte mit dem leidenschaftlichen Weh in ihrem Innern – es sind ihre eigenen Ausdrücke – und zeigte sich ihm ruhig und heiter. Sie wollte gar keine Ansprüche machen und nur alles tun, ihm Weimar lieb zu machen, wollte in allem nur seinen Willen befolgen, jeden seiner Wünsche erfüllen. Denn jede Liebe war ihr ein Dienen-Wollen, eine Lust zum und am Gehorchen. So förderten die beiden zusammen in verliebter Freundschaft den englischen *Tasso*.

Im Frühjahr 1827 fühlte Ottilie zum dritten Male die Anzeichen der Mutterschaft. Das Herz, unter dem Augusts Kindchen sich bildete, gehörte dem jungen Schotten. Dieser aber zog sich mehr und mehr zurück; er suchte oft auch die Gesellschaft der sehr schönen Fräulein von Pappenheim auf: Das vermochte Ottilie nicht mit anzusehen. Sie entschloß sich, nach Dessau zu reisen, zu ihren Verwandten. »Ich gehe, mein Freund,« schrieb sie an Des Voeux. »Freiwillig verbanne ich mich aus Ihrer Nähe. [...] Sonst wußte ich nur, daß Ihnen mein ganzer Tag gehörte; was sonst meine Stunden ausgefüllt hatte, war verschwunden; Gesellschaft und Theater war nur für mich in der Welt, wenn Sie zu wünschen schienen, daß ich hingehen sollte; doch da Sie gewöhnlich vorzogen mit mir zu bleiben, wußte ich kaum, daß es stattfand. Jetzt zeigen Sie mir, daß Ihnen meine Gesellschaft nicht genügt [...]. Als ich vor Monate

Weimar verlassen wollte, war es, weil ich fürchtete – – doch genug! Leben Sie wohl, mein lieber, ewig theurer Freund; ich besaß nur noch ein Glück: das, Sie zu sehen – auch dieses bringe ich Ihnen dar: ich gehe. Nun, Charles, habe ich nichts mehr was ich opfern könnte.«

Als sie einige Zeit in Dessau verbracht hatte, bat sie den Gatten, noch länger ausbleiben zu dürfen. Ihre Gesundheit habe sich noch gar zu wenig gebessert. Er war gern einverstanden und trug auch recht freundlich die Kosten. »Übrigens ist es auch noch aus einer anderen Ursache nöthig, daß du nicht eher kömmst bis ich schreibe. Es sind nämlich die Wanzen, auf deren Vertilgung ich ausgehe, ich habe deswegen die Tapeten und Dielen in der Schlafstube ab- und aufreißen lassen und mache alles neu. Wie nöthig war disz! Denn hinter der Tapete saßen sie zu Millionen. Ihr wäret sämtlich diesen Sommer von dieser vampirischen Zunft ausgesaugt worden. Die Betten werden ebenfalls mit Feuer und Gift behandelt.«

Ende Juni kehrte Ottilie nach Weimar zurück. Des Voeux war abwesend, bei dem Gesandten, dem er zugeteilt war, aber die hochschwangere Ottilie fand auch jetzt nicht den Weg zu ihrem Gatten, und er auch nicht zu ihr. Nicht zum ersten Male dachte sie daran, allem Elend gewaltsam ein Ende zu machen; aber die Gedanken wurden nicht zur Tat. Eines Tages im Spätsommer wollte sie wenigstens die Stadt verlassen, in der sie so sehr gequält wurde. Im Mai und Juni hatte sich der Schwiegervater in sein altes Gartenhaus geflüchtet gehabt, um dem häuslichen Elend eine Zeit lang fern zu sein; nun begehrte Ottilie eine ähnliche Erleichterung. Sie schrieb es ihrer Mutter: »Ich gehe nach Tiefurth, liebe Mutter, in der Absicht mir dort ein Zimmerchen zu miethen und bis zum 1. Oktober dort zu bleiben! Wie reizbar ich bin, wie alles mich in einen Zustand der Verzweiflung bringt, hast Du selbst gesehen; ich vermag die Qual des Gedankens aber nicht mehr zu ertragen, durch diese heftigen Erschütterungen, die sich ja beinah täglich erneuern, das Leben des Kindes zu gefährden. Ich hoffe,

Du besuchst mich recht oft, da Du ja eine Spaziergeherin bist, und den Morgen, wo die einzige Zeit Deiner Freiheit ist, der Vater die Pferde nicht braucht. Tadele mich nicht zu sehr, – ich habe keine Kräfte mehr und kann wirklich nicht anders. Wie soll ich wohl das Leben ertragen, wenn ich alle Verhältnisse erst habe bis zum Schlimmsten kommen laßen? Lebewohl und gönne mir Ruhe.«

»Meine Schwiegertochter,« schrieb der alte Goethe am 29. September an Zelter, »sieht ihrer Entbindung, und wir mit ihr, um desto sehnsuchtsvoller entgegen, als sie diesmal in ihrem Zustand mehr als billig zu leiden hat.« Als die Geduld wider Erwarten lange auf die Probe gestellt wurde, scherzte er: »Vor alten Zeiten behauptete man, auf eine so langsame Weise würde sich der Antichrist in die Welt schleichen«.

Es war aber nur ein kleines Mädchen, was sich am 29. Oktober endlich vorstellte.

»Das schöne Kind gedeiht,« berichtete der dreifache Großpapa acht Tage danach an Zelter, und ebenso an den Kanzler von Müller, der sich in München aufhielt. »Daß die Mutter bey ihrer zarten Constitution an den natürlichen Folgen solcher Ereignisse mehr als andere zu dulden habe, müssen wir uns theilnehmend gefallen lassen und dürfen es um so eher, als ihr wackerer Charakter auch in diesen unangenehmen Zuständen treulich wirksam ist.« Am 16. November verkündete er dann der Adele Schopenhauer: »Ottilie ist ganz eigentlich von und an diesem Kinde genesen. Ein schönes Mädchen, willkommen Vater und Mutter, so wie Großvater und Brüdern, vom ersten Augenblicke herausgeputzt mit auserwähltem Schmuck, an ausländische so wie inländische Freunde wundersam erinnernd, so daß man eine Jenny oder sonst ein artiges Naturwunder, dergleichen schon geweissagt, vor sich zu sehen glaubt.«

Am 2. Dezember, einem Sonntage, war die Taufe; sie wurde mit großem Zeremoniell im Saale des Großvaters gehalten. Der General-Superintendent Dr. Röhr hielt selber die Taufrede. Alma Sedina Henriette Kornelia waren die Namen; Alma sollte das Kind gerufen werden: so hatte es der Großvater gewünscht. Sechs Paare Paten waren anwesend: der Großvater und die Mutter der Wöchnerin, Frau von Groß und Chevalier Lawrence, Ulrike von Pogwisch und Hofrat Soret, Gräfin Karoline von Egloffstein und Herr von Wegener, Gräfin Julie von Egloffstein und Landesdirektionsrat Töpfer, Fräulein von Froriep und Herr von Waldungen. Die Herren waren in Hofuniform, doch legten sie Hut und Degen ab. Außerdem wurden noch mehrere Auswärtige als Paten eingeschrieben; Goethes ehemaliger Sohn Friedrich von Stein und – Charles Des Voeux. Zahlreiche Einladungen waren zum Feste ergangen, das ziemlich lange dauerte. Am andern Tage gab Konsistorialpräsident Peucer ein Mahl zum Abschluß des Festes; viele hervorragende Persönlichkeiten nahmen auch daran teil.

Bald danach erstattete Ottilie ihrer alten Freundin Adele, die jetzt am Rheine lebte, Bericht über ihre letzten Erlebnisse. Und wieder versank in der Vorstellung der Schreibenden alles andere neben der einen leuchtenden Männergestalt. »Des Voeux hatte auf einen Brief, in dem ich ihn zum ersten mal die Folter meines häuslichen Lebens aussprach, und sogar die Furcht, es einmal durch einen raschen Schritt zu endigen, zwar geantwortet, aber diesen Punkt gar nicht erwähnt. Er hätte mich tadeln, mich trösten [können], kurz, was er gewollt, aber den Schrei der Verzweiflung unbeachtet zu lassen, schien mir ein Recht zu geben, wenigstens nicht mehr den Anschein eines Verhältnißes haben zu wollen, wo das Wesen davon entflohen war. Ich wollte erst ihm schreiben, ihm es auseinandersetzen, – doch so manche Erklärung der Art war zwischen uns vorgefallen, und ich glaubte, es sei beßer – zu verstummen. So verging ein halbes Jahr, – er schrieb mir dreimal, – und ich antwortete nicht. So stand es, als ich nach Dessau ging. Dort erhielt ich wieder einen Brief, der mir seine Nähe und seine Anstellung in Berlin verkündete. Lache nicht, daß ich noch einmal an mein altes Glück glaubte, daß ich für Unrecht gehalten, den Freund, den mir der Himmel zurückzugeben schien, zurückzustoßen [...]. Ich reiste zurück, und erwartete immer, daß sein Gesandter ankommen würde, damit er dann nach Weimar käme [...]. Des Voeux schrieb mir von Dresden, verkündete seine baldige Ankunft [...]. Welch ein entsetzlicher Zustand des Wartens nun eintraf, kann ich dir nicht ausführlich genug beschreiben. Ich verließ beinah nie mehr das Haus, und das ganze Geschäft meines Lebens war, stundenlang am Fenster zu stehen und jedes Klopfen, jeden Fußtritt für die Seinen zu halten. So vergingen Wochen [...] Wochen, die sich zu Jahren ausdehnten, – und Du kannst Dir denken, in welchen Zustand meine Nerven geriethen. Endlich bekam ich einen Morgen ein Billet, was mir seine Ankunft und seinen Besuch auf halb 12 verkündete – – – er kam, und Du magst wohl denken, daß ich sprachlos war; auch er schien sehr bewegt, doch er war so gut, so weich, so erschüttert, als er Alma an sein Herz drückte, daß ich mir mit tausend Eiden zuschwor, durch nichts seinen Aufenthalt zu trüben und nur das Lächeln der Freude für ihn zu haben.«

Sehr bald danach schrieb ihr der Vergötterte, daß er sich verlobt habe. Und wiederum ergoß sich Ottilie gegen die Freundin: »Adele, es ist nicht Eitelkeit, aber ich fühle auf das Bestimmteste, daß, hätte Gott mich gesund und blühend Des Voeux in den Weg geführt, hätte ich ihn schuldlos und innig lieben können, meine Hand hätte es vermocht, ihn zu ewigem Ruhm zu geleiten. Der Himmel gebe dem Herzen, was jetzt an dem seinen ruht, dieselbe Kraft! Scheint es doch mein Schicksal sein zu sollen; Leben zu erwecken, – aber nicht Leben zu genießen.« In demselben Briefe aber erzählt sie schon wieder von einem neuen Engländer: »Seit 4 Wochen kenne ich den Sohn des Herzogs von Wellington, Marquis von Douro; – er ist viel, viel mehr wie andere Männer, großartig, edel, geistreich, liebenswürdig, und ich zitterte, daß auf's Neue ein kurzer Frühling in mein Leben treten werde, – ich war vorsichtig wie noch nie gewesen, ich ließ meine Erfahrung sprechen, meine Phantasie schweigen; und ich denke, ich werde zu den alten Schmerzen keine neuen hinzufügen. Ich fühle, ich verstehe ihn, verstehe ihn so ganz wie er vielleicht beinah nie im Leben wird verstanden werden; ich fühle, wie nöthig ihm auf der einsamen Alpenhöhe ein solches Herz wie das meine wäre [...] und was ihm eine Bürge für ein dauerndes Verhältnis zu sein scheint, das Wort Freundschaft, ist es gerade was mir oft Besonnenheit wiedergiebt; denn mir erscheint es nur wie ein Dolch, bereit mich zu verwunden.«

In diesem Falle blieb es wirklich bei der Freundschaft; Ottilie rechnete es sich zu großem Verdienst an. Denn sie sah ihn und seinen Bruder, den Lord Charles Wellesley, häufig und behandelte beide mit der Auszeichnung, die den Söhnen eines so berühmten und mächtigen Mannes gebührte. »Wellingtons Söhne,« schrieb der Kanzler von Müller Ende März 1828 an den französischen Gesandten Graf Reinhard, »sind ganz ruhig hier, machen Ottilien die Cour und schießen Schnepfen. Ausgezeichnetes finde ich nichts in ihnen; der älteste ist sehr taub, sieht seinem Vater sprechend ähnlich.«

Cour machen und Schnepfen schießen: Das ist regelrechter Zeitvertreib für vornehme Müßiggänger. Eines Tages aber schnitt ein Sohn des Herzoges von Wellington einem Enkel Goethes die Haare, um zu beweisen, daß er sich auch auf eine nützliche Kunst verstehe.

Wir erinnern uns der Schwächlichkeit Ottiliens. Sie litt an der Leber, neigte also zu einer gelblichen Farbe, und auch das Halsübel drohte wiederzukehren. Als ihre Großmutter im Frühjahr 1828 nach Karlsbad und Teplitz ging, war sie bereit, die Enkelin mitzunehmen; August redete sehr zu, daß Ottilie mitreise: sie müsse dort aber auch die Kur ganz nach Vorschrift gebrauchen. Es geschah: die stets untreue Frau gehorchte ihrem Manne in vielen Dingen wie ein Kind. Die kleine Alma, die jetzt gerade die ersten Zähnchen bekam, wurde unterdessen von ihrer Tante Ulrike betreut.

August war gegen seine Frau immer gütig – wenn er nämlich aus einiger Ferne zu ihr redete, wenn er also Zeit hatte, sich nach einem peinlichen Eindrucke wieder herzustellen. Ihre Verhältnisse zu den Engländern kannte er obenhin; über ihr Bedürfnis, sich beständig mit solchen Verhältnissen zu beschäftigen, war er sich völlig klar; über eine Verletzung seines Ehemanns-Rechtes beklagte er sich nicht und hätte es nicht tun dürfen, denn die ihm von Ottilie wiederholt angebotene Scheidung lehnte er ab, und überdies ging auch er seine eigenen Wege. Beide waren offenbar darin einverstanden, daß der Vater von ihrem Zwiespalt möglichst wenig bemerken dürfe; beide rafften sich manches Mal auf, ihn zu erfreuen und ihm die letzten Tage seines hohen Alters zu erleichtern. Rechnen wir dazu, daß sie an ihren Kindern Freude haben konnten und daß sie beide nicht leicht Entschlüsse faßten, daß sie auch beide im Ertragen stärker waren als im Handeln, so verstehen wir, daß ihr Nebeneinander-Leben in dieser Un-Ehe an manchen Tagen friedlich und freundlich sein konnte. Ein Rätsel aber bleibt es, daß August offenbar nie bedauerte, sich gerade diese Gattin gewählt zu haben. Als ihm Ottilie im Sommer 1828 aus Teplitz schrieb und dabei der elften Wiederkehr ihres Hochzeitstages gedachte, erwiderte er: »Dein Brief, liebe Ottilie, welcher mir die erfreuliche Nachricht brachte, daß du an den 17. Juny gedacht, hatte selbst einen etwas düsteren Anstrich, und ich weiß nicht ob er ein Vorwurf für mich oder dich seyn soll. Glaube mir: ich habe an jenem Tage mit Freude und ohne Reue auf die verlebten Tage und Jahre zurückgeblickt und mir keine bessere Zukunft gewünscht als noch recht lange mit dir zu leben.«

Während er diese Zeilen schrieb, am 1. Juli, war Ottiliens Herz ganz erfüllt von Charles Sterling, denn es war dessen Geburtstag: »Immer steht er heute vor mir mit den leuchtenden, verklärten Blicken; immer seh ich ihn lächeln und lachen, und vergebens will ich mich überzeugen, daß fünf Jahre verflossen, seit meine Hand die seine glückwünschend umfaßte.«

August von Goethe

Gemälde von Ehregott Grünler, 1828

Wenn August und Ottilie in ihrem »Schiffchen« – der Vater soll ihre Mansarde zuerst so genannt haben – wieder enger beisammen wohnten, blieb zwar der beiderseitige gute Wille bestehen; aber in der Nähe ist es schwieriger, Streit oder doch Verletzungen zu vermeiden. Wir lesen es in Ottiliens Tagebuche nach der Heimkehr aus Teplitz: »Den 9. July. [...] Langes Gespräch von August [...] was sonst in Bitterkeit würde ausgeartet sein, wurde jetzt nur mit einer scherzhaften Wendung oder einem originellen Seitensprung geendet; denn August schien entschlossen, mit mir gut sein zu wollen. Es war vielleicht zwischen Mann und Frau eine nicht ganz natürliche Art, aber doch wäre es glücklich, es bliebe so. Es war, wie man sich ein Verhältnis der Art zwischen zwei sehr vornehmen und vielleicht sogar an Alter verschiedenen Personen vorstellen kann. August ging aus, – wohin? – – – wer weiß es!? – und kam aber um 10 Uhr wieder. [...] 10. [...] abends. Gespräch mit August, wo sich zeigte, daß er in meiner Abwesenheit keine Bitte von mir erfüllt. Sogar den Tag meiner Abreise hatte er bei dem Thee alle Engländer ausgelassen, die ich aufgeschrieben – – doch genug, – wir suchten wieder Streit zu umgehen. Den 14. Juli 1828. [...] Allein Mittag mit August; nichts war recht, und mit unendlichen Thränen ging ich in mein Zimmer. [...] 15. July. [...] August blieb zum Thee und Abendessen. Doch mußte ich wieder weinen, obgleich er mir zum Schluß versicherte, daß, wenn er noch jetzt frei wäre und die schönsten jungen Mädchen wählen könnte, er mich dennoch vorziehen würde. Das Unglück ist, daß er sich immer einbildet, ich habe einen felsenfesten herrschsüchtigen Charakter. Wollte Gott, es wäre.«

Ehe der Monat zu Ende ging, kam es zu einem schweren Kampfe. August verlangte plötzlich, daß Ulrike, die vor zehn Jahren auf »einige Zeit« in das Hauswesen mit eingetreten und seitdem darin geblieben war, fort ziehe. Ulrike war jetzt in Berlin: bei ihrer Rückkehr also sollte sie eine andere Wohnung wählen. Ottilie liebte ihre Schwester aufs innigste. Ulrike war ihr bei allen großen und kleinen Erlebnissen die nächste Vertraute und hatte selber auch beständig Romane mit Engländern.

Dieser unerwarteten Forderung des Gatten mußte Ottilie sich fügen; sie hätte ihm vielleicht dankbar sein sollen, daß er ihrer Schwester so viele Jahre eine Heimat gegönnt hatte; aber sie vermochte nicht gerecht zu sein, wo einem ihrer Nächsten ein Übel zugefügt wurde. Ulrike wollte nun auch nicht mehr in Weimar bleiben; sie mußte also fern von der Schwester, Mutter und Großmutter eine neue Stätte suchen. Schließlich beruhigte man sich. Ulrike blieb in Weimar, zog zu ihrer Mutter und kam häufig genug zur Schwester. Aber die Gatten waren doch noch weiter auseinander gekommen.

Ottilie mußte sich immer einen Leser denken, wenn sie sich ihre Gefühle vom Herzen schrieb; am liebsten redete sie einen Mann an. Charles Des Voeux war immer der Gott, zu dem sie im Geiste sprach: »Ich glaube, Sie wußten wie unglücklich ich mich fühlte; aber erstens war ich es in Ihrer Nähe minder und Ihnen blieb schon dadurch der Umfang meiner Quaal verborgen, dann aber auch schien mir, als hätte ich damahls weniger Grund mich zu beklagen gehabt. Ob dies eine Täuschung war, ob ich nur durch Ihre Gegenwart erheitert und gestärkt es besser zu ertragen verstand, ob August Ihnen die Kenntniß meines Unglücks entziehen wollte – ich weiß es nicht, doch scheint mir jedesmal, daß er zufrieden ist, sobald ich beschäftiget scheine, oder wenigstens sobald er andere von mir beschäftiget glaubt. Des Voeux, wähnen Sie nicht, daß ich August anklagen und mich ganz frei sprechen will; nein, unsere beiderseitige größte Schuld ist, daß auch nicht eine gemeinschaftliche Saite in uns klingt; er würde mit jeder andern Frau glücklicher geworden sein, denn ich besitze für ihn nicht einmal die kleine Kunst, ihn zu amusieren. Wenn Sie meinem Herzen den geringsten Werth zugestehen, so müssen Sie glauben, daß ich oft aufs Neue versucht, aufs Neue gehofft es anders zu gestalten. Denken Sie, daß nicht etwa dies unglückliche Verhältniß obwaltet, seit ich Sterling kenne, sondern daß ich mich schon wollte scheiden, als Walther kaum zwei Monate alt! Vorigen Sommer, wo ich hätte Mitleid einflößen sollen, brachte es mich beinah zur Verzweiflung; doch als bei meiner Rückkehr aus Carlsbad mit Hohn und Schadenfreude mir gesagt wurde, daß ich künftig auch den Trost entbehren müßte, meine Schwester im Hause zu haben, ergriff mich ein solches Gefühl von Wuth und Schmerz, daß ich glaubte wahnsinnig zu werden, oder fürchtete nicht die Kraft zu haben, nicht Nachts einmal zu entfliehen und lieber alles wie dieses Elend zu ertragen. Nicht ein Freund stand mir zur Seite«.

»Nicht ein Freund:« so klagt die erregte Ottilie. Wie war denn August mit diesem wichtigen irdischen Gut versehen?

Es ging ihm wie den meisten von uns: er hatte viele Freunde und kaum einen Freund. Als Ernst von Schiller im Herbst 1826 auf einige Wochen nach Weimar zurückkehrte, fanden sich die beiden Dichtersöhne sehr rasch wieder zusammen, zumal da beide das Becherschwingen liebten. Schiller begehrte des alten Kameraden Eintragung in sein Stammbuch; da versetzte sich August in die nahe Zukunft, wo Ernst wieder am fernen Rheine leben würde.

Abschied

Bin ich denn ganz allein?
Ich habe Vater ja,
Ich habe Frau,
Ich habe Kinder auch,
Doch keinen Freund!
Er schied!!
Lebewohl

Das war Stimmung und Selbsttäuschung. In der Nähe meinten es doch manche besser mit ihm als dieser Jugendgenosse; zum Beispiel das Gillesche Haus in der Windischen Gasse

Johann Friedrich Christoph Gille

Kreidezeichnung von Johann Joseph Schmeller, 1829

nahm ihn stets freundlich auf, wenn er unter behagliche Menschen verlangte, die ihn beruhigten und angenehm unterhielten. Der Landesdirektionsrat Friedrich Gille war ein guter Gesell; noch lieber hatte August die Frau Christiane und ihre Kinder. Er kam sehr oft ins Haus, unternahm auch größere und kleinere Fahrten mit Gilles, nach Erfurt, Jena, Leipzig oder in die Wälder und Berge. Und so hatte August noch eine Reihe von Amtsverwandten und guten Bekannten, die er Freunde hätte nennen dürfen: Töpfer, von Waldungen, von Groß, Schmidt, Büttner, Eckermann. Sein Oheim Vulpius starb 1827; aber dessen älterer Sohn, Rinaldo, stand längst in den Mannesjahren; er hatte die Rechte studiert und konnte nun zu den brauchbaren und zuverlässigen Freunden des Goetheschen Hauses gezählt werden.

Aber wer nach einem Freunde ausschaut, wie ihn sein Herz eigentlich begehrt, pflegt über die nächste Umgebung hinwegzublicken. Das Glück und der rechte Freund wohnen immer hinter den Bergen.

Im Mai 1827 verweilte sich Karl von Holtei auf der Reise von Paris nach Berlin einige Tage in Weimar. Er wollte versuchen, ob er von Goethe angenommen würde; er hätte sich gern die Gestalt des alten Dichters in die Erinnerung gedrückt.

Am ersten Nachmittage, den er in Weimar zubrachte, ging er mit Professor Wolff, dem Improvisator, in den Garten der Erholungs-Gesellschaft. In einer entfernten Gruppe sah er dort »einen eleganten Mann in seiner Kleidung, mit vornehmen Manieren, dessen Gesicht, besonders Augen, Stirn und Nase« ihm bekannt schien. Er besann sich, wer es sei, und fragte schließlich. Da war es Goethes Sohn: die bekannten Züge hatte Holtei in Goethes Bildern gesehen! Man führte den Gast zum Herrn von Goethe. Holtei erzählt das weitere in seinem Lebensberichte: »Er empfing mich gemessen und kalt. Ein eigentliches Gespräch war nicht anzuspinnen. Jeder Andeutung auf seinen Namen, und auf Alles, was daran sich knüp-

Karl von Holtei

Kreidezeichnung von Johann Joseph Schmeller, 1828

fen könnte, wich er entschieden, fast unhöflich aus. Vielmehr stimmt' er einen burschikosen Ton an, erzählte unanständige Berliner Witze, zwang mich gewissermaßen darin fortzufahren und affichirte eine Roheit, die mir mißfiel und mich abstieß. Von jenem Abende an sucht' ich ihm fern zu bleiben«.

Im nächsten Januar (1828) kam Holtei wieder nach Weimar, diesmal auf Wochen und Monate. Er hielt Vorlesungen von dramatischen Meisterwerken; der Kanzler von Müller und Frau Johanna Schopenhauer hatten die Zuhörer vorweg gesammelt.

Holtei, gegen dreißig Jahre alt, hatte eine trübe Kindheit und eine sehr unruhige Jugend hinter sich. Trotz seines Adels und obwohl er angefangen hatte, die Rechte zu studieren, war er aus Liebe zum Theater Schauspieler geworden. Als solcher hatte er keinen Erfolg errungen; dagegen erwarb er sich als Vorleser großen Beifall. Außerdem schriftstellerte er, und von sehr vielen Theaterstücken, die er rasch hinschrieb, gefiel doch wenigstens ein Teil. Er war mit einer Schauspielerin verheiratet gewesen und hatte sie bereits durch den Tod verloren. Sein Leben war etwas vagabundisch, seine Stellung in der Gesellschaft zweideutig, sein Auftreten unter Fremden burschikos, anmaßend, berlinerisch, abstoßend. Er nahm kein Blatt vor den Mund; jede Vorsicht verschmähend, verdarb er es mit vielen. Als man ihn in Weimar aber näher kennen lernte und als auch er die Freiheit, die hier herrschte, angenehm empfand, fiel die rauhe Schale von ihm ab. »Sein natürlicher Frohsinn, sein weiches Gemüth, sein Humor, der zwar immer etwas derb blieb, gewannen die Oberhand, er fühlte sich bald heimisch und war ein gern gesehener Gesellschafter. Die junge, einheimische Herrenwelt liebte ihn, weil er ihre Abneigung gegen die Engländer unterstützte, die Damen freuten sich, wenn er kam, weil er stets ein paar galante Verse bei sich hatte; Goethe empfing ihn häufig, weil er Neues und Interessantes hübsch vorzutragen wußte.« So erzählte später Jenny von Pappenheim.

Dem Sohne Goethes wich Holtei nach den ersten unangenehmen Eindrücken aus; August dagegen fühlte sich zu dem offenherzigen und lustigen Schlesier mehr und mehr hingezogen. Auch er ging in Holteis Vorlesungen. So hörte er von ihm seines Vaters *Faust*. Holtei erzählte später von diesem Abend: »Die Wirkung war eine entschiedene. Bei keinem Anwesenden aber that sie sich stürmischer kund, als bei August. Dieser, sonst ein sehr kühler Lober meines Talentes, wartete kaum ab, daß ich von den Stufen, auf denen ich mein Wesen trieb, herabgestiegen war, um mich bei beiden Händen zu fassen und mir mit thränenfeuchten Augen zu sagen, welche Freude ich ihm gemacht. Seine Worte waren: ich werd's dem Vater sagen, daß ich Vieles im Faust erst heute verstanden habe. Ich war besonnen und klarsehend genug, um zu empfinden, daß August's Begeisterung, wie sie da im Saale vor mich hin trat und mir vor vielen erstaunten Zeugen huldigte, mehr dem Gedicht seines Vaters, als meinen Anstrengungen galt, eben das aber machte mich ihm geneigter, denn warum soll ich's leugnen, ich hatte die Meinung Vieler theilend, ihn bisher für einen halben Barbaren gehalten und war jetzt aufs freudigste überrascht, ihn so empfänglich zu finden. Von diesem Abende fing unsere Freundschaft an. Wir sahen uns täglich und wurden Vertraute. Als wir es waren, verhehlt' er mir nicht, daß er oft absichtlich, vorzüglich vor Fremden, darauf ausgehe als roher Gegner jedes poetischen Treibens zu erscheinen, weil ihm der Gedanke zu fürchterlich sey, für einen Erben zu gelten, der sich bestrebe, Firma und Geschäft des Vaters fortzuführen. Lieber, sprach er, sollen sie sagen, Goethe's Sohn ist ein dummer Kerl, oder was sie sonst sagen mögen, als daß es von mir heiße: er will den jungen Goethe spielen.«

Mit der Zeit gewann Holtei eine recht gute Meinung von seinem neuen Freunde; freilich sprach nun das Mitleid stark mit: »August Goethe war kein gewöhnlicher Mensch; auch in seinen Ausschweifungen lag etwas Energisches; wenn er sich ihnen hingab, schien es weniger aus Schwäche, als vielmehr aus Trotz gegen die ihn umgebenden Formen zu geschehen. Stirn,

Auge, Nase waren schön und bedeutend, machten seinen Kopf dem des Vaters ähnlich. Der Mund, mit seinen sinnlich aufgeworfenen Lippen, hatte dagegen etwas Gemeines und soll an die Abstammung von weiblicher Seite erinnert haben. Er hielt sich, ging, stand, saß, gebehrdete sich, wie ein feiner Hofmann; seine graziöse Haltung blieb stets unverändert und auch wenn er berauscht war, wenn er tobte, fiel er nie aus dem Maaße äußerer Schicklichkeit. Er wußte Viel und Mancherlei, nicht nur, daß er, wenn er einmal in's Arbeiten kam, ein ganz tüchtiger Rath an fürstlicher Kammer seyn konnte, trieb er auch Naturwissenschaften in vielfacher Richtung und hielt namentlich die vom Vater angelegten Sammlungen jeder Gattung in bester scientivischer Ordnung. Das Münzkabinett hatte er gleichfalls in seinem Verschluß und wußte genügende historische Auskunft zu geben. Die Poesie, der abhold zu scheinen bisweilen seine Laune war, liebte mein armer Freund eben so innig, wie er ihr auf's Innigste vertraut war. Neben Goethe stand ihm Schiller, – ja, vielleicht über jenem! Wehe demjenigen, der sich in Goethe's Hause beikommen lassen wollte, den Lebenden auf Kosten des Todten zu erheben. Dabei war August in ihm selbst, und für sich Dichter. Ja, er würd' es auch für Andere geworden seyn, wenn er die Fähigkeit besessen hätte, das Mechanische des Metrums zu beherrschen. Er wußte seinen Gedanken und Gefühlen selten eine entsprechende Form zu geben und wenn er Verse irgend eines ihm theuren Dichters citirte, mahnte er mich an Jean Paul, der auch niemals im Stande ist, einen Vers anzuführen, ohne gegen den Rhytmus zu sündigen. Nichts desto weniger sind einige seiner kleinen Gedichte sehr lieblich, wenn schon immer wunderlich. [...] Nie hab' ich einen Freund gehabt, der so sichtlich und so zur Freude des Beschauers, Ordnung und Sauberkeit in Allem was ihn umgab, in Papieren, Briefsammlungen, Kunstschätzen zu halten wußte. Während Vettern und Basen ihn für einen unordentlichen, liederlichen Menschen ausschrieen war in seinen Gemächern eine wahrhaft strahlende

Johann Wolfgang Goethe

Gemälde von Joseph Karl Stieler, 1828

Reinlichkeit, über jeden Schrank und Kasten der wohlthuende Friede heimathlichen und behaglichen Sinnes verbreitet.«

Die beiden Freunde waren in Augusts Wohnung, in Holteis Gasthofe, dem ›Elefanten‹, und anderwärts viel zusammen. Holtei war kein Tugendbold; er gab das Geld, das er verdiente, gern wie ein großer Herr aus und schaffte sich an jedem Orte auch sogleich ein Schätzchen an, je nach Gelegenheit aus der vornehmen oder der dienenden Klasse; aber er war im Essen und Trinken mäßig und in seiner ganzen geistigen Veranlagung erheblich gesünder als August. Er übte also einen guten Einfluß auf diesen aus – eben weil er nicht zu viel besser und nicht zu viel bedeutender war und weil er das Leben und die Menschen schon recht gründlich kannte. August wurde zahmer in seiner Gesellschaft; er ließ sich von Holtei auch zu andern Männern und namentlich zu den edleren Frauen führen, denen er sonst sich gern entzogen hatte. Ottilie, ihre Mutter und andere bemerkten mit Freude den guten Einfluß, den dieser Gast ausübte, und begünstigten ihn nun erst recht.

Holtei blieb bis in die ersten Tage des April. Am Abend vor seiner Abreise wurde ihm eine »Henkersmahlzeit« gegeben. Als man sich nach langer Sitzung erhob, begleiteten die weimarischen Herren ihren Freund bis zur Tür des ›Elefanten‹. »Einer nach dem Andern drückte mir die Hand und als ich die Reihe durchgemacht und der Haushälter die Thüre hinter mir geschlossen hatte, fiel mir erst auf, daß August spurlos verschwunden war. Früh um vier Uhr waren meine Pferde bestellt. Ich hatte noch zwei Stunden zum Einpacken. Es mochte Drei seyn, als mit gewaltigen Schlägen an das Hausthor gepocht wurde. Mein Diener meinte, es kämen Reisende an. Eine Minute nachher stand August, glühend von Wein und Aufregung vor mir und gab dem Diener ein Zeichen uns zu verlassen. Sie haben, sprach er zu mir, gewünscht, ich solle Ihre Aufträge an Ihre Freundin übernehmen, während Sie von W[eimar] abwesend sind und haben es mir dabei zur Bedingung gemacht, gegen Jedermann das tiefste Geheimniß zu bewahren;

ich bin auf diese Bedingung stillschweigend eingegangen. Aber doch kann ich Sie nicht reisen lassen, ohne vorher zu fragen, ob unter ›Jedermann‹ auch mein Vater mit einbegriffen ist? Natürlich, erwiderte ich, Der vor Allen! Dann, sagte August, mit großer Entschiedenheit, muß ich mein Versprechen zurücknehmen und darf Ihr Vertrauen nicht empfangen. Vor meinem Vater kann und darf ich k e i n Geheimniß haben. Seitdem ich reden kann, ist kein Tag vergangen, wo ich nicht, wenn wir an einem Orte lebten, jeden Morgen zu meinem Vater getreten bin und ihm Alles erzählt habe, was mir am vorigen Tage begegnet, was ich gethan, was ich gedacht. M e i n V a t e r i s t m e i n B e i c h t i g e r. Sie wissen, wie lieb ich Sie habe. Über meinen Vater geht mir Nichts. Er umarmte mich, sagte Lebewohl und schied. An der Zimmerthür kehrt' er noch einmal um, sah mich mit starren Augen lange durchdringend an und sprach: Sie glaubten, ich wäre betrunken. I c h b i n ' s n i e , w e n n i c h ' s n i c h t s c h e i n e n w i l l ! Überhaupt, Ihr kennt mich Alle nicht! Sie auch nicht. Ihr haltet mich für einen wilden, oberflächlichen Gesellen!? Aber hier – (und dabei schlug er sich mit der geballten Faust auf seine hochgewölbte Brust [...]) – hier ist es so tief! Wenn Sie einen Stein hinabwürfen, Sie könnten lange lauschen, bis Sie ihn fallen hörten. Dann verließ er mich.«

In der Mitte Juni hatten die Freunde eine Zusammenkunft in Leipzig; Gilles fuhren mit August dahin, und sie verlebten vier sehr vergnügte Tage mit Holtei. So wohl hatte sich August schon lange nicht mehr gefühlt. Aber bald trieb ihn sein inneres Elend wieder ins wüste Treiben hinein.

Einige weimarische Freunde Holteis wünschten sehr seine Berufung an die Spitze des Hoftheaters. Frau Schopenhauer berichtete ihm nach Berlin, wie seine Aussichten stünden und wer alles für ihn sei. »Ottilie ist eifriger als wir Alle, um Sie hier zu haben, denn sie behauptet, ihr bischen häusliches Glück, mit dem es jetzt trauriger steht als jemals, hinge davon ab, daß

Sie wieder den gewohnten Einfluß auf ihren Bären übten, der sie jetzt baß quält und während Ihres Hierseins fromm wie ein Lamm war.« Ganz ähnlich am 16. Januar 1829: »Auch August bedarf Ihrer und die arme Ottilie. Er ist wieder ganz verwildert.«

Um die Mitte August dieses Jahres 1829 erschienen in Weimar zwei polnische Dichter: der hochbegabte Adam Mickiewicz und sein Freund Anton Eduard Odyniec. Sie erfreuten sich an der sehr liebenswürdigen Aufnahme, die ihnen der alte Dichterkönig Goethe gönnte, und fühlten sich in der ganzen weimarischen Gesellschaft sehr wohl; auch mit August wurden sie gut bekannt. Odyniec schilderte alle seine Erlebnisse in ausführlichen Briefen, und so beschrieb er einen Abend bei Frau von Goethe, wo diese mit Jenny von Pappenheim und Adam Mickiewicz den höheren Chor, er selber dagegen mit August, Eckermann, Peucer und Ulrike die Unterklasse bildeten. »Das bewegende Element war hier Hr. August, ein jovialer und wie es scheint reeller Mann: d.h. nicht in allen Himmeln herumschweifend, sondern heiter auf der Erde umschauend. Und so begann er unter Anderm, als Fräulein Pappenheim pathetisch über das Fühlen redete, mir von den Weimarer Fräulein zu erzählen, deren viele sich an Engländer verheiraten, welche hier oft als Gäste verweilen, und indem er diese mit Störchen verglich und mit den Fingern ihre Storchbewegungen nachahmte, verglich er wieder die Fräulein den Fröschen, welche ihre Köpfchen erheben und rufen: ›Nimm mich, nimm mich!‹ Die Schwägerin protestirte sehr lebhaft dagegen, und als die Sache für den höheren Chor vernehmlich wurde, sagte Frau Ottilie: ›Fi donc, August!‹ und Fräulein Pappenheim fügte ein: ›Incorrigible!‹ hinzu. Dadurch und durch alles, was er sprach, erschien mir August als ein geistreicher und liebenswürdiger Gesellschafter.«

Einige Tage darauf äußert sich Odyniec nach näherem Umgange über August: »Er ist, je näher ich ihn kennen lerne, nicht blos, wie es mir anfangs schien, ein heiterer, scherzhafter bon vivant; er ist auch voll achtunggebietenden Verstandes, tieferen Fühlens und Strebens, nur daß sich das Alles bei ihm wie im Fluge und beinahe gegen seinen Willen andeutet, denn er wendet Alles sogleich in's Scherzhafte oder bemüht sich, den Eindruck durch einen Scherz zu verwischen. Gegen A d a m hat er sehr viel Respect; mais je crains votre ami, sagt er mir offen und zieht es vor, mit mir ungenirt sich in Schwänken gehen zu lassen. So holt er mich denn täglich morgens zum Spazierengehen ab und ladet mich Nachmittags auf eine Cigarre zu sich. Und dann figurirt auch schon auf dem Tische eine Bouteille Rüdesheimer, den er gar sehr liebt, oder Liebfrauenmilch [...]. Neulich fand er bei mir die *Römischen Elegien* seines Vaters [...]. Als er sie erblickte, verwunderte er sich außerordentlich, daß er sie nicht kenne; als er aber einige Blätter durchgesehen, begriff er leicht, warum sie ihm der Vater nicht zum Lesen gegeben, versprach aber lachend, ihn darüber zur Rede zu stellen. A d a m riet ihm, das nicht zu thun, da es den Vater möglicherweise in Verlegenheit setzen könnte. Doch Hr. A u g u s t war nicht dieser Ansicht, erzählte uns im Gegentheil lustig eine Menge noch nicht gar alter romanhafter Geschichtchen, indem er seine Rede ausdrücklich damit schloß: ›qu'il est capable de s'amouracher encore aujourd'hui.‹ [...] Adam seinerseits setzte lachend die Unterschiede zwischen gewöhnlicher und poetischer Verliebtheit auseinander. Die erstere, indem sie den Gegenstand zu erlangen trachtet, setzt sich der Lächerlichkeit aus, wenn ihre Kräfte und Bedingungen dazu nicht ausreichen; die andere, welche sich mit der Abspiegelung des Gegenstandes im Inneren begnügt, ist dagegen des Ihrigen so sicher, wie das Meer, wenn es die Sterne wiederspiegelt. Zuletzt bewies er ihm, daß auch er selber in dieser Hinsicht sichtlich die poetische Begabung vom Vater geerbt haben müsse, dem auch Hr. A u g u s t durchaus nicht wi-dersprach. Das häufigste Gesprächsthema zwischen ihm und Adam ist die ihnen gemeinsame Verehrung von Napoleon's Gedächtnis, dessen Porträts in den verschiedensten Gestalten das Cabinet Hrn. August's füllen, was denn auch zuweilen Veranlassung zum Disputiren mit Fr. Ottilie, als einer eifrigen deutschen Patriotin und großen Freundin der Engländer, gibt.«

Wieder einige Tage später ward Goethes achtzigster Geburtstag gefeiert. Unter anderm durch ein Festessen im Gasthof zum Erbprinzen, wo sich neunzehn einheimische Herren mit dreizehn auswärtigen vereinigten, die teils zu dieser Gelegenheit gekommen, teils zufällig gerade jetzt in Weimar waren. Der leicht bewegliche Holtei war wieder von Berlin hergereist; die Polen Nummer Eins und Nummer Zwei – ihre Namen behielten sich schlecht – tafelten gleichfalls mit. August vertrat wieder einmal den Vater. Es gab Festgedichte, Adressen, Reden. »Alles hielt hier, wie mir scheint, die Mitte zwischen einem Vergnügen und einem feierlichen Feste, wie bei einer freudigen religiösen Familienfeier, ein.« Und Odyniec schreibt weiter: »Hr. August, zu welchem sich alle Sprecher und Sänger als zu dem Repräsentanten seines Vaters wendeten, nahm Alles mit wahrhaft kindlicher Rührung auf«.

Am nächsten Tage sprach Odyniec lange mit Holtei über den jungen Goethe, und beide fanden, daß er ein sehr verständiger und kenntnisreicher Mann sei. »Holtei fügte hinzu, daß er eine ungewöhnliche Befähigung und Neigung zu Poesie hätte, wenn er es nicht wie den Tod fürchtete, daß man ihn mit seinem Vater vergleiche und mit seinem Maßstabe messe, dessen Größe er fühlt und anerkennt; und so übernehme er excentrisch lieber den völlig entgegengesetzten Anschein. Doch nicht blos in dieser Hinsicht sei es, wie sich Holtei ausdrückte, für ihn ein Unglück, der Sohn dieses Vaters zu sein. Sein despotischer Einfluß und Charakter hätte in den wichtigsten Lebensepochen die Selbständigkeit des Sohnes paralysirt. In seiner frühesten Jugend habe Hr. August eine junge und schöne Weimarerin geliebt, weil sie aber bürgerlicher Abkunft war, hätte ihm der Vater nicht erlaubt, sie zu heiraten, und sie hätte sich, wie man sagt, in Folge dessen das Leben genommen. Im Jahre 1813, als während des Kampfes gegen Napoleon sich die gesammte deutsche Jugend um die Fahnen schaarte, wollte Hr. August dasselbe thun; aber der Vater, um den einzigen Sohn fürchtend, habe das nicht zugegeben, sondern ihm eine Civilanstellung und das ausdrückliche Verbot seines Taufpaten, des Großherzogs, erwirkt. Diese beiden Dinge hätten, wie Holtei sagt, einen nachhaltigen Einfluß auf das seitdem excentrische Benehmen Hrn. August's geübt, und namentlich letzteres erweckte in ihm jene übertriebene Verehrung Napoleon's, die er so offen zur Schau zu tragen liebt. Bei alledem sei er der beste Gemal seiner Frau, der anhänglichste und fügsamste Sohn seines Vaters, und dies so sehr, daß er ihm täglich eine Art Rechnung nicht bloß über sein Thun, sondern auch sein Fühlen und Denken legt.«

Am 31. August setzten Mickiewicz und Odyniec ihre Reise fort. August hatte sie lieb gewonnen und küßte sie beim Abschiede. Er ließ sich feierlich von ihnen versprechen, daß sie ihm aus Rom schreiben wollten. »Nächstes Jahr komme ich auch dahin,« versicherte er.

Holtei blieb noch etwas, und seine Erinnerungen an das Selbsterlebte haben größeren Wert als die eben erwähnten Vorstellungen, die er sich aus bloßen Andeutungen über Augusts Entwicklung machte. Er erzählt, daß sich August immer fester an ihn gehangen und ihn mit einem Zutrauen, einer oft stürmischen Freundschaft beschenkt habe, die zuweilen Angst einjagte. »Der Tod tobte ihm schon in den Adern; seine Heiterkeit war wild und erzwungen, sein Ernst düster und schwer, seine Wehmut herzreißend. Dabei suchte er aber immer eine gewisse Feierlichkeit der Formen zu bewahren, die oft wie eine unbewußte Nachahmung des Vaters erschien und sich deshalb im Gegensatz zu sonstigem Thun und Treiben gespenstig ausnahm. Unvergeßlich bleibt mir der Abend, wo er mir die Brüderschaft antrug; ein Akt, den ich überhaupt nicht liebe, wenn er sich nicht, wie durch innere Nothwendigkeit herbeigeführt, gleichsam von selbst ergiebt. Dies war bei uns nicht der Fall, wenigstens von meiner Seite nicht, denn ich konnte im Umgange mit ihm niemals vergessen lernen, daß er Goethe's Sohn sey und unsere Vertraulichkeit behielt, was mich betraf, stets eine ergebene Zurückhaltung, die nur in brieflichen Eröffnungen rücksichtsloser Hingebung Raum gönnte. Deshalb drückte mich die Brüderschaft; das ›Du‹ ging mir nur gewaltsam von den Lippen.«

Auch Kinder können uns heilsame Freunde sein, und Augusts Knaben leisteten ihm manchmal gute Gesellschaft. Sie hatten schon viel zu erzählen: vom Theater, das auch sie schon in jüngsten Jahren oft besuchten, von Hofe und den adligen Häusern der Stadt; sie konnten ihn durch ihre kindlichen Scherze aufheitern, aber auch durch ihre musikalischen Darbietungen, in denen namentlich Walther ein kleiner Meister war. Ihr Vater gab sich auch sehr mit ihnen ab, wie Jenny von Gustedt uns berichtet: »In der Erfindung immer neuer Spiele für sie war August unerschöpflich; sie zogen ihn – wie oft! – von seinen Kneipereien ab, die seiner an und für sich schwankenden Gesundheit schadeten. Aber auch die Freude an seinen Söhnen verbitterte ihm sein Mißtrauen. Ich stand einmal mit ihm am Fenster des Eßzimmers kurz vor Tisch. Im Garten ging Goethe auf und nieder; seine Enkel kamen hinuntergelaufen, um ihn zu holen. Jubelnd umschlangen sie den Großvater, erzählten, lachten, spielten; er freute sich sichtlich ihrer lieblichen Gegenwart, und ich sah mit Vergnügen zu. Da fiel mein Blick auf August: er starrte mit zusammengekniffenen Lippen, blaß und schwer athmend, auf dasselbe Bild, sein Aussehen sagte mehr als Worte.«

XII. Letzte Fahrt
1830

Am 11. Dezember 1829 schrieb die Baronin Amalie von Stein, die Schwiegertochter der vor einigen Jahren verstorbenen Charlotte, an ihren Schwager Friedrich: Goethes Sohn habe sich »bedeutend erkältet bei einer nächtlichen Ruhe vor oder hinter der Comédie, wo ihn die Engländer fanden und nach Hause schafften.« Sie fügte hinzu: »Es ist recht betrübt für seine Frau, dieses Betrinken.« Und: »Es scheint mir, als wenn die Laster der Mutter oft noch mehr auf die Söhne forterbten als die der Väter.«

Um dieselbe Zeit muß auch Karoline von Wolzogen ihrem Neffen Ernst von Schiller dergleichen berichtet haben. Er erwiderte: »Was Sie mir von August Goethe schreiben, hatte ich leider gefürchtet.« Und er urteilte, indem er sich mit dem gewesenen Freunde verglich: »Es geht in ihm mehr unter, als man um ihn her denkt. Wir standen uns einst sehr nahe; nur hatte ich einen hellern Kopf, mehr Ehre und einen bessern Magen«.

August vollendete jetzt sein vierzigstes Jahr. Von der Kindheit her an das tägliche Weintrinken gewöhnt, dem väterlichen wie dem mütterlichen Beispiele folgend, war er unter dem Einfluß seiner ehemaligen und sonstigen Nöte zum starken Trinker und schließlich zum Trunksüchtigen geworden. Jetzt hieß es um ihn herum und er sagte sich selber: So geht es nicht weiter!

»Die Krankheit meines Sohnes hatte sich gehoben,« diktierte der Vater am 5. Dezember 1829 in sein Tagebuch. In den nächsten Wochen und Monaten tat August wieder seinen Dienst: in der Kammer, bei Hofe, in der »Oberaufsicht« und als

Berichterstatter des Vaters. Er beteiligte sich eifrig an der Vorbereitung eines großen Maskenfestes zum Geburtstage des neuen Großherzogs Karl Friedrich. Er selber, Ottilie und die beiden Söhne maskierten sich und zeigten sich in ihren Masken der alten Großherzogin-Mutter, die wegen Krankheit dem Feste nicht beiwohnen konnte. August war als Klingsor gekleidet.

Sehr bald danach, am 14. Februar, verschied diese Großherzogin-Mutter Luise, in ihrem vierundsiebzigsten Jahre. Als sie dann am 18ten um vier Uhr in der Nacht in der Fürstengruft beigesetzt wurde, fühlte sich niemand tiefer ergriffen als August. Ihm war es, wie wenn er ein Herrlichstes verlöre; er stammelte Verse:

Du weilst, Du bleibst noch hier,
Du ruhst in unsern Herzen,
Begleitet haben wir Dich alle, Wir!
Doch diese ungeheuren Schmerzen,
Dein Scheiden läßt sie mir!

Solche starken Erregungen waren bei ihm häufig. Im Theater sah er einmal ein neues Liederspiel seines Freundes Holtei; darin kam ein Veteran der alten Garde Napoleons als zerlumpter Bettler vor: wütend über diesen Anblick verließ August das Theater. Er fühlte sich selber beleidigt, denn irgendwie rechnete er sich zu Napoleons Nächsten; ja er gab sich selber den Beinamen: »Die alte Garde«. Manche Dichter jener Zeit verherrlichten den toten Kaiser und seine Soldaten; bei August Goethe war es kein poetisches Spiel, sondern tiefe, krankhafte Schwärmerei. Um diese Zeit traf bei seinem Vater eine Kiste vom Bildhauer David aus Paris ein: Gipsabdrücke, Bücher, Zeichnungen. Auf einem Blatte war Napoleons Hut in den verschiedensten Stellungen abgebildet. »Das ist etwas für meinen Sohn,« meinte der alte Goethe und schickte das Blatt hinauf. Es verfehlte auch seine Wirkung nicht; freudestrahlend kam August herunter und erklärte diese Hüte-Ansichten für das non plus ultra seiner Sammlung. Ehe fünf Minuten vergingen, hatte er sie unter Glas und Rahmen gebracht und ihnen einen guten Platz unter den übrigen Napoleons-Andenken gegeben.

Bald erkrankte der seelisch Leidende auch wieder körperlich: stärkste Engbrüstigkeit, Entzündung der Schleimhäute und anderes. Gilles waren besorgt um ihn; August konnte nur schriftlich mit der Freundin Christiane plaudern. Am 26. Februar schrieb er ihr: »Guten Morgen, Obgleich ich diese Nacht wieder leidlich geschlafen, so ist doch mein Zustand noch wie gestern und es will nicht wanken und weichen. Auch macht es mich unruhig, daß meine Geschäfts-Sachen sich anfangen zu häufen, so ist mir nun auch die ewige Stubenluft zuwider, die Sonne scheint freundlich und ich möchte gern hinaus; es ist ein trostloser Zustand! Ihre Zeilen haben mich sehr erfreut und ich hoffe auch recht darauf. Gestern Abend haben mir Walther und Wolf mit ihrem Puppentheater eine von Walther selbst verfaßte Komödie vorgespielt, was mich auf eine Stunde etwas erheiterte. Sonst bin ich wieder kräftig, kann arbeiten, nur fehlt mir der Lebensmuth, und das ist ein trauriges Gefühl; ich komme mir vor, als wäre ich nur noch geborgt auf der Welt, kein Witz, kein Spaß kömmt über meine Lippen, und wenn ich mich zwinge etwas komisches zu lesen, so macht es mich traurig. Sagen Sie Gillen, daß mir seine Gegenwart immer lieb ist und daß er der Einzige wäre, mit dem ich mich in einem solchen Zustande gern unterhalte. [...] Wenn ich mir eine angenehme Stunde machen will, so denke ich immer an den freundlichen Empfang in Ihrer Familie, der mir so oft zu theil ward, an unsere kleinen Reisen, auf denen wir immer so vergnügt waren, und lebe dann, in der Hoffnung, daß es doch auch wieder dahin kommen möge.«

Die Krankheit dauerte länger als sonst. Am 7. März fühlte er sich noch nicht wiederhergestellt. Er war oft in einem wutähnlichen Zustande, und Ottilie meinte, dieser Zustand könne nur mit Wahnsinn oder dem Tode enden.

Es war hohe Zeit, das einzige Heilmittel, das der Kranke und seine Umgebung sich erdenken konnten, anzuwenden. August sehnte sich schon seit vielen Jahren danach, auch einmal auf einer großen Reise in einer fremden Welt zu leben; immer stärker und schmerzlicher war sein Verlangen geworden, eine andere Luft zu atmen und alles, was ihn daheim drückte und plagte, eine Zeit lang hinter sich zu lassen. Sein Vater hatte sich einst in Italien neuen Lebensmut geholt; viele andere rühmten ebenfalls den heiteren Himmel jenes Landes und den frohen Sinn jenes Volkes; warum sollte August nicht hoffen, daß auch ihm dort Leib und Seele gesundeten? Selbst, wenn er es nicht gehofft hätte, so ließ sich doch die Stimme nicht mehr übertönen, die aus seinem Innern schrie: »Fort von hier!«

Ich will nicht mehr am Gängelbande
Wie sonst geleitet seyn,
Und lieber an des Abgrunds Rande
Von jeder Fessel mich befreien.

Und ist auch sichrer Sturz bereitet,
Ich weiche nicht vom schmalsten Pfad,
Um Rechtthun mancher wird beneidet,
Und wohl ist dieß die schönste That.

Zerrissnes Herz ist nimmer herzustellen,
Sein Untergang ist sichres Loos;
Es gleicht vom Sturm gepeitschten Wellen
Und sinkt zuletzt in Thetis Schooß.

D'rum stürme fort in deinem Schlagen,
Bis auch der letzte Schlag verschwand,
Ich geh' entgegen bess'ren Tagen,
Gelös't ist hier nun jedes Band!

Um die Mitte März ward die Reise fest beschlossen. Der Kranke brauchte einen Begleiter; Eckermann war bereit dazu. Am 20. schrieb dieser seiner ewigen Braut, die von ihm ganz andere Nachrichten erwartete, daß er nach Italien reise; der ganze Adel in Weimar freue sich sehr, daß der Herr von Goethe ihn bei sich haben werde; Frau von Goethe habe es ihm noch gestern bei Tisch gesagt.

Zweitausend Taler waren für die Reise ausgesetzt; sechs Monate sollte sie dauern. Als Hinweg nahm man in Aussicht: über Frankfurt, Basel, Genf und den Simplon nach Mailand. Dann nach einigem Aufenthalte weiter über Verona und Padua nach Venedig. Von Neapel nach Rom und dann heimwärts.

Nicht oft, aber einige Male sprach der alte Vater mit seinem Vertrauten Eckermann über die Reise. Man solle sich über den Erfolg keine zu großen Illusionen machen, meinte er. Gewöhnlich komme man zurück, wie man gegangen. »Die Hauptsache ist, daß man lerne sich selbst zu beherrschen. Wollte ich mich ungehindert gehen lassen, so läge es wohl in mir, mich selbst und meine Umgebung zu Grunde zu richten.«

Man redete dann weiter über »krankhafte körperliche Zustände, und über die Wechselwirkung zwischen Körper und Geist«. Es sei unglaublich, meinte Goethe, wieviel der Geist über den Körper vermöge. Aber er hatte wohl wenig Hoffnung, daß bei seinem Sohne diese Kur Wunder wirken könne.

Um die Mitte April war die angestammte Freundin Alwine Frommann aus Jena acht Tage im Hause zu Besuch. Sie erzählte später dem großen Ausfrager Varnhagen, wie August sich verhalten habe. »Nach Tisch mußte ihm Walther immer vorspielen. Da sprach er einmal seine Seele frei: wie ihn das tröste und erleichtere, wie er ganz anders geworden, wenn er diese Hülfe gehabt, wie aber nun Alles so weit gekommen, daß er, um nicht vor den Augen des Vaters zu Grunde zu gehen, fort müsse. Abends spielte er die Mundharmonika, die eben erfunden worden. Ihn konnte nur eine positive Beschäftigung erleichtern, keine betrachtende, kein Studium.«

Am 1. Mai sollte die Reise angetreten werden, aber noch vorher und ganz plötzlich entschloß man sich zur Abfahrt.

»Ich scheide früher als ich wollte,« schrieb August am 21. April abends an Gilles. »Leben Sie alle wohl ich kann nicht mehr.«

Am 22. April diktierte der Vater ins Tagebuch: »Mein Sohn hatte Abschied genommen und war mit Eckermann verreist.« Ottilie begann wieder einmal ein neues Tagebuch: »Halb 6 Uhr aufgestanden. ¾tel verließ uns August, da er sich nicht entschließen konnte, länger dem Abschied von Minute zu Minute entgegenzusehen. Er ging zu Eckermann herüber und trat aber erst nach 8 Uhr mit ihm auf der Schnellpost seine Reise nach Italien an.« Dann nennt sie eine Menge deutscher und englischer Personen, mit denen sie an diesem Tage zu tun hatte; dazwischen steht: »Einen dummen Brief an Des Voeux geschrieben.«

Am zweiten Nachmittage schon erreichten die Reisenden Frankfurt: es dauerte nur noch halb so lange wie früher. Aber die Fahrt war für August eine große Strapaze. Er fühlte sich so krank, daß er fast glaubte, er komme nicht lebendig bis Frankfurt; so sehr hatten die Anstrengungen der letzten acht Tage seine Übel gesteigert. Er konnte kaum kauen und schlucken, und da bei dieser Schnellpost-Fahrt die Mahlzeiten höchst eilig eingenommen werden mußten, so aß er so gut wie nichts. Das Wetter war abscheulich; besonders in der Nacht wüteten Regen und ungeheurer Sturm. Dazu hatte er sich beim Einsteigen in den Wagen den Fuß verletzt und die Sohlen wurden ihm wund. Sein einziger Trost war, daß zufällig ein tüchtiger Arzt mit im Wagen saß.

In Frankfurt mußte er seiner Füße wegen vier Tage bleiben, zwei Tage davon im Zimmer des ›weißen Schwans‹; doch vergnügte ihn der Meßspektakel, den er vor dem Fenster hatte. Von seinen Bekannten suchte er niemand auf.

Mit einer guten Retourchaise fuhr man nach Karlsruhe, mit einer weiteren nach Offenburg. Welche herrlichen Bilder boten sich den Augen! Und wie vorzüglich war die Verpflegung bei höchst mäßigen Preisen! Zum Beispiel kam in dem Landstädtchen Bühl das Mittagessen auf 15 Groschen 8 Pfennige die Person; dafür gab es: 1. Suppe; 2. Rindfleisch mit Senf und grüner Kresse; 3. Spinat mit Eiern; 4. Koteletts mit weißen Rüben; 5. Spargel mit Soße und Cervelatwurst; 6. Omelette soufflée; 7. jungen Hasen, mit Wein gestovt; 8. Forellen; 9. Kalbsbraten mit Salat; 10. Mandeln, Bisquit und Konfekt; 11. Butter und Käse; 12. Kaffee; 13. recht guten Tischwein. Bei allen diesen Schüsseln bat die Wirtin noch, fürlieb zu nehmen.

Die Fahrt ging weiter nach Basel und Lausanne. Genf wurde aufgegeben, weil sich eine vortreffliche und wohlfeile Gelegenheit bot, ohne diesen Umweg nach Mailand zu kommen, und weil August sich noch nicht wohl genug fühlte, um in Genf Besuche zu machen; er hätte sie nicht gut vermeiden können, namentlich weil dort der Vater von Freund Soret wohnte.

Vierzehn Tage dauerte die Fahrt von Frankfurt bis Mailand. Jeden Tag war August von morgens Fünf bis abends Sieben unterwegs und in frischer Luft. Dabei quälte ihn der Katarrh Tag und Nacht und raubte ihm oft Stunden der Nachtruhe; sehr sauer wurde es ihm, auch nur eine Treppe zu steigen. Aber er setzte es durch, jeden Tag weiter zu reisen, und allmählich wich die Krankheit von ihm. »Alle Systeme kommen ins Gleichgewicht,« schrieb er an Ottilie, »und ich habe die beste Hoffnung ohne Arzney ganz hergestellt zu werden.« In der letzten Zeit in Weimar habe er wirklich nur die Wahl zwischen dem Friedhof und der weiten Welt gehabt. »Nicht Üppigkeit oder Neugier konnten mich aus meiner Familie reißen, die äußerste Noth trieb mich, um den letzten Versuch zu meiner Erhaltung zu machen. Manche die mich in Weimar zuletzt gesehen, mögen das nicht begreifen; aber mein damaliges Benehmen war eine verzweifelte Maske. Ich wollte Du könntest mich jetzt beobachten, welche Ruhe im Gemüth ist eingetreten, wie stark fühle ich mich wieder, mit welcher Leichtigkeit steige ich die 54 Stufen zu meinem Zimmer! Dir danke ich alles dieses, denn Du hast doch den Entschluß befördert und das Ganze gemacht, ich will es in der Zukunft zu vergelten suchen, könnte ich nur mein früheres Unrecht gegen Dich auch austilgen!«

Am 10. Mai abends langten die Reisenden in Mailand an. Eine himmlische Stadt! Freilich auch sehr teuer; vom Gastwirt bis zum Bettler tat alles die Hände auf. August hatte sich an seines Vaters Geschäftsfreund Mylius halten wollen; dieser aber hatte seinen einzigen Sohn zur Hochzeit nach Triest begleitet; dort war der Sohn plötzlich erkrankt und sterbend getraut worden; der tiefbetrübte Vater war auf sein Landgut gegangen. Ihn aus dieser Ursache zu verfehlen, bedauerte August sehr; trotzdem fühlte er sich in Mailand recht heimisch. Seine Wirtsleute waren Deutsche, ebenso sein Lohnbedienter, seine Wäscherin und viele andere um ihn. Er blieb drei Wochen dort. Die Auslagen der Händler betrachtete er fleißig und überlegte, was davon die Seinigen erfreuen könnte. Für Ottilie kaufte er Noten, die sie in Deutschland nicht hätte erlangen können, für den Vater Kupferstiche und Altertümer; namentlich freute er sich, daß er die Münzen- und Medaillen-Sammlung des Vaterhauses mit mäßigen Kosten sehr bereichern konnte. Zwei Kisten sandte er am 30. Mai ab, in der einen die Medaillen, beinahe 100 Stück, eine alte Streitaxt aus Talkstein und ein Stück Lapis Lazuli, in der andern ein rotes Kleidchen für Alma, Halstücher für die Knaben und ein weißes Rosen-Bukett für Ottilie in Erinnerung an den Hochzeitstag am 17. Juni.

Ach, hätte sich seine Frau über solche Aufmerksamkeiten nur freuen können! Jener Brief, in dem August den Weg zu ihrem Herzen suchte, bedrückte sie nur. Kürzlich war Des Voeux einige Tage in Weimar gewesen; da hatte sie »grausenvolle Momente verlebt,« und sich »Schmerzen preisgegeben gesehen, von denen noch kein Roman [sie] unterrichtet, daß sie existieren.« Das lag nun zwar hinter ihr; sie gehe stiller vorwärts, schreibt sie der treuen Adele. »Nur Augusts Rückkehr droht mir wie eine unheilbringende Wolke, und der freundliche Brief, den er mir aus Mailand schrieb, wo er ausspricht, wie unrecht er gegen mich gehandelt, und hofft künftig anders zu sein, hat mich eher beunruhigt als getröstet. Alles was die Kette zerrißen hätte, würde mir willkommen sein – sobald er ruhig und freundlich, habe ich kein Recht, mein Loos zu ändern, – und doch ist dies das Einzige was mich beglücken könnte. Jedes Erwachen einer Neigung in ihm für mich kann mir nur die ungeheuerste Qual geben, denn wie ist es mehr möglich, daß auch nur der Traum einer Empfindung in mir erwachen könnte! Es bedarf jahrelanger Härte gegen mich, um jedes Gefühl in mir zu erlöschen, aber einmal ausgebrannt, halte ich es auch für unmöglich, daß es je wieder erwache. Wenn ich mir denke, daß ich August nicht wiedersehen könnte, so empfinde ich auch nicht die leiseste Bewegung.«

Jetzt, wo sie ihren Mann in Italien und auch auf dem Wege nach Genua wußte, dachte Ottilie noch mehr wie sonst an den Geliebten in Genua: Charles Sterling. August hatte ihr jeden Briefwechsel mit ihm verboten; sie hatte das Verbot zweimal in Zeiten größter Aufregung durchbrochen; Sterling hatte ihr dann zwar geantwortet, sie aber auf das Verbot verwiesen, dem zu gehorchen sei. So waren Jahre vergangen. Kürzlich aber hatte ihr Sterling von selber ausführlich geschrieben; sein Brief sprach die innigste, treueste Liebe aus; noch hatte keine andere Frau Ottiliens Bild in ihm verdrängt. Und die beiden benutzten nun des Gatten Abwesenheit, um sich in Briefen nach Lust gegen einander zu ergießen.

Von Mailand ging die Fahrt weiter über Brescia, Verona und Padua nach Venedig. Hier sah August zum ersten Male das Meer. Er hatte eine große Barke, die von vier Schiffern gerudert wurde, für sich allein: schöne Bänke, netten Tisch und darauf ein Frühstück, das für sechs gereicht hätte. Inmitten solcher Herrlichkeit dachte er an Gilles und die andern, mit denen er bei den Ausfahrten nach Leipzig und Ilmenau gescherzt hatte: wie schön, wenn auch sie mit hier sein könnten! Auch Eckermann war in Venedig sehr zufrieden. Dieser gute Deutsche empfand jetzt lebhaft, daß die Reise nach Italien durchaus nötig gewesen war, »um meine Cultur in gewissem Sinne zu vollenden«.

Zwischen all den Sehenswürdigkeiten und Erlebnissen schrieb August sehr fleißig an Briefen und Tagebüchern; Eckermann, der immer zu träger Beschaulichkeit neigte, gönnte selbst seiner Braut nur selten ein paar Zeilen. »Von dieser großen Stadt Venedig die mitten im Wasser am Meere liegt könnte ich Dir viel erzählen,« schrieb er an das treue Hannchen; »allein ich wüßte nicht wo ich anfangen und wo ich endigen sollte, so viel wäre zu sagen. Willst Du aber mich auf meiner Reise begleiten, so nimm eine gute Reisebeschreibung von Italien [...] und ließ über alle die Städte nach wo Du weißt daß ich gehe.«

Über Mantua und Cremona kehrten die Reisenden nach Mailand zurück. Jetzt war Mylius da und half ihnen mit Ratschlägen und Einführungsbriefen. Von Mailand gingen wieder Briefe und Tagebücher nach der Heimat; an seine geliebten Gilles berichtete August: »Auch mit meiner Gesundheit geht es gut, besonders hat mir der Aufenthalt in Venedig sehr wohl gethan und es scheint mir besonders die Seeluft zu bekommen; aber auch die große Bewegung die ich mir täglich zu Fuß mache, denn manchen Tag gehe ich 10–11 Stunden mag dazu beitragen. Nur wenige Reste meiner alten Uebel spüre ich leise und ein neues ist nicht hinzugekommen. Es ist freilich ein wunderbares Gefühl eine Zeit lang ganz sein eigener Herr zu seyn, und man muß sich in acht nehmen sich nicht zu sehr daran zu gewöhnen. Ich stehe sehr früh auf fast immer vor 5 Uhr bedenke mir dann was den Tag über Angenehmes zu treiben ist und da ich beinahe niemand kenne so hänge ich gänzl. von mir ab. Ich beschaue mir die dargebotene Welt u. deren Zustände nach Möglichkeit und finde immer etwas Interessantes zu bemerken. Wenn man so ohne anderen Zweck als sich zu bewegen und zu vergnügen den ganzen Tag in einer Stadt wie Mailand oder gar Venedig umhergeht so findet mann so viel daß die Zeit verstreicht man weis nicht wie, und besieht man noch dazu Kirchen, Bildergallerien u. s. w. so ist ein Tag vorüber ehe man es sich denkt und dannach verweilt man in Theatern, auf

Promenaden, selbst in den Straßen bis nach Mitternacht und genießt eines erquikenden, von mir früher lange entbehrten Schlafes.«

»Meines Sohns umständliche Tagesblätter reichen schon bis Venedig,« teilte der alte Goethe um diese Zeit einem Freunde mit. »Er sieht sich mit Einsicht und Sorgfalt nach allen Seiten um und zeigt sich wirklich einer so schönen Wanderung vollkommen werth.« Mit dieser Zufriedenheit schrieb der Vater auch dem Sohne. Er rühmte besonders den Kauf der Denkmünzen, die das doppelte Geld wert seien. »Es sind die allermerkwürdigsten Exemplare, von der ältesten Zeit her, bis weit herauf, von der schönsten Erhaltung und es ist nun, bey unserer lang stangnirenden Sammlung, wirklich eine neue Glücksepoche eingetreten. [...] Es ist eine Freude Deine Einsicht in diese Dinge zu sehn wie gut Du unterscheidest und Dich erinnerst. Auch in der Folge laß Anschauen und Beurtheilung, bey mäßigen Preisen, immerfort gleichfalls walten. Es ist nicht übertrieben wenn ich sage: daß, für mich, in Bezug unsres bisherigen Besitzes, dieses eine schon genügende Frucht Deiner Reise sey. Ferner halte ja Deine Tagebücher in derselbigen Maße fort. Die letzten Briefe aus Venedig sind gleichfalls angekommen und ich kann Dir versichern daß sie allen, welche diese Blätter lesen doppelt und dreyfach ergötzlich sind, indem Du eben so unermüdet schriftlich aufbewahrst, was Du siehst, als Du unermüdlich alles zu sehen, wieder zu sehen und gründlich in Dich aufzunehmen trachtest. Sodann aber auch daß ein inneres Behagen sich bey Dir hervorthut, worauf denn alles ankommt, damit wir den Tag schätzen und genießen lernen. [...] Dein hübsches verträgliches Leben mit den Mayländer Wirthsleuten und andern guten Menschen denen Du begegnest, so wie mit den österreichischen Offiziren, wird Dich überzeugen daß jeder, durchs Leben gebildete Mensch, in friedlichen Zuständen, auf eine gewisse mäßige Weise seine Existenz fortsetzen und der Tage genießen will. Die Vetturine selbst geben das beste Beyspiel. Wer sich in die Welt fügt wird finden daß sie sich gern in ihn finden mag. Wer dieses nicht empfindet oder lernt, wird nie zu irgend einer Zufriedenheit gelangen. Nach Deiner Art und Weise, wie Du bisher verfuhrst ist kein Zweifel daß Du leiblich und geistig in einen erfreulichen Zustand gelangen wirst. Fahre in allem und jedem so fort und es wird ein freudiges Wiedersehen und Zusammenleben erfolgen.«

In Genua war der nächste große Aufenthalt der Reisenden. August genoß sehr das Treiben in diesem großen Hafen, das Baden im Meere, das Verspeisen selbstgefangener Austern. Er hatte ein prächtiges Zimmer mit großer Aussicht, und als guten Freund in der Stadt besaß er – Charles Sterling! Eckermann, der Ottiliens Lobpreisungen dieses Briten oft vernommen, lernte nun den gerühmten Mann selber kennen; er schrieb an Frau von Goethe: ihre Freunde könne man im voraus lieben.

Eines Tages las August an der Fremdentafel seines Gasthofes die Namen Mickiewicz und Odyniec. Pole Eins und Pole Zwei! Er stürmte in ihr Zimmer, umhalste und küßte sie; er führte sie in den Hafen, zeigte ihnen alle Sehenswürdigkeiten, redete die Offiziere einer amerikanischen Fregatte auf Englisch an, und war glücklich, als diese bereit waren, ihm und seinen Freunden ihr Schiff in allen Einzelheiten zu zeigen. Die beiden Polen wollten am nächsten Tage weiter reisen. August begleitete und bewirtete sie bis zum Schluß, und immer wieder ließ er Wein bringen und feuerte seine Gäste durch das eigene Beispiel zum Trinken an. Die Polen sahen Eckermann fragend an; er zuckte die Achseln. Ändern konnte er es nicht; also trank er mit.

Schon am 29. Juni hatte der Vater Goethe an den Sohn geschrieben: »Sollte Eckermann, wie's wohl möglich ist, an dem bisherigen Genüge haben, so gieb ihm die Mittel bequem zurückzukehren.« In der Tat fühlte sich Eckermann jetzt weder wohl noch nützlich. Gerade in diesem Sommer wollte sich

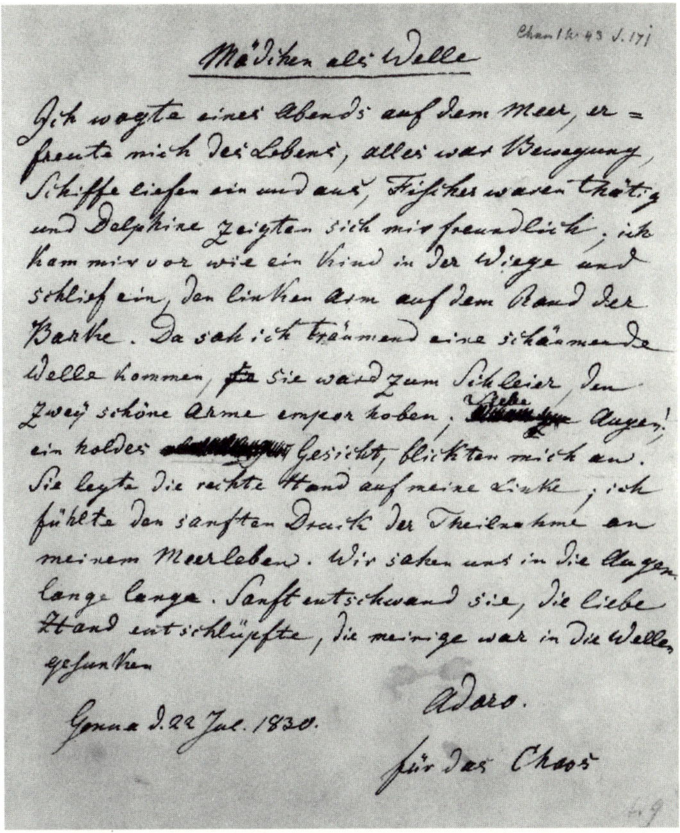

Mädchen als Welle

Ich wogte eines Abends auf dem Meer, erfreute mich des Lebens, alles war Bewegung, Schiffe liefen ein und aus, Fischer waren thätig und Delphine zeigten sich mir freundlich; ich kam mir vor wie ein Kind in der Wiege und schlief ein, den linken Arm auf dem Rand der Barke. Da sah ich träumend eine schäumende Welle kommen, sie ward zum Schleier, den zwey schöne Arme empor hoben, Liebe Augen! ein holdes Gesicht, blickten mich an. Sie legte die rechte Hand auf meine Linke; ich fühlte den sanften Druck der Theilnahme an meinem Meerleben. Wir sahen uns in die Augen lange lange. Sanft entschwand sie, die liebe Hand entschlüpfte, die meinige war in die Wellen gesunken

Adoro.

Genua d. 22 Jul. 1830.

für das Chaos

»Mädchen als Welle«

Prosaskizze von August von Goethe, 1830

kein Regen, keine Abkühlung einstellen; man litt unter der beständigen hohen Hitze dieses Landes: auch den schönsten blauen Himmel bekommt man satt. August Goethe war jetzt körperlich so gesund und rüstig, daß er allein weiter reisen konnte. Also einigten sich die beiden Freunde dahin, daß Eckermann am 24. Juli nach Deutschland zurückkehren sollte, während August sich am gleichen Tage nach dem Süden wandte.

Am 23. Juli schrieb August noch einmal aus Genua an Gilles: »Ich sitze hier in einem beinahe fürstlichen Zimmer, die Aussicht auf den Hafen wo 200 Schiffe liegen worunter sechs Kriegsschiffe, das ist ein wunderbarer Anblik für eine Landratte wie ich! warum ist es so weit von Weimar! [...] wie oft thut es mir leid dieses allein genießen zu müssen. [...] Ekermann geht morgen ab und ich stehe allein in der fremden Welt, wie wird es mir vorkommen? Doch ich muß durch es koste was es wolle, doch ich hoffe, nicht das Leben. [...] Soeben geht der König von Neapel hier ab und im Hafen Donnern von allen Kriegs-Schiffen, so wie von den Festungswerken die Kanonen, man kan es eine See- und Landschlacht nennen, die ich von meinem Fenster sehe; O wärt Ihr alle hier!!«

August reiste von Genua zunächst nach dem andern Hafen Spezia, jedoch zu Lande. Am dritten Tage dieser Fahrt, den 26. Juli, verließ er schon um zwei Uhr nachts den Gasthof, um die nächtliche Kühle noch zu genießen. Er schlief im Wagen noch einmal ein, der Kutscher auf dem Bocke vermutlich auch: plötzlich warf der Wagen um, und August fiel so unglücklich, daß er das linke Schlüsselbein brach. In diesem Zustande mußte er noch etwa sechs deutsche Meilen bis Spezia fahren; dort erst fand er einen Arzt. Er ward rechts und links gebunden, so daß er sich wie ein Wickelkind vorkam. Die rechte Hand behielt er jedoch frei. Natürlich stellte sich ein Wundfieber ein. Dazu kam bald noch eine Hautkrankheit, eine Folge der andauernden Hitze. Er trug alles mit großer Geduld.

Dergleichen Mißgeschick gehörte ja damals zu jeder großen Reise.

Am 1. August beendete er den Brief an seinen Vater, in dem er den Unfall meldete. Er verriet, daß es ihm mit Italien doch ähnlich wie dem Eckermann gehe. »Sie werden aus meinen Blättern ersehen haben daß ich alles mit frohem Muthe betrachtet und in mich aufgenommen habe, aber zuletzt fühlte ich eine Uebersättigung. Hierbei erinnerte ich mich eines Wortes von Ihnen, nämlich Sie sagten einmal als wir von der Reise sprachen, *der Mensch habe nur ein gewissen Grad von Aufnahmevermögen wenn dieser erfüllt sey so höre jedes Interesse auf.* Wie wahr sind diese Worte wenn man reell reißt und nicht um zu sagen ich bin auch da u. da gewesen! [...] Wenn ich freygestellt bin um reisen zu können so gehe ich über Florenz, das will ich noch sehen, denn in meiner Einsamkeit sammle ich mich so daß mir die berühmte Stadt gewiß Freude machen wird, dann über Bologna, Ferrara, Legnano, Verona, den Garda See und falle da in die Tour welche auf Ihrer mir so lieben Charte bezeichnet ist durch das gemüthlige Tyrol und München, wo ich einige Tage bleiben will um alles gehörig zu sehen.«

Charles Sterling bekam in Genua sehr bald die Nachricht von Augusts Unfall; er eilte sofort nach Spezia, den Kranken zu pflegen und ihm Gesellschaft zu leisten. Das war eine große Hilfe für den einsamen Reisenden; seine Wirtsleute und andere hatten sich aber auch vorher schon freundlich erwiesen. Am 9. August schrieb August an Gilles: »Meinen Unfall werden Sie wohl nun erfahren haben, es war viel zu ertragen, ganz allein in einem fremden Lande des Gebrauchs des Arms beraubt eingewürgt um den ganzen Körper in 30 Ellen Bandage, da galts Gedult. Doch nun ist es bald überstanden, noch 7 Tage in diesem Zustande dann bin ich wieder frey [...]. Mein Stübchen habe ich mir recht wöhnlich arrangirt. Sterling (ein junger Engländer der lange in Weimar, und tägl. in unsrem Hause war) ist nun 8 Tage bei mir welches mir sehr wohl thut, wir wohnen neben einander und haben die Thüren immer offen, er ist ein herl. Mensch«.

Das Ende des Monats August verbrachte der Genesende in Florenz. Er war auch hier sehr fleißig im Betrachten der Kunstwerke und lernte die Stadt und ihre Sehenswürdigkeiten besser kennen, als einst sein Vater.

Beim Herumwandeln in den Sammlungen sah er eines Tages zwei Engländer, die vor einigen Jahren in Weimar gewesen waren. Der eine davon, Henry Crabb Robinson, hatte vor dreißig Jahren in Jena studiert – ein ganz unerhörtes Ding für einen Engländer – und er hatte sogar sehr gründlich die deutsche Literatur und Philosophie kennen gelernt; schon damals stand er im angenehmsten persönlichen Verkehr mit Knebel, Wieland, Schiller und vielen andern Hervorragenden, auch etwas mit Goethe. Diesem hatte er dann in späteren Jahren Besuche gemacht und war ihm immer näher getreten. Robinson war Jahrzehnte hindurch der berufenste Vermittler zwischen dem englischen und deutschen Geistesleben, vom französischen zu geschweigen, denn auch darin war er völlig daheim. Und überall liebte man ihn als einen edelsten und freundlichsten Menschen.

August war sehr froh, daß er wieder jemand hatte, mit dem er deutsch und über Weimar reden konnte, und Robinson fragte ihn gern über den Vater, die Gattin und die gemeinsamen Bekannten aus. Am andern Tage mußte der Sohn seines großen Freundes bei ihm frühstücken; dabei geriet August, als der Wein ihn beredt machte, leider in seine fixen Ideen über den Kaiser Napoleon hinein und er schwatzte darauf los, ohne zu bedenken, daß er einen Engländer vor sich hatte. Robinson verhielt mit Mühe seinen Grimm, als sein Gast auf die »Verräterei« der Fürsten seines Vaterlandes schimpfte, und danach über die berühmten französischen Marschälle, die ihren Keller in der Not verließen. Das ließ sich noch hören, aber nun zog dieser Deutsche sogleich wieder über den preußischen

Tugendbund und den General York und den König von Preußen her. Nur den König von Sachsen lobte er laut, denn der allein »hielt sein Wort«!

Robinson schluckte seinen Unwillen mit Gewalt herunter; auch als August am 31. August von ihm Abschied nahm, gefiel ihm seine Rederei gar nicht.

Von Florenz fuhr August nach Livorno. Dann zur See nach Neapel. Also noch nicht heimwärts, auch nicht geraden Wegs nach Rom. Vermutlich bestimmte ihn zu diesem neuen Reiseplane der Professor Zahn, auch ein Bekannter von Weimar her, Architekt und Maler, genauester Kenner der ausgegrabenen Stadt Pompeji, die er nun Goethes Sohne in Wirklichkeit zeigen wollte, nachdem er sie in seinen Bildern dem Vater vorgeführt.

Auf einem Dampfschiffe ward die Fahrt nach Neapel zurückgelegt; ein harter Seesturm gehörte zu den Erlebnissen, die der Reisende schätzt, wenn sie überwunden sind; die Einfahrt in den herrlichsten Hafen, der gerade einen Festtag feierte, bot ein unvergeßliches Bild.

Zahn war sein erster Bekannter und Führer in dieser höchst volkreichen, höchst lasterhaften und ganz südländischen Stadt. August hatte gar viel zu sehen und zu belauschen; er fühlte sich sehr glücklich. »Auf meinem Balkon im Angesicht des Vesuvs« heißt die Ortsangabe eines Briefes, den er am 22. September an Gilles schrieb. »Es ist keine Kleinigkeit hier zu seyn. Man muß sich sehr zusammennehmen, sonst geht man auseinander. Man wird ordentlich vom Leben gerammelt, doch ich setze die Bärenmütze auf und rufe Vive L'Empereur. Das Tricolor weht auch im Hafen und da kann es ja nicht fehlen. Könnte ich Euch nur ein Frühstück in meiner Stube geben! ich esse keinen Bissen und trinke kein Glas Wein ohne nicht Eurer zu Gedenken und Gott im Voraus zu danken, für die traulichen Abende die ich im November Schnee bei Euch zubringen werde. Ich bin nirgends fremd der gute Mensch findet überall Brüder und Gleichgesinnte und sollte es unter den Lazaronis seyn (einer verschrienen aber gute Menschen Race). Nur muß man sagen! Leben und leben lassen, dann geht alles gut; ein Paar alte Achtgroschenstücke mehr oder weniger das ist ja nichts!«

Vier Wochen verbrachte er in Neapel und der herrlichen Umgebung. In Pompeji wurde durch Zahns Fürsorge in seiner Gegenwart am 7. Oktober eins der merkwürdigsten Häuser der verschütteten Stadt ausgegraben und zu Ehren seines Vaters casa di Goethe benannt. In Sorrent und Neapel lebte und malte die Gräfin Julie von Egloffstein, eine nahe Freundin der Gattin und des Vaters. Und so fand er noch mehrere Deutsche, was für ihn um so wichtiger war, als er die Landessprache nicht verstand. Als er sich satt gesehen, schrieb er dem Vater in ähnlichem Sinne wie vorher an Gilles: »Es ist das erste mal, im 40[t] Jahre, daß ich zum Gefühle der Selbstständigkeit gekommen, und unter fremden Menschen Lazaronis, sogar Räubern, Barcaroles und andern, auch vornehmen Gesindel. Man wollte mich heranziehn, *Spiel, Mädchen, Frauen*. Die drei letzteren Dinge hatte ich verschworen. So kehre ich frey und frank zurük, wenn ich auch bei anderen Gelegenheiten etwas mehr Geld ausgegeben als andere. Kunst, Natur und Volks-Leben kennen zu lernen war mein Zwek und den habe ich so weit meine Kräfte reichen, erreicht. ›*Vieler Menschen Städte gesehen und Sitte gelernet*‹.«

»Ich sah ihn in Sorrent und Pompeji immer singend und tanzend,« berichtete ein Freund an Augusts Schwiegermutter. »Er genoß in vollen Zügen den schönen Himmel, das schöne Klima und das Vergnügen, mit wenig Kosten die Andern froh und glücklich zu machen.«

Bei diesem Freunde oder dieser Freundin verbrachte August den Abend des 14. Oktober, als den Abend vor seiner Abreise. »Ich wollte, ich könnte Ihnen alles schreiben, was er mir in diesen drei oder vier Stunden Weises, Kluges, Rührendes für seine Angehörigen und Freunde gesagt hat. Sein Freimut, sein ausgezeichnetes Herz und eine bemerkenswerte Geradheit des Urteils zeigten sich in allem, was er mir von seiner Existenz, seinen Verhältnissen, seinen Zukunftsplänen und seinen Neigungen sagte. Seiner verehrenden Liebe zu seinem Vater kam nur seine Bewunderung des Vaters gleich. Seine Zärtlichkeit für Ottilie und ihre Kinder brachten ihm Tränen in die Augen, wenn er nur an das bevorstehende Glück dachte, sie wieder in seine Arme zu schließen. ›Alle anderen Freuden sind im Vergleich damit nichts‹, sagte er mir. [...] Er sprach von der guten Ordnung, in der er seine Angelegenheiten daheim zurückgelassen habe, und zu meiner Verwunderung von der Möglichkeit, daß er ja noch in Italien sterben könne. Er meinte: ›Mein armer Vater wird dann meine Kinder haben, die viel besser als ich beschaffen sind, ihm Freude zu machen; sie werden auch das Glück ihrer Mutter sein. Ich werde keinem Menschen fehlen. Glauben Sie mir, hinter meinem närrischen Treiben verbirgt sich ein ernsteres Herz, als man denkt.‹ [...] Da er ging, drückte er mir mehrere Male die Hand und dankte mir für die gute Aufnahme. Ich sagte ihm bewegt: ›Auf Wiedersehen in Rom!‹ ›Ja, in Rom oder dort!‹ antwortete er und wies gen Himmel. Er war ganz lustig dabei.«

In eben diesen Tagen begann für Ottilie ein neuer Herzensroman: Ein Student von einundzwanzig Jahren warb um die vierunddreißigjährige verheiratete Frau! Auch diesmal war es ein Engländer, und daß er irgendwie an Sterling erinnerte, öffnete ihm zuerst den Weg zu ihrem Herzen. Samuel Naylor betrieb sein deutsches Studium in Göttingen; in Weimar war er nur acht Tage zu Besuch; man führte ihn zu Frau von Goethe, und da war's um ihn geschehen.

Er selber wußte keinen Namen für die Gefühle, die diese Frau sogleich in ihm erweckte. Als Ottilie seine jugendliche Verliebtheit bemerkte, erzählte sie, die immer Ehrliche, ihm sogleich von Sterling und Des Voeux; aber es half nichts; als Naylor wieder nach Göttingen fuhr, ließ er in Weimar die Frage zurück, ob er sogleich nach Weimar übersiedeln dürfe oder ob sie ihn zurückstoßen wolle. Ottilie schrieb ihm schon am nächsten Tage nach seiner Abreise: »Jetzt lassen Sie mich prüfen, was wir sind, und welch wunderbarer Traum uns ergriffen, – lassen Sie mich wieder ich selbst sein, mit warmen Herzen, leicht beweglicher Phantasie und doch einem kaltzergliedernden Verstand! [...] Unser Verhältniß würde dem von Des Voeux und Sterling ähnlich sein, und zu allem käme dann noch der marternde Gedanke des Unrechtes gegen diese Beiden, das Mißtrauen in meine eigene Treue und die ewige Sorge, den Augenblick immer näher kommen zu sehen, wo auch Sie dies Band lästig oder doch gleichgültig fänden. Sie werden mich fragen, ob ich denn so reich bin an Liebe, daß ich so leicht ein Herz zurückweisen könne? – ach mein Freund, ich bin der Bettler, der es nicht mehr wagt, die letzte Habe, die ihm blieb, auf eine Hazard-Charte zu setzen, – müde vom Leben habe ich endlich nach manchen sehr bitteren Erfahrungen es aufgegeben noch das Glück zu suchen, auf der Erde werde ich es nimmer finden, und im Himmel verdiene ich es nicht. [...] Mein ganzes Unrecht ist aus dem Wunsch entstanden, ein Wesen zu finden, dem ich mein Dasein ganz weihen könne, – das mich als sein Eigenthum betrachte wie jede Fähigkeit in mir, und dem bis zum letzten Hauch jeder Gedanke angehöre. Von Klippe zu Klippe bin ich diesem Traumbild nachgejagt bis hinunter in den tiefsten Abgrund – ich habe geopfert und geduldet. [...] Nein, überlassen Sie mich meinem trüben Geschick; ich fing an gleichgültiger zu werden, und die kurze Frist, wo Sterlings Briefen gestattet ist wie Blätter des Friedens zu mir zu dringen, hatte mir so unbeschreiblich wohl gethan, daß dadurch vielleicht eine Art von Heiterkeit zurückgekehrt ist, die bald verschwinden wird. [...] Das Einzige, wonach ich stets gestrebt, war die Überzeugung, nur immer mein Verhältniß zum Nutzen Derer gebraucht zu haben, die der Zufall mit mir verkettet; eine jede Neigung, darf ich sagen, die mir von Anderen zutheil wurde, habe ich zum Heil für sie selbst benutzt, sorgsam jedes Talent, jede Fähigkeit gepflegt durch meine Freude daran. Als ich weiter im Leben vorschritt, sah ich, wie egoistisch die Welt war und wie arm dadurch an jedem Zeichen von Wohlwollen, und wie viel oft ein freundliches Wort eine Theilnahme, ein Eingehen in das Interesse von Jemand vermöchte, und es ward nun bei mir System, für einen Jeden, der mir nahe, alles zu thuen was in meinen Kräften stehe; – aus diesem Princip redete ich Ihnen zu, zu bleiben und den Vater zu sehen, weil ich Ihnen einen Moment der Reue ersparen wollte. Jetzt habe ich Sie sorgsam bewacht und finde nichts, wo ich Ihnen nützen könnte. [...] Ich gebe Ihnen zu: ich bin von Sterling getrennt für immer; jedes Zusammenwirken ist uns versagt, und in Kurzem muß aufs Neue der Lichtstrahl der Mittheilung aufhören und wir in die alte Öde zurückkehren, die kein Laut unterbricht; – ich gebe Ihnen zu: Des Voeux verliehrt nichts (obgleich sich, wenn ich mich von ihm wende, das treuste, liebendste Herz, was er je finden konnte, von ihm losreißt) [...] doch mir fehlt dann das Einzige, was mich rechtfertigen kann vor mir selbst, die Bahn, die Pflicht und Sitte gezogen hat, rasch überschritten zu haben! Wenn das Gefühl für diese beiden Menschen nicht wie ein flammender Rathschluß des Himmels in meinem Innern unauslöschlich stand, was könnte mich wohl entschuldigen? [...] Glauben Sie wirklich, daß Sie auf die Länge es geduldig ertragen könnten, wenn Sie mich stets noch mit den Erinnerungen an Des Voeux und Sterling beschäftigt sähen! Wenn namentlich die Erinnerungen an den letzten mir stets aus Ihrem Äußern und Ihrem Innern lebendig entgegenträten? Könnten Sie es wirklich ertragen, wenn Sie meine Hand faßten und in mein Auge blickten, ich vielleicht nur den Druck erwiederte, weil ich glauben würde, es sei die seine? [...] Wollen Sie aber kommen, so bitte ich Sie: lassen Sie uns wie eine neue Bekanntschaft beginnen! vergessen Sie jedes leidenschaftlich gesprochene Wort, von dem Sie wähnen könnten, es bände Sie an mich! betrachten Sie sich als gänzlich frei; mich als eine Frau, die keinen Anspruch an Sie zu machen hat, und es gestaltet sich vielleicht noch alles zu Ihrem Frieden«.

Diesmal gewann zufällig ein treuer deutscher Freund rasch Einblick in das neue wunderliche Verhältnis; es war der junge Professor der Medizin Robert Froriep, der sich jetzt in Weimar bei seinen Eltern aufhielt. Er stellte sogleich an Ottilie die Frage: Was will Naylor hier, wenn er zurück kommt? Und er nahm sich vor, dem jungen Engländer zu bedeuten, daß der Gast mit seiner eigenen Stimmung nicht seine Gastfreunde schädigen dürfe. »Man ist nicht in der Welt um sich gehen zu laßen, sondern um sich zusammenzunehmen.«

Ottilie liebte auch diesen rotlockigen, blauäugigen deutschen Professor und konnte ihn wohl über Naylor, der vorläufig wenigstens in Göttingen blieb, beruhigen. Aber ihr Herz hatte freilich auf die Frage, warum oder wozu man in der Welt sei, eine andere Antwort. Es blieb unersättlich in der Begier, zu lieben und geliebt zu werden.

Die Reise von Neapel nach Rom dauerte zu jener Zeit für gewöhnlich drei und einen halben Tag. Man konnte sie aber mit schnellster Post auch in 26 Stunden zurücklegen; August von Goethe wählte diese stürmische Fahrt, und er fühlte sich wie ein Held, als der Wagen so mit ihm dahinsauste. Ja ja, die alte Garde! Es gehört Entschluß dazu, sich von Neapel los zu reißen und wie ein Sturmwind nach Rom zu brausen. »Es ist die erste, aber wahrscheinlich auch die letzte Reise, die ich mache,« dachte er weiter; »darum kann es auf ein paar Tage mehr oder weniger nicht ankommen.« Dabei meinte er den Aufenthalt in der ewigen Stadt, der vor ihm lag. Aber warum mußte dann die Fahrt so eine Hetze sein?

Durch die Porta San Giovanni fuhr er ein. Das erste, was sich seinen Blicken bot, war das Kolosseum. Dann die Trajanssäule. Er stieg im Hotel d'Allemagne ab; der Wirt war Schweizer. Am Abend stand er oben auf der Spanischen Treppe am Obelisken von Santa Trinita del Monte, wo man beinahe ganz Rom übersehen kann. Die Sonne ging hinter Sankt Peter unter: ein göttlicher Anblick.

In den Gasthof zurückgekehrt, schrieb er noch in der Nacht an Gilles: nur von ihnen hatte er einen Brief vorgefunden. Seit acht Wochen hatte er nichts von der Heimat gehört. Da kann man an den Menschen irre werden. Aber August wurde an sich selbst nicht irre, das würde der »alten Garde« nicht geziemen! »Ich habe schon meinen Plan gemacht Rom kennenzulernen. Es ist groß, ungeheuer. Wenn man zwar aus Neapel kommt, welches viel viel kleiner ist, so kommt es einem hier Todt vor; denn Neapel hat 500 000 Einwohner, Rom nur 150 000. [...] Rom ist das ernsteste, Neapel das Tollste, was ich gesehen. Ich habe mir in letzteren keinen Vorwurf zu machen und im ersteren wird es ebensowenig seyn. [...] Unter 3 Wochen komme ich hier nicht weg, wenn ich nachher nicht bereuen will manches versäumt zu haben. Es ist gar zu viel zu sehen. Auf morgen habe ich beschlossen Rom d. h. die wichtigsten Puncte zu durchfahren, um erst einen algemeinen Begriff von der Stadt zu bekommen, auch habe ich mir schon einen Plan gekauft und mir meinen Weg bezeichnet, so muß man handeln sonst wird man verwirrt und vergißt eins über das andere. [...] Lassen Sie meinen Vater wissen daß ich hier in Rom bin. Meine Dankbarkeit gegen ihn ist ohne Gränzen, daß er mir alle diese Genüsse verschafft.«

Augusts bevorstehende Ankunft war kürzlich angemeldet bei dem hannoverschen Geschäftsträger Kestner, einem Sohne jener Lotte Buff, die durch seines Vaters Jugendroman weltberühmt geworden war. Kestner war ein großer Freund der bildenden Künste und ihrer Jünger; er führte seinen Gast sogleich zu Thorwaldsen, der noch nicht erfahren hatte, daß man August erwartete.

»Hier bringe ich Ihnen den Sohn Göthes.«

In aufwallendster Überraschung wandte sich der Künstler erst zu Kestner, dann zu dem Fremden und rief:

»Das ist der Sohn Göthe's?«

»Ja!«

Helle Tränen stürzten aus Thorwaldsens Auge. Und er nahm August in die Arme und wollte ihn kaum wieder loslassen.

Ebenso herzlich freute sich Friedrich Preller über Augusts Anwesenheit. Er war ein junger Maler, weimarischer Landsmann, der sich in Rom auf Kosten des Großherzogs fertig ausbildete. Daß er sich der geliebten Kunst hatte widmen können, verdankte er Augusts Vater und dem verstorbenen Großherzog Karl August. Jetzt konnte er dem Sohne des einen seinen Dank zeigen.

Fast immer waren sie zusammen und Preller als der kundige Führer unermüdlich. In ganz ähnlicher Gesellschaft und Tätigkeit hatte Augusts Vater im Jahre 1786 seine erste Zeit in Rom verbracht; Wilhelm Tischbein, ein hessischer Bäckerssohn, hatte ihm dieselben Dienste geleistet, die Augusten jetzt der Sohn des weimarischen Hofkonditors erwies. Auch andere deutsche Künstler gehörten sogleich zur Gesellschaft. Sie fanden den Herrn von Goethe stattlich schön, heiter und liebenswürdig; seine Lust am Weine fiel weiter nicht auf; berauscht sah man ihn nicht.

Eines Abends war er mit Thorwaldsen und Preller bei Kestner. Er sah bleich aus, und man redete ihn darauf an. Er müsse sich wohl in Sankt Peter erkältet haben, meinte August, weil er sehr erhitzt in den kalten Raum getreten sei.

Gegen eine solche Erkältung sei eine tüchtige Landpartie das Beste, meinte Kestner. Und sogleich wurde ein Ausflug nach Albano für morgen früh beschlossen.

Bis elf Uhr blieb man zusammen. August erzählte viel von Weimar und seinem Vater. Thorwaldsen hörte sehr aufmerksam zu und rieb sich vor Vergnügen in einem fort die Hände. Er müsse ein Relief von dem Herrn von Goethe machen, erklärte er, und August versprach, ihm zu sitzen, ehe er abreise.

Am andern Morgen um acht brachen sie auf: August, Kestner und Preller. Zuerst Wagenfahrt durch die Campagna bei schönem, frischem Wetter; Kestner und Preller waren ent-

Römische Wohnung August von Goethes

Gemälde von F. Wigand, um 1830

Der junge Goethe nach dem Tode

Graphitzeichnung. Friedrich Preller d. Ä. zugeschrieben, 1830

zückt; August fühlte sich nicht wohl genug, um sich ebenso zu freuen. In Albano angelangt, führten die Einheimischen ihren Gast zur Vittoria, der vielbesungenen schönsten Jungfrau Italiens; er starrte sie sprachlos an. Nach einer halben Stunde bestiegen sie die Esel und ritten zum Albaner und Nemi-See; jetzt aber ward Augusts Befinden so schlecht, daß sie nur mit Mühe nach Albano zurückkamen. Nach ein paar Stunden Ruhe befand er sich jedoch besser; er bestand darauf, daß auch die Fahrt nach Frascati noch ausgeführt werde. Unterwegs aber wurde ihm immer übler; er glühte vor Fieber. Man eilte nach Rom zurück. Um zehn war August wieder in seiner Wohnung, Nr. 17 der Via di porta Pinciana. Preller blieb die Nacht bei ihm. Der Kranke warf sich in heftigem Fieber unruhig auf seinem Lager herum.

Am andern Morgen kam der Arzt, ein Italiener; er machte ein bedenkliches Gesicht. Er sah es für eine Hautkrankheit an. Vielleicht die Blattern.

Den Tag über entschied es sich nicht. Abends bat Preller einen andern jungen Maler, Meyer aus Dresden, der neben August wohnte, sich mit ihm in der Nachtwache zu teilen. Es war die Nacht vom 26. auf den 27. Oktober.

Etwa um ein Uhr, als Meyer seine Wache angetreten und Preller sich auf ein paar aneinander geschobenen Stühlen zur Ruhe ausgestreckt hatte, fuhr der Kranke plötzlich wie rasend in seinem Bette auf, sprang heraus, auf Preller zu und umarmte, ja erwürgte ihn fast. Meyer eilte zur Hilfe; sie brachten ihn mit Mühe ins Bett zurück. Im Augenblicke, da Preller ihm den Kopf auf das Kissen legte, schlug er die Augen groß auf und sank mit einem tiefen Atemzug zusammen.

Der Arzt ward sogleich herbeigeholt. »E morto!« war sein Bescheid.

Preller wohnte der Sektion bei. Nach Behauptung des Arztes hatte ein Gehirnschlag infolge einer nicht zum Ausbruch gelangten Pockenkrankheit den Tod herbeigeführt. Im Gehirn hatte sich eine Blatter gebildet; eine Ader war im Kopfe zer-

Grabmal August von Goethes

Medaillon von Bertel Thorvaldsen,
Inschrift von Johann Wolfgang Goethe, 1831

platzt. Von den übrigen Organen zeigte sich die Leber als dreimal zu groß.

Deutsche Künstler geleiteten August von Goethe zur letzten Stätte auf den Friedhof der Protestanten an der Cestius-Pyramide. Vielleicht dachte der eine oder andere an eine Elegie Goethes, des Vaters. »O wie fühl ich in Rom mich so froh!« beginnt sie; sie schließt mit dem Wunsche: »Dulde mich Jupiter hier und Hermes führe mich später, Cestius Denkmal vorbei, leise zum Orcus hinab!«

Während des Begräbnisses erkrankte Preller: bei ihm kamen die Blattern zum Ausbruch. Er war bald dem Tode nahe, und es dauerte sehr lange, bis er genas. Nicht wenige waren indessen auch von ihm angesteckt worden.

Thorwaldsen führte das Reliefbildnis doch noch aus; für Augusts Grabmal ward es nun bestimmt.

Kestner übernahm den Bericht nach Weimar.

August von Goethe

Kreidezeichnung von Julie von Egloffstein, 1830

XIII. Die Nachbleibenden
1830–1885

Ein Brief von Rom nach Weimar brauchte damals zwei bis drei Wochen.

Am 29. Oktober hatte der Vater Goethe erst noch ein Schreiben Augusts aus Neapel. Am 3. November erfuhr er seine Ankunft in Rom. Am 6. besah er mit dem alten Freunde Heinrich Meyer die Kunstwerke, die August aus Florenz geschickt hatte. In den nächsten Tagen dankte er dem Sohne für den Inhalt dieser florentinischen Kiste und lobte seine Einkäufe. Ebenso seine Tagebücher. Eine leise Mahnung floß ein: »Da Du so vieler Menschen Städte gesehen und Sitte gelernt hast, so ist zu hoffen daß Dir auch die Art, wie sich auf dem Frauenplane zu Weimar mit guten Menschen leben läßt, werde klar geworden seyn.«

In einer englischen Zeitschrift stand zu lesen, daß der Sohn des großen deutschen Dichters Goethe, der Kammerherr von Goethe, soeben seine Tagebücher über seine Reise durch Italien abgeschlossen und daß der Vater die Absicht habe, sie herauszugeben. – Das »wollen wir auf sich bewenden lassen,« meinte der Alte.

Dann kam der übliche häusliche Bericht. »Ottilie ist, nach ihrer Art, leidlich wohl, die Kinder leben, wachsen, lernen was und freuen sich wie sie können.« Er selber vollendete gerade die Drucklegung der letzten Bände seiner Sämtlichen Werke. »Und so kommst Du denn eben zum Schluß wo wir beide ein Facit ziehen und eine neue Aera beginnen können, wozu uns die guten Geister Einsicht und Kräfte verleihen mögen!«

Zu gleicher Zeit wandte sich Ottilie an Eckermann, der in sehr langsamer Reise über Genf, Straßburg und Frankfurt nach Nordheim zurückgekehrt war. Er hatte ihr von seiner Bekanntschaft mit Sterling berichtet. »Nicht wahr, ich sagte nicht zu viel?« fragte sie nun und sie erklärte: »Der Tag wo Sterling gebohren wurde, ist ein Festtag in der Geschichte der Menschheit.« Dann erzählte sie von den ihm bekannten Engländern in Weimar: »Zuerst komme der geheimnisvolle Du Pré und der crystallreine Foley,« die neuen Ankömmlinge dagegen reizten sie nicht sehr. »Einen durchreisenden Engländer muß ich aber erwähnen, der Ihnen unbeschreiblich gefallen würde und jetzt ganz in Ihrer Nähe ist, ein Herr Naylor. Ich weiß, es ist keine bestimmte Ähnlichkeit, und doch mußte ich ewig an Sterling dabei gedenken; sogar in seinem Wesen ist ein großer Unterschied, denn ihm fehlt dies Überströmen von Jugend, was den Irländer charakterisiert, – dennoch gab mir dies seltsame Durchhören von Sterlings Stimme, wenn Naylor sprach, dieses Durchblicken von Sterlings Seele in einem ernsteren, dunkleren Gewand ein wunderbares Gefühl. Es ist mir, als wären es Stiefbrüder; als hätten beide dieselbe Mutter gehabt, aber Naylors Vater sei ein Engländer, Sterlings ein Irländer. – Wißen Sie, daß es mich marternd quält, wenn Sie künftig alles über Sterling werden entscheiden können, nicht ich! Sie können sagen: ›so ist er‹, ich muß sagen: ›so war er‹.« Und sie klagte, daß sie nun schon wieder seit beinahe sieben Wochen nichts von Sterling gehört habe, »da er doch mit mir fühlen muß, wie nah wahrscheinlich der Moment ist, der uns in lautlose Oede auf's Neue versetzt«.

Zwei Tage später, am 10. November, traf Kestners Bericht in Weimar ein; das Schreiben war an den Kanzler von Müller gerichtet, damit die Nächsten auf den harten Schlag vorbereitet werden konnten. Der Kanzler ging zuerst zur Großherzogin Maria; sie riet ihm, den Hofrat Vogel, den von Goethe sehr geschätzten Arzt, mitzunehmen, wenn er seine schwere Aufgabe erfülle. Gegen Abend taten die beiden den peinlichen Gang. Goethe erriet rasch, welche Nachricht sie brachten. Doch er empfing sie mit großer Fassung und Ergebung. »Non ignoravi me mortalem genuisse«, rief er aus, indem sich seine Augen mit Tränen füllten.

Als er bald danach Ottilien sah, sagte er zu ihr: »August kommt nicht wieder. Desto fester müssen wir beide an einander halten.« Dann wandte er sich wieder seinen Geschäften zu. »Der Vater hält sich, äußerem Anschein nach, aufrecht«, schrieb Ottilie an Holtei. »Es darf ihm niemand das Wort Tod aussprechen. Allein, was in seinem Innern vorgeht, welche Folgen dieser Schlag auf seine Gesundheit im Laufe des Winters ausüben wird, darüber wagt niemand zur Zeit ein Urteil.«

Einige Tage danach, am 16. November, berichtete Alwina Frommann an Marianne von Willemer: »Goethe spricht fast mit niemand darüber [...] mit Ottilien fast gar nicht, welches eine große Qual für sie ist, da sie aufs heftigste erschüttert ist. Doch ist er *sehr freundlich* gegen sie und hat sie viel um sich. Mittags ißt sie mit den Kindern bei ihm, seit August weg ist, und auch abends läßt er sie jetzt meistens einige Stunden zu sich kommen. Sie beklagt sehr, nicht über Kunstsachen mit ihm sprechen zu können, da er sich auch jetzt damit am meisten beschäftigt. Alles hofft für ihn, daß Zelter kommt. Mich hat sein Anblick tief erschüttert – und während er an seinem Geburtstag, wo ich auch bei ihm zu Mittag war, so heiter und liebenswürdig war wie seit Jahren, saß er jetzt oft ganz versunken da; dann wollte er wieder freundlich mit uns sprechen, man fühlte aber die Anstrengung. Oft sah er die Kinder wehmütig an und sagte: ›Ihr armen Kinder!‹ – es schnitt mir durchs Herz«.

Eckermann hatte sich seiner früheren Absicht entgegen doch wieder zur Rückkehr nach Weimar entschlossen. Am 20. November verließ er die Braut in Nordheim, abends kam er in Göttingen an. Als dort der Wirt hörte, sein Gast sei aus Weimar, bedauerte er, daß der große Dichter Goethe noch in seinem hohen Alter ein so großes Leiden habe erfahren müssen.

»Welches?«

»Nun, daß sein einziger Sohn in Rom am Schlagfluß gestorben ist.«

Eckermann nahm sein Licht und ging auf sein Zimmer. Er wollte keinen Fremden zum Zeugen seines Schmerzes machen.

Am 23. kam er abends in Weimar an. Er ging zuerst zu Ottilien. Sie war in tiefer Trauerkleidung, zeigte sich jedoch ruhig und gefaßt. »Wir hatten viel gegen einander auszusprechen,« schrieb Eckermann am nächsten Tage an die Braut. »Sodann ging ich hinunter zu G o e t h e . Er stand aufrecht und fest und schloß mich in seine liebenden Arme. Ich fand ihn vollkommen heiter und ruhig, wir setzten uns und sprachen sogleich von gescheuten Dingen und ich war höchst beglückt wieder bey ihm zu seyn.«

In den nächsten Tagen erzählte Eckermann auch dem alten Dichter manches von seiner Reise, nahm sich jedoch in acht, den Sohn zu erwähnen.

Jetzt kamen auch die Beileidsbriefe. Adele Schopenhauer war tiefer ergriffen, als sie selbst verstand. »Seine Gestalt verläßt mich beinah gar nicht, ich sehe ihn immer fort gehen, kommen, sitzen.« Und sie fragte, wer Almas Vormund sei. August habe seinen Freund von Waldungen zum Vormund bestellt; alle seine Sachen sollten für die Kinder aufgehoben werden. An seinen Stuben hing er sehr; da solle binnen einem Jahre nichts verändert werden.

Am herzlichsten schrieb Holtei an Ottilie: »Sie wissen, wie lieb ich August hatte, Sie werden auch meiner Betrübniß einen Sinn leihen, die andre leicht übertrieben finden könnten. Je mehr ich erfahren hatte, daß August oft verkannt, oft angeschuldigt und verlästert wurde; je weniger reine Freundschaft ihm von den Vielen geschenkt wurde, die der Strom des bewegten Lebens an ihm vorüberführte, desto inniger fühlte ich mich zu ihm gezogen. Nicht mehr jung genug, um leicht und schnell neue Freundschaftsbündnisse zu schließen, vom Leben zu tief verletzt und mistrauisch gemacht, steh' ich an Freunden sehr arm da und halte deshalb diejenigen, die ich einmal liebe, um so fester. August ist mir wie Ihnen gestorben. Mir in mancher Beziehung vielleicht noch mehr als Ihnen, so wunderlich seltsam das auch klingen mag. Doch wozu dies Abwiegen der Empfindung!? Er ist todt, und keine Thräne weckt ihn mehr, kein Ruf der Treue dringt mehr zu seinem Ohre und wir sind wieder um ein Herz ärmer, in dieser armen und armseligen Welt. Um ein Herz, das edel schlug, wenn auch oft zu heiß; um ein Herz, das den Todeskeim schon längst in sich trug und deshalb, leicht verletzt, auch andre leicht verletzte. Das Leben lag auf ihm wie ein glühendes Fieber, nur selten war er frei und unbenommen; nur selten hat er h e i t e r aufgeathmet, denn seine Freude war wild und konvulsivisch. Daß aber unter den wenigen Stunden, wo er ruhigfroh war, auch die mit mir verlebten zählen, das werd' ich ewig, als ein theures, unendlich liebes Andenken bewahren«.

Adele schrieb noch ein zweites Mal: »August war unglücklich seit vielen Jahren, vielleicht immer. Seine Fehler treten zurück in den Schatten, wenn man seine Krankheit und die unvermeidlichen Schmerzen derselben bedenkt. Auch ich habe um ihn geweint und um die Kinder [...]. Deinem Wunsch nach habe ich Sterling die Trauerbotschaft mitgeteilt; es wird ihn ungeheuer erschüttern«.

Im gleichen Briefe sagte Adele zur Freundin noch ernsteste Worte: »Du suchtest Freiheit – und Du hast sie, unverschuldet und unertrotzt! Nun liegt in dieser Freiheit eine Abhängigkeit, an welche niemand gedacht: Du stehst in diesem Augenblicke auf einer Höhe, die selten eine Frau erreicht. Ganz Deutschland blickt auf Dich wie auf den letzten Bewahrer eines uns Allen eignen Schatzes – jetzt stehst du ganz allein, mit aller Responsabilität, neben des Vaters erlöschendem Leben! ich beneide und beklage Dich: ..... Welche Flecken die

Welt je in Dein Thun und Lassen gebracht oder [darin] gefunden habe – der Augenblick einer ungeheuren Rechtfertigung ist da! Jetzt zeige Dich so wie Du warst, so groß und gut! Es giebt für jedes Leben eine für es bewältigende Kraft: für Deines war August als Dein Mann diese Gewalt – jetzt bist Du frei und mußt nichts als des Vaters letzte Tage verschönen.«

Ottilie hatte bereits an Sterling geschrieben: »Ich glaube nicht, daß man durch Heuchelei die Todten ehrt;« sie antwortete jetzt auch der treuen Freundin vollkommen ehrlich: »Du wähnst, mein jetziges Benehmen könnte auslöschen was man an meinem vergangenen Leben getadelt hat; doch ich frage Dich: was hat es damit zu thun? was hat mein Betragen gegen den Vater damit für eine Verbindung? Nicht mein Benehmen gegen den Vater konnte man tadeln, denn es war untadelhaft – ich kann also nichts darin ändern, und die Vergangenheit und die Gegenwart bleibt sich darin vollkommen gleich. Du sagst: Deutschland sieht auf mich, – liebe Adele, Deutschland sieht auf Goethe, – und ich pflege meinen Vater und nicht Goethe. – [...] Du möchtest, daß nicht ein Gedanke mich zu Sterling oder Des Voeux trüge, und überhaupt ich mich überredete, es wäre eine Unmöglichkeit, daß ich je wieder heirathen könnte, – Du möchtest mich eine heroische Rolle spielen lassen, – und ich will mich nicht täuschen, will mir nichts einbilden, will keinem Glück ohne Nothwendigkeit entsagen. [...] ich sehe nicht die Möglichkeit mehr glücklich zu werden, aber ich bin weit davon entfernt zu wähnen, daß ich wirklich es in etwas Anderem finden könnte, als worin ich es mein ganzes Leben gesucht: in inniger, aufopfernder Liebe.«

Als Goethe nach dem schweren Schlage, der ihn getroffen, ruhig weiter arbeitete, wußten seine Nächsten recht gut, daß dieser Fleiß nur eine höchst gewaltsame Anspannung war. Sie erwarteten ein Zusammenbrechen, und es blieb nicht aus. Am 25. November hatte er abends, als er im Bette lag und eben eingeschlafen war, einen Blutsturz.

Am nächsten Abend einen zweiten.

Aber noch einmal war die Lebenskraft stärker als der Angriff. Am 3. Dezember ging der Einundachtzigjährige wiederum an seine Arbeit.

Ottilie war ihm in den kranken Tagen eine gute Pflegerin und Gesellschafterin gewesen. Und sie bewährte sich als solche, so lange er lebte. In der Hauswirtschaft war und blieb sie ausgeschaltet: dafür taugte sie gar zu wenig. Der alte Dichter mußte selber wieder die Last auf sich nehmen, die August so manches Jahr für ihn getragen hatte. »Übergab ich dem Kutscher die Schlüssel zum Holzstall und ließ für alle Heizungen Scheite tragen. Erhielt die Schlüssel zurück;« so lesen wir am 27. Dezember 1830 in Goethes Tagebuche; am 8. Februar 1831 erbat er von Heinrich Meyer 300 Taler auf kurze Zeit: »Mein oekonomisches Wesen erlebt eine wunderliche Krise.« Dazu paßt, was Karoline von Wolzogen ihrem Neffen Ernst von Schiller bald darauf erzählte: »Göthe hat nach dem Tode des Sohnes an einem schönen Tage den Haushalt umgestürzt und dem Schuldenmachen der Schwiegertochter gesteuert. Ich mußte lachen über die Pedanterie, womit er jetzt die Wirthschaft treibt. Aber nöthig mag es sein. Er hat den Schlüssel des Holzstalles unter seinem Kopfkissen und läßt das Brod abwiegen. Als Gesellschafterin behandelt er Ottilien sehr artig«.

Dabei blieb es die zwei Jahre, die er noch lebte. Ottilie hat ihm manche Stunde erleichtert und angenehm verbringen helfen. War er krank, so kannte ihre Aufopferung keine Grenzen.

Freilich war es nur ein Zufall, daß sie ihm bis zum Schlusse treu blieb; die jüngeren Männer wären ja noch stärker über sie gewesen als der alte Vater. Noch ehe das Trauerjahr herum war, hielt Naylor um ihre Hand an: der zweiundzwanzigjährige Student! Und Ottilie sprach: Ja! Aber die Sache zerschlug sich sehr bald, ehe viele davon erfuhren. Auch beherrschte Sterling mehr denn je ihr Herz. Er lebte immer noch bei seinen Eltern und hatte noch keinen Brotberuf. Wenn er Kaufmann werde, malte sie sich aus, wolle sie im Laden stehen und mit der Elle Tuch abmessen. Werde er Geistlicher – mit diesem Plane trug er sich einige Zeit – so wollte sie eine recht brave Pfarrfrau sein, weit von hier, in irgend einem Dorfe in Irland.

Am 22. März 1832 ging ihr Tochter-Dienst an dem geliebten Schwiegervater zu Ende.

Am 20. Mai kam sie in Mainz mit Sterling zusammen. Die Liebe ward in beiden wieder groß. Zur Heirat gelangten sie nicht. Daß sich Ottilie zur Hausfrau gar nicht eigne, wußte Sterling durch die gemeinsamen Freunde; ihre Unordentlichkeit und Verschwendung sah er selber. Vermögen hatte sie nicht, denn das Goethesche Erbe gehörte ihren Kindern, und die Vormünder wachten darüber. Sie hätte jetzt gern durch Schriftstellerei Geld verdient, aber dazu fehlte ihr auch vieles. Sterling scheint gleichfalls immer noch von dem Gelde gelebt zu haben, das ihm seine Eltern gaben.

Ottilie wurde seine Geliebte, da sie ihm Gattin nicht sein konnte. 1833 oder 1834 hatte sie ein Kind von ihm. Sie gebar es in Wien, wo ihr Arzt Dr. Romeo Seligmann zugleich ihr bester Freund war. Das Kind wurde in Pflege gegeben.

Um Johannis 1835 kehrte sie nach Weimar zurück; ihre Kinder hatten während ihrer Abwesenheit bei ihrer Mutter gewohnt; auch die alte Urgroßmutter wachte noch über diese Heranwachsenden.

»Ihr Wiederauftreten,« schreibt der Kanzler von Müller im Oktober 1835, »war nicht ganz ohne Schwierigkeit; doch benahm sie sich bescheiden und gewandt, und so ist Alles ziemlich wieder im alten Gleise. Wolf wird morgen von ihr nach Schulpforta gebracht. Walther soll zu Ostern nach Leipzig zu Felix Mendelsohn oder nach Dessau in das Schneidersche Musik-Institut gebracht werden, da er beharrlich sich der Musik widmen will.«

Weiteres erzählt Karl von Stein seinem Bruder Friedrich im Februar 1837: »Frau von Goethe ist von hier weg und nach

Leipzig zu ihrem Sohn gezogen, soll aber, wenn sie wieder kommt, bey Hof zugelassen werden. Ihr Kind ist wieder gestorben, was sie in Wien hatte, und die Großmutter Gr. Henckel hat wieder 600 Rth. Schulden für sie bezahlt«.

Und wiederum der Kanzler von Müller, im Juli 1841: »Frau von Goethe war lange in Wien, ist erst seit drei Wochen wieder in Weimar, kränkelnd ohne Gefahr, launisch und bizarr, aber auch geistreich und anmutig wie immer. Walther hat sich ganz der Musik gewidmet, war anderthalb Jahre in Wien, komponiert fleißig Opern und ist jetzt in Stettin. Wolf studiert in Heidelberg, kommt Michaelis nach Jena, ist sehr solid und gescheit, aber ebenfalls etwas Sonderling. Alma ist ein holdes reines Mädchen von nur zwölf Jahren und scheint trotz der Abenteuerlichkeit der Mutter ganz schlicht und häuslich zu werden.«

Etwas zum Genialen hin entwickelte sich die einzige Enkelin Goethes doch. Alle ihre Freundinnen liebten sie sehr – ich habe noch sechs davon gekannt, die mir mit Begeisterung von ihr erzählten – und groß war der Schrecken und die Trauer, als im Herbst 1844 in Weimar die Nachricht eintraf, Alma sei am 28. September in Wien am Typhus gestorben. Den Sommer hatte die Sechzehnjährige noch sehr frisch und fröhlich in Weimar und Berka im Freundeskreise zugebracht.

In Ottiliens Leben traten allmählich die Söhne mehr und mehr an die Stelle der geliebten Männer. Sie hatte viele Sorge, viel Kummer und Angst durch sie, obwohl beide nie etwas taten, was die Mutter betrüben konnte. Der ältere, Walther, war klein von Gestalt und dem Vater und Großvater gar nicht ähnlich. Mendelssohn in Leipzig und Löwe in Stettin waren seine Lehrer in der Musik und bewährten sich als fürsorgende Freunde; auch Franz Liszt hätte ihn gern begünstigt; aber seine Kompositionen waren unbedeutend. Und, was viel schlimmer, diesem Enkel Goethes gingen Mut, Arbeitskraft und Humor völlig ab; nach dem Zusammenbruch der ersten

Alma von Goethe

Pastell von Luise Seidler, um 1830/32
(Bildausschnitt)

Hoffnungen leistete er nichts mehr. Als er einmal bei seinem Freunde Otto Mejer sich so recht trübselig aussprach, rief dessen Frau aus »Aber, Herr von Goethe, wenn das ihr Großvater gehört hätte!« – »Ja, liebste Frau,« antwortete jener, »mein Großvater war auch ein Hüne, und ich bin ein Hühnchen.«

Sein jüngerer Bruder war nach Gestalt und Blick schon eher ein Goethe. Er studierte, schriftstellerte, dichtete, und in seinen ersten Veröffentlichungen fanden sich schöne und bedeutende Stellen. Schon als Student bekam er die Einladung, in den weimarischen Staatsdienst einzutreten. Aber gleich nach dem Doktor-Examen begann er zu kränkeln. Er litt an derselben Neuralgie wie seine Mutter; nach kürzeren oder längeren Pausen stellten sich unerträglich erscheinende nervöse Schmerzen und große Gemütserregungen ein. Ottilie fühlte sich oft durch den kranken Sohn an ähnliche Zustände seines Vaters erinnert. Von einem Aufenthalte in Italien und von den heißen Bädern in Capri erhoffte man Heilung; später versuchte man eine Kaltwasser-Behandlung in Meran und die Kuren des berühmten Bauern Prießnitz in Freiwaldau. Alles zusammen half nur ein klein wenig.

Da Wolf ein förmliches Staatsexamen für den Eintritt in den weimarischen Dienst nicht machen wollte, zog er eine Anstellung in der preußischen Diplomatie vor. Er ward bei den Gesandtschaften in Dresden und Rom beschäftigt; bald aber gab er diese Laufbahn wieder auf; er taugte nicht für das Leben in der großen Welt und war viel zu unbiegsam zum Diplomaten. Nun widmete er sich höchst gelehrten geschichtlichen Studien, aber auch hier blieb er in den Vorbereitungen stecken. Ein paar Arbeiten ließ er auf eigene Kosten drucken; sie betrafen alte italienische Angelegenheiten, die nur für ein paar Fachgelehrte Reiz haben konnten.

Ottilie lebte bald mit dem einen oder andern Sohne, bald mit Freunden; ihren eigentlichen Wohnsitz hatte sie von 1839–1869 in Wien. Von 1870 an aber saß sie wieder in Weimar, in derselben Mansarde des Goethe-Hauses, wo sie so vielerlei erlebt

Walther von Goethe

Kreidezeichnung von Johann Joseph Schmeller

hatte. Da empfing sie den Gast in einem farbigen Umhang mit kleiner Goldborte; die alte Lockenfülle umgab noch das schmale Gesicht, und ihr Gespräch verriet noch immer die alte Phantasie und Leidenschaft. Am 26. Oktober 1872 starb die Ruhelose.

Walther und Wolf hüteten nun weiter die Schätze des Goethe-Hauses, allzu ängstlich, und deshalb viel getadelt von den Bewunderern ihres Großvaters. Seine letzten Jahre verbrachte Wolf in Leipzig; er hauste dort in einer ärmlichen Wohnung bei schlichten Bürgersleuten, und in dieser starb er am 20. Januar 1883. Walther starb zufällig auch in Leipzig, am 15. April 1885.

Wohl waren diese letzten Goethes unbrauchbar und für die Kämpfe des Lebens schlecht gerüstet; aber jeder, der sie kannte, nannte sie gute, edle, selbstlose Menschen.

Sowohl Walther wie Wolfgang wurden in Weimar bestattet; in dem Erbbegräbnis, in dem ihre Mutter und ihre Großmutter Pogwisch schon ruhten. Auch die Überreste ihrer Schwester Alma wurden von Wien hierher gebracht. Nahe dieser Stätte schläft der berühmte Träger dieses Namens neben Schiller in der Fürstengruft. Auf dem alten Jakobsfriedhofe liegt für sich allein Christiane von Goethe. Im fernen Rom aber steht Augusts Grabsäule. Die Inschrift verhehlt nicht, daß der hier Ruhende nur in bezug auf einen Größeren Beachtung beanspruchen kann; als Goethes Sohn wird er bezeichnet, der dem Vater im Tode voranging:

GOETHE FILIUS PATRI ANTEVERTENS.

Wolfgang von Goethe

Kreidezeichnung von Johann Joseph Schmeller

Anhang

Nachwort

Wilhelm Bodes Biographie über August von Goethe (1789–1830) ist die erste umfassende quellengestütze Lebensbeschreibung des jungen Goethe. Das Buch erschien 1918 im Berliner Verlag Mittler & Sohn unter dem Titel »Goethes Sohn«. Der Buchtitel entstand wahrscheinlich in Anlehnung an die Worte »Goethe Filius«, die die von Goethe entworfene lateinische Inschrift auf Augusts Grabstein in Rom einleiten. Das unpersönlich formulierte »Goethe der Sohn« enthält keinen Hinweis auf den Vornamen und rückt somit die Individualität des Toten in den Hintergrund. Mit Bodes zugespitzter Änderung in »Goethes Sohn« wird der Blick des Lesers mehr noch als bei der Inschrift auf das Oberhaupt der Familie gelenkt, den berühmten Vater Johann Wolfgang Goethe. »Goethes Sohn« spielt also auf das Schicksal des jungen Goethe an, als »ewiger Sohn« stets im Schatten des übermächtigen Vaters gestanden zu haben.

Wilhelm Bode (1862–1922), der nach dem Studium der Germanistik und Romanistik zunächst als Lehrer tätig war, gilt in den Lexika zu Recht als *der* »volkstümliche Goethe-Forscher«, hat er doch eine Vielzahl populärer Veröffentlichungen über Goethe und dessen familiäre und berufliche Beziehungen vorgelegt. Das Zusammenspiel von genauem Recherchieren, quellenkundlicher Darstellung und gefälligem Stil verbürgte einen großen Erfolg, auf dessen Höhepunkt die Biographie über Goethes Sohn entstand.

Neben seinen im guten Sinne populärwissenschaftlichen Arbeiten über Goethe und seinen Kreis setzte sich Bode für die Bekämpfung eines übermäßigen Alkoholkonsums ein. Er gründete 1889 den »Alkoholgegnerverband«, gab seit 1891 die *Mitteilungen zur Bekämpfung der Trunksucht* heraus und war von 1892 bis 1899 Geschäftsführer des »Deutschen Vereins gegen den Mißbrauch geistiger Getränke«. Das mag ein weiterer Grund gewesen sein, warum sich Bode mit dem alkoholkranken August beschäftigte.

Die Biographie *Goethes Sohn* hat ein breites Lesepublikum angesprochen. Die zeitgenössischen Rezensenten, die ihre Besprechungen sowohl in literaturwissenschaftlichen Journalen als auch in medizinischen und psychologischen Fachzeitschriften veröffentlichten, äußerten sich insgesamt anerkennend über Bodes Vorgehensweise, den eigenen Text mit einer Fülle von biographischen Dokumenten anzureichern. Wenngleich es auch kritische Stimmen gab, die nicht nur eine grundlegende These vermißten, sondern gerade die Vermischung von Autor- und Quellentext negativ beurteilten (Witkowski), haben die meisten Kritiker jedoch umgekehrt Bodes »feinsinnige und geschmackvolle« Art der Darstellung begrüßt (Stegemann). Man lobte den fundierten, behutsamen und einfühlsamen Umgang mit dem schwierigen Thema, zumal es der Biograph verstanden habe, detailliert und kenntnisreich zu schreiben, ohne seine subjektive Meinung in den Vordergrund zu rücken. Auch wenn seit dem Erscheinen von Bodes Biographie zahlreiche Briefe und Tagebuchaufzeichnungen August von Goethes veröffentlicht, der Reprint der Weimarer Hausgazette *Chaos* sowie mehrere Forschungsarbeiten erschienen sind, die Bodes Text ergänzen und korrigieren, so stellt das Buch auch heute noch eine bemerkenswerte Alternative zu den anderen Beschreibungen der Goethe-Zeit dar.

Der Rückblick auf August von Goethes Leben beginnt mit der unbeschwerten Kindheit und Jugendzeit, in der er seiner Mutter Christiane Vulpius näherstand als seinem Vater. Die erfolgreichen Jahre, die das Studium, die Ausbildung zum Kammerassessor und die einzelnen beruflichen Ämter bis hin zum Geheimen Kammerrat umfassen, werden ebenso dargestellt wie das unglückliche Familienleben mit Ottilie von Pogwisch und den Kindern Walther, Wolfgang und Alma. Bode entwirft den langen und mühsamen Weg eines vergeblichen Befreiungsprozesses, für dessen Scheitern mehrere Ursachen zu nennen sind: der geniale Vater, die (Weimarer) Gesellschaft und nicht zuletzt der Sohn selbst. Einen frühen Hinweis auf die Probleme seiner Identitätsfindung geben die Stammbücher August von Goethes. Das erste überlieferte »Hauptstammbuch« bekam der Elfjährige von seinem Vater mit dem Anliegen geschenkt, Eintragungen der zeitgenössischen Prominenz zusammenzuführen. Dieses Stammbuch, das wertvolle handschriftliche Verse von Politikern, Gelehrten, Schriftstellern und Freunden Goethes enthält, galt nach dem Zweiten Weltkrieg als verschollen und befindet sich erst seit dem 28. August 2000 wieder im Besitz des Goethe- und Schiller-Archivs. Weitere Alben begleiteten August auf seinen Reisen mit dem Vater und während der Studienjahre in Heidelberg und Jena. Die zahlreichen Einträge belegen, daß August seinen Auftrag zumindest anfangs sehr gründlich ausführte. Nach 1812 nehmen die Widmungen ab, bis sie 1828 schließlich ganz aufhören. Goethes Interesse an der Autographensammlung seines Sohnes war so groß, daß er sich zum Teil selbst um ihre kontinuierliche Fortführung kümmerte. Auch wenn August der offizielle Besitzer der Alben war, richteten sich die kurzen Texte nicht allein an ihn, sondern waren stets im Hinblick auf seine außergewöhnliche familiäre Herkunft formuliert.

Die wichtigsten Stationen seiner lebenslangen Bemühungen um Emanzipation bildeten die Aufenthalte in Heidelberg (1808/09), Berlin (1819) und Italien (1830). Trotz dieser Entfernung von Familie und Weimarer Gesellschaft gelang es ihm nicht, eine innere Distanz zu seiner bisherigen Existenz zu finden, die in den letzten Lebensjahren durch Ehekrisen, Depressionen und Trunksucht gekennzeichnet war. Nach Heidelberg wurde August von seinem Vater geschickt, um auf dessen Wunsch Jura und Kameralwissenschaften zu studieren. Schon als junger Student übernahm er in Stellvertretung Goethes repräsentative Verpflichtungen und wurde in die Gelehrtenfamilien eingeführt. Spätestens seit der Heidelberger Zeit begann also für August die wichtigste Aufgabe, die er als Sohn sein ganzes Leben über gewissenhaft erfüllte: der Dienst für den Vater, der ihn bis zu dessen Stellvertreter befördern sollte.

Während der Reise nach Berlin im Jahre 1819 widmete sich August den inzwischen selbstverständlich gewordenen, vom Vater auferlegten Pflichten. Zusammen mit seiner Frau Ottilie folgte er einer schon länger ausgesprochenen Einladung Karl Friedrich Zelters, um im Namen Goethes am gesellschaftlichen Leben teilzunehmen und die bereits bestehenden Kontakte zu den Berliner Prominentenhäusern zu vertiefen. Die Reise nach Italien schließlich bildete den Höhe- und Endpunkt der Selbstfindungsversuche. Es war August von Goethes eigener Wunsch, eine längere Fahrt nach Süden zu unternehmen, auf der er vor allen Dingen seinen bisher zu wenig wahrgenommenen Interessen nachgehen wollte: eine umfassende Bildung auf kulturellen und politischen Gebieten sowie körperliche und seelische Genesung. Doch mehr noch als die vergangenen Jahre verdeutlichen die letzten Lebensmonate seine ausweglose Situation: die zu enge Bindung an den Vater. Schon die Reisevorbereitungen zeigen, wie sehr August auch noch mit vierzig Jahren von den Entscheidungen seines Vaters ideell und materiell abhängig war. Er informierte Goethe nicht nur über die Details seiner Reiseroute, sondern brach auch erst auf, nachdem Goethe das Reisegeld bewilligt hatte und Eckermann als Reisebegleiter verpflichtet worden war. In Italien angekommen, machte er ähnliche Erfahrungen wie all die Jahre zuvor: Bei privaten Anlässen und erst recht in der Öffentlichkeit wurde er von allen Seiten als Botschafter seines bekannten Vaters empfangen. In Italien setzte August fort, was er in Weimar in der Vergangenheit übernommen hatte, wenn er an wichtigen Veranstaltungen im Auftrag des Vaters teilnahm. So folgte er auch wenige Wochen vor seinem Tod einer Einladung des Berliner Kunstprofessors Wilhelm Zahn, in Pompeji den Ausgrabungen des jüngsten Fundes beizuwohnen, eines antiken Wohnhauses, das man zu Ehren Goethes »Casa di Goethe« nannte.

Die Tagebücher, die August während seiner Reisen führte, geben Aufschluß über die persönlichen Beziehungen zum Vater. Die ersten kurzen Aufzeichnungen entstanden während der kleinen Ausflüge in die nähere Umgebung Heidelbergs. Die Briefe dieser Zeit lassen erkennen, wie groß der Einfluß des Vaters auf die Berichte des Sohnes war. Goethe wünschte nicht nur die Einsicht in die privaten Papiere, sondern setzte auch die inhaltlichen Schwerpunkte fest. So forderte er August wiederholt auf, keine historischen Fakten festzuhalten, sondern sich auf naturwissenschaftliche und kulturgeschichtliche Details des zeitgenössischen Lebens zu beschränken, auf geologische Besonderheiten ebenso wie auf »Localitäten, Menschen, Gasthöfe, Preise, gegenwärtige Zustände, Gesinnungen u. s. w.« (Goethe an August, 17. August 1808 und 10. Juli 1809). Die in der Fremde gemachten Beobachtungen sollte August anschließend mit den Sitten und Gebräuchen in der Heimat vergleichen, damit er sich »zu einer weitern und breitern Erfahrung« ausbildete. Den Wünschen des Vaters folgend, formulierte der Neunzehnjährige seine Bemerkungen über die Rheinreise, die Fahrt in den Odenwald und die Exkursion nach Heilbronn.

Nicht nur die Niederschriften in der Jugendzeit, sondern auch die später entstandenen Beschreibungen aus Italien verdeutlichen, wie sehr sich der erwachsene Sohn noch immer an den erzieherischen Leitsätzen des Vaters orientierte. Unter dem Motto »Alles, was sich so unmittelbar an das rege Leben knüpft hat doch etwas sehr anziehendes« berichtete August über gesellschaftliche Vergnügungen wie das Corso-Fahren, die spannenden Wettkämpfe in den Arenen oder die bunten Opern- und Ballettdarbietungen. Bei seinen Schilderungen konzentrierte er sich auf das für ihn Unbekannte wie die freizügige Kostümierung der Ballettänzerinnen oder die Nacktbadenden in Genua. Auch in bezug auf Prozessionen und Gottesdienste ist ein ähnliches Verfahren zu beobachten: August verzichtet auf vertiefende historische Überblicke, ausführliche Beschreibungen der Kirchen oder die genaue Wiedergaben von Predigten und widmet sich statt dessen den prunkvollen Gewändern der Gläubigen, dem fröhlichen Treiben auf der Straße oder den festlich geschmückten Gassen.

Deutlicher als die ganze bisherige Korrespondenz belegen die zwischen Weimar und Italien 1830 gewechselten Briefe, wie sehr August für seine akribischen Aufzeichnungen der Ratschläge des Vaters bedurfte. Schon die Berichte der ersten Reisetage zeugen von einer Unsicherheit, die durch das sehnsuchtsvolle Warten auf die väterliche Resonanz zutage tritt. Als die positive Beurteilung der Tagebuchtexte in Mailand eintraf, war für August »alles gut«, wie er seinem Weimarer Freund Johann Friedrich Gille am 31. Mai 1830 mitteilte. Die Ankunft des langerwarteten Briefes mit den anerkennenden Worten feierte August wie »ein Fest«. Als ihn weitere Grüße aus der Heimat ermunterten, die »Tagebücher in derselbigen Maße« weiterzuführen wie bisher, schlug die Freude des erwachsenen Mannes um in kindliche Begeisterung wie beim Anblick des »Zuckerbaum[s] am Weihnachts-Abend«.

Goethes wohlwollende Äußerungen über das Tagebuch stimulierten einerseits das Weiterschreiben, andererseits belasteten sie Augusts psychisches Befinden. Obwohl er den Auftrag zur vollsten Zufriedenheit erfüllte, gestaltete sich das Schreiben insgesamt zu einer »harten«, »sauren« und »marternden« Tätigkeit, die ihn daran hinderte, »das Leben [zu] genießen«. August begann seinen Tagesablauf in der Regel zwischen fünf und sieben Uhr, um an den detaillierten Berichten nach Weimar zu arbeiten. Wie groß der Schreibzwang war, dokumentieren die letzten Aufzeichnungen vom 23. Oktober 1830, mit denen das Tagebuch abbricht. Je länger er unterwegs war, desto stärker empfand er den Druck, den der Vater durch die wiederholten Aufforderungen in subtiler Weise auf ihn ausübte.

Nicht erst die Tagebücher der letzten Reise belegen, daß August von Goethe eigentlich »keine Anlage« zum poetischen Schreiben hatte. Es sind mehrere Gedichte überliefert, die er seit seiner Studentenzeit bis kurz vor seinem Tod verfaßte. Einige der Texte sind in die von Ottilie von Goethe zwischen 1829 und 1832 herausgegebene Weimarer Hausgazette *Chaos* aufgenommen worden, die nur von einem auserwählten Interessentenkreis gelesen wurde. August von Goethes Begabungen lagen auf ganz anderen Gebieten. In einem Gespräch mit Johann Sebastian Grüner äußerte sich Goethe am 7. September 1825 einmal über die Fähigkeiten seines Sohnes. Er lobte ihn auf »seinem Platz als Kammerrath«, wo er die juristischen und wirtschaftlichen Kenntnisse unter Beweis stellen konnte. Mit naturwissenschaftlichen Experimenten hatte August schon als junger Student Erfolg, denn es gelang ihm, zusammen mit seinem Hochschullehrer Johann Wolfgang Döbereiner nachzuweisen, daß bestimmte Weidenarten Blausäure enthalten. Daß August neben all diesen Talenten auch ein gewisses kaufmännisches Gespür entwikkelte, belegen u. a. die Verlagsverhandlungen mit Cotta wegen des Briefwechsels zwischen Goethe und Schiller, in denen er die Anliegen seines Vaters vertrat.

Auch wenn August von Goethe auf seiner Italienreise elf Tage vor seinem Tod bekannte: zum »erste[n] mal, *im 40t Jahre* [...] zum Gefühle der Selbständigkeit gekommen« zu sein, so ist dies wohl mehr als momentane Stimmung zu deuten, in der er sich bei der Einfahrt in die ersehnte Stadt Rom befand. Die eigenen Aufzeichnungen wie die Berichte anderer dokumentieren, daß es ihm bis zuletzt nicht gelang, ein eigenständiges und eigenverantwortliches Leben zu führen. Ob als Beamter, als Sekretär, als Redner, als Naturwissenschaftler und zuletzt als privater Reisender, immer stand er im Dienst des Vaters. Goethe andererseits war auf die zuverlässige Mitarbeit des Sohnes angewiesen, der die »ganze Wirthschaft« versieht (Goethe an Grüner, 7. September 1825).

Wie sehr Augusts Verhältnis zu seinem Vater bis zuletzt durch Demut, Ehrfurcht und Treue geprägt war, verdeutlicht ein letztes

Beispiel: Es geht um Goethes 81. Geburtstag am 28. August 1830, den August in Florenz in aller Zurückgezogenheit und Stille feierte. Der Ehrentag wird als sakrale Handlung beschrieben, durch die dem Jubilar nachgerade religiöse Huldigungen entgegengebracht werden. August beginnt mit den Feierlichkeiten schon am »heilige[n] Abend vor dem 28.« und trinkt »ächt Katholisch« auf die Gesundheit des Vaters. Mehr noch als die überschwenglichen Formulierungen zeigt das äußere Erscheinungsbild der Handschrift die außergewöhnliche Bedeutung, die Goethes Geburtstag in Augusts Leben einnimmt: Die Plazierung des vergrößerten Datums in die Mitte der Zeile.

Noch am Ende seines kurzen Lebens stand der Vater im Zentrum von August von Goethes Denken und Handeln, so beherrschend, daß er nicht als eigenständiges Individuum, sondern nur als »Goethe Filius« im kulturellen Gedächtnis geblieben ist.

Zu dieser Ausgabe

Die Neuausgabe gliedert sich in zwei Teile, in Bodes Text und in einen erstmals für diese Edition erarbeiteten Anhang mit einem Nachwort, Anmerkungen, Zitatnachweisen, Personenregister und Literaturverzeichnis. Bei der Textdarbietung wurde generell die historische Orthographie und Interpunktion der Erstausgabe beibehalten; lediglich die eigenwillige Groß- und Kleinschreibung Bodes wurde dem heutigen Gebrauch angeglichen. Alle Zitate werden im Gegensatz zur Originalausgabe nicht modernisiert, sondern zeichengetreu nach den Quellen wiedergegeben. Dabei wurden Datierungs- und Zitierfehler stillschweigend korrigiert. Bode hat in der Erstausgabe nur eine kleine Auswahl der verwendeten Forschungsliteratur und Quellen genannt; für den vorliegenden Band mußten die Nachweise daher neu erarbeitet werden. Grundsätzlich werden alle Briefstellen in der Neuausgabe nach dem Text der Goethe-Briefausgaben zitiert; die Weimarer Ausgabe wurde nur dann hinzugezogen, wenn die Briefe in keiner anderen Einzelausgabe oder Veröffentlichung im *Goethe-Jahrbuch* vorgelegen haben. Die Anmerkungen erläutern knapp die historischen und biographischen Zusammenhänge. Darüber hinaus ergänzen und korrigieren sie Bodes Text auf der Grundlage der seit 1918 erschienenen Forschungsliteratur, die zum Teil eine differenziertere Sicht auf August von Goethes Leben erlaubt. So wurden die Editionen von August und Ottilie von Goethes Briefen und Dokumenten aus der Newberry Library in Chicago (Bluhm/Lohmeyer) und die Ausgabe des italienischen Reisetagebuchs (Beyer/Radecke) sowie die beiden wichtigen neuen Biographien über *Goethe und Christiane* (Damm) und *Ottilie von Goethe* (Hein) konsultiert. Das annotierte Register ergänzt die in den Anmerkungen nicht mitgeteilten biographischen Daten der im Text genannten Personen. Auf die Wiedergabe von Bodes oft spekulativen Fußnoten wurde verzichtet; die korrekten biographischen Erklärungen sind aber in die Anmerkungen bzw. in das Personenregister der Neuausgabe integriert worden.

Die Auswahl der Abbildungen wurde neu getroffen. Im Gegensatz zur Erstausgabe konzentrieren sie sich nicht auf Goethe und sein Umfeld, sondern auf die beruflichen, familiären und freundschaftlichen Beziehungen August von Goethes.

Anmerkungen

Vorwort

5 *Kriegskommissar ... Stammbuch* – Auf der letzten Seite von August von Goethes erstem Stammbuch befindet sich der Eintrag des französischen Befehlshabers Jean Baptiste Lemarquant vom 16. Mai 1807: »Wenn Sie wollen, daß man Sie rühmt, / bedenken Sie diese Wahrheit: / Selten zählen die Söhne eines großen Mannes / in der Nachwelt.« (Vulpius, Das Stammbuch II, S. 270) – Vgl. Nachwort, S. 354f.

I.

13 *in zwei Ehen* – Richtig: Vulpius war der Vater von zehn Kindern. Am 13. November 1760 heiratete der 35jährige Johann Friedrich Vulpius seine erste Frau, Christine Margarethe Riehl, die am 5. Mai 1771 starb. Mit ihr hatte er sechs Kinder. Seine zweite Ehe mit Johanna Christiana Dorothea Weiland wurde am 26. Dezember 1774 geschlossen. Aus dieser Verbindung sind vier Kinder hervorgegangen.

überlebten ... drei – Vulpius hinterließ zwei Kinder aus erster Ehe, Christian August und Christiane; die jüngere Tochter Ernestina Sophia Louisa wurde kurz nach der zweiten Eheschließung geboren. Alle anderen Kinder überlebten die ersten Jahre nicht.

allerlei Schriftstellerei – Schon als Student begann Christian August Vulpius mit seinen vielfältigen literarischen Tätigkeiten als Redakteur, Roman- und Theaterschriftsteller sowie als Lyriker. Seit 1782 arbeitete er an August Ottokar Reichards *Bibliothek der Romane* mit und seit 1784 an der Zeitschrift *Olla Potrida*. 1783 veröffentlichte Vulpius sein erstes Schauspiel *Oberon und Titania, oder Jubelfeier der Versöhnung* und 1785 das Lustspiel *Betrug über Betrug oder die schnelle Bekehrung*. Nach 1784 erschienen anonym erste Romane, zum Beispiel der erste Teil der *Abentheuer des Ritters Palmendos*. In dieser Zeit entstanden auch mehrere Gedichte.

13 *Dichter ... aufsuchte* – In einem Brief an Gottfried Körner erzählt Friedrich Schiller von der ersten flüchtigen Begegnung mit Vulpius, vermutlich am 24. Juli 1787 (vgl. Jonas, Nr. 203, S. 359).

fränkischen Adligen – Julius Graf von Soden.

Erinnere ... will – Vgl. Goethes Brief an Friedrich Heinrich Jacobi vom 9. September 1788, in dem Vulpius als Sekretär und Hauslehrer für die Kinder wegen seiner »gemüthlichen Handschrift«, seiner »Disposition zu den Wissenschafften«, seiner »Neigung« zur Schriftstellerei, seiner Italienischkenntnisse und vor allem aber wegen seiner »gute[n] Bildung« empfohlen wird (vgl. Jacobi, Nr. 48, S. 112 f.).

Goethens Brief – Nicht überliefert.

14 *ein Gesuch* – Nicht überliefert.

jüngere Schwester – Bei Bode steht fälschlicherweise »ältere Schwester«. – Goethe und Christiane sind sich vermutlich im Juli 1788 zum ersten Mal begegnet. Der 12. Juli 1788 wird als eigentlicher Hochzeitstag gefeiert. Möglicherweise lernten sich die beiden aber schon einen Tag vorher kennen, denn Goethe notierte in seinem Ausgabenbuch am 11. Juli 1788 unter den abgesandten Briefen: »Vulpius, Nürnberg«. Über den Ort der Zusammenkunft ist nichts Genaues überliefert (vgl. Damm, Christiane und Goethe, S. 114).

15 *Namen August Walther* – Das Weimarer Taufregister verzeichnet die Namen August Walther; erst später erhielt August den zweiten Beinamen Julius, vermutlich nach seiner Taufpatin Tante Juliane (vgl. Damm, Christiane und Goethe, S. 140).

Herzog ... Pate – Im Taufregister ist Juliana Augusta Vulpius als einzige Taufpatin festgehalten. Der Eintrag verschweigt sowohl die Vaterschaft Goethes als auch die uneheliche Geburt (vgl. Damm, Christiane und Goethe, S. 140).

16 *in Goethes Hause* – Goethe und Christiane zogen bereits im November 1789 zusammen. Goethe lebte seit dem 2. Juni 1782

in der westlichen Hälfte des Hauses am Frauenplan. Da der Hof das unstandesgemäße Zusammenleben mit Christiane ohne Trauschein mißbilligte, war Goethe gezwungen, seine Stadtwohnung aufzugeben und in das von Herzog Karl August zur Verfügung gestellte Jägerhaus in der damals außerhalb der Stadt gelegenen Marienstraße überzusiedeln. Zusammen mit ihrer Halbschwester Ernestine und ihrer Tante Juliane bewohnte Christiane das Obergeschoß, während Goethe die Bel-Etage des Nordflügels übernahm. August wurde im Jägerhaus geboren (vgl. Damm, Christiane und Goethe, S. 134).

16 *Haus am Frauenplan* – Auf Drängen Goethes erwarb Herzog Karl August das Haus am Frauenplan im Mai 1792 und stellte es ihm kurz darauf mietfrei zur Verfügung. Noch während des Umbaus ist Goethes Familie dort Ende Juni 1792 eingezogen. Das Haus wurde Goethe am 17. Juni 1794 übergeben; die offizielle Schenkungsurkunde ist auf den 18. Dezember 1801 datiert (vgl. Damm, Christiane und Goethe, S. 159).

Meyer - Vor Johann Heinrich Meyer zog dessen Malerkollege Johann Heinrich Lips mit in das Jägerhaus; zum dortigen Hauspersonal gehörten noch Goethes Diener Christoph Erhard Sutor und Johann Georg Paul Götze.

18 *Philipp Seidel* – Goethes Diener Philipp Seidel war bis zum Aufbruch nach Italien am 3. September 1786 einer der engsten Vertrauten Goethes. Neben den Schreib- und Sekretärsarbeiten kümmerte er sich auch um die komplizierte Haushaltsführung. Vor Goethes Abreise wurde Seidel als Kammer-Kalkulator in das Rechnungsdepartement übernommen. Trotz dieser öffentlichen Verpflichtungen stand Seidel noch in Goethes Dienst: Während der Verlagsverhandlungen über die erste Werkausgabe vertrat er zum Beispiel die Interessen des Autors gegenüber dem Verleger Göschen. Nicht wegen seiner wachsenden Aufgaben als Beamter, wie Bode schreibt, sondern vielmehr im Gefolge von Christianes Einzug wurde seine Arbeitskraft nicht mehr gebraucht. 1789 wurde der tief verletzte Seidel Rentkommissar in Weimar und gründete, nachdem er ein Vermögen erworben hatte, eine Familie. Er starb 1820 in einer Jenaer Nervenheilanstalt.

18 *Bildnismalen* – Es gibt verschiedene Bleistiftskizzen, Zeichnungen und Gemälde der Familie Goethe-Vulpius, die 1792/93 von Meyer ausgeführt wurden. Eines der bekanntesten ist wohl das hier abgebildete Rundbild, Christiane mit dem kleinen August auf dem Schoß, das Raffaels *Madonna della Sedia* nachempfunden ist (vgl. S. 19).

20 *Judenkrämchen* – Bei einem jüdischen Händler gekauftes Geschenk.

dachte nicht daran – Katharina Elisabeth Goethe konnte noch nichts von der Existenz des Enkels wissen, da Goethe ihr wohl erst bei einem späteren Besuch im Mai 1793 von seiner kleinen Familie erzählte. Am 7. Juni 1793 bedankte sich Christiane bei Goethe für die Sendung mit den Stoffen und den »Gruß von der lieben Mutter«, der ihr »über alles ging«. Aus diesem Brief geht hervor, daß Christiane bereits »an die liebe Mutter geschrieben« hatte (vgl. Gräf I, Nr. 18, S. 21).

alten Freunde – Friedrich Heinrich Jacobi.

23 *noch einen zweiten* – Der Garten am Stern. Goethe bekam das halbverfallene Haus samt dem verwilderten Garten von Herzog Karl August 1776 geschenkt. Er ließ das Haus instand setzen und das ganze Gelände von den Ilmwiesen bis zum Horn terrassieren, Treppen, Wege und Rasen anlegen sowie Blumen- und Gemüsebeete, Bäume, Büsche und Rosen anpflanzen.

einen Freund – Friedrich Heinrich Jacobi.

das einzige Kind – August von Goethe folgten vier weitere Kinder, die alle nur wenige Tage lebten. Am 14. Oktober 1791 brachte Christiane einen Sohn tot zur Welt; die Tochter Karolina wurde am 21. November 1793 geboren und starb am 4. Dezember 1793, ein weiterer Sohn, Karl, lebte vom 30. Oktober bis zum 18. November 1795 und das jüngste Kind, Kathinka, vom 16. bis 19. Dezember 1802. Die Weimarer Totenbücher verzeichnen als Todesursache in allen vier Fällen Streckfluß. Heute nimmt man als Ursache dieser Kindersterblichkeit eine Unverträglichkeit der elterlichen Blutgruppen an. Während das erste Kind in solchen Fällen meistens überlebt, erleiden alle weiteren eine Blutvergiftung und sterben kurz nach der Geburt (vgl. Damm, Christiane und Goethe, S. 185).

25 *im Anfang November* – Goethe reiste mit August vom 30. Oktober bis zum 9. November 1796 nach Ilmenau.

26 *regierenden Herzogin* – Luise von Sachsen-Weimar-Eisenach.

Goethes einzige Nichte – Luise Maria Anna Schlosser. Ihre jüngere Schwester Julie lebte nur sechzehn Jahre, von 1777 bis 1793.

Kaiserliche Rat – Johann Caspar Goethe hatte sich den Titel eines »Wirklichen Kaiserlichen Rates« erkauft. Er wurde ihm auf eigenen Antrag am 16. Mai 1742 durch Kaiser Karl VII. verliehen. Damit war er einerseits den angesehensten Bürgern Frankfurts gleichgestellt, andererseits hatte er keinen Zugang zu öffentlichen Ämtern.

28 *Kammerpräsidium* – Vorsitz der Herzoglichen Kammer, d. h. der Weimarer Kollegialbehörde, die für die Finanzen, die Verwaltung des staatlichen Grundbesitzes, der Forste und der Steuereinnahmen zuständig war.

Geheimen Konsilium – Geheimes Conseil, die seit 1756 eingesetzte oberste Landesbehörde Sachsen-Weimar-Eisenachs und höchstes beratendes Gremium des Herzogs. Es bestand bei Goethes Eintreffen in Weimar aus drei Geheimräten, dem Präsidenten J. F. Fritsch sowie A. L. Schmid und C. F. Schnauß. Goethe wurde zum Geheimen Legationsrat mit Sitz und Stimme im Geheimen Consilium ernannt und am 25. Juni 1776 in das Amt eingeführt. Nach seiner Rückkehr aus Italien gehörte er dem Gremium nur noch nominell an, das am 1. Dezember 1815 in ein Staatsministerium umgewandelt wurde.

30 *in Angelegenheiten* – Der Weimarer Kammerassessor Fritz von Stein wollte in preußische Dienste wechseln, weil ihm dort eine höhere Stelle zugesichert worden ist. Um den Herzog nicht zu kränken, wandte sich Fritz von Stein an Goethe, der sich bei Karl August für die Entlassung aus dem weimarischen Staatsdienst einsetzte. Infolge der sich ein Jahr hinziehenden Unentschlossenheit Fritz von Steins wurde dieser schließlich doch gebeten, ein eigenes Kündigungsgesuch an den Herzog zu richten. Vgl. Charlotte von Steins Brief an Goethe, 4. September 1796 (Fränkel II, Nr. 5, S. 390 f., und Erläuterung in Fränkel III, S. 227 f.).

33 *weimarischen Justiz-Kanzler* – Johann Friedrich von Koppenfels.

34 *im Gasthofe* – Der Frankfurter Gasthof »Weißer Schwan« am Steinweg, an den heute nur noch eine Gedenktafel an dem Buchkaufhaus Hugendubel erinnert.

35 *bei den Seinen* – Goethe kehrte mit Meyer am 20. November 1897 nach Weimar zurück.

II.

37 *Hydrioten* – Einwohner der griechischen Insel Hydra.

38 *einen Sohn* – Jacobis zweiter Sohn Johann Georg.

41 *größeren Garten* – Vgl. Anm. zu S. 23.

Oberroßla – Am 8. März 1898 erwarb Goethe in Oberroßla bei Apolda ein kleines Freigut, das er bis 1801 an Johann Friedrich Fischer verpachtete und am 16. Juli 1803 an den nachfolgenden Pächter Immanuel Gottlieb Reimann verkaufte. Der Besitz sollte Gelegenheit zu ländlichen Vergnügungen geben. Der geringe Ertrag, unerfreuliche Auseinandersetzungen mit den Pächtern sowie erhebliche Aufwendungen waren die Gründe, daß Goethe das Gut nur fünf Jahre behielt (vgl. Goethe, *Tag- und Jahres-Hefte* 1801, DKV I/17, S. 74).

42 *Dortchen* – Nicht ermittelt.

kleinen Kästner – Ernst Kästner.

43 *Cosa rara* – *Una cosa rara* (Eine seltene Sache), Lustspiel mit Musik, in Quartette für zwei Violinen, Viola und Violoncello gebracht. Oper des spanischen Komponisten Vincenz Martin y Soler.

Fritzen – Nicht ermittelt.

Hochzeit des Figaro – Oper von Wolfgang Amadeus Mozart, Erstausgabe Wien 1786.

44 *Pennal* – Zylinderförmiges Schreibfederetui.

Miencben – Nicht ermittelt.

45 *Schachmaschine* – *Die Schachmaschine. Lustspiel in vier Aufzügen. Nach dem Englischen frey bearbeitet* von Heinrich Beck; Erstausgabe Berlin 1798.

46 *Müller Hage* – Gemeint ist der Obermüller Christian Hage in Zottelstedt.

47 *Hieronymus Knicker* – Oper von Karl Ditters von Dittersdorf, erste Ausgabe Wien 1787; Neubearbeitung von Christian August Vulpius, Erstaufführung am 24. November 1791.

48 *dem kleinen Stein* – Dietrich Karl August von Stein.

Hamlet – *Hamlet. Prinz von Dänemark*. Tragödie in fünf Akten von William Shakespeare, erste belegte Aufführung im Juli 1602 in London.

50 *Ernsten* – Ernst von Schiller.

Sprenkel – Schleuder, die zum Vogelfangen diente.

Karl – Karl von Schiller.

kleinen Wolzogen – Adolf von Wolzogen.

Schoppe – Auch Schoppen: Schuppen.

51 *Frau Legations-Räthin* – Friederike Elisabeth Karoline Bertuch.

52 *Meyer* – Nikolaus Meyer.

Milvius – Richtig: Milvus, eine Falkenart.

dem Prinzen – Karl Bernhard von Sachsen-Weimar-Eisenach.

54 *unter angenommenem Namen* – Christian August Vulpius veröffentlichte seine Romane unter den Pseudonymen Anshelmo Marcello Thuring und Tirso de Milano; der *Rinaldo Rinaldini* ist allerdings nicht, wie Bode annimmt, unter Pseudonym, sondern anonym erschienen.

57 *Weißen Schwan* – Vgl. Anm. zu S. 34.

das Stammbuch – Vgl. Nachwort, S. 354 f.

63 *ausgelassen* – Goethe kehrte erst ein paar Tage später, am 30. August 1801, nach Weimar zurück.

Prinzen – Erbprinz Karl Friedrich von Sachsen-Weimar-Eisenach.

Herzogin – Luise von Sachsen-Weimar-Eisenach.

Frau Gräfin – Henriette von Egloffstein.

Prinzen – Erbprinz Karl Friedrich von Sachsen-Weimar-Eisenach.

64 *1. Comtesse … die 3.* – Karoline (Line), Jeannette und Julie von Egloffstein.

einem Maskenzuge – *Maskenzug zum 30. Januar 1802*. Zu diesem Maskenzug verfaßte Goethe ein Weihegedicht, das von den Repräsentanten der verschiedenen Dichtarten vorgestellt wurde. Der zwölfjährige August übernahm nicht nur die Rolle eines geflügelten Amors, sondern überreichte der Herzogin Luise auch das auf einem Großfolioblatt niedergeschriebene Gedicht.

III.

71 *Franckeschen Stiftungen* – Die von August Hermann Francke in Halle geschaffenen Anstalten zur Erziehung der Jugend, um die Kinder zu einer »lebendigen Erkenntnis Gottes und Christi und zu einem rechtschaffenen christlichen Tun« zu führen. Der 1695 gegründeten »Armenschule« schlossen sich 1696 ein Pädagogium und ein Waisenhaus und 1697 eine Lateinschule an. Ferner wurden eine Buchhandlung, ein Verlag, eine Druckerei sowie eine Apotheke, die Cansteinsche Bibelanstalt und die Ostindische Missionsgesellschaft angegliedert. Heute stehen die Stiftungen unter staatlicher Leitung.

72 *Teil des Sommers* – Christiane weilte vom 13. Juni bis zum 26. Juli 1803 in Lauchstädt, August traf erst am 16. Juli dort ein.

Cassir – Der Theaterkassierer Johann Andreas Seyfarth.

Vossens Witwe – Ernestine Voß.

75 *Fünf Kinder* – Richtig: vier Kinder; vgl. Anm. zu S. 23.

76 *einem Freunde* – Nikolaus Meyer.

Urgroßmutter – Gemeint ist Katharina Elisabeth Goethe.

82 *sein Stammbuch* – Vgl. Nachwort, S. 354 f.

Fortes ... virtus – Franz Joseph Galls Eintrag in August von Goethes Stammbuch nach Horaz lautet übersetzt: »Wackere Eltern zeugen wackere Kinder:/Auf Jünglinge vererbt sich, wie auf Rosse,/Der Väter Tüchtigkeit.«

IV.

88 *mit seinen Gesellen* – Nicht ermittelt.

90 *Wiks* – Wichs (Studentensprache): Festgewand, bester Anzug.

Hieber – (Studentensprache): Säbel.

kommerschiert – (Studentensprache) kommerschieren: Kommers feiern, ein studentisches Trinkgelage feiern.

92 *Oberkonsistorium* – Für Kirchen- und Schulfragen zuständige herzogliche Kollegialbehörde.

93 *Laubthaler* – Unter Ludwig XV. und Ludwig XVI. zunächst in Frankreich, später auch im Ausland verbreitete Silbermünze mit belaubten Lorbeerzweigen im Gepräge.

94 *König von Preußen* – Friedrich Wilhelm III. von Preußen.
Königin – Luise von Preußen.

95 *Effekten* – Gepäckstücke.

96 *Löffelgarde* – Spottname der französischen Infanterie in den Revolutionskriegen; die Soldaten trugen die Eßlöffel oft auf den Hut gesteckt.

99 *Schweighauser* – Vermutlich Johann Gottfried Schweighäuser.

100 *Schwester des russischen Kaisers* – Maria Pawlowna, Schwester des Zaren Alexander I. Pawlowitsch.
Erbprinzen – Karl Friedrich von Sachsen-Weimar-Eisenach.

101 *Starostenkleid* – Starosten: (slaw.) »Älteste«; königlicher Beamter adliger Herkunft in Polen, Lehensbesitzer königlicher Güter und Inhaber der Gerichtsbarkeit.

102 *Pekeschen Mode* – (poln., auch Pikesche bzw. Biekesche): Ein mit Schnüren besetzter (Pelz-)Überrock für Männer.

108 *Seine Mutter* – Johanna Schopenhauer.

109 *Schopenhauers verstorbener Vater* – Floris Schopenhauer starb 1805 vermutlich durch Selbstmord.

110 *einen Boie* – Friedrich Boie.

V.

114 *ihren alten Mann* – Peter Anton Brentano war einundzwanzig Jahre älter als seine Frau Maximiliane.
zwei Schwägerinnen – Toni und Marie Brentano.

115 *eingeschrieben* – In der Matrikel der Universität Heidelberg ist August von Goethe als Jurastudent unter dem 26. April 1808, Nummer 19, eingetragen (vgl. Schröer, August von Goethe, S. 300).

119 *Spittlers Entwurf* – Vom 24. Mai bis zum 4. Juni 1808 beschäftigte sich Goethe täglich mit Ludwig von Spittlers *Entwurf der Geschichte der europäischen Staaten,* der in diesem Jahr schon in zweiter Auflage erschienen war.

121 *Nimm ... hin* – Das Gedicht ist in zwei Fassungen überliefert, die sich nur durch eine inhaltliche Variante in der ersten Strophe unterscheiden (statt »Das Schicksal« formulierte August von Goethe zunächst »Mein Schicksal«). Beide Fassungen stehen zwischen verschiedenen poetischen Texten im zweiten Teil von Augusts Reisetagebuch aus den Jahren 1807 bis 1809. Bode gibt hier die spätere Textfassung wieder, die im Juni 1808 in Heidelberg entstand. Die frühere Fassung ist undatiert. Beide Texte sind »C... S...« gewidmet (vgl. GSA 37/XII,3, S. 20 und 55).

122 *im Juni* – Werner hielt sich vom 6. bis 12. Juli 1808 in Heidelberg auf.

123 *in den Odenwald* – August reiste vom 4. bis 6. Juni 1808 mit seinen vier Freunden Binge, Ernst Heinrich von Köckritz, Schuhmann und Rosen in den Odenwald. Über den Ausflug berichtet er in seinem Tagebuch (GSA 37/XII, 3).
mit dem Reisebericht – August von Goethes Tagebuchaufzeichnungen über die Reise im Juli 1808, die von Bode nur sehr knapp wiedergegeben werden, befinden sich ebenfalls im Goethe- und Schiller-Archiv (GSA 37/XII,3).

125 *Geschäftsmann* – Ältere Bezeichnung für einen Beamten.

126 *russische Kaiser* – Zar Alexander I. Pawlowitsch.

127 *wieder daheim* – Christiane kehrte am 23. November 1808 nach Weimar zurück.

129 *Bekränzt ... Westphälinger* – Der Text entstand in Anlehnung an das *Rheinweinlied* von Matthias Claudius (1776), dessen erste Strophe lautet: »Bekränzt mit Laub den lieben vollen Becher, / Und trinkt ihn fröhlich leer. / In ganz Europa, Ihr Herren Zecher! / Ist solch ein Wein nicht mehr.« August notierte die erste Strophe des »Bundesliedes« in seinem Tagebuch (GSA 37/XII,3).
5. Dezember 1808 – Bei Bode steht fälschlicherweise »5. Februar 1809«.

130 *Der Bericht* – Bode zitiert August von Goethes Aufzeichnungen über die Reise nach Heilbronn nicht nach dessen Tagebuch (GSA 37/XX,3), sondern nach einer Abschrift, die auf der Grundlage eines ausführlicheren Berichts an den Vater angefertigt wurde (GSA 29/492 I, Nr. 60).

130 *drey andern* – Heinrich Eduard Dirksen, Karl Joseph Anton Mittermaier und Georg Heinrich Moser.

132 *Frau Schöff Schlosser* - Margaretha Rebekka Elisabeth Schlosser, die Witwe des Schöffen Hieronymus Peter Schlosser in Frankfurt am Main.

Unsern Landrath Schlosser – Johann Friedrich Heinrich Schlosser.

meine Cousine – Gemeint ist Henriette, die Tochter aus Johann Georg Schlossers zweiter Ehe mit Johanna Schlosser, geb. Fahlmer.

134 *mit vier Freunden* – Eduard Dirksen und Karl Ernst Schwinck; die beiden anderen nicht ermittelt.

einer seiner Freunde – August von Goethes ehemaliger Studienkollege Karl Wilhelm Ludwig Pistor lebte in Seeheim bei Darmstadt.

135 *in Heidelberg Abschied* – In der Newberry Library in Chicago werden August von Goethes Vorlesungs- und Seminarscheine aufbewahrt, die von Heinz Bluhm erstmals veröffentlicht wurden. Alle Lehrer bezeugen, daß August ein interessierter und aufmerksamer Student war, der an den Veranstaltungen »mit ausgezeichnetem Fleisse und mit musterhafter Aufmerksamkeit« teilgenommen habe (vgl. Bluhm, Goethe inquires about his son's Studies at the University of Heidelberg, S. 88–91). Es gibt mehrere Gründe, warum August die ursprünglich auf zwei Jahre festgesetzte Studienzeit in Heidelberg früher beendet hat: das Klima, die Sorge vor weiteren Erkrankungen und der Wunsch, zu den Freunden nach Jena zu ziehen.

137 *kameralistische* – Die Kameralwissenschaften betreffend. Die Kameralwissenschaften umfaßten diejenigen wissenschaftlichen Kenntnisse, die für die Verwaltungstätigkeit der Beamten in der herzoglichen Kammer erforderlich waren und durch die juristische Ausbildung nicht abgedeckt wurden, zum Beispiel die Wirtschaftswissenschaften und das Verwaltungsrecht.

138 *Maskenzuge* – Am 30. Januar 1810 wurde mit der Aufführung des Maskenzuges *Die romantische Poesie* nicht nur der Geburtstag der Herzogin Luise gefeiert, sondern auch die Verlobung der Prinzessin Karoline Luise von Sachsen-Wei-

mar-Eisenach mit dem Prinzen Friedrich Ludwig von Mecklenburg-Schwerin.

139 *Kaiserin von Österreich* – Vom 2. bis 24. Juni 1810 schrieb Goethe auf Bitten der Stadt Karlsbad der kränkelnden dritten Gemahlin Kaiser Franz' I. von Österreich, Maria Ludovica, die Festgedichte *Der Kaiserin Ankunft, Der Kaiserin Becher, Der Kaiserin Platz* und *Der Kaiserin Abschied.* 1811 folgte das letzte Festgedicht *Ihro der Kaiserin von Österreich Majestät.*

einem neuen Tanzmeister – Nicht ermittelt.

140 *peinlichen* – schweren.

142 *Entdeckung* – August von Goethe und sein Lehrer Döbereiner haben erstmals nachgewiesen, daß Blausäure auch »in den jungen Zweigen und Blattknospen mehrerer Weidenarten« vorkommt. Döbereiner schreibt darüber im zweiten Band seines *Lehrbuchs der allgemeinen Chemie,* § 448, S. 527.

144 *Polissonerien* – Ungezogenheiten, Bubenstreiche.

VI.

146 *Herzogliche Kammer* – Vgl. Anm. zu S. 28.

147 *Wieland in Oßmannstedt* – Die Beerdigung Wielands fand am 25. Januar 1813 nachmittags drei Uhr statt.

148 *sein König* – Friedrich Wilhelm III. von Preußen.

Sein Sohn – Erbprinz Karl Friedrich von Sachsen-Weimar-Eisenach heiratete 1804 die Schwester des Zaren Alexander I. Pawlowitsch, die Großfürstin Maria Pawlowitsch.

Töchter … Sohn – Aus der Ehe des Erbprinzen Karl Friedrich von Sachsen-Weimar-Eisenach mit der Großfürstin Maria Pawlowna gingen vier Kinder hervor: die beiden Töchter Maria und Augusta sowie die Söhne Alexander Karl und Karl Alexander. Der ältere Alexander Karl starb bereits 1806, der jüngere Karl Alexander wurde erst im Jahre 1818 geboren.

150 *Erbprinzessin* – Erbprinzessin Maria Pawlowna.

152 *Fourage-Leistungen* – Lebensmittel-Zahlungen.

153 *französischen Minister* – Hugues Bernhard Maret.

Geschäftsmann – Hier: Beamter.

155 *Ihr Vater* – Wilhelm Julius von Pogwisch.

ihre Mutter – Henriette von Pogwisch, geb. Henckel von Donnersmarck.

acht Jahre – Richtig: Ulrike von Pogwisch wurde bereits am 29. Oktober 1798 geboren; sie war also nur zwei Jahre jünger als ihre Schwester Ottilie.

trennten ... Scheidung – Henriette und Wilhelm Julius von Pogwisch trennten sich 1802 und wurden 1820 geschieden.

158 *im April 1813* – Bode gibt hier nicht den tatsächlichen Beginn der kurzen Episode zwischen Ottilie und dem Breslauer Juristen und Premierleutnant Ferdinand Heinke wieder. Erst neun Jahre nachdem Bodes Biographie erschienen war, setzte Max Hecker mit der Teilveröffentlichung von Heinkes Tagebuchaufzeichnungen der bis dahin weitverbreiteten Legendenbildung ein Ende. Heinkes Berichte widerlegen die von Bode hier ausgebreitete Annahme und belegen vielmehr, daß der seit dem 10. April 1813 in preußischen Diensten stehende Soldat erst nach der Völkerschlacht bei Leipzig am 30. Oktober 1813 unverwundet in Weimar eingetroffen war. Heinke hatte den Auftrag, für den neuen preußischen Kommandanten Major von Kleist ein Quartier zu suchen. Eine erste Begegnung mit der »bildschönen« Ottilie von Pogwisch fand wenige Tage später am 16. November 1813 bei Johanna Schopenhauer statt. Bis zu seiner Abfahrt aus Weimar am 28. Dezember 1813 trafen sich die beiden nach Heinkes Tagebuch bei gesellschaftlichen und privaten Anlässen. Heinke bewunderte stets den »Glanzpunkt« oder den »gewöhnlichen Mittelpunkt« Ottilie, ohne jedoch auf seine persönlichen Gefühle ihr gegenüber näher einzugehen. Die unglückliche Beziehung zwischen August und Ottilie blieb auch ihm nicht verborgen. Am 19. November 1813 notierte er: »August Goethe will sich jeden Tag um Ottilie totschießen«, und unter dem 26. November: »August G. wieder zum Totschießen unglücklich.« (Hecker, Ferdinand Heinke in Weimar, S. 261–269) – Über Heinkes zweiten Weimarer Aufenthalt vom 14. bis 21. Juni 1814 erzählt Ottilie ihrer Freundin Karoline von Bumbach, nicht ohne ihre Trauer über den Abschied und ihre intime Zuneigung gegenüber dem jungen Premierleutnant zu ver-

bergen (vgl. Hecker, Ferdinand Heinke in Weimar, S. 294 f.). Ottilie von Goethe und Heinke standen noch bis drei Monate vor Heinkes Tod im Jahre 1856 in brieflichem Kontakt (vgl. Bluhm / Lohmeyer, S. 117 f., und Rahmeyer, Ottilie von Goethe, S. 83–98).

159 *duceken* – Nicht ermittelt.

161 *beiden Orden* – Das Ritterkreuz des Ordens der französischen Ehrenlegion und der am 15. Oktober 1808 verliehene Kaiserlich-Russische Annenorden 1. Klasse (Großkreuz mit Stern).

Ehrenlegion – Légion d'honneur. Goethe erhielt das 1802 von Napoleon als höchsten französischen Orden gestiftete Kreuz der Ehrenlegion nach seinen zwei Unterredungen mit Napoleon am 14. Oktober 1808. Er trug diesen ihm liebsten Orden als Zeichen übernationaler Anerkennung und Wertschätzung.

162 *preußische Kronprinz* – Friedrich Wilhelm von Preußen.

164 *vier blühende Kinder* – Eugenie, Guido, Roderich und Cäcilie Falk.

165 *Muskete* – Schwere Handfeuerwaffe.

Knebels Sohn – Karl von Knebel.

167 *John aus Weimar* – Auf August von Goethes Empfehlung wurde der in Arnstadt geborene Ernst Karl Christian John von 1812 bis 1814 in Goethes Diensten als Schreiber und Sekretär angestellt. Über seine fragwürdigen Charakterzüge berichtete Goethe am 23. Juli 1813 seiner Frau Christiane: »Er ist prätentiös, speisewählerisch, genäschig, trunkliebend, dämperich und arbeitet nie zur rechten Zeit. Überhaupt war es mit Riemer eine andere Sache.« (Gräf II, Nr. 550, S. 295)

170 *seine Freunde* – Wilhelm Heinrich von Trebra und Thomas Johann Seebeck.

173 *patriotisches Festspiel* – *Des Epimenides Erwachen.* Goethe hatte die von Hofrat Franz Kirms am 17. Mai 1814 überbrachte Bitte des Direktors der Königlichen Schauspiele in Berlin, August Wilhelm Iffland, zunächst aus Termingründen abgelehnt, für die Siegesfeier der Gegner Napoleons (Rußland, Preußen und Österreich) ein Festspiel zu verfassen (vgl. Goethe an Franz Kirms, 18. Mai 1814). Zwei Tage später bereute er seine Absage und kündigte einen ersten Entwurf

des Festspiels an (vgl. Goethe an Franz Kirms, 20. Mai 1814, und Kommentar in MA 9, S. 1160–1162).

175 *Heinke* – Vgl. Anm. zu S. 158.

preußischen Befehlshabers – August von Gneisenau.

eine Braut – Charlotte Werner.

Eiserne Kreuz – Vom preußischen König Friedrich Wilhelm III. im März 1813 für die Dauer der Befreiungskriege gestiftete Tapferkeitsauszeichnung für alle militärischen Dienstgrade und Zivilisten. Die künstlerische Ausführung geht auf Entwürfe des Königs zurück und wurde von Karl Friedrich Schinkel als ein in Silber gefaßtes schwarzes Kreuz aus Gußeisen mit der Königskrone und den königlichen Initialen F W über drei Eichenblättern sowie der Jahreszahl 1813 auf der Vorderseite gestaltet.

176 *General von Egloffstein* – August von Egloffstein.

Napoleonstag – 15. August.

177 *Des ... schenken* – August von Goethes Gedicht *Traum* wurde erst Jahre später, am 14. Februar 1830, in der von Ottilie von Goethe und ihren Freunden gegründeten Weimarer Hausgazette *Chaos* veröffentlicht; Chaos 1 (1829/30), Nr. 23, S. 92.

VII.

179 *seit vielen Jahren* – Goethe trat am 23. Juni 1780 in die Weimarer Freimaurerloge »Amalia« ein.

Von ... vermehren – Goethes Gedicht *Dank des Sängers* wird auf den 29. Dezember 1815 datiert und steht in Zusammenhang mit August von Goethes Aufnahme in die Weimarer Freimaurerloge.

180 *Wenn ... aufgebaut* – Goethes Gedicht *Wenn die Liebste* entstand am 20. Januar 1816 zur Aufnahme August von Goethes in die Weimarer Loge.

181 *vier Kollegen* – Goethe, Ernst Christian August von Gersdorff, Christian Gottlob von Voigt (d. Ä.) und Albert Kajetan Graf von Edling.

Oberaufsicht – »Oberaufsicht über die unmittelbaren Anstalten für Wissenschaft und Kunst in Weimar und Jena«. Die Behörde, die dem Herzog direkt unterstand, umfaßte neben den von Bode erwähnten Institutionen auch das Weimarer Theater und Münzkabinett sowie die Tierarzneischule in Jena. 1809 wurden die einzelnen Institute verwaltungstechnisch koordiniert und 1815 (nicht 1809, wie Bode schreibt) in der »Oberaufsicht« zusammengefaßt.

185 *Mienchen* – Hanne Grützmacher oder Christiane Rolsch.

186 *Kanzler* – Justizminister.

189 *eines Stückes – Der Hund des Aubri de Mont-Didier oder Der Wald bei Bondy*. Drama von René Charles Guilbert de Pixérécourt, aus dem Französischen übersetzt von Ignaz Franz Castelli, Musik von Ignaz Xaver von Seyfried.

mittelmäßiger Schauspieler – Der Wiener Schauspieler Karsten.

191 *rulierte* – roulieren: sich aufwenden.

192 *Cotillon* – Gesellschaftsspiel in Tanzform.

199 *Tante in Dessau* – Henriette Hagen.

200 *ihr Stammbuch* – Nicht überliefert.

201 *mit einer Tante* – Ulrike von Pogwisch reiste für vier Jahre zu ihrem Onkel Graf Wilhelm Ludwig Viktor Henckel von Donnersmarck, der seit Dezember 1816 in Bar le Duc lebte.

VIII.

203 *auswärtigen Verwandten* – Erst 1962 wurden August und Ottilie von Goethes Briefe aus der Verlobungszeit, die sich in der Newberry Library in Chicago befinden, veröffentlicht. Die Briefe geben ein differenzierteres Bild der Zeit zwischen Verlobung im Dezember 1816 und Eheschließung im Juni 1817. Es handelt sich weniger um zärtliche Liebesbriefe als um alltägliche Mitteilungen, die bereits erste Probleme im Verhältnis der Verlobten andeuten. Aus den Schreiben geht weiter hervor, daß Ottilie von Pogwischs Familie nicht nur Einwände äußerte wegen Augusts Herkunft, sondern auch besorgt war um die finanzielle Absicherung Ottilies im Falle eines vorzeitigen Todes von August. Der beigefügte Ehevertrag vom 17. Juni 1817 stärkte die Rechte der Ehefrau gegenüber ihrem Mann. So soll ein »jährliches Witthum von vier hundert Rthlrn« Ottilies Unterhalt sichern sowie ihren

Einfluß auf die Erziehung der Kinder garantieren (vgl. Bluhm/Lohmeyer, Nr. 45, S. 87).

205 *in kleinster Gesellschaft* – Eine von August von Goethe zusammengestellte Hochzeitsgästeliste nennt neben Braut und Bräutigam 23 weitere Personen aus dem engsten Familien- und Freundeskreis. Ottilies Vater wurde nicht eingeladen (vgl. Bluhm/Lohmeyer, Nr. 44, S. 84 f.).

209 *Rundhuth* – Nicht ermittelt.

Landsturmsblatt – *Landsturmblatt für Weimar,* hrsg. von Friedrich Peucer.

210 *Erbprinzessin-Großfürstin* – Maria Pawlowna.

Oberkammerherrin von Egloffstein – Karoline von Egloffstein, geb. Freiin von Aufseß.

213 *Tante Melber* – Johanna Maria Jakobäa Melber.

ein Sohn – Johann Georg David oder Johann Wolfgang Melber.

dieser Nichte – Luise Nicolovius, geb. Schlosser.

214 *einen von ihnen* – Der Theologiestudent Karl Ludwig Sand.

ein Tagebuch – Gemeint ist das bisher noch unveröffentlichte *Tagebuch Der Reise von Weimar nach Berlin, Dessau, Torgau, Dresden, die sächs: Schweiz über Leipzig zurück vom 4ten Mai bis 27t Juni 1819. Geführt von AJvonGoethe.* Es befindet sich im Goethe- und Schiller-Archiv (GSA 37/XII,4).

215 *Tagebuch-Briefe* – Neben dem Tagebuch für den Vater schrieb August von Goethe auch mehrere Briefe an ihn, in denen er von seinen Erlebnissen und Eindrücken in Berlin berichtet. Bode gibt hier nicht den Text des Reisetagebuches, sondern eine Auswahl der Briefe wieder, die Ludwig Geiger erstmals 1907 im *Jahrbuch der Goethe-Gesellschaft* veröffentlichte, wobei er die in der Handschrift überlieferten zahlreichen Sprachfehler tilgte und die regellose Orthographie und Interpunktion korrigierte. Die Originalbriefe werden im Goethe- und Schiller-Archiv aufbewahrt (GSA 28/354c).

seinen Nachbar – Karl Friedrich Zelter wohnte in der Friedrichstraße 129, 1. Stock, Johann Gottfried Langermann in der gegenüberliegenden Hospitalstraße 69.

neue Hauptwache – Die von Schinkel erbaute Königs- oder Neue Wache gegenüber dem Opernhaus Unter den Linden wurde erst 1818 fertiggestellt.

215 *Calderon* – Das Lustspiel *Donna Diana* stammt von Agustín Moreto y Cabaña.
der Sohn – Franz Nicolovius.
alten – Ludwig Nicolovius.
ins Theater – Alle Schauspielaufführungen fanden vorübergehend in der Oper Unter den Linden statt, da das von Karl Gotthard Langhans 1802 erbaute Schauspielhaus am 29. Juli 1817 während einer Probe abgebrannt war.
die Vestalin – *La Vestale,* lyrische Oper von Gasparo Luigi Pacifico Spontini, Libretto von Karl Alexander Herklots.
216 *der Kronprinz* – Friedrich Wilhelm Kronprinz von Preußen.
217 *zu Schadow* – Schadows Atelier befand sich in der Kleinen Wallstraße 10, auch Mauerstraße genannt (heute: Schadowstraße).
Blücher – Gemeint ist das Blücher-Denkmal für Rostock, das im August 1819 auf dem Universitätsplatz aufgestellt wurde und dessen Inschrift von Goethe stammte.
Bildergallerie – Gemäldegalerie im Königlichen Schloß.
seinem Sohn – Rudolf Schadow.
amönen – lieblichen.
Bauplatz – An der Stelle des alten Schauspielhauses am Gendarmenmarkt entstand unter Schinkels Leitung das neue Schauspielhaus. Die Arbeiten dauerten zwei Jahre, von 1819 bis 1821.
Festgedichte – *Bey Allerhöchster Anwesenheit Ihro Majestät der Kaiserin Mutter Maria Feodorowna in Weimar Maskenzug.* Auftragsdichtung, die Goethe zu Ehren des Besuchs von Zarin Maria Feodorowna, der Mutter der Erbprinzessin Maria Pawlowna, vom 23. November bis 15. Dezember 1818 in Weimar ausführte und bis Anfang 1819 überarbeitete. Goethes letzter und bedeutendster Maskenzug-Text wurde am 18. Dezember 1818 in Abwesenheit des Autors vor 150 Mitgliedern der Hofgesellschaft im Weimarer Schloß aufgeführt. Der vollständige, im April 1819 bei Cotta herausgebrachte Abdruck des Maskenzugs ist während August und Ottilie von Goethes Aufenthalt in Berlin im Mai 1819 eingetroffen (vgl. MA 11.1.1, Kommentar, S. 686).
Singacademie – Die von Karl Friedrich Fasch 1791 gegründete Singakademie, eine Vereinigung zur Pflege des Chor-

gesangs. Faschs Nachfolger Zelter leitete den Chor von 1800 bis 1832. 1819 fanden die Proben und Konzerte noch im runden Saal der Akademie der Künste statt, die zusammen mit der Akademie der Wissenschaften im Marstallgebäude Unter den Linden untergebracht war. Erst acht Jahre später, 1827, erhielt die Singakademie ihr eigenes Gebäude am Kastanienwäldchen (Am Festungsgraben) hinter der Neuen Wache, an dessen Stelle sich heute das Maxim-Gorki-Theater befindet.

217 *Die beschämte Eifersucht* – Lustspiel in zwei Akten von Johanna von Weissenthurn.

Ballet – Der Maler oder die Wintervergnügungen. Komisches Ballett in zwei Abteilungen, Choreographie von Telle, Musik von Gurlich.

218 *Liedertafel* – Der 1809 aus fünfundzwanzig Mitgliedern der Singakademie gegründete Männerchor. Schon das erste Bändchen der Gesänge der Liedertafel enthält mehrere Lieder auf Texte Goethes.

Porzellainfabrik – Die Königliche Porzellanmanufaktur (KPM) befand sich in der Leipziger Straße 4.

Tiecks Atelier – Seit April 1819 hatten die beiden Bildhauer ihr Atelier im alten königlichen Lagerhaus in der Klosterstraße.

Scharnhorst und Bülow – Die aus Carrara-Marmor gefertigten Statuen der Generäle Gerhard von Scharnhorst und Friedrich Wilhelm von Bülow wurden 1823 zu beiden Seiten der Neuen Wache aufgestellt.

Modelle des Greifen – Die Bronzegruppe *Apollo in einem Greifengespann* wurde auf dem First des Hauptgebäudes des neuen Theaters am Gendarmenmarkt plaziert.

219 *Jungfrau* – Schillers *Jungfrau von Orleans.*

220 *Don Juan* – Mozarts Oper *Don Giovanni,* Text von Lorenzo da Ponte.

dieser Parade – Gemeint ist die Parade an der Neuen Wache Unter den Linden.

unserm Nicolovius – Franz Nicolovius, der sich während seines Jurastudiums 1818/19 in Jena aufhielt.

herum dämmerten – herumdämmern: ohne Ziel herumschlendern.

220 *Schneider Fips* – Hauptfigur in August von Kotzebues einaktigem Lustspiel *Die gefährliche Nachbarschaft,* seit 1813 in Berlin ein oft gespieltes Stück.

221 *Doppelpapa – Der Doppelpapa,* Posse in drei Akten nach dem Lustspiel von Karl Franz Romanus, bearbeitet von Friedrich Gustav Hagemann; Erstaufführung 9. November 1815.

Kinderballet – Divertissement von Etienne Lauchery.

heiligen Handlung – Aus einem undatierten Brief Ottilie von Goethes an ihren Schwiegervater aus Dresden geht hervor, daß sie das Patenamt für Sophie Ottilie Schultze zusammen mit ihm übernahm (vgl. Geiger, Nr. 5, S. 40).

222 *zu Radziwils* – Anton Radziwill, Herzog von Nieswiesz und Olyka, und seine Frau Luise, geb. Prinzessin von Preußen.

seiner Tochter – Johanna Eunicke.

223 *die Kinder* – Fanny und Felix Mendelssohn.

Sollysche Sammlung – In der Wilhelmstraße 67, gegenüber der Wohnung des Staatsrats Schultz, befand sich die Sammlung des englischen Kaufmanns und Kunstmäzens Eduard Solly, die an die 3 000 Gemälde, vor allem der italienischen Frührenaissance, umfaßte. Durch Staatsrat Schultz' Bemühungen sowie durch den Kultusminister Altenstein und den preußischen Kronprinzen und späteren König Friedrich Wilhelm IV. gelang es 1821, diese bedeutende Privatsammlung für den preußischen Staat zu erwerben. Sie bildete den Grundstock für das 1843–1855 erbaute Neue Museum.

225 *Dorfsängerinnen* – Komisches Lustspiel in zwei Akten aus dem Italienischen, Musik von Valentino Fioravanti, Uraufführung am 19. März 1810.

in die Kirche – Schleiermacher predigte seit 1809 in der Berliner Dreifaltigkeitskirche an der Mauer- und Kanonierstraße.

226 *Ferdinand Cortez – Ferdinand Cortez oder die Eroberung von Mexiko,* Oper in drei Akten von A. de Jouy, übersetzt von J. O. H. Schaum, Musik von Gaspare Spontini, Uraufführung 15. Oktober 1814; seit dem 20. Mai 1818 nach der Umarbeitung durch Spontini und May (Übersetzung) gespielt.

Don Carlos – Tragödie von Friedrich Schiller, 18. März 1810 in Berlin aufgeführt; erste Ausgabe 1788.

228 *entoptischen Farben* – Angeregt durch den Jenaer Professor Thomas Johann Seebeck, führte Goethe 1813–1824 eigene Versuche durch, die er unter dem Titel *Entoptische Farben* in den Heften *Zur Naturwissenschaft überhaupt* veröffentlichte.
großen Prologs – *Prolog zu Eröffnung des Berliner Theaters im Mai 1821.*
im Juni 1817 – Bei Bode steht fälschlicherweise »Juni 1815«.
gothaischen Beamten – Karl Ernst Adolf von Hoff.

IX.

230 *Februar 1819* – Bei Bode steht fälschlicherweise »Januar 1819«.
235 *zu einer Novelle* – *Die Kunstreuter.*
236 *Pleura* – Rippenfell.
einem Vertrauten – Kanzler Friedrich von Müller.
239 *große tiefgefühlte Elegie* – *Marienbader Elegie.*
240 *polnische Klaviervirtuosin* – Maria Szymanowska.
241 *Oberkammerherrin von Egloffstein* – Gräfin Karoline von Egloffstein, geb. Freiin von Aufseß.
sein Arzt – Rehbein.
22. oder 23. Dezember – Ottilie brach erst nach dem Weihnachtsfest am 27. Dezember auf (vgl. Goethe, Tagebuch, 27. Dezember 1823; WA III.9, S. 159).
248 *nach Italien* – August von Goethes Pläne zu einer Italienreise sind erst seit 1827 belegt, vgl. Anm. zu S. 310.
253 *böhmischen Gast* – Joseph Sebastian Grüner.

X.

254 *Ausgabe letzter Hand* – Die *Vollständige Ausgabe letzter Hand* in 60 Bänden erschien bei Cotta in Tübingen und Stuttgart von 1827 bis 1842; die Bände 41–60 umfassen die *Nachgelassenen Werke,* die nach Goethes Tode zwischen 1833 und 1842 veröffentlicht wurden.
255 *Verleger* – Johann Friedrich Cotta.
Wiener Ausgabe – Es handelte sich um die in 26 Bänden in Wien bei Kaulfuß und Armbruster 1816–1822 rechtmäßig er-

schienene Lizenzausgabe, die zum Schutz gegen österreichische Nachdrucke vorgelegt worden war.

257 *zwei Ausgaben* – Bei Cotta erschienen 1806–1817 die in 14 Bänden vorgelegten *Werke* sowie die 20bändige Ausgabe der *Werke* Goethes 1815–1819.

259 *Das ... groß* – Karl Bernhard von Sachsen-Weimar-Eisenach reiste von April 1825 bis Juli 1826 durch Nordamerika. Aus Anlaß seiner Rückkehr gab die Weimarer Loge »Amalia« am 15. September 1826 ein Fest, auf dem August von Goethe das Gedicht seines Vaters vortrug.

260 *Schillers Witwe* – Charlotte von Schiller starb am 9. Juli 1826.
rheinländischen Gerichtsdienst – Ernst von Schiller arbeitete seit 1824 als Assessor am Appellationsgericht in Köln.
Theurer ... daher – Vgl. Goethe, Tagebuch, 17. September 1826: »Verabredung mit meinem Sohn wegen des heutigen Actes. [...] Mein Sohn erzählte von der würdig und heilig vollbrachten Function.« (WA III.10, S. 244 f.) Ein ausführlicher, vermutlich von Kanzler von Müller verfaßter Bericht über die Feierlichkeiten erschien in den *Berlinischen Nachrichten von Staats- und gelehrten Sachen* am 23. September 1826; das von Bibliothekssektretär Kräuter geschriebene Protokoll sowie die drei Ansprachen von Ernst von Schiller, August von Goethe und Kanzler von Müller sind veröffentlicht bei Schwabe, S. 85–101 (vgl. Hecker, S. 50).

261 *Theurer ... niederlegen – Rede bei Niederlegung des Schiller'schen Schädels auf der Grossherzoglichen Bibliothek in Weimar.* Die Rede ist erstmals von Hecker auf der Grundlage des von Goethe diktierten und von August von Goethe wohl hastig niedergeschriebenen Konzeptes veröffentlicht worden, das Bode hier ganz wiedergibt (vgl. Hecker, S. 46–49). Das Konzept enthält weder die offenkundigen Schreibversehen noch den typischen Weimarer Dialektgebrauch wie die Abschrift aus Müllers Kanzlei, die Julius Schwabe für seine Publikation von 1852 zugrunde legte. Erst das Konzept der Rede belegt, daß der Urheber nicht August, sondern Goethe selbst gewesen ist. Goethe diktierte die Rede seinem Sohn und überarbeitete sie eigenhändig. August trug die Rede des Vaters nach dem revidierten Konzept vor und

nicht nach der nach dem 17. September entstandenen Abschrift.

261 *die übrigen Hinterlassenen* – Die Kinder Karl, Karoline und Emilie von Schiller.

265 *August unterschrieb* – »Zu obigem als Sohn mich auf jeden Fall verpflichtend. Weimar den 10ten July 1825.« (Goethe an Karoline von Wolzogen, 10. Juli 1825; WA IV.39, Nr. 220, S. 246)

273 *eine Braut* – Johanne Bertram, die seit 1819 mit Johann Peter Eckermann verlobt war.

274 *ansteckende Krankheit* – Am 16. Februar 1828 starb Professor Johann Gottfried Melos an Typhus. Eckermann war seit Oktober 1824 in dessen Pensionat als Deutschlehrer für Engländer angestellt (vgl. Eckermann an Johanne Bertram, 21. Februar 1828; Tewes, Nr. 73, S. 77, und Houben, J. P. Eckermann, S. 202 f. und 320).

XI.

284 *eine Jenny* – Jenny von Pappenheim.

286 *Marquis von Douro* – Richtig: Marquis von Doura.

292 *Gillesche Haus* – Karl Gille berichtet über die freundschaftlichen Beziehungen seiner Eltern Johann Friedrich und Christiane Gille zu dem Goetheschen Haus: »Mein Vater und Goethe's 1830 in Rom verschiedener Sohn August waren sehr befreundet, und letzterer verkehrte vielfach in unserem Hause. Auf diese Weise kam mein Vater auch mit der Goethe'schen Familie in nähere Beziehung. Er war öfters als Tischgast anwesend, und Goethe dokumentirte seine freundlichen Gesinnungen auf mancherlei Weise. So sendete er meinem Vater eine silberne Medaille mit dem Goethekopf auf der Vorder-, einem Adler auf der Rückseite, und begleitete selbige mit einer eigenhändig in den bekannten großen Schriftzügen abgefaßten Geburtstags-Gratulation ›Zum 13. März 1829 Goethe‹.« August von Goethes »italienische, meist sehr interessante Reisebriefe wurden regelmäßig auch [seinen] Eltern zur Lektüre überwiesen«. Karl Gille berichtet weiter, daß nach August von Goethes Tod sein Vater ein Kristallglas geschenkt be-

kommen habe sowie eine Kopie des August-von-Goethe-Porträts, das Julie von Egloffstein unmittelbar nach dessen Tod in Rom »nach dem Leben gemalt« hatte (Gille, S. 1–4); vgl. die Abbildung auf S. 335.

294 *Kinder* – Karl, Nanny, Marie und Melanie Gille.

296 *Januar (1828)* – Holteis zweiter Weimarer Aufenthalt dauerte vom Januar bis April 1828.

mit einer Schauspielerin – Holtei heiratete seine erste Frau, die Schauspielerin Julie Holzbecher, erst 1830.

298 *seiner kleinen Gedichte* – Eine kleine Auswahl der in der Zeitschrift *Chaos* veröffentlichten Texte August von Goethes bietet Holtei in seinen *Vierzig Jahren,* Bd. 4, S. 76–78.

300 *Ihre Freundin* – Julie Holzbecher.

302 *Mitte August ... 1829* – Die polnischen Schriftsteller Anton Eduard Odyniec und Adam Mickiewicz waren vom 18. bis 31. August 1829 zu Gast in Weimar und nahmen dort an den Feierlichkeiten für Goethes 80. Geburtstag teil.

303 *Adam* – Adam Mickiewicz.

304 *Nummer ... Zwei* – Odyniec und Mickiewicz verdanken ihre Spitznamen »Pole Eins und Pole Zwei« einer Begebenheit, die sich während des Festmahls zu Goethes 80. Geburtstag am 28. August 1829 in Weimar ereignete: »Als nun die Gäste den Speisesaal verließen, befand sich der Gastwirt, hinter einem kleinen Tischchen sitzend, bei der Ausgangstür, um die Bezahlung für genossenen Wein von uns zu empfangen. Vor ihm lag eine Liste, auf der bei eines jeden Namen der Betrag der Schuld notiert war, und wie man sich ihm nannte, machte er die Berechnung. Die polnischen Namen aber hatten ihm nicht aus der Feder gewollt, und es stand nur zu lesen: ›Pole eins, Pole zwei‹. Von da an hießen Odyniecz und Mickiewicz kurzweg: Pole eins, Pole zwei« (Holtei II, S. 146). Nicht nur die Gästeliste, auch die beiden Tischkarten für die polnischen Gäste waren nicht mit ihren persönlichen Namen, sondern nur mit eben dieser Numerierung versehen (vgl. Odyniec an Julian Korsak, 28. August 1829, Bratranek II, Nr. 6, S. 97).

schöne Weimarerin – Karoline Schumann.

XII.

308 *eines großen Maskenfestes* – Die erste Aufführung des Maskenzuges *Sängerwettstreit auf der Wartburg* (Texte von Riemer) fand am 2. Februar 1830 statt. Kurz vor der zweiten Aufführung am 7. Februar 1830 stellten sich die Mitwirkenden in ihren Kostümen der todkranken Großherzogin-Mutter Luise vor (vgl. Goethe, Tagebuch, 2. bis 7. Februar 1830; WA III.12, S. 191–194).

Du ... mir – Unter dem Titel *Während dem Einsenken* ist August von Goethes Gedicht in der *Chaos*-Gedächtnisnummer anläßlich des Todes der Großherzogin-Mutter Luise von Sachsen-Weimar-Eisenach am 7. März 1830 veröffentlicht worden; Chaos 1 (1829/30), Nr. 24, S. 95.

Die alte Garde – Der Beiname erinnert an den Ausspruch des französischen Generals Cambronne in der Schlacht bei Waterloo (18. Juni 1815), die die Herrschaft der hundert Tage Napoleons beendete: »Die alte Garde stirbt und ergibt sich nicht.« In seinem italienischen Reisetagebuch unterschreibt August von Goethe seine Briefe häufig mit diesem Zusatz als Zeichen seiner Napoleon-Verehrung.

310 *seit vielen Jahren* – Wann August von Goethe den Plan einer Italienreise faßte, läßt sich nur annähernd bestimmen. Verschiedene Dokumente zeigen, daß die Fahrt nicht erst – wie noch Bode annahm – 1830 Gesprächsthema war, sondern bereits einige Jahre zuvor schon konkret ins Auge gefaßt wurde. 1827 wollte August auf Goethes Veranlassung den Patriarchen in Venedig, Johann Ladislav Pyrker von Oberwart, besuchen. Wegen »unvermuthet eingetretene[r] Hindernisse« wurde aber nichts daraus (Goethe an Pyrker, 2. Oktober 1827; WA IV.43, Nr. 67, S. 96 f.). Ein halbes Jahr später, am 26. Mai 1828, teilte August seinem Vater »von seiner vorhabenden Reise« mit (Goethe, Tagebuch; WA III.11, S. 224). In einem Urlaubsgesuch vom 2. Juni 1828 schreibt August, daß er »in diesem Sommer und Herbst eine Reise nach Oestreich und Oberitalien« vorhabe (Beyer/Radecke, Nr. 2, S. 208). Knapp zwei Jahre später bittet er die Kammer erneut um Dienstbefreiung, da »eingetretene unerwartete Umstände«

ihn wiederum daran gehindert hatten, die bereits bewilligte Reise anzutreten (Beyer/Radecke, Nr. 3, S. 209). Vermutlich war August wegen seiner labilen körperlichen Verfassung 1828/29 zu geschwächt, um sich den Strapazen eines mehrmonatigen Auslandsaufenthaltes zu unterziehen.

310 *Ich ... Band* – Das Gedicht erschien am 28. März 1830 in der Zeitschrift *Chaos* 1 (1829/30), Nr. 27, also knapp vier Wochen vor August von Goethes Abreise nach Italien.

Eckermann war bereit – Daß Eckermann August begleitete, geschah auf Goethes ausdrücklichen Wunsch (vgl. Eckermann an Johanne Bertram, 20. März 1830; in Tewes, Nr. 96, S. 95, und Eckermann, Tagebuch, 16. März–21. April 1830, MA 19, S. 365–369).

312 *Ich ... mehr* – Vgl. auch Eckermanns Bemerkungen über die überstürzte Abreise in einem Brief an seine Braut Johanne Bertram vom 24. April 1830 (Tewes, Nr. 98, S. 97 f.).

Mein ... verreist – Auch Jenny von Gustedt erzählt in ihrem Tagebuch von der »erschütternden« Abschiedsszene zwischen Vater und Sohn Goethe: »August sei [Goethe] plötzlich weinend zu Füßen gefallen und dann davongestürzt, während Goethe, überwältigt von böser Ahnung, auf seinem Lehnstuhl zusammengebrochen sei.« (Kretschman II, S. 94)

ein tüchtiger Arzt – In seinem Tagebuch *Auf einer Reise nach Süden* berichtet August von der gemeinsamen Fahrt nach Frankfurt mit einem »Herr[n] Dr. Wapnitz«, der als Arzt beim ersten Garde-Regiment in Berlin beschäftigt gewesen sei; in einem Brief an Ottilie vom 13. Mai 1830 erinnert er sich an einen »gewisse[n] Docter Wapritz« (vgl. Beyer/Radecke, S. 9 und Nr. 5, S. 211).

weißen Schwans – Vgl. Anm. zu S. 34. – Aus gesundheitlichen Gründen besuchten August und Eckermann während ihres kurzen Aufenthaltes in Frankfurt weder die Schlosserschen Verwandten noch das mit Goethe befreundete Ehepaar Marianne und Johann Jakob Willemer. In einem Brief an Marianne Willemer vom 10. Juli 1830 entschuldigt sich Goethe für das Verhalten seines Sohnes (vgl. WA IV.47, Nr. 114, S. 144).

312 *Karlsruhe* – Am 27. April 1830 begegnete August beim Abendessen Geheimrat Karl Joseph Anton Mittermaier, »eine[m] alten Universitäts-Freund von Heidelberg«, der seit 1830 Professor der Rechte, besonders des Kriminalrechts, war (vgl. Beyer/Radecke, S. 13, und S. 130).

313 *Genf wurde aufgegeben* – Vgl. August von Goethes Brief vom 4. Mai 1830 aus Lausanne, in dem er den Vater über seine Gründe für die plötzliche Änderung der Reiseroute in Kenntnis setzt: »Sie wissen daß Genf außer meinem ersten Plan lag. Was soll ich dort? Ich bin in meinem Zustande noch nicht so weit um mich in französischen Gesellschaften herumzerren zu lassen, ich will leben, fahren und sehen. Deshalb faßte ich heute Abend den Entschluß, nicht nach Genf zu gehen und meinem ersten Plan treu zu bleiben, ich theilte Ekermann dieses mit welcher auch darauf gleich einging im Momente des Entschlusses. Da pochte es an die Thüre und es trat ein collosaler Veturin ein […] dieß schien mir ein Wink Gottes, Sie waren auch mit der Abweichung nach Genf nicht einverstanden und bloß um Sorets willen wollte ich es thun.« (Beyer/Radecke, S. 16)

der Vater – Nicolas Soret.

314 *seinen einzigen Sohn* – Julius (Giulio) Mylius starb vor dem 11. Mai 1830 vermutlich an einer Unterleibsentzündung (vgl. Beyer/Radecke, S. 24).

Landgut – Heinrich Mylius erwarb 1829 das am Comer See in Loveno di Menaggio gelegene Anwesen. Nach seinem Tod fiel es der Schwiegertochter Luigia Mylius, geb. Vitali, zu, die in zweiter Ehe mit Ignazio Vigoni verheiratet war. Der letzte Nachkomme der Familie Vigoni, Ignazio Vigoni Medici di Marignano, überließ die Villa mit ihren Kunstsammlungen und Landschaftsgarten zu Beginn der 1980er Jahre als Legat der Bundesrepublik Deutschland. Heute ist die Villa Vigoni ein beliebtes deutsch-italienisches Begegnungs- und Tagungszentrum.

Seine Wirtsleute – August von Goethe und Eckermann logierten im Reichmannschen Hotel in der Porta Romana in der Nähe des alten Stadttors. Die von einem deutschen Ehepaar betriebene Herberge hatte ihnen Kanzler von Müller wärmstens empfohlen, der bei seiner Italienreise dort untergekommen war (vgl. Kanzler von Müllers Brief an August vom 21. April 1830, Beyer/Radecke, Nr. 19, S. 228). Über die erste Nacht in einer unkomfortablen Kammer berichtet August von Goethe in seinem Tagebuch: »Man mußte uns nicht für voll ansehen denn man wies uns in ein Zimmer welches eher einem Gefängniß glich, als einer Stube, denn das Licht kam von einem Gang in der Höhe (vielleicht 12 Fuß hoch) angebrachten Fenstern, für diese Nacht ließen wir es uns gefallen, erklärten aber daß wir wenn wir nicht morgen ein Zimmer auf die Straße bekommen würden, sogleich auszögen. Dieß wirkte und wir bekamen Dienstag den 11[t] May ein herrliches Zimmerchen mit Cabinet in der 2[t] Etage vorn heraus, wo man die ganze Porta Romana [...] übersehen konnte.« (Beyer/Radecke, S. 22 f.)

317 *umständliche* – sorgfältige, genaue.
einem Freunde – Karl Wilhelm Göttling.
allermerkwürdigsten – merkwürdig: würdig oder wert, gemerkt zu werden.

318 *Pole Eins* – Vgl. Anm. zu S. 304. – Zu August von Goethes Begegnung mit den beiden polnischen Freunden vgl. die Tagebuchaufzeichnungen vom 16. bis 18. Juli 1830 (Beyer/Radecke, S. 105 f.) sowie die Briefe Odyniec' an seine Freunde Julian Korsak und Ignaz Chodzko vom 16. bis 18. Juli 1830 (Zipper, S. 182–184). Im Gegensatz zu Augusts knappen Bemerkungen äußerte sich Odyniec ausführlich über das unerwartete Treffen, nicht aber ohne auf den enormen Alkoholkonsum des Freundes einzugehen: »Von Genua fuhren wir erst um 8 Uhr ab, wegen des Frühstücks mit Goethe, der uns eine ellenlange, nachts an den Vater geschriebene Epistel vorlas, worin er die Begegnung mit uns und den ganzen gestrigen Tag mit den geringfügigsten Einzelheiten geschildert hatte. Er zitierte sogar wörtlich, was wir von [...] Weimar überhaupt gesprochen hatten. Nur vom Wein steht kein Wort da; und dennoch hatten wir beim Frühstück Mühe, die immer wieder sich erneuernden coups d'adieu abzuwehren, durch die unser liebenswürdiger Wirt sowohl seine freigebige Gastfreundschaft als seine herzliche Zuneigung für uns an den Tag

legte. Zuletzt machte dies einen traurigen Eindruck, umsomehr, da uns der würdige Herr Eckermann gestand, daß gerade hierin der schwierigste Teil der von ihm übernommenen Pflicht liege, während der Reise ein wachsames Auge zu haben. Der Abschied war so innig und rührend wie nur möglich.«

320 *die beiden Freunde* – Warum sich die Reisegefährten nach ihrem gemeinsamen Aufenthalt in Genua so plötzlich trennten, läßt sich nicht genau ermitteln, denn sowohl Eckermann als auch August von Goethe äußern sich nur sehr vage darüber. In einem Brief an Goethe vom 12. September 1830 aus Genf entschuldigt sich Eckermann für seine Entscheidung, vorzeitig nach Weimar zurückzukehren: Körperliche Schwäche, verursacht durch ein während des zweiten Mailänder Aufenthaltes ausgebrochenes Fieber, und der Wunsch, die schriftstellerischen Arbeiten an den *Gesprächen mit Goethe* wieder aufzunehmen, hätten ihn bewogen, nicht weiter nach Süden zu reisen. Vermutlich aber lagen die Ursachen tiefer, als Eckermann gegenüber Goethe zugeben wollte. Unterschiedliche Interessen, persönliche Differenzen und schließlich Augusts Hang zum Alkoholgenuß führten schon zu Beginn der Reise dazu, daß beide Männer oft getrennte Wege gingen. Im Laufe der Reise vertieften sich die Spannungen, so daß an eine gemeinsame Weiterfahrt nicht mehr zu denken war.

Ich … hier – In Genua schrieb August von Goethe den Text *Mädchen als Welle* nieder, dessen Entstehung wohl durch einen Traum während einer Fahrt auf dem Meer angeregt wurde. Darüber berichtet der den Gilles: »Ich wogte eines Abends auf dem Meer, erfreute mich des Lebens, denn alles war Bewegung. Schiffe liefen ein und aus, Fischer waren thätig und Delphine zeigten sich mir freundlich; ich kam mir vor wie ein Kind in der Wiege und schlief ein, den Linken Arm auf dem Rand der Barke. Da sah ich träumend eine schäumende Welle, sie ward zum Schleier den zwei schöne Arme emporhoben; Augen! ein holdes Gesicht blikten mich an. Sie legte die rechte Hand auf meine Linke; ich fühlte den sanften Druk der Theilnahme an meinem Meerleben. Wir sahen uns in die Augen lange lange –. Sanft entschwand Sie, die liebe Hand entschlüpfte, die meinige war in die Wellen gesunken.« Dieses Traumerlebnis wurde in der Zeitschrift *Chaos* am 22. August 1830 erstmals veröffentlicht; vgl. Chaos 1 (1829/1830), Nr. 43, S. 171, und die Abbildung auf S. 319.

320 *einen Arzt* – Dr. Gervasi.

mit großer Geduld – Die Briefe und Tagebuchaufzeichnungen aus La Spezia zeigen, daß August von Goethe seine körperlichen Leiden nicht immer, wie Bode schreibt, mit großer Geduld ertrug, sondern während seines unerwarteten vierwöchigen Aufenthaltes eine schwere Krise durchlebte. Die Folgen des Unfalls und der Hautkrankheit sowie die Trennung von Eckermann veranlaßten August, sich am 1. August 1830 in einem »Privatblatt« an den Vater deutlicher als in den offiziellen und distanzierten Tagebuchberichten über seinen depressiven Zustand zu äußern und sogar ein vorzeitiges Ende der Reise ins Auge zu fassen. Mit Sterlings Ankunft am 2. August 1830 besserte sich seine Verfassung allmählich, und bald schon hegte er wieder hoffnungsvolle Zukunftspläne. Am 10. August verwarf er die Absicht, früher, als ursprünglich vorgesehen, und ohne Aufenthalt in Rom zurückzukehren (vgl. Beyer/Radecke, S. 118–121).

323 *Robinson ... nicht* – Bode stützt sich in seiner Darstellung über die zufällige Begegnung zwischen August von Goethe, Henry Crabb Robinson und Richmond in den Uffizien im Saal der Niobe nur auf die Aufzeichnungen des Engländers, nicht aber auf August von Goethes Berichte (vgl. Sadler, S. 485, und Eitner, S. 97). Während der gekränkte Robinson in seinem Tagebuch deutlichere Worte über die unerfreuliche Begegnung mit August von Goethe findet und ihre politischen Differenzen zur Sprache bringt, finden sich in Augusts Tagebuch nur versteckte Hinweise auf das unharmonische Treffen am 26. August 1830 in Florenz: »Es kam manches zur Sprache über Litteratur, Politik, Religion u. s. w. und Sie kennen ja den tollen Robinson. Ich suchte mir so gut zu helfen als ich konnte, denn was geht mich jetzt das alles an. Ich will fidel reisen und suche immer die Mönchsregel zu befolgen, davon wollen aber diese Seeschwalben nichts wissen.« (Beyer/Radecke, S. 145)

323 *König von Preußen* – Friedrich Wilhelm III.

König von Sachsen – Gemeint ist wohl Friedrich August I., der Gerechte, König von Sachsen, der noch bis zur Völkerschlacht bei Leipzig 1813 auf der Seite Napoleons stand und hier in Gefangenschaft geriet. Erst im Juli 1815 kehrte er nach Dresden zurück, nachdem er in die vom Wiener Kongreß beschlossene Abtretung des größten Teils Sachsens an Preußen eingewilligt hatte.

neuen Reiseplane – Daß August von Goethe seinen Reiseplan änderte, war nicht, wie Bode vermutet, durch den Berliner Kunstprofessor Wilhelm Zahn beeinflußt, sondern durch die Umstände der Reise selbst. Von La Spezia nach Rom benötigte man damals acht Tage auf dem Wasser; auf dem Landweg dauerte es etwas länger. Der in La Spezia dem Vater am 10. August mitgeteilte Zeitplan, bis spätestens Anfang September 1830 auf dem schnellsten Weg über Carara, Pisa, Livorno und Civita Vecchia nach Rom zu gelangen, erschien nach der Genesung durchaus realistisch. Am 19. August verließ August von Goethe die italienische Hafenstadt, und am 24. August 1830 teilte er dem Vater in einem »Privatblatt« aus Florenz mit, er habe sich geirrt und der Vaporetto fahre nicht nach Neapel, sondern komme von dort und ginge weiter nach Norden. So entschloß er sich kurzerhand zu einem längeren Aufenthalt in Florenz, um das nächste Dampfschiff am 3. September von Livorno nach Neapel zu nehmen. Die Abreise verzögerte sich dann um weitere fünf Tage »wegen zu stürmischer Witterung«, so daß er erst am 12. September 1830 in Neapel eintraf (vgl. Beyer/Radecke, S. 120, 137 f. und 154–160).

ein harter Seesturm – August von Goethe berichtet von der dreitägigen gefährlichen Fahrt von Livorno nach Neapel auf dem Dampfschiff »Ferdinand«, bei der er schon »von allem was [ihm] auf der Welt lieb ist Abschied« nahm (vgl. Beyer/Radecke, S. 159).

Zahn – August von Goethes Treffen mit Zahn wurde bereits während Zahns letztem Weimarer Aufenthalt vereinbart. Auf seinem Weg nach Italien hatte der Berliner Maler und Kunsthistoriker vom 13. bis 16. März 1830 in Weimar Station gemacht, also gut einen Monat, bevor August zu seiner großen Reise aufbrach (vgl. Goethe, Tagebuch, 16. März 1830; WA III. 12, S. 213).

324 *casa di Goethe* – Heute: Casa del Fauno, benannt nach der Bronzefigur eines tanzenden Fauns.

ein Freund – Es handelt sich hier nicht, wie noch Oettingen und Bode vermuten, um einen Freund, sondern um die französische Gesellschafterin der Gräfin Julie von Egloffstein, Madame Gerlach, geb. Martin (vgl. Egloffstein, S. 593). Der in französischer Sprache verfaßte Brief ist in Oettingen II, S. 415 f., abgedruckt und dort auf den 29. November 1830 datiert, während Egloffstein das Datum offenläßt. Der Briefempfänger ist unbekannt.

14. Oktober – Am 13. Oktober, dem vorletzten Abend der Abreise, traf August nicht die Gräfin Julie Egloffstein, sondern nur deren Gesellschafterin Madame Gerlach. Er »blieb bis 10 Uhr in angenehmer Unterhaltung« (Beyer/Radecke, S. 188).

Ich ... dabei – Der Originalbrief ist in französischer Sprache verfaßt und von Bode ins Deutsche übersetzt worden.

328 *bei seinen Eltern* – Ludwig Friedrich von Froriep und seine Frau Wilhelmine Charlotte, geb. Bertuch.

die alte Garde – Vgl. Anm. zu S. 308.

fuhr er ein – August erreichte am Samstag, dem 16. Oktober 1830, um 12 Uhr Rom.

Hotel d'Allemagne – Das von dem Schweizer Franz betriebene Gasthaus befand sich in der Strada di Condotti, in der Nähe der Piazza del Popolo.

329 *einen Plan gekauft* – Die Karte *Pianta Topografica di Roma moderna estratte dalla grande del Noli.* Es ist die populäre verkleinerte Ausgabe des 1748 von dem Architekten G. B. Nolli in 18 Folioblättern herausgegebenen Plans. Der sächsische Agent Ernst Platner übernahm nach August von Goethes Tod die Verwaltung seines Nachlasses und stellte ein Verzeichnis der persönlichen Gegenstände zusammen (vgl. Noack, Der Nachlaß August von Goethes in Rom, Nr. 29).

seines Vaters Jugendroman – Die Leiden des jungen Werthers.

330 *Preller ... Dank* – Mit dem Weimarer Maler Friedrich Preller verbrachte August von Goethe die letzten Tage seines Lebens in Rom. Preller bot sich als persönlicher Stadtführer an, allerdings erwartete er für seine Bemühungen »eine kleine Unterstützung«, für die Goethe aufkommen sollte (vgl. August von Goethes Brief an den Vater vom 16. Oktober 1830, Beyer/Radecke, S. 190 f.).

Eines Abends – Über die Erlebnisse der letzten vier Tage in Rom, die Bode hier nur verkürzt wiedergibt, berichten ausführlich August Kestner und Friedrich Preller in ihren Briefen nach Weimar sowie Kestner in seinen *Römischen Studien* (vgl. August Kestner an Goethe, 28. Oktober 1830, und Friedrich Preller an seine Eltern, 28. Oktober 1830; Beyer/Radecke, Nr. 39 und Nr. 40, S. 260–268). Bode stützt sich vorwiegend auf Prellers erst Jahre später niedergeschriebenen Erinnerungen (vgl. Eitner, S. 152 ff.). August von Goethes überarbeitete Tagebuchaufzeichnungen enden mit dem Ausflug nach Tivoli am Donnerstag, dem 21. Oktober. Die Vorarbeiten und Notizen reichen noch ein paar Tage weiter und brechen am Samstag, dem 23. Oktober 1830, ab.

ein Relief – Der Abdruck von August von Goethes Profil kam erst nach seinem Tode zustande, vgl. Anm. zu S. 334.

332 *Vittoria* – Von der bezaubernden jungen Winzerin Vittoria Caldoni in Albano erzählt Kestner in seinen *Römischen Studien:* »eine Schönheit, so vollkommen, wie seit Menschengedenken hier nicht gesehen war und deren Ruhm bald darauf fast europäisch wurde, weil die Kunde von ihr durch Berichte und Bildniß-Versuche durch Europa getragen wurde« (Kestner, Römische Studien, S. 81). Kestner lernte die junge Frau als etwa dreizehnjähriges Mädchen bei einem Ausflug in die Albaner Berge im Jahre 1820 kennen und pflegte seitdem den Kontakt zu der Familie. Mindestens 44 Darstellungen sind überliefert, darunter eine Profilzeichnung von Kestner (1943 verbrannt) und eine Büste von Thorvaldsen (1822); vgl. Bott/Spielmann (Hrsg.), Künstlerleben in Rom, S. 96 ff., sowie die Abbildungen S. 97 und 469.

in seiner Wohnung – August blieb nur die ersten drei Nächte in seinem »Kerker« im Hotel d'Allemagne. Am 19. Oktober zog er auf den ruhiger gelegenen Monte Pincio: »Die Luft ist dort weit gesünder und ich lebe viel wohlfeiler weil ich leben kann wie ich will.« Außerdem wohnten dort zahlreiche deutsche Künstler (Beyer/Radecke, S. 193). Ein Gemälde von F. Wigand zeigt August von Goethes letzte Wohnung in Rom (vgl. die Abbildung auf S. 333).

332 *der Arzt* – Doktor Riccardi.

fuhr der Kranke – Vgl. Prellers Bericht über die letzten Lebensstunden Augusts in Eitner, S. 154. In seinem Brief an die Eltern schreibt Preller am 28. Oktober 1830 etwas differenzierter: »Noch in den letzten Minuten hatte er Augenblicke in denen er nicht phantasirte sondern ruhig und verständlich uns von seiner Reise erzählte bis er einschlief, aber bald aus einem fürchterlichen Fiebertraum erwachte und sich kaum überzeugen konnte, das es Traum sey. Nachdem wurde er wieder ruhig u. schlief scheinbar ein; erwachte jedoch schnell machte einige schmerzhafte Bewegungen und da wir ihn hier bei den Händen faßten die er nach uns hinstreckte verschied er ruhig.« (Beyer/Radecke, Nr. 40, S. 267)

tiefen Atemzug zusammen – Den Abdruck von August von Goethes Gesicht kurz nach seinem Hinscheiden hat Kestner von Johann Christian Lotsch im Profil abnehmen lassen. Die Totenmaske befindet sich heute im Thorvaldsen-Museum in Kopenhagen.

der Sektion – Der von Dr. Gregorio Riccardi in italienischer Sprache verfaßte Sektionsbericht *Relatione dell'ultima malettia del Barone Augusto di Goethe* vom 28. Oktober 1830 wird im Goethe- und Schiller-Archiv aufbewahrt (»Acta privata«, GSA 30/11).

334 *dreimal zu groß* – Laut Obduktionsbericht war August von Goethes Leber sogar »5 Mal, fünf Mal so groß, wie sie seyn müsse« (August Kestner an Kanzler von Müller, 28. Oktober 1830; Beyer/Radecke, Nr. 38, S. 260).

Künstler geleiteten August – Über den Trauerzug und die Beerdigung August von Goethes berichtet Kestner ausführlich in einem Brief an Kanzler von Müller vom 2. November 1830: »Die Beerdigung haben wir am Freytage den 29sten Morgens bey einem heiteren Sonnenscheine vorgenommen. Junge

Deutsche in großer Zahl drängten sich dazu, kannten sie Ihn oder nicht, ihre Trauer über den Sohn des größten Deutschen an den Tag zu legen. Acht derselben, unter welchen der treue Preller u. der Müller [sic, Meyer] aus Dresden, der die letzte nacht mit ihm Wache hielt, vorangingen, trugen den Sarg vom Eingange des Gottesackers zur Capelle, u von da hinauf zur Grube, die nah an der alten Stadtmauer, entgegengesetzt der Piramide des Cestius, gegraben war. Ich habe das Grab bezeichnen lassen, dafern ein Monument die Trauerstelle verewigen soll. Der Zug, der zwischen 8 u 9 Uhr von der Porta Pinciana über Piazza Barberini, via dell'Angelo Custodi, Fontana Trevi, Corso, Piazza di Venezia, Piazza Montanara zur Piramide ging, bestand aus sechs Wagen; von denen drey ausser dem Todtenwagen, von der Gesandtschaft den vielen zuströhmenden Deutschen gelifert wurden. Andere nahm ich in dem meinigen auf, der von meinen zwey Bedienten, sowie der Kutscher in Trauerkleidern, gefolgt war. Thorwaldsen fuhr ebenfalls mit mir. Andere mit dem Würtembergschen Geschäftsträger. Andere mit dem Prediger, dem auch ein Wagen geliefert werden muß. Manche Andere mußten den Weg zu Fuße machen.« (Beyer/Radecke, Nr. 41, S. 269 f.)

334 *Friedhof der Protestanten* – August von Goethes Grabmal auf dem Cimitero Acattolico an der Porta S. Paolo befindet sich in der »zona vecchia« unterhalb der Cestius-Pyramide. Der Friedhof wurde zunächst »Nicht Katholischer Friedhof Am Testaccio« oder »Friedhof der Ausländer« genannt. Heute hat sich – fälschlicherweise – der Name »Protestantischer Friedhof« eingebürgert, obwohl nicht nur ausländische evangelische Christen hier beerdigt wurden, sondern auch Orthodoxe und Katholiken. Die erste Bestattung ist auf das Jahr 1738 datiert, seit 1822 durfte nur noch in Ausnahmefällen beerdigt werden.

Reliefbildnis – Vgl. die Abbildung auf S. 333. – August von Goethes Grab sollte ursprünglich eine »Büste oder ein Basrelief-Profil« schmücken, das durch Kestners Vermittlung der Bildhauer Lotsch ausführen sollte. Als Thorvaldsen von dieser Idee erfuhr, ließ er »sich die Sorge für das Grabmal nicht nehmen« und fertigte selbst ein Medaillon an. Die Zeichnung zu dem von Thorvaldsen vorgeschlagenen Cippus schickte er nach Weimar, mit der Bitte an Goethe, eine Inschrift zu verfassen (vgl. August Kestners Brief an Goethe vom 5. Juli 1830; WA IV.49, S. 301 f.). Goethe schickte daraufhin am 29. Juli 1831 in seinem Brief an Kestner den vorgesehenen Text für die Grabinschrift; vgl. WA IV.49, Nr. 15, S. 24.

334 *Bericht nach Weimar* – Vgl. Anm. zu S. 330.

XIII.

336 *englischen Zeitschrift* – Bereits am 27. August 1830 berichtete die Zeitschrift *Der Freimüthige* von August von Goethes Italienreise und seinem Tagebuch: »Göthe, Vater und Sohn. Goethe's Sohn, der Kammerjunker von Göthe, hat von seiner besprochenen Reise nach Italien ein Tagebuch aufgesetzt, welches Göthe der Vater, bearbeiten und im Druck herausgeben wird.« (*Der Freimüthige oder Berliner Conversationsblatt* 27/1830, Nr. 171) In der englischen *Literary Gazette* ist diese Meldung dann ebenfalls erschienen.

die Absicht – Ob Goethe tatsächlich beabsichtigte, die Tagebuchaufzeichnungen seines Sohnes zu veröffentlichen, läßt sich nicht eindeutig feststellen. Zum einen zeigt die hier zitierte Briefstelle, daß Goethe zumindest zu diesem Zeitpunkt eine Veröffentlichung nicht erwog. Das sorgfältige Aufbewahren der Schriftstücke seines Sohnes sowie zahlreiche wohlwollende briefliche Äußerungen über das Tagebuch belegen jedoch, daß er die Aufzeichnungen schätzte. Goethes Lob geht sogar so weit, daß er das Tagebuch in einem Brief an Zelter »einem ähnlich Gesinnten zum Wegweiser« und zur Lektüre empfiehlt und eine Publikation nicht mehr ausschließt: »Vielleicht gibt es Gelegenheit in künftigen Tagen, aus seinen Reiseblättern, das Gedächtnis dieses eignen jungen Manns Freunden und Wohlwollenden aufzufrischen und zu empfehlen.« (Goethe an Zelter, 23. Februar 1831; MA 20.2, Nr. 792, S. 1453 f.)

337 *Kestners Bericht* – Mit Kestners Brief an Kanzler von Müller vom 2. November 1830 traf ein weiteres, ebenfalls von

Kestner verfaßtes Schreiben an Goethe ein (Beyer/Radecke, Nr. 39, S. 260–266, und Nr. 41, S. 268–270).

338 *Non ... genuisse* – (lat.) »Ich war mir wohl bewußt, einen Sterblichen gezeugt zu haben.« – Zitat, in verschiedenen antiken Texten belegt. Goethes Reaktionen auf die bestürzende Nachricht vom Tod seines Sohnes beschreiben sowohl der Kanzler von Müller als auch der Arzt Karl Vogel in ihren Briefen. Während Müller den hier zitierten lateinischen Wortlaut von Goethes Ausruf wiedergibt, übersetzt der Arzt den Ausspruch für seine Briefpartnerin: »Es war rührend, den Greis mit Mühe Seine Thränen unterdrücken zu sehen, als ich Ihm die Botschaft brachte. ›Ich weiß, daß ich einen sterblichen Sohn gezeugt‹ waren die Worte, mit welchen Er mir das Todeswort abschnitt. Jetzt ist Er ruhig; war Er doch nicht ganz unvorbereitet darauf, Seinen Sohn vielleicht noch selbst begraben zu müssen.« (Karl Vogel an Rahel Varnhagen, 25. November 1830; Leitzmann, S. 254 f.) In Goethes Tagebuch heißt es hingegen nur knapp: »Gegen Abend Herr Geh. Rath von Müller und Hofrath Vogel, mir mit möglichster Schonung das in der Nacht vom 26. bis 27. October erfolgte Ableben meines Sohns in Rom zur Kenntniß zu bringen.« (Goethe, Tagebuch, 10. November 1830; WA III.89, S. 329)

Ottilie an Holtei – Richtig: Friedrich Gille an Holtei.

342 *8. Februar 1831* – Bei Bode steht fälschlicherweise »3. Februar 1831«.

343 *in Mainz* – Vgl. Ottilie von Goethes Brief an ihre Schwester Ulrike von Pogwisch vom 21. Mai 1832: »[...] ich weiß, es erfreut Dich, wenn ich Dir sage, daß ich so glücklich bin, wie auf der Erde es wohl nur möglich zu sein. Charles ist vorgestern hier angekommen und gestern um 8 Uhr sah ich ihn. Wir sind wie ein paar Kinder, die glauben daß ihnen die Welt gehört, und nicht wißen, daß die Sonne je untergeht, sondern an einen ewigen Tag glauben. [...] Ich finde keine Spur von Schönheit und Jugend mehr in seinen Zügen, – er sieht viel älter aus wie er ist, hat aber eine Art von Freundlichkeit und Milde, eine Geduld, wie ich nie in einem Mann gesehen. [...] mir ist als ob ich Dich und Euch alle viel viel mehr liebte, als hätte mein Herz endlich wieder die ihm natürliche Stimmung

erhalten, als würde meine Zukunft nun so ruhig sich herannahen«. (Oettingen II, Nr. 199, S. 362)

343 *die Vormünder* – Franz Ernst von Waldungen, Karl Büttner und Ludwig Groß.

Kind von ihm – Ottilie von Goethes viertes Kind Anna Poiwisch wurde nicht, wie Bode schreibt, 1833 oder 1834 geboren, sondern am 20. Februar 1835. Das Mädchen starb eineinhalb Jahre später am 4. Juli 1836 an der Auszehrung. Erst neuere Forschungsarbeiten haben rekonstruiert, daß nicht Sterling, sondern der in Frankfurt am Main lebende englische Kapitän Story der Vater war. Ottilie lernte Story im Juni 1832 in Frankfurt kennen; ein letztes Treffen ist für Mai 1834 belegt. Über die einzelnen Begegnungen ist nichts bekannt; ebenso gibt es keine Informationen über Storys Leben (vgl. Hein, Ottilie von Goethe, S. 351–387).

Um Johannis 1835 – Tatsächlich kehrte Ottilie erst im August 1835 ohne ihre zweite Tochter Anna nach Weimar zurück.

348 *in Weimar bestattet* – Auf dem historischen Friedhof in Weimar, unterhalb der Fürstengruft, befindet sich die Ruhestätte der Familie von Goethe, in der auch die langjährige Dienerin der Familie, Wilhelmine Bachstein, begraben ist.

Die Inschrift – Der vollständige Text der von Goethe verfaßten Inschrift auf August von Goethes Grabmal lautet: »Goethe Filius Patri Antevertens Obiit Annor XL MDCCCXXX« (»Goethe, der Sohn, seinem Vater vorangehend, starb im 40. Lebensjahre 1830«). Nicht nur der Grabstein, sondern auch der in englischer Sprache verfaßte Hinweis »To Goethe Filius« verzichtet auf den Namen August von Goethe. Vgl. Anm. zu S. 334.

Zitatnachweise

Vorwort

Si … postérité: Vulpius, Stammbuch II, S. 270.

I.

eine … gebückt: Schiller an Gottfried Körner, 24. Juli 1787. (Jonas, Nr. 203, S. 359) – *Erinnere … will:* Johann Gottfried Herder an Karoline Herder, 19. August 1788. (Dobbek/Arnold, Nr. 9, S. 29) – *Eine … auf:* Goethe an Christian Gottlob von Voigt, [27. Dezember 1789]. (WA IV.9, Nr. 2795, S. 171) – *Sein … sterben:* Karoline von Beulwitz an Schiller, 5. Dezember 1789. (Fielitz I, Nr. 258, S. 143) – *Er … aus:* Karoline von Beulwitz an Schiller, 10. Dezember 1789. (Fielitz I, Nr. 264, S. 153) – *Der … haben:* Goethe an Herzog Karl August, 6. Februar 1790. (Wahl I, Nr. 88, S. 149) – *Da … Verzeih:* Goethe an Johann Gottfried Herder, 12. März 1790. (WA IV.9, Nr. 2810, S. 187) – *Dazu … empfehle:* Goethe an Herzog Karl August, 3. April 1790. (Wahl I, Nr. 93, S. 155) – *daß … gewohnt:* Goethe an Caroline Herder, 4. Mai 1790. (WA IV.9, Nr. 2819, S. 206) – *so … etabliert:* Nicht ermittelt. – *Grüße … wieder:* Goethe an Christiane, 17. August 1792. (Gräf I, Nr. 2, S. 2) – *Mache … mich:* Goethe an Christiane, 10. September 1792. (Gräf I, Nr. 8, S. 7) – *Der … sind … war … drücken:* Goethe an Christiane, 10. Oktober 1792. (Gräf I, Nr. 9, S. 9) – *Ich … uns:* Goethe an Friedrich Heinrich Jacobi, 1. Februar 1793. (Jacobi, Nr. 70, S. 145) – *Meinen … durch:* Goethe an Karl Ludwig von Knebel, 11. Mai 1793. (Guhrauer I, Nr. 106, S. 108) – *Lieber … was:* August an Goethe, 13. Mai 1793. (Gräf I, Nr. 13, S. 16, Beilage) – *Mutter … Väterchen:* Christiane an Goethe, [24. Mai 1793]. (Gräf I, Nr. 15, S. 17) – *Lieber … Du:* Christiane an Goethe, 7. Juni 1793. (Gräf I, Nr. 18, S. 21) – *Du … machst:* Goethe an Christiane, 14. Juni 1793. (Gräf I, Nr. 21, S. 25) – *nach … schicken:* Catharina Elisabeth Goethe an

Christiane, 20. Juni 1793. (Pfeiffer-Belli, Nr. 198, S. 637) – *Daß … wiederkömmt:* Christiane an Goethe, 7. Juni 1793. (Gräf I, Nr. 18, S. 23) – *Wenn … geschrieben:* Christiane an Goethe, 17. oder 18. Juni 1793. (Gräf I, Nr. 22, S. 27) – *Wenn … wiederkommt:* Christiane an Goethe, 5. Juli 1793. (Gräf I, Nr. 26, S. 31) – *Die … Bäumen:* Vgl. Christiane an Goethe, Mitte Juli 1793. (Gräf I, Nr. 28, S. 33 f.) – *Nun … geweint:* Christiane an Goethe, 25. Juli 1793. (Gräf I, Nr. 30, S. 36) – *Grüße … hat:* Goethe an Christiane, 9. August 1793. (Gräf I, Nr. 33, S. 38) – *Mein … möge:* Goethe an Friedrich Heinrich Jacobi, 7. Juli 1793. (Jacobi, Nr. 79, S. 164) – *Wir … Freunde:* Goethe an Christiane, 29. August 1795. (Gräf I, Nr. 55, S. 54 f.) – *Es … Bette:* Goethe an Christiane, 2. September 1795. (Gräf I, Nr. 56, S. 55) – *August … gelangten:* Uhde, S. 12 – *denn … arbeiten:* Goethe an Christiane, 1. November 1796. (Gräf I, Nr. 93, S. 85) – *Laß … gehen:* Christiane an Goethe, 6. November 1796. (Gräf I, Nr. 95, S. 86) – *Sein … Wetter:* Charlotte von Stein an Friedrich von Stein, 14. April 1796. (Bode II, Nr. 879, S. 62) – *schicke … Stein:* Goethe an Christiane, 6. September 1796. (Gräf I, Nr. 86, S. 79) – *Erlauben … wollen:* Goethe an Charlotte von Stein, 7. September 1796. (Fränkel II, Nr. 6, S. 392) – *Sie … muß:* Charlotte von Stein an Goethe, 10. September 1796. (Fränkel II, Nr. 7, S. 392) – *ein … hätte:* Charlotte von Stein an Friedrich von Stein, 8. September 1796. (Bode II, Nr. 900, S. 75) – *sie … Pfennige:* August an Goethe, 9. Juni 1797. (Gräf I, Nr. 133, S. 125, Beilage 1) – *8 Groschen:* Vgl. August an Goethe, 29. Mai 1797. (Gräf I, Nr. 124, S. 114, Beilage) – *Mein … schleicht:* Charlotte von Stein an Goethe, ohne Datum. (Fränkel II, Nr. 16, S. 395) – *das … oft:* Charlotte von Stein an Friedrich von Stein, 2. Januar 1797. (Bode II, Nr. 939, S. 97) – *Wenn … beten:* Christiane an Goethe, 25. Februar 1797. (Gräf I, Nr. 100, S. 91) – *seiner Mutter:* Vgl. Goethe an Catharina Elisabeth Goethe, 5. Juni 1797, sowie Catharina Elisabeth Goethe an Goethe, 17. Juni 1797, und die beigelegte Urkunde. (Pfeiffer-Belli, Nrn. 265 f., S. 722–725) – *Da … finden:* Goethe an Kanzler Johann Friedrich von Koppenfels, 27. Juli 1797. (WA IV.12, Nr. 3616, S. 207) – *Da … ist:* Catharina Elisabeth Goethe an Goethe, 24. September 1795. (Pfeiffer-Belli, Nr. 240, S. 689) – *Meine … Kleinen:* Goethe an Christiane, 15. August 1797. (Gräf I, Nr. 143, S. 142) – *Lieber … Väterchen:* August an Goethe, 7. August 1797. (Gräf I, Nr. 138, S. 132, Beilage) – *ich …*

hören: Christiane an Goethe, 18. August 1797. (Gräf I, Nr. 145, S. 144) – *Der … wiedersehen:* Goethe an Christiane, 25. Oktober 1797. (Gräf I, Nr. 156, S. 167) – *Ich … entbehren:* Goethe an Christiane, 30. Oktober 1797. (Gräf I, Nr. 157, S. 169)

II.

Welche … Piraten: Goethe, *Maximen und Reflexionen,* Nr. 347. (MA 17, S. 780) – *Es … gebohren:* Goethe an Friedrich Heinrich Jacobi, 31. März 1784. (Jacobi, Nr. 23, S. 69) – *Ein … übel:* Goethe an Friedrich Heinrich Jacobi, 9. September 1788. (Jacobi, Nr. 48, S. 113 f.) – *Denn … glücklich:* Goethe, *Hermann und Dorothea, Thalia,* Vers 47–52. (MA 4.1, S. 571) – *Herr … suchen:* Goethe an Christiane, 12. September 1797. (Gräf I, Nr. 149, S. 154) – *ist … geworden:* Goethe an Friedrich von Stein, 26. April 1797. (WA IV.12, Nr. 3529, S. 99) – *Mein … bemerken:* Goethe an Karl Ludwig von Knebel, 17. September 1799. (Guhrauer I, Nr. 211, S. 219) – *Von … Erfahrungen:* Catharina Elisabeth Goethe an Goethe, 15. September 1798. (Pfeiffer-Belli, Nr. 284, S. 749) – *Lieber … mir:* Catharina Elisabeth Goethe an August, 21. Juli 1798. (Pfeiffer-Belli, Nr. 283, S. 746 f.) – *Ich … weggefressen:* August an Goethe, 14. Juni 1797. (Gräf I, Nr. 136, S. 129, Beilage) – *Jetzt … hätte:* August an Goethe, 16. August 1797. (Gräf I, Nr. 144, S. 144, Beilage) – *Ich … Luft:* August an Goethe, 2. Oktober 1797. (Gräf I, Nr. 153, S. 163 f., Beilage) – *Am … aussieht:* August an Goethe, 28. März 1798. (Gräf I, Nr. 162, S. 174, Beilage) – *Am … Soldaten:* August an Goethe, 3. April 1798. (Gräf I, Nr. 168, S. 180, Beilage) – *Unser … gehen:* August an Goethe, 22./23. Mai 1798. (Gräf I, Nr. 171, S. 184, Beilage) – *Ich … Hause:* August an Goethe, 25. Mai 1798. (Gräf I, Nr. 174, S. 187 f., Beilage) – *Gestern … eingegraben:* August an Goethe, 30. Mai 1798. (Gräf I, Nr. 175, S. 189 f., Beilage) – *Am … werde:* August an Goethe, 8. Juni 1798. (Gräf I, Nr. 176, S. 192, Beilage) – *Wir … lang:* August an Goethe, 3. August 1798. (Gräf I, Nr. 191, S. 208, Beilage) – *Mit … wird:* August an Goethe, zwischen 7. und 9. August 1798. (Gräf I, Nr. 194, S. 210 f., Beilage) – *Ich … wohl:* August an Goethe, 13. August 1798. (Gräf I, Nr. 196, S. 212 f., Beilage) – *Am … war:* August an Goethe, [26. September 1798]. (Gräf I, Nr. 197, S. 213 f., Beilage) – *Gestern … geschenkt:* August an Goethe,

16. Oktober 1798. (Gräf I, Nr. 203, S. 218, Beilage) – *Der ... anfangen:* August an Goethe, [17. November 1798]. (Gräf I, Nr. 208, S. 221, Beilage) – *Gestern ... wurden:* August an Goethe, 21. November 1798. (Gräf I, Nr. 211, S. 225, Beilage) – *Ich ... kämpfen:* August an Goethe, 23. März 1799. (Gräf I, Nr. 222, S. 238, Beilage) – *Am ... war:* August an Goethe, 27. März 1799. (Gräf I, Nr. 223, S. 240, Beilage) – *Gestern ... herum:* August an Goethe, 27. März 1799. (Gräf I, Nr. 224, S. 242, Beilage) – *Ich ... Strauß:* August an Goethe, 7. Mai 1799. (Gräf I, Nr. 232, S. 250 f., Beilage) – *Vorigen ... Federn:* August an Goethe, 21. September 1799. (Gräf I, Nr. 241 a, S. 261) – *Am ... Ihnen:* August an Goethe, 25. September 1799. (Gräf I, Nr. 242, S. 262, Beilage) – *Gestern ... bringen:* August an Goethe, 6. Oktober 1799. (Gräf I, Nr. 246, S. 267 f., Beilage) – *Karl ... davonlief:* August an Goethe, 16. November 1799. (Gräf I, Nr. 254, S. 273, Beilage) – *Meine ... Pferdestall:* August an Goethe, 20. November 1799. (Gräf I, Nr. 255, S. 274, Beilage) – *Sie ... reiset:* August an Goethe, 3. Mai 1799. (Gräf I, Nr. 264, S. 282, Beilage) – *Am ... wohl:* August an Goethe, 26. Juli 1799. (Gräf I, Nr. 269, S. 289, Beilage) – *Am ... habe:* August an Goethe, 30. Juli 1799. (Gräf I, Nr. 272, S. 290, Beilage) – *Ich ... Vögel:* August an Goethe, 13. September 1799. (Gräf I, Nr. 274, S. 292, Beilage) – *Am ... Rothkehlchen:* August an Goethe, 17. September 1799. (Gräf I, Nr. 275, S. 293, Beilage) – *Herr ... transportieren:* August an Goethe, 20. September 1799. (Gräf I, Nr. 276, S. 294, Beilage) – *Meine ... besuchen:* August an Goethe, 27. September 1799. (Gräf I, Nr. 279, S. 298, Beilage) – *Ich ... freuete:* August an Goethe, 1. Oktober 1799. (Gräf I, Nr. 281, S. 300, Beilage) – *Gestern ... will:* August an Goethe, 19. November 1799. (Gräf I, Nr. 283, S. 303, Beilage) – *Ich ... sehen:* August an Goethe, 13. Dezember 1799. (Gräf I, Nr. 284, S. 304, Beilage) – *Auf ... muß ... Vulpius:* Christian August Vulpius an Goethe, 5. Mai 1800. (Gräf I, Nr. 266, S. 284) – *Deine beiden Kinder:* Christiane an Goethe, 21. März 1798. (Gräf I, Nr. 158, S. 171) – *Du ... macht:* Christiane an Goethe, 31. März 1798. (Gräf I, Nr. 164, S. 176) – *Wenn ... habe:* Christiane an Goethe, 14. oder 16. Januar 1795. (Gräf I, Nr. 40, S. 45) – *Mein ... trinke:* Christiane an Goethe, vor dem 24. August 1797. (Gräf I, Nr. 146, S. 148) – *Dem ... besonders:* Christiane an Goethe, 24. September 1800. (Gräf I, Nr. 278, S. 295) – *von ... bekommen:* Goethe an Christiane, 10. Mai

1796. (Gräf I, Nr. 81, S. 75) – *An … Semmeln:* Christiane an Goethe, 9. August 1797. (Gräf I, Nr. 140, S. 134) – *Holder … fort:* Eintrag Schillers in Augusts Stammbuch, 11. Dezember 1800. (Vulpius, Stammbuch I, S. 74) – *Muntrer … Talisman:* Eintrag Charlotte von Steins in Augusts Stammbuch, 24. Dezember 1800. (Vulpius, Stammbuch I, S. 75) – *Es … vergossen:* Charlotte von Stein an Friedrich von Stein, 12. Januar 1801. (Bode II, Nr. 1099, S. 179) – *Nur … abzuhalten:* Charlotte von Stein an Friedrich von Stein, 14. Januar 1801. (Bode II, Nr. 1099, S. 179 f.) – *Wie … Freude:* Goethe an Catharina Elisabeth Goethe, 1. Februar 1801. (WA IV.15, Nr. 4344, S. 173) – *Weißt … vermocht:* Eintrag Christian Gottlob von Voigts in Augusts Stammbuch, 25. Dezember 1800. (Vulpius, Stammbuch I, S. 75) – *Höchstdero … bestätigen:* Goethe an Herzog Karl August, April 1801. (Wahl I, Nr. 249, S. 292) – *gleich … Verschiedenheiten:* Goethe, *Tag- und Jahreshefte* 1801. (MA 14, S. 68) – *Als … wurden:* Goethe, *Tag- und Jahreshefte* 1801. (MA 14, S. 70) – *Mich … sieht:* Goethe, *Tag- und Jahreshefte* 1801. (MA 14, S. 73) – *Ich … besuchen:* Eintrag Christoph Martin Meiners in Augusts Stammbuch, 13. August 1801. (Vulpius, Stammbuch I, S. 79) – *Schon … können:* Goethe an Schiller, 11. Juni 1801. (MA 8.1, Nr. 822, S. 861) – *August … Gesundheit:* Goethe an Christiane, 26. Juni 1801. (Gräf I, Nr. 293, S. 316 f.) – *August … wiedersiehst:* Goethe an Christiane, 12. Juli 1801. (Gräf I, Nr. 296, S. 320) – *August … hat:* Goethe an Christiane, 24. Juli 1801. (Gräf I, Nr. 297, S. 322 f.) – *Fünf … Eisenach:* Vgl. Goethe, Tagebuch, 15.–25. August 1801. (WA III.3, S. 32 f.) – *Wie … ausgelassen:* Christiane an Goethe, 26. oder 27. August 1801. (Gräf I, Nr. 301, S. 328) – *Morgen … feiern:* August an Goethe, 7. November 1801. (Gräf I, Nr. 302, S. 329, Beilage) – *Der … Ende:* August an Goethe, 4. November 1801. (Gräf I, Nr. 301 a, S. 328) – *Die … hätten:* Christiane an Goethe, 25. Januar 1802. (Gräf I, Nr. 307, S. 336) – *Gestern … Tracht:* August an Goethe, 10. Februar 1802. (Gräf I, Nr. 308, S. 337, Beilage) – *Sie … getanzt:* August an Goethe, 13. Februar 1802. (Gräf I, Nr. 310, S. 338) – *Die … erscheinen … Kindle:* Sophie von Schardt an Friedrich von Stein, 4. Februar 1802. (Bode II, Nr. 1147, S. 209) – *Du … gedenckst:* Goethe an Johann Gottfried Herder, 26. April 1802. (WA IV.16, Nr. 4520, S. 73) – *berichtete Christiane:* Vgl. Christiane an Goethe, 5. Mai 1802. (Gräf I, Nr. 329, S. 359) – *Die … war:* August an Goethe,

5. Mai 1802. (Gräf I, Nr. 329, S. 359 f.) – *wurde ... Eisert:* Goethe, Tagebuch, 13. Juni 1802. (WA III.3, S. 58) – *Etwas wild:* Nicht ermittelt.

III.

Wenn ... hätte: Nicht ermittelt. – *Er ... wird:* Goethe an Georg Friedrich Christoph Sartorius, 15. November 1802. (WA IV.16, Nr. 4582, S. 139, Konzept) – *Eine ... ist:* August an Goethe, [27. Mai 1803]. (Gräf I, Nr. 349, S. 381, Beilage) – *Der ... ist:* Christiane an Goethe, 14. August 1802. (Gräf I, Nr. 340, S. 370) – *Wir ... artig:* Goethe an Christiane, 21. Juni 1803. (Gräf I, Nr. 352, S. 389) – *August ... vergnügt:* Christiane an Goethe, 23. Juli 1803. (Gräf I, Nr. 366, S. 429) – *August ... fällt:* Goethe an Christiane, 5. Juli 1803. (Gräf I, Nr. 357, S. 404) – *Es ... schickte:* Voß, S. 57. – *Herr ... haben:* Goethe an Friedrich August Wolf, etwa 7. September 1803. (WA IV.16, Nr. 4717, S. 300) – *Wenn ... an:* Heinrich Voß an Unbekannt, März/April 1804. (Gräf-Voß, Nr. 3, S. 28) – *Der ... helfen:* Christiane an Nikolaus Meyer, 12. April 1805. (Kasten, Nr. 99, S. 159 f.) – *Das ... aufheitern:* Catharina Elisabeth Goethe an Goethe, 8. April 1805. (Pfeiffer-Belli, Nr. 367, S. 829 f.) – *Heysa ... Salomo:* Catharina Elisabeth Goethe an Goethe, 12. April 1805. (Pfeiffer-Belli, Nr. 368, S. 830) – *Ist ... Ihn:* Catharina Elisabeth Goethe an Goethe, 22. April 1805. (Pfeiffer-Belli, Nr. 369, S. 831) – *Franckfurth ... Goethe:* Catharina Elisabeth Goethe an Goethe, 2. Mai 1805. (Pfeiffer-Belli, Nr. 370, S. 831 f.) – *Dieser ... gehe:* Goethe an Catharina Elisabeth Goethe, 6. Mai 1805. (WA IV.17, Nr. 5052, S. 283) – *Sollte ... Händen:* Friedrich von Stein an Charlotte von Schiller, 12. April 1805. (Bode II, Nr. 1300, S. 292) – *Das ... seyn:* Goethe an H. Toel, Ende Januar oder Anfang Februar 1799. (WA IV.14, Nr. 3985, S. 17) – *Ernestine ... geärgert:* Christian August Vulpius an Nikolaus Meyer, 19. April 1805. (Kasten, Nr. 100, S. 161) – *Es ... an:* Christiane an Nikolaus Meyer, 12. April 1805. (Kasten, Nr. 99, S. 160) – *Gestern ... geblieben:* August an Goethe, 9. Dezember 1803. (Gräf I, Nr. 376, S. 442, Beilage) – *Die ... getanzt:* August an Goethe, 14. Dezember 1803. (Gräf I, Nr. 378, S. 444, Beilage) – *Lange ... etc.:* Friedrich Wilhelm Riemer an Karl Friedrich Ernst Frommann, 5. August 1805. (Zitiert nach Gräf I, S. 455) – *Ich ... müssen:* Christiane an Nikolaus Meyer, 12. April 1805. (Kasten, Nr. 99, S. 160) –

Er ... lachen: Goethe an Christiane, 19. August 1805. (Gräf I, Nr. 388, S. 457) – *Augusten ... fortgeht:* Goethe an Christiane, 28. August 1805. (Gräf I, Nr. 389, S. 458) – *Glücklicher ... ersetzt:* Eintrag Friedrich August Wolfs in Augusts Stammbuch, 15. Juli 1805. (Vulpius, Stammbuch II, S. 248) – *Fortes ... virtus:* Eintrag Franz Joseph Galls in Augusts Stammbuch. (Vulpius, Stammbuch II, S. 248) – *Ich ... trösten:* Eintrag Johann Gottlieb Fichtes in Augusts Stammbuch, 23. September 1805. (Vulpius, Stammbuch II, S. 250)

IV.

Nun ... kommt: Goethe an Christiane, 28. August 1805. (Gräf I, Nr. 389, S. 458) – *Ich ... tat:* Heinrich Voß (d. J.) an Unbekannt, Herbst 1805. (Zitiert nach Francke, S. 184) – *August ... Willens:* Nicht ermittelt. – *noch ... steht:* Christiane an Nikolaus Meyer, 4. April 1806. (Kasten, Nr. 124, S. 193) – *Sein ... stirbt:* Charlotte von Stein an Friedrich von Stein, 15. Januar 1806. (Bode II, Nr. 1355, S. 319) – *als ... dürfe:* Schütze, August von Goethe. (Beyer/Radecke, Nr. 43, S. 274) – *Der ... machen:* Christiane an Nikolaus Meyer, 4. April 1806. (Kasten, Nr. 124, S. 194) – *August ... gesehen:* Goethe an Christiane, 25. Juni 1806. (Gräf I, Nr. 391, S. 462) – *er ... sagen:* Vgl. Goethe an Christiane, 14. Juli 1806. (Gräf I, Nr. 395, S. 466) – *Und ... mittranken:* Eichendorff, Tagebuch, 12. Juli 1806. (Krabiel/Korfsmeyer IV, S. 520) – *Ein ... wir:* Schiller, *Die Räuber* (IV/5). – *Wir ... machen:* Charlotte von Stein an Friedrich von Stein, 10. August 1806. (Bode II, Nr. 1376, S. 327 f.) – *Es ... bezeigen:* Lenz, Eingabe an das Oberkonsistorium, 24. September 1806. (Zitiert nach Francke, S. 191 f.) – *Nach ... hatte:* Lenz, Bericht an das Oberkonsistorium, Herbst 1806. (Zitiert nach Francke, S. 192 f.) – *Unter ... konnte:* Pollmer, S. 168–173. – *Sagen ... Victualien:* Goethe an Johann Heinrich Meyer, 15. oder 16. Oktober 1806. (WA IV.19, Nr. 5250, S. 197) – *Meyers ... toll:* Vgl. Johanna Schopenhauer an Arthur Schopenhauer, 19. Oktober 1806. (Herwig, Nr. 2287, S. 144) – *Wir ... Park:* Christian August Vulpius an Nikolaus Meyer, 20. Oktober 1806. (Kasten, Nr. 128, S. 198 f.) – *Meine ... Hause:* Christian August Vulpius an Nikolaus Meyer, 10. November 1806. (Kasten, Nr. 129, S. 200 f.) – *Je ... ami:* Eintrag Dominique Vivant Dénons in Augusts Stammbuch, ohne Datum. (Vulpius, Stammbuch II, S. 257) –

Ewig ... haben: Eintrag Perues und Zix' in Augusts Stammbuch, 20. Oktober 1806. (Vulpius, Stammbuch II, S. 257) – *jetzt ... werden:* Vgl. Goethe an Wilhelm Christian Günther, [17. Oktober] 1806. (WA IV.19, Nr. 5252, S. 197 f.) – *Diese ... zuwider:* Lenz, Rechenschaftsbericht über die Abiturienten, 17. Juli 1809. (Zitiert nach Francke, S. 363 f., Anm. zu S. 207) – *Nämlich ... nichts:* Lenz, Bericht an das Oberkonsistorium, Frühjahr 1807. (Zitiert nach Francke, S. 196) – *wenigstens ... Bücher:* Francke, S. 196. – *von ... aufgeführt:* Lenz, Bericht an das Oberkonsistorium, 21. Juli 1807. (Zitiert nach Francke, S. 361, Anm. zu S. 195) – *August ... gebrüstet:* Goethe an Christiane, 30. März 1807. (Gräf II, Nr. 399, S. 3) – *Augusten ... Offizierstracht:* Goethe an Christiane, 1. Juli 1807. (Gräf II, Nr. 409, S. 19) – *Mir ... will:* Goethe an Christiane, 10. August 1807. (Gräf II, Nr. 413, S. 31) – *freut ... hat ... kann:* Goethe an Christiane, 23. August 1807. (Gräf II, Nr. 414, S. 31 f.) – *Es ... ab:* Goethe, *Tag- und Jahreshefte,* 1807. (MA 14, S. 195 f.) – *Alles ... Explikationen:* Luden, S. 199 f., S. 197 f. – *Je ... nie:* Steffens, S. 209 f. – *Ich ... ist:* Franz Passow an Hudtwalker, 7. Juli 1807. (Wachler, S. 83) – *Meine ... empfänglich:* Franz Passow an Friedrich Jacobs, 27. Dezember 1808. (Wachler, S. 94) – *Der ... schadet:* Goethes Gespräch mit Riemer, 18. November 1806. (Herwig, Nr. 2318, S. 155 f.)

V.

Du ... Salome: Catharina Elisabeth Goethe an August, 28. März 1808. (Pfeiffer-Belli, Nr. 404, S. 877) – *der ... befinden:* Goethe an Bettina Brentano, 3. April 1808. (Schmitz/Steinsdorff, S. 598) – *Du ... getragen:* Bettina Brentano an Goethe, 10. April 1808. (Schmitz/Steinsdorff, S. 599 f.) – *er ... stellen:* Nicht ermittelt. – *Sind's ... mich:* Bettina Brentano an Goethe, April/Mai 1808. (Amelung, S. 142) – *Wir ... leben:* Heinrich Voß (d. J.) an August, 13. April 1808. (Suphan, S. 77, Anm. zu Nr. 6) – *so ... irren ... Schauspielern:* Achim von Arnim an Bettina Brentano, 29. April 1808. (Bode II, Nr. 1475, S. 389) – *Mich ... gehn:* Goethe an Christiane, 26. April 1808. (Gräf II, Nr. 416, S. 35) – *Unser ... Gegend:* Catharina Elisabeth Goethe an Christiane, 3. Juni 1808. (Pfeiffer-Belli, Nr. 410, S. 881) – *Der ... anzuwenden:* Goethe an August, 17. August 1808. (Suphan, Nr. 9, S. 16) – *Wir ... genießen:* Goethe an August, 3. Juni

1808. (Suphan, Nr. 6, S. 9–11) – *Ich … ihm … vorhat … darin:* Christiane an August, 16. Mai 1808. (Suphan, Nr. 4, S. 6 f.) – *So … nicht:* Christiane an August, 16. Mai 1808. (Suphan, Nr. 4, S. 6) – *Herzchen … hinstrebt:* Wilhelmine Buchholz an August, 23. Mai 1808. (Zitiert nach Suphan, S. 74, Anm. zu Nr. 4) – *Die … nicht:* Karl Büttner an August, ohne Datum. (Zitiert nach Suphan, S. 74, Anm. zu Nr. 4) – *Nimm … hin:* August von Goethe, *Poesie*. (GSA 37/XII,3, S. 55, Reisetagebuch 1807–1809, zweiter Teil) – *Sei … rechnen … bezahlen:* Christiane an August, [Anfang Juni 1808]. (Suphan, Nr. 7, S. 13 f.) – *im … wird:* Goethe an Christiane, 29. Mai 1808. (Gräf II, Nr. 419, S. 39) – *Es … beispringen:* Goethe an Christiane, 15. Juni 1808. (Gräf II, Nr. 421, S. 42) – *Über … ist:* Zacharias Werner an Goethe, 12. Juli 1808. (Floeck, Nr. 154, S. 136) – *Ich … machen:* Hans Georg Lebrecht von Luck an Goethe, 24. Juli 1808. (Zitiert nach Suphan, S. 81, Anm. zu Nr. 17) – *nach Süden:* Vgl. August an Goethe, Reisetagebuch. (GSA 37/XII,3) – *Richte … Erfahrung:* Goethe an August, 17. August 1808. (Suphan, Nr. 9, S. 15 ff.) – *noch einen Brief:* Augusts wohl letzter Brief an seine Großmutter Catharina Elisabeth Goethe wird in einem Schreiben Johann Friedrich Heinrich Schlossers erwähnt. (Vgl. Suphan, S. 79, Anm. zu Nr. 10, Brief vom 13. September 1808) – *Tod … melden:* Vgl. Johann Friedrich Heinrich Schlosser an August, 13. September 1808. (Suphan, S. 79 f., Anm. zu Nr. 10) – *Sie … ihm:* Henriette Schlosser an Unbekannt, 4. Dezember 1808. (Urlichs II, Nr. 5, S. 142 f.) – *Du … Spazierfahrt:* Goethe an Christiane, 7. November 1808. (Gräf II, Nr. 436, S. 66 f.) – *Wir … gewonnen:* Christiane an August, 30./31. Dezember 1808. (Suphan, Nr. 21, S. 28) – *Meine … auf:* Christian August Vulpius an Nikolaus Meyer, 31. Dezember 1809. (Kasten, Nr. 159, S. 231) – *Ich … umher:* Christiane an August, 8. Januar 1809. (Suphan, Nr. 22, S. 29) – *war … Sterne … betragen:* Christiane an August, 6. Februar 1809. (Suphan, Nr. 25, S. 32) – *Nur … bekömmt … hat:* Christiane an August, 2. April 1809. (Suphan, Nr. 28, S. 34 f.) – *Bekränzt … Westphälinger:* Zitiert nach Suphan, S. 89, Anm. zu Nr. 37. – *Ich … verscherzest* – Goethe an August, 5. Dezember 1808. (WA IV.20, Nr. 5648, S. 236 f.) – *Den … abzugeben:* August an Goethe, nach dem 14. April 1809. (GSA 29/492 I, Nr. 60) – *So … abschließest:* Goethe an August, 16. Juni 1809. (Suphan, Nr. 30, S. 36 f.) – *Nur … unschätzbar:* Goethe an August,

10. Juli 1809. (Suphan, Nr. 32, S. 39) – *Welch ... beschreiben:* August an Goethe, 13. August 1809. (Zitiert nach Suphan, S. 87, Anm. zu Nr. 34) – *welche ... war:* August an Goethe, 13. August 1809. (Zitiert nach Suphan, S. 87, Anm. zu Nr. 34) – *Mein ... werden:* August an Goethe, 13. August 1809. (Zitiert nach Suphan, S. 88, Anm. zu Nr. 34) – *Stammbuch:* Eintrag Leopold Graf von Hochbergs in Augusts Stammbuch, 8. September 1809. (Vgl. Vulpius II, S. 262) – *Oft ... August:* Heinrich Voß d. J. an Goethe, nach dem Frühjahr 1809. (Zitiert nach Gräf-Voß, S. 107) – *Er ... Worte:* Goethe an Christiane, 20. September 1809. (Gräf II, Nr. 463, S. 97 f.) – *Ich ... braucht:* Goethe an Christiane, 26. September 1809. (Gräf II, Nr. 465, S. 100 f.) – *Herr ... ist:* Goethe an Christiane, 2. Oktober 1809. (Gräf II, Nr. 467, S. 102) – *Möchte ... liegt:* Anton Friedrich Justus Thibaut an Karl Ludwig von Knebel, 1. Januar 1810. (Düntzer II, Nr. 156, S. 120) – *Dies ... los:* Karl Ludwig von Knebel an Magdalene Henriette von Knebel, 1. Dezember 1809. (Bode II, Nr. 1574, S. 446 f.) – *Er ... Stimme:* Charlotte von Schiller an Fritz von Stein, 12. April 1810. (Urlichs I, S. 510) – *Es ... lernen:* Karl Ludwig von Knebel an Goethe, 8. November 1809. (Guhrauer I, Nr. 328, S. 359) – *Den ... Alter:* Goethe an Karl Ludwig von Knebel, 11. November 1809. (Guhrauer I, Nr. 329, S. 360) – *Er ... nicht:* Vgl. Karl Ludwig von Knebel an Goethe, 13. Februar 1810. (Guhrauer I, Nr. 338, S. 372) – *Es ... verderben ... mag:* Goethe an Christiane, 30. März 1810. (Gräf II, Nr. 474, S. 110) – *Es ... Vergnügen:* Goethe an Herzog Karl August, 8. Oktober 1810. (Wahl II, Nr. 418, S. 65–67) – *Für ... möchte:* Goethe an Herzog Karl August, 15. Oktober 1810. (Wahl II, Nr. 420, S. 67) – *Am ... Kreuz:* Vgl. Christian August Vulpius an Nikolaus Meyer, 21. Oktober 1810. (Kasten, Nr. 166, S. 236 f.) – *Künftighin ... hinkommt:* Goethe an Christiane, 18. Januar 1811. (Gräf II, Nr. 518, S. 204 f.,) – *Da ... dabei:* Charlotte von Stein an Friedrich von Stein, 30. April 1811. (Bode II, Nr. 1687, S. 510) – *Überzeugt ... würde:* Goethe an Herzog Karl August, Dezember 1811. (Wahl II, Nr. 439, S. 79 f.)

VI.

Ich … Aussichten: Goethe an Christiane, 27. August 1812. (Gräf II, Nr. 532, S. 239) – *Er … ernsthaft:* Charlotte von Schiller an Erbprinzessin Karoline von Sachsen-Weimar-Eisenach, 5. Januar 1812. (Bode II, Nr. 1751, S. 548) – *Es … alten:* Charlotte von Schiller an Erbprinzessin Karoline von Sachsen-Weimar-Eisenach, 29. März 1812. (Bode II, Nr. 1763, S. 557) – *Mein … erhalten:* Nicht ermittelt. – *Das … Süden:* Luden, S. 111 f. – *Der … nicht:* Nicht ermittelt. – *wahrhaft … sein:* Nicht ermittelt. – *Grüße … vergegenwärtigen:* Goethe an Christiane, 1. Juni 1813. (Gräf II, Nr. 544, S. 277, 275) – *Daß … einrichten:* Goethe an Christiane, 26. Juni 1813. (Gräf II, Nr. 547, S. 285) – *daß … habt:* Goethe an Christiane, 27. Juni 1813. (Gräf II, Nr. 547, S. 287) – *Ich … müßte:* Goethe an Christiane, 6. Juli 1813. (Gräf II, Nr. 548, S. 293) – *Wir … ist:* Ottilie an Henriette von Pogwisch, 14. Juli 1813. (Oettingen I, Nr. 11, S. 20) – *Uns … zieht:* Christian Gottlob von Voigt an Karl August Böttiger, 28. September 1813. (Geiger-Weimar, S. 204 f.) – *Dulce … Weimar:* Eintrag Prinz Bernhards von Sachsen-Weimar-Eisenach in Augusts Stammbuch, 28. September 1813, Horaz, Carmina 3. 2,13. (Vulpius, Stammbuch II, S. 264) – *Pfui … tragen:* Wilhelm von Humboldt an Karoline von Humboldt, 27. Oktober 1813. (Bode II, Nr. 1836, S. 593) – *Die … Spaß:* Wilhelm von Humboldt an Karoline von Humboldt, 26. Oktober 1813. (Bode II, Nr. 1835, S. 593) – *Stammbuch:* Eintrag George Jacksons in Augusts Stammbuch, 31. Oktober 1813, und Eintrag Prinz Augusts von Preußen in Augusts Stammbuch, 1. November 1913. (Vgl. Vulpius, Stammbuch II, S. 264 f.) – *Wo … fort:* Nicht ermittelt. – *Auch … gelegt:* Charlotte von Stein an Karl Ludwig von Knebel, 26. November 1813. (Bode, Stein, S. 284) – *In … Krieg:* Falk, S. 474 f. – *Es … suchen:* Nicht ermittelt. – *Je … es:* Goethe an Karl Ludwig von Knebel, 17. November 1813. (Guhrauer II, Nr. 416, S. 111) – *Ich … verstehen:* Goethe an Karl Ludwig von Knebel, 23. Dezember 1813. (Guhrauer II, Nr. 424, S. 120) – *Mein … laßen:* Herzog Karl August an Goethe, 29. Dezember 1813. (Wahl II, Nr. 474, S. 103 f.) – *Ew. … vorbehalte:* Goethe an Herzog Karl August, 30. Dezember 1813. (Wahl II, Nr. 475, S. 104) – *So … empfehlen:* Goethe an Herzog Karl August, 1. Januar 1814. (Wahl II, Nr. 476, S. 105 f.) – *Mein … bleiben:* Herzog Karl August an Goethe, 2. Februar 1814. (Wahl II, Nr. 477, S. 106) – *Meine … ergriffen:* Goethe an Thomas Johann Seebeck, 3. Januar 1814. (WA IV.24, Nr. 6688, S. 84, Konzept) – *mein … folgen:* Goethe an Wilhelm Heinrich von Trebra, 5. Januar 1814. (WA IV.24, Nr. 6696, S. 92) – *Ich … übereinstimmen:* Charlotte von Schiller an Erbprinzessin Karoline Luise von Mecklenburg-Schwerin, 15. März 1814. (Bode II, Nr. 1857, S. 605) – *Goethe … reden:* Charlotte von Stein an Fritz von Stein, 24. April 1814. (Bode II, Nr. 1860, S. 606 f.) – *Mit … geschieht:* Nicht ermittelt. – *Pfui … Wicht:* Theodor Körner, *Männer und Buben*. (Zimmer, S. 109) – *Indem … beylegen:* Goethe an [Karoline von Wolzogen, 28. Mai 1814]. (WA IV.24, Nr. 6850, S. 291 f.) – *Voigt … Müller:* Vgl. Goethes Schreiben an Christian Gottlob von Voigt, 22. Mai 1814 (WA IV.24, Nr. 6844, S. 285), und an Friedrich von Müller, 24. Mai 1814 (WA IV.24, Nr. 6851, S. 292). – *Donnerstag … Wochen:* Erste und letzte Verse von Goethes Gedicht *Die Lustigen von Weimar*. (MA 9, S. 71) – *G[oethe]s … ist:* Friedrich Wilhelm Riemer an Karl Friedrich Ernst Frommann, 15. März 1814. (Bode II, Nr. 1856, S. 605) – *Des … schenken:* August von Goethe, *Traum*. *Chaos* 1 (1829/30), Nr. 23, S. 92.

VII.

genösse … kommen: Goethe an Christiane, 11. Juli 1815. (Gräf II, Nr. 591, S. 379) – *Und … Berka:* Christiane an Goethe, 5. September 1815. (Gräf II, Nr. 594, S. 386) – *um … Aufnahme:* Nicht ermittelt. – *Von … vermehren:* Goethe, *Dank des Sängers*. (MA 11.1.1, S. 153) – *Wenn … aufgebaut:* Goethe, *Wenn die Liebste*. (MA 11.1.1, S. 157) – *Er … Alles:* Nicht ermittelt. – *Das … gewiß:* Friedrich Wilhelm Riemer an Karl Friedrich Ernst Frommann, vor dem 14. Juni 1815. (Bode II, Nr. 1893, S. 623) – *August … bei:* Goethe an Christiane, 8. März 1815. (Gräf II, Nr. 579, S. 360) – *Gefährliches … Nacht:* Goethe, Tagebuch, 1. Juni 1816. (WA III.5, S. 237) – *Sie … dort:* Ernestine Engels, Tagebuch, 2. Juni 1816. (Köster, S. 107) – *Eine … Gefahr:* Goethe, Tagebuch, 3. Juni 1816. (WA III.5, S. 238) – *Meine … Verwirrung:* Goethe, Tagebuch, 5. Juni 1816. (WA III.5, S. 239) – *Die … fristen:* Friedrich Wilhelm Riemer an Karl Friedrich Ernst Frommann, 9. Juni 1816. (Bode II, Nr. 1940, S. 650) – *für … abzugehen:* Goethe, *Ansprache bei Einführung August von Goethes in die Hoftheaterintendanz.* (MA 11.2, S. 141) – *In ... haben:* Goethe an Carl Friedrich Zelter, 23. Februar 1817. (MA 20.1, Nr. 285, S. 499) – *dispensirt:* Großherzog Karl August an Goethe, 13. April 1817. (Wahl II, Nr. 593, S. 186) – *eigentlich ... konnte:* Goethe an Großherzog Karl August, 15. April 1817. (Wahl II, Nr. 594, S. 187) – *Es ... hat:* Ernst von Schiller an Karoline von Schiller, 22. Dezember 1816. – *Wir ... lieb:* Ottilie an Henriette von Pogwisch, 26. Juni 1815. (Oettingen I, Nr. 43, S. 93 f.) – *Ich ... würde:* Ottilie an Henriette von Pogwisch, 10. Juli 1815. (Oettingen I, Nr. 48, S. 127 f.) – *mit ... Verhältniß:* Adele Schopenhauer an Ottilie, [Juli 1815]. (Oettingen I, Nr. 51, S. 151) – *Ich ... auswendig:* Ottilie an Adele Schopenhauer, 30. Juli 1815. (Oettingen I, Nr. 54, S. 172) – *Dein ... seyn:* Adele Schopenhauer an Ottilie, [1815]. (Oettingen I, Nr. 61, S. 179 f.) – *Nenne ... mich:* Ottilie an Adele Schopenhauer, [Februar 1816]. (Oettingen I, Nr. 73, S. 192 f.) – *Vielleicht ... wiedergeben:* Ottilie an Adele Schopenhauer [März] 1816. (Oettingen I, Nr. 74, S. 194) – *Denn ... anders:* Ottilie an Adele Schopenhauer, 8. August 1816. (Oettingen I, Nr. 85, S. 225) – *Da ... Wehmuth:* Ottilie an Adele Schopenhauer, 8. August 1816. (Oettingen I, Nr. 85, S. 227 f.) – *Nenn' ... ihn:* Ottilie an Adele Schopenhauer, 8. August 1816. (Oettingen I, Nr. 85, S. 225–227) – *Seit ... aushält:* Ottilie an Henriette von Pogwisch, [Ende Juli 1816]. (Oettingen I, Nr. 81, S. 210 f.) – *ich ... Stunden:* Ottilie an Adele Schopenhauer, 8. August 1816. (Oettingen II, Nr. 87, S. 244 f.) – *Kindern ... waren:* Ottilie an Goethe, 10. August 1816. (Oettingen I, Nr. 87, S. 244 f.) – *In ... sollte:* Ottilie an Adele Schopenhauer, 24. Oktober 1816. (Oettingen I, Nr. 93, S. 291) – *18. ... Ball* – Adele Schopenhauer, Tagebuch, 18.–31. Dezember 1816. (Schopenhauer I, S. 82–84) – *eine ... versank:* Julie von Egloffstein an Henriette von Beaulieu-Marconnay, 1. Januar 1817. (Egloffstein, S. 98 f.)

VIII.

Alle ... Leute: Julie von Egloffstein an Henriette von Beaulieu-Marconnay, 1. Januar 1817. (Egloffstein, S. 98) – *Hof ... begründet:* Goethe an Carl Friedrich Zelter, 1. Januar 1817. (MA 20.1, Nr. 280, S. 491) – *6. ... zerstörn:* Adele Schopenhauer, Tagebuch, 6. Januar bis 22. März 1817. (Schopenhauer I, S. 86–105) – *Glücklich ... heraus:*

Ottilie an August, ohne Datum. (Oettingen I, Nr. 95, S. 297 f.) – *Geistreich ... wurden ... Dingen:* Karoline von Egloffstein an Karl von Egloffstein, 26. März 1817. (Egloffstein, S. 113) – *Denken ... eingewohnt:* Ottilie an Goethe, 21. Juni 1817. (Oettingen II, Nr. 6, S. 10) – *Glückliche ... Frieden:* Sophie von Schardt an Fritz von Stein, 14. Juli 1817. (Bode III, Nr. 1990, S. 22) – *Ich ... hinauf:* Sophie von Schardt an Fritz von Stein, 4. August 1817. (Bode III, Nr. 1993, S. 23) – *Willst ... vorgeschrieben:* Ottilie an Adele Schopenhauer zum 31. Oktober 1817. (Oettingen I, Nr. 118, S. 335 f.) – *Du ... wieder ... läßt:* Karoline von Egloffstein an Karl von Egloffstein, nach dem 13. März 1818. (Zitiert nach Egloffstein, S. 127) – *Cosaken-Dialect:* August an Ottilie, 14. Juli 1823. (Oettingen II, Nr. 49, S. 74). *Der ... Umgebungen ... Wesen:* Charlotte von Schiller an Karl Ludwig von Knebel, 14. April 1818. (Bode III, Nr. 2012, S. 37) – *Gleich ... Berlin:* August an Goethe. (Geiger, S. 26–56) *Mein ... sich:* Goethe an Carl Friedrich Zelter, 19. März 1818. (MA 20.1, Nr. 309, S. 532) – *Alles ... haben:* Goethe an August, 5. Juni 1817. (WA IV.28, Nr. 7766, S. 121) – *Er ... geläufig:* Goethe an Carl Ernst Adolf von Hoff, 19. April 1819. (WA IV.31, Nr. 133, S. 134) – *Mein ... Redekunst:* Goethe, Tagebuch, 10. Juli 1821. (WA III.8, S. 76)

IX.

Von ... Weimar: Goethe an Staatsrat Schultz, 8. August 1818. (Düntzer, Nr. 30, S. 180) – *Gedanke an Scheidung* – Vgl. Ottilie an Charles DesVoeux, [ohne Datum]. (Oettingen II, Nr. 125, S. 220) – *Ottilie ... ihm ... liebt:* Adele Schopenhauer, Tagebuch, 4. Februar 1819. (Schopenhauer II, S. 11 f.) – *Meine ... nicht:* Goethe an Carl Friedrich Zelter, 27. September 1820. (MA 20.1, Nr. 355 a, S. 642) – *Die ... an:* Goethe an Karl Ludwig von Knebel, 13. Juni 1821. (Guhrauer II, Nr. 576, S. 294) – *Ottilie ... geben ... lachten:* Adele Schopenhauer, Tagebuch, 6. Mai 1821. (Schopenhauer II, S. 78 f.) – *Wenn ... aushalten:* August an Goethe, ohne Datum. (Zitiert nach Geiger, S. 55) – *Der ... stark:* Charlotte von Schiller an Ernst von Schiller, 19. November 1819. (Schmidt, Nr. 75, S. 182) – *täglich ... wohlgefälliger:* Charlotte von Schiller an Ernst von Schiller, 3. April 1820. (Schmidt, Nr. 81, S. 195) – *beinahe ... werden:* Charlotte von Schiller an Ernst von Schiller, 12. Januar 1821. (Schmidt, Nr. 90, S. 210) – *seiner ... un-*

ruhig: Charlotte von Schiller an Ernst von Schiller, 29. September 1822. (Schmidt, Nr. 96, S. 223) – *In ... sein:* George Bancroft, Tagebuch, 13. Oktober 1819. (Bode III, Nr. 2058, S. 66) – *kindisch ... gesprochen:* Adele Schopenhauer, Tagebuch, 12. November 1821. (Schopenhauer II, S. 112) – *Ich ... Irrthum:* Adele Schopenhauer an Ottilie, ohne Datum. (Oettingen II, Nr. 42, S. 64 f.) – *Ottilie ... auf ... Hoffnung:* Karoline von Egloffstein an Henriette von Beaulieu-Marconnay, 23. Februar 1823. (Egloffstein, S. 185 f.) – *wie ... Hoffnung:* Karoline von Egloffstein an Julie von Egloffstein, 28. Februar 1823. (Egloffstein, S. 188) – *Wir ... wird:* August an Friedrich Schlosser, 26. Februar 1823. (Bode III, Nr. 2153, S. 132) – *Byron ... gelten:* Kanzler von Müller, *Unterhaltungen mit Goethe,* 2. Oktober 1823. (Grumach, S. 82) – *angenehm ... Sitten:* Goethe, *Goethes Beitrag zum Andenken Lord Byrons.* (MA 13.1, S. 406) – *Bis ... Ende:* August an Ottilie, 13. September 1823. (Oettingen II, Nr. 50, S. 74 f.) – *Gestern ... werde:* August an Ottilie, 14. September 1823. (Oettingen II, Nr. 51, S. 75 f.) – *Mit ... verführen ... heimgeckehrt ... durchflicke:* Kanzler von Müller, *Unterhaltungen mit Goethe,* 23. September 1823. (Grumach, S. 74 f.) – *Die ... könnte:* Kanzler von Müller an Karoline von Egloffstein, 25. September 1823. (Egloffstein, S. 194 f.) – *Der ... betragen:* Charlotte von Schiller an Ernst von Schiller, 10. Oktober 1823. (Schmidt, Nr. 123, S. 251) – *Der ... Krämpfe:* Charlotte von Schiller an Ernst von Schiller, 28. November 1823. (Schmidt, Nr. 129, S. 257) – *ein ... Lächeln:* Nicht ermittelt. – *Der ... Interesse:* Vgl. Kanzler von Müller, *Unterhaltungen mit Goethe,* 17. November 1823. (Grumach, S. 93) – *Eines ... gern:* Vgl. Ottilie an Charles Sterling, 15. September 1824. (Oettingen II, Nr. 63, S. 109 f.) – *Es ... sein:* Ottilie an August, 1. Januar 1824. (Oettingen II, Nr. 52, S. 76) – *sein Tagebuch:* Vgl. Oettingen II, Nr. 53. – *Anbei ... auszuhalten:* August von Goethe, Tagebuch, 31. Januar 1824. (Oettingen II, Nr. 53, S. 83) – *Früh ... August:* August von Goethe, Tagebuch, 6. Februar 1824. (Oettingen II, Nr. 54, S. 84 f.) – *Ehemann melden:* Vgl. August an Ottilie, 13. Februar 1824. (Vgl. Oettingen II, Nr. 54, S. 87) – *Wir ... halten:* August an Ottilie, 13. Februar 1824. (Oettingen II, Nr. 56, S. 87) – *22. Februar:* August an Ottilie, 22. Februar 1824. (Oettingen II, Nr. 57, S. 88) – *Nein ... dich ... wiederkehren:* August an Ottilie, 22. Februar 1824. (Oettingen II, Nr. 57, S. 88–90.) – *Ich ... giebt:* Ottilie an August, 2. Juli 1824. (Oettingen II, Nr. 58, S. 90) – *so ... auszusprechen:* Ottilie an August, 11. Juli 1824. (Oettingen II, Nr. 59, S. 94) – *wie ... recht:* Ottilie an Henriette von Pogwisch, Mitte Juli 1824. (Oettingen II, Nr. 59, S. 98) – *wie ... herum:* August an Ottilie, 13. August 1824. (Oettingen II, Nr. 65, S. 112 f.) – *Wie ... kann:* Ottilie, Tagebuch, 19. September 1824. (Oettingen II, Nr. 66, S. 114) – *Alle ... vorstellte:* Ottilie, Tagebuch, 31. Oktober 1824. (Oettingen II, Nr. 69, S. 123) – *Neu ... schon:* Ottilie, Tagebuch, 5. November 1824. (Oettingen II, Nr. 69, S. 123 f.) – *Nach ... hinzugehen:* Ottilie, Tagebuch, 12. November 1824. (Oettingen II, Nr. 69, S. 125) – *Fräulein ... Herzen:* Nicht ermittelt. – *Mit ... nach:* Ottilie, Tagebuch, 11. August 1826, *An Charles,* 5. Strophe. (Oettingen II, Nr. 85, S. 150) – *Von ... gemacht:* Vgl. Ottilie, Tagebuch, 2. Oktober 1826. (Oettingen II, Nr. 86, S. 154) – *Im Oktober 1826:* Nicht ermittelt. – *Die Palme:* August von Goethe, *Die Palme, ein Traum,* vgl. *Chaos* 1 (1829/30), Nr. 15, S. 57 f. – *Erschienen ... waren:* Kretschman II, S. 91. – *Sehen ... Hausfrau:* Goethe im Gespräch mit Johann Sebastian Grüner, 7. September 1825. (Grüner, S. 215)

X.

Es ... sind: Goethe an Cotta, 8. September 1822. (Kuhn, Nr. 462, S. 93) – *alle ... Behandlung:* Goethe an Sulpiz Boisserée, 13. August 1825. (Boisserée II, S. 390) – *Fürsten Metternich:* Vgl. Goethe an Metternich, 11. Januar 1825. (WA IV.39, Nr. 67, S. 80 ff.) – *förmliche Eingabe:* Vgl. Goethe an die deutsche Bundes-Versammlung, 11. Januar 1825. (WA IV.39, Nr. 68, S. 82–85) – *Cotta erklärte jetzt:* Vgl. Cotta an Goethe, 24. Mai 1825. (Kuhn, Nr. 494, S. 131) – *Am 19. August:* Vgl. Goethe an Sulpiz Boisserée, 19. August 1825. (WA IV.40, Nr. 9, S. 12 f.) – *In ... könnte:* Goethe an Sulpiz Boisserée, 19. August 1825. (WA IV. 40, Nr. 9, S. 10 f.) – *Cotta ... steigen:* Vgl. Cotta an Goethe, 27. Mai 1825. (Kuhn, Nr. 497, S. 134) – *Darf ... Freundliches:* Sulpiz Boisserée an Goethe, 23. Januar 1826. (Boisserée II, S. 412) – *Sie ... gemacht:* Vgl. Sulpiz Boisserée, Tagebuch, 17. Mai 1826. (Boisserée I, S. 471) – *durch ... Versicherungen:* Vgl. Sulpiz Boisserée, Tagebuch, 17. Mai 1826. (Boisserée I, S. 471) – *Das ... groß:* Goethe, *Das Segel steigt.* (MA 13.1, S. 187 f.) – *Goethe ... machte:* Kanzler von Müller, *Unterhaltungen mit Goethe,* 13. September 1827. (Grumach, S. 165) – *Theurer ... daher:* August an Ernst von Schiller, 17. September 1826. (Schmidt, Nr. 169, S. 296) – *Vielgeliebter ... geben ... möchtest:* Ernst von Schiller, *Rede bei der Niederlegung von Schillers Schädel,* 17. September 1826. (Schwabe, S. 84 f.) – *Riß:* Vgl. Riemer, S. 509 f., und Goethe, *Tag- und Jahreshefte* 1805. (MA 14, S. 130 f.). – *Theurer ... wird:* August an Ernst von Schiller, 16. Dezember 1827. (Schmidt, Nr. 190, S. 320 f.) – *ein Protokoll:* Vgl. das vom Bürgermeister Carl Leberecht Schwabe angefertigte Protokoll in Schwabe, S. 111–113. – *Goethe antwortete ihr:* Vgl. Karoline von Wolzogen an Ernst von Schiller, 9. April 1824. (Schmidt, Nr. 135, S. 262) – *Ich ... darüber:* Karoline von Wolzogen an Ernst von Schiller, 9. April 1824. (Schmidt, Nr. 135, S. 262) – *der ... Freundschaft:* Goethe an Karoline von Wolzogen, 10. Juli 1825. (WA IV.39, Nr. 220, S. 246) – *Die ... strebt ... reißen:* Karoline von Wolzogen an Charlotte von Schiller, 12. Juli 1825. (Schmidt, Nr. 150, S. 273) – *kein ... lassen:* Ernst von Schiller an Karoline von Wolzogen, 25. Juli 1825. (Schmidt, Nr. 151, S. 274) – *die Tante beistimmte:* Vgl. Karoline von Wolzogen an Ernst von Schiller, 30. Juli 1825. (Schmidt, Nr. 151, S. 274) – *bat um Aufschub:* Vgl. Goethe an Karoline von Wolzogen, 27. August 1825. (WA IV.40, Nr. 24, S. 33 f., Konzept) – *Hochwohlgeborner ... hatte:* Ernst von Schiller an Goethe, 20. März 1826. (Schmidt, Nr. 154, S. 277) – *Ich ... freundlich:* August an Ernst von Schiller, 29. März 1826. (Schmidt, Nr. 155, S. 278 f.) – *Göthe ... Wege:* Karoline von Wolzogen an Ernst von Schiller, 29. Mai 1826. (Schmidt, Nr. 158, S. 283) – *Mit ... ungenirter:* Karoline von Wolzogen an Ernst von Schiller, 30. Juli 1826. (Schmidt, Nr. 162, S. 288) – *Goethe ... zahlen:* Ernst von Schiller an Karl von Schiller, 31. Juli 1826. (Schmidt, Nr. 163, S. 191 f.) – *ich ... habe:* Ernst von Schiller, Entwurf zu einem Erlaß an Herrn von Cotta, 20. September 1826. (Schmidt, Nr. 170, S. 298) – *baldigst ... erklären:* August an Ernst von Schiller, 16. Dezember 1827. (Schmidt, Nr. 190, S. 321) – *von Cotta erfahren:* Vgl. Ernst von Schiller an Emilie von Schiller, 23. November 1827. (Schmidt, Nr. 189, S. 319) – *8000 Taler:* Vgl. Goethe an Cotta, 17. Dezember 1827. (Kuhn, Nr. 557, S. 223 f.) – *August ... erscheinen:* Ernst von Schiller an Karoline von Wolzogen, 31. Dezember 1827. (Schmidt, Nr. 191, S. 322) – *Cotta ... erwiderte:* Vgl. Cotta an Goethe, 11. Februar 1828. (Kuhn, Nr. 559, S. 226–230) – *Ich ... sehen:* August an Ernst von Schiller,

7. April 1828. (Schmidt, Nr. 196, S. 327 f.) – *Vor ... bleiben:* Ernst von Schiller an August, 13. April 1828. (Schmidt, Nr. 198, S. 330 ff.) – *November 1828:* Vgl. Goethe an Cotta, 30. November 1828. (Kuhn, Nr. 570) – *Daß ... verlassen:* Johann Peter Eckermann an Johanne Bertram, 21. Februar 1828. (Tewes, Nr. 73, S. 78) – *Das ... annahm:* Johann Peter Eckermann an Johanne Bertram, 1. März 1828. (Tewes, Nr. 76, S. 80) – *Ich ... nicht:* Johanne Bertram an Johann Peter Eckermann, 1. März 1828. (Tewes, Nr. 80, S. 81 f.) – *Nach ... mit:* Johann Peter Eckermann an Johanne Bertram, 20. Juli 1826. (Tewes, Nr. 54, S. 61 f.) – *Schade ... worden:* Kanzler von Müller, Unterhaltungen mit Großherzog Karl August, 27. Mai 1828. (Grumach, S. 174)

XI.

die ... spielen: Ottilie, Tagebuch, 2. Oktober 1826. (Oettingen II, Nr. 86, S. 154) – *Was ... erinnerte:* Ottilie, Tagebuch, 14. Oktober 1826. (Oettingen II, Nr. 86, S. 155) – *Das ... Wesen:* Sulpiz Boisserée, Tagebuch, 21. Mai 1826. (Boisserée I, S. 475) – *ich ... herauf:* Ottilie an Ulrike von Pogwisch, 8. August 1826. (Oettingen II, Nr. 84, S. 148) – *Ich ... Nähe ... könnte:* Ottilie an Charles Des Voeux, vor dem 28. Mai 1826. (Oettingen II, Nr. 94, S. 165) – *Übrigens ... behandelt:* August an Ottilie, 28. Mai 1827. (Oettingen II, Nr. 95, S. 168) – *Ich ... Ruhe:* Ottilie an Henriette von Pogwisch, Spätsommer 1827. (Oettingen II, Nr. 97, S. 170 f.) – *Meine ... hat:* Goethe an Carl Friedrich Zelter, 29. September 1827. (MA 20.1, Nr. 578, S. 1068) – *Vor ... schleichen:* Goethe an Kanzler von Müller, 27. Oktober 1827. (WA IV.43, Nr. 91, S. 131) – *Das ... gedeiht:* Goethe an Carl Friedrich Zelter, 6. November 1827. (MA 20.1, Nr. 590, S. 1079) – *Daß ... ist:* Goethe an Kanzler von Müller, 7. November 1827. (WA IV.43, Nr. 105, S. 151 f.) – *Ottilie ... glaubt:* Goethe an Adele Schopenhauer, 16. November 1827. (WA IV.43, Nr. 117, S. 172) – *Des Voeux ... haben:* Ottilie an Adele Schopenhauer, ohne Datum. (Oettingen II, Nr. 99, S. 173–175, Konzept) – *Adele ... verwunden:* Ottilie an Adele Schopenhauer, ohne Datum. (Oettingen II, Nr. 104, S. 185 f.) – *Wellingtons ... ähnlich:* Kanzler von Müller an Karl Friedrich von Reinhard, 24. März 1828. (Müller, S. 23) – *im Sommer 1828:* Vgl. Ottilie an August, 16. Juni 1828. (Oettingen II, Nr. 106, S. 187–190) – *Dein ... leben:* August an Ottilie,

1. Juli 1828. (Oettingen II, Nr. 112, S. 198) – *Immer … umfaßte:* Ottilie an Adele Schopenhauer, 1. Juli 1828. (Oettingen II, Nr. 113, S. 199) – *Schiffchen:* Vgl. Holtei II, S. 76. – *Den … wäre:* Ottilie, Tagebuch, 9.–15. Juli 1828. (Oettingen II, Nr. 114, S. 203 f., und Nr. 117, S. 206 f.) – *einige Zeit:* Goethe an Ottilie, 21. Juni 1818. (WA IV.29, Nr. 8096, S. 204) – *ich … Seite:* Ottilie an Charles Des Voeux, [1829], bei Oettingen auf 1828 datiert. (Oettingen II, Nr. 125, S. 219, Konzept) – *Abschied … Lebewohl:* August von Goethes Abschiedszeilen für Ernst von Schiller vom 12. Oktober 1826. (Zitiert nach Schröer 1883, S. 801) – *einen … bleiben:* Holtei II. 383 f. – *Sein … wußte:* Kretschman II, S. 116 f. – *Die … spielen:* Holtei II, S. 71 f. – *August … verbreitet:* Holtei II, S. 72–76. – *Einer … mich:* Holtei II, S. 83 f. – *Ottilie … war:* Johanna Schopenhauer an Karl von Holtei, 26. September 1828. (Holtei I, Nr. 2, S. 15 f.) – *Auch … verwildert:* Johanna Schopenhauer an Karl von Holtei, 16. Januar 1829. (Holtei I, Nr. 6, S. 40) – *Das … Gesellschafter:* Anton Eduard Odyniec an Julian Korsak, 19. August 1829. (Bratranek II, Nr. 2, S. 49 f.) – *Er … gibt:* Anton Eduard Odyniec an Julian Korsak, 24. August 1829. (Bratranek II, Nr. 4, S. 63–65) – *Alles … auf:* Anton Eduard Odyniec an Julian Korsak, 28. August 1829. (Bratranek II, Nr. 6, S. 95 f.) – *Holtei … legt:* Anton Eduard Odyniec an Julian Korsak, 29. August 1829. (Bratranek II, Nr. 7, S. 103 f.) – *Am … er* – Vgl. Anton Eduard Odyniec an Julian Korsak, 31. August 1829. (Bratranek II, Nr. 10, S. 148) – *Der … Lippen:* Holtei II, S. 142. – *In … Worte:* Kretschman II, S. 91.

XII.

bedeutend … Betrinken … Väter: Amalie von Stein an Friedrich von Stein, 11. Dezember 1829. (Bode III, Nr. 2375, S. 291) – *dergleichen berichtet:* Nicht überliefert. – *Was … Magen:* Ernst von Schiller an Karoline von Wolzogen, Dezember 1829. (Schmidt, Nr. 214, S. 356) – *Die … gehoben:* Goethe, Tagebuch, 5. Dezember 1829. (WA III.12, S. 162) – *Du … mir:* August von Goethe, *Während dem Einsenken, Chaos* 1 (1829/30), Nr. 24, S. 95. – *Das … Sohn:* Eckermanns Gespräche mit Goethe, 7. März 1830. (MA 19, S. 363) – *Guten … möge:* August an Christiane Gille, 26. Februar 1830. (Stern, S. 192 f.) – *Ottilie meinte:* Vgl. Ottilie an Adele Schopenhauer, ohne

Datum. (Oettingen II, Nr. 144, S. 252) – *Ich … Band:* August von Goethe, Ohne Titel, *Chaos* 1 (1829/30), Nr. 27, S. 108. – *Am 20.:* Vgl. Johann Peter Eckermann an Johanne Bertram, 20. März 1830. (Tewes, Nr. 96, S. 95 f.) – *Die … Geist:* Eckermanns Gespräche mit Goethe, 21. März 1830. (MA 19, S. 366) – *Nach … Studium:* Nicht ermittelt. – *Ich … mehr:* August an Christiane Gille, 21. April 1830. (Stern, S. 193) – *Mein … verreist:* Goethe, Tagebuch, 22. April 1830. (WA III.12, S. 229) – *Halb … geschrieben:* Ottilie, Tagebuch, 22. April 1830. (Oettingen II, Nr. 142, S. 245) – *Landstädtchen … nehmen:* Vgl. Augusts Tagebuch, 27. April 1830, sowie seinen Brief an Christiane Gille, 29. April 1830. (Beyer/Radecke, S. 13 und Nr. 4, S. 211) – *Alle … werden … austilgen:* August an Ottilie, 13. Mai 1830. (Beyer/Radecke, Nr. 5, S. 212) – *Eine himmlische Stadt:* Vgl. August an Christiane Gille, 13. Mai 1830. (Beyer/Radecke, Nr. 6, S. 214) – *Für … Juni:* Vgl. August an Ottilie, 28. Mai 1830 (Beyer/Radecke, Nr. 7, S. 214 f.), sowie August an Goethe, 30. Mai 1830. (Beyer/Radecke, S. 51) – *grausenvolle … existieren … Bewegung:* Ottilie an Adele Schopenhauer, ohne Datum. (Oettingen II, Nr. 144, S. 252) – *Hier … könnten:* Vgl. August an Christiane Gille, 1. Juli 1830. (Beyer/Radecke, Nr. 10, S. 218) – *um … vollenden:* Johann Peter Eckermann an Johanne Bertram, 21. Juni 1830. (Tewes I, Nr. 99, S. 99) – *Von … gehe:* Johann Peter Eckermann an Johanne Bertram, 21. Juni 1830. (Tewes, Nr. 99, S. 99) – *Auch … Schlafes:* August an Christiane Gille, 1. Juli 1830. (Beyer/Radecke, Nr. 10, S. 218) – *Meines … werth:* Goethe an C. W. Göttling, 30. Juni 1830. (WA IV.47, Nr. 100, S. 117) – *Es … erfolgen:* Goethe an August, 5. Juli 1830. (Beyer/Radecke, Nr. 25, S. 236 f.) – *er … lieben:* Vgl. Ottilie an Johann Peter Eckermann, 8. November 1830. (Oettingen II, Nr. 159, S. 282) – *Sollte … zurückzukehren:* Goethe an August, 29. Juni 1830. (Beyer/Radecke, Nr. 24, S. 235) – *Ich … hier:* August an Christiane Gille, 23. Juli 1830. (Beyer/Radecke, Nr. 11, S. 220 f.) – *wie ein Wickelkind:* Vgl. Augusts Tagebuch, 26. Juli 1830. (Beyer/Radecke, S. 110) – *Sie … sehen:* August an Goethe, 1. August 1830. (Beyer/Radecke, S. 113 f.) – *der … auf:* Nicht ermittelt. – *Meinen … Mensch:* August an Christiane Gille, 9. August 1830. (Beyer/Radecke, Nr. 13, S. 222) – *Auf … nichts:* August an Christiane Gille, 22. September 1830. (Beyer/Radecke, Nr. 16, S. 224) – *Es … gelernet:* August an Goethe, 16. Oktober 1830. (Beyer/Radecke, S. 191) – *Vie-*

ler … gelernet: Zitat aus Homers *Odyssee* (um 800 v. Chr.) I,3. – *Ich … machen … dabei:* Madame Gerlach an Unbekannt, ohne Datum. (Oettingen II, S. 415 f.) – *Jetzt … Frieden:* Ottilie an Samuel Naylor, 16. Oktober 1830. (Oettingen II, Nr. 154, S. 265–273) – *Man … zusammenzunehmen:* Robert Froriep an Ottilie, ohne Datum. (Oettingen II, Nr. 155, S. 274) – *Es … ankommen … Anblick:* Vgl. August an Christiane Gille, 16. Oktober 1830. (Beyer/Radecke Nr. 18, S. 226) – *Ich … verschafft:* August an Christiane Gille, 16. Oktober 1830. (Beyer/Radecke, Nr. 18, S. 226 f.) – *Hier … loslassen:* Vgl. Kestner, S. 79. - *O … hinab: [Römische] Elegien,* Siebente Elegie. (MA 3.2, S. 51, 53)

XIII.

Da … seyn: Goethe an August, zwischen 8. und 10. November 1830. (Beyer/Radecke, Nr. 34, S. 251) – *wollen … können … mögen:* Goethe an August, zwischen 8. und 10. November 1830. (Beyer/Radecke, Nr. 34, S. 251 f.) – *Nicht … Menschheit … Foley … er … versetzt:* Ottilie an Johann Peter Eckermann, 8. November 1830. (Oettingen II, Nr. 159, S. 280–284) – *Non … genuisse:* Kanzler von Müller an Johann Friedrich Rochlitz, 15. November 1830. (Grumach, S. 361) – *August … halten:* Vgl. Kanzler von Müller an August Kestner, 15. November 1830. (Beyer/Radecke, Nr. 42, S. 271) – *Der … Urteil:* Friedrich Gille an Karl von Holtei, 12. November 1830. (Bode III, Nr. 2401, S. 311) – *Goethe … Herz:* Alwina Frommann an Marianne von Willemer, 16. November 1830. (Bode III, Nr. 2404, S. 315) – *Am … machen:* Vgl. Johann Peter Eckermann an Johanne Bertram, 21. November 1830. (Tewes, Nr. 104, S. 102 f.) – *Wir … seyn:* Johann Peter Eckermann an Johanne Bertram, 24. November 1830. (Tewes, Nr. 105, S. 103) – *Seine … sitzen:* Adele Schopenhauer an Ottilie, ohne Datum. (Oettingen II, Nr. 160, S. 287) – *Sie … bewahren:* Karl von Holtei an Ottilie, ohne Datum. (Oettingen II, Nr. 161, S. 287–289) – *August … verschönen:* Adele Schopenhauer an Ottilie, 23. November 1830. (Oettingen II, Fußnote 290, S. 417) – *Ich … ehrt:* Ottilie an Adele Schopenhauer, 11. Dezember 1830. (Oettingen II, Nr. 162, S. 292) – *Du … Liebe:* Ottilie an Adele Schopenhauer, 11. Dezember 1830. (Oettingen II, Nr. 162, S. 291 f.) – *Übergab … zurück:* Goethe, Tagebuch, 27. Dezember 1830. (WA III.12, S. 350) – *Mein … Krise:* Goethe an Johann Heinrich Meyer, 8. Februar 1831. (WA IV.48, Nr. 105, S. 117) – *Göthe … artig:* Karoline von Wolzogen an Ernst von Schiller, 16. Februar 1830. (Schmidt, Nr. 226, S. 375) – *Ihr … will:* Nicht ermittelt. – *Frau … bezahlt:* Karl von Stein an Friedrich von Stein, 6. Februar 1837. (Rohmann, S. 287) – *Frau … werden:* Nicht ermittelt. – *Aber … hätte:* Nicht ermittelt.

Literaturverzeichnis

Werkausgaben

DKV — Johann Wolfgang Goethe. Tag- und Jahreshefte. Hrsg. von Irmtraud Schmid. Frankfurt am Main 1994. (Johann Wolfgang Goethe: Sämtliche Werke. Briefe, Tagebücher und Gespräche. Vierzig Bände. I. Abteilung, Bd. 17).

MA — Johann Wolfgang Goethe. Sämtliche Werke nach Epochen seines Schaffens. Münchner Ausgabe. Hrsg. von Karl Richter in Zusammenarbeit mit Herbert G. Göpfert, Norbert Miller, Gerhard Sauder und Edith Zehm. München 1987–1999.

WA — Goethes Werke. Hrsg. im Auftrag der Großherzogin Sophie von Sachsen. Weimarer Ausgabe, fotomechanischer Nachdruck der Ausgabe Weimar 1887–1919. München 1987.

August von Goethes Briefe, Tagebuchaufzeichnungen und Gedichte

Beyer/Radecke — *Beyer, Andreas/Radecke, Gabriele (Hrsg.):* August von Goethe: Auf einer Reise nach Süden. Erstdruck nach den Handschriften. München [2]1999.

Bluhm — Bluhm, Heinz (Hrsg.): August und Ottilie von Goethe. Neue Briefe. Erstausgabe. Weimar 1964 [Auch in: Goethe-Jahrbuch Neue Folge 26 (1964) S. 286 bis 307].

Bluhm/Lohmeyer — *Bluhm, Heinz:* August von Goethe und Ottilie von Pogwisch. Briefe aus der Verlobungszeit. Erstausgabe. Mit einem Kommentar von Dorothea Lohmeyer-Hölscher. Weimar 1962.

Chaos	*Goethe, Ottilie von (Hrsg.):* Chaos. Weimar 1829 bis 1832 (Reprint Bern 1968).
Frese	*Frese, Julius:* Goethe-Briefe aus Fritz Schlossers Nachlass. Stuttgart 1877.
Geiger	*Geiger, Ludwig:* Aus Berliner Briefen Augusts von Goethe (19.–26. Mai 1819). Ein Brief der Ottilie (undatiert). In: Goethe-Jahrbuch 28 (1907), S. 26 bis 56.
Geiger/ Suphan	*Geiger, Ludwig/Suphan, Bernhard (Hrsg.):* 81 Briefe. In: Goethe-Jahrbuch 8 (1887), S. 3–120, hier S. 40–42.
Goethe/Meyer	*[o. A.]:* Freundschaftliche Briefe von Goethe und seiner Frau an Nikolaus Meyer. Aus den Jahren 1800 bis 1831. Leipzig 1856.
Gräf	*Gräf, Hans Gerhard (Hrsg.):* Ein Brief von Goethes Sohn an Nikolaus Meyer. In: Jahrbuch der Goethe-Gesellschaft 2 (1915), S. 244 f.
Gräf I/II	*Gräf, Hans Gerhard (Hrsg.):* Goethes Briefwechsel mit seiner Frau. Erster Band 1792–1806 / Zweiter Band 1807–1816. Frankfurt am Main 1916.
Knittermeyer	*Knittermeyer, Hinrich:* Unbekannte Briefe und Urkunden aus dem Goethekreis. Aus dem Nachlaß Johann Michael Färbers. Bremen 1935 (Abhandlungen und Vorträge 7).
Kretschman I	*Kretschman, Lilly von:* Dichtungen von August und Ottilie von Goethe. In: Deutsche Dichtung 10 (1891), 15. August 1891, S. 249 f.
Kuhn	*Kuhn, Dorothea (Hrsg.):* Goethe und Cotta. Briefwechsel 1797–1832. Textkritische und kommentierte Ausgabe in drei Bänden. Band 2: Briefe 1816–1832. Stuttgart ^{2}1980 (Veröffentlichungen der Deutschen Schillergesellschaft, Bd. 32).
Stern	*Stern, Adolf:* August von Goethes Briefe aus Italien. In: Die Grenzboten 59 (1900), Bd. 1, S. 190–199 [Auch in: Frankfurter Zeitung und Handelsblatt 44 (1900), Nr. 27, 28. Januar 1900. 1. Morgenblatt, S. 1 bis 3].

Weitere Briefe und Tagebuchaufzeichnungen

Amelung	*Amelung, Heinz (Hrsg.):* Goethes Briefwechsel mit einem Kinde. Seinem Denkmal. Von Betttine von Arnim. Berlin [u. a.] 1914.
Bode I/II/III	*Bode, Wilhelm:* Goethe in vertraulichen Briefen seiner Zeitgenossen. 1749–1832. In drei Bänden. Quellennachweis, Textrevision und Register: Regine Otto; Anmerkungen: Paul-Gerhard Wenzlaff. Berlin/Weimar 1979 [Erste Ausgabe Weimar 1918 bis 1923].
Boisserée I/II	*Boisserée, Mathilde (Hrsg.):* Sulpiz Boisserée: Briefwechsel/Tagebücher. Faksimiledruck nach der 1. Auflage von 1862. Ergänzt durch ein Personenregister. Erster und Zweiter Band. Mit einem Nachwort von Heinrich Klotz. Göttingen 1970.
Bratranek I	*Bratranek, F[ranz] Th[omas]:* Nachträge zu Goethe-Correspondenzen. V. Familie Voss. In: Goethe-Jahrbuch 5 (1884), S. 38–112.
Bratranek II	*Bratranek, F[ranz] Th[omas] (Hrsg.):* Zwei Polen in Weimar (1829.) Ein Beitrag zur Goetheliteratur. Wien 1870 [Neue Ausgabe erschienen unter dem Titel: Besuch in Weimar. Goethes achtzigster Geburtstag. Briefberichte eines jungen polnischen Dichters. Neu herausgegeben von Max Mell. Wien [u. a.] 1949].
Braun	*Braun, Lily:* Im Schatten der Titanen. Erinnerungen an Baronin Jenny von Gustedt. Berlin [1925].
Burkhardt	*Burkhardt, L. A. H. [u. a.] (Hrsg.):* Neunundvierzig Briefe von, neun an Goethe, ein Brief von Goethes Eltern und ein Brief von Frau Rath. In: Goethe-Jahrbuch 11 (1890), S. 71–120.
Dobbek/ Arnold	*Dobbek, Wilhelm/Arnold, Günter (Bearb.):* Johann Gottfried Herder: Briefe. Sechster Band August 1788–Dezember 1792. Weimar 1981 (Johann Gottfried Herder: Briefe. Gesamtausgabe 1763 bis 1803).
Düntzer I	*Düntzer, Heinrich (Hrsg.):* Briefwechsel zwischen Goethe und Staatsrath Schultz. Leipzig 1853.

Düntzer II — *Düntzer, Heinrich (Hrsg.):* Zur deutschen Literatur und Geschichte. Ungedruckte Briefe aus Knebels Nachlaß. 2. Bändchen. Nürnberg 1858.

Egloffstein — *Egloffstein, Hermann von (Hrsg.):* Alt-Weimars Abend. Briefe und Aufzeichnungen aus dem Nachlasse der Gräfinnen Egloffstein. München 1923.

Eitner — *Eitner, Karl:* Ein Engländer über deutsches Geistesleben im ersten Drittel dieses Jahrhunderts. Aufzeichnungen Henry Crabb Robinson's; nebst Biographie und Einleitung. Weimar 1871.

Falk — *Falk, Johann Daniel:* Kriegsbüchlein. In: J. D. F.: Die Prinzessin mit dem Schweinerüssel. Lustspiele, Gedichte, Publizistik. Berlin 1988, S. 461 bis 482.

Fielitz — *Fielitz, Wilhelm (Hrsg.):* Briefwechsel zwischen Schiller und Lotte 1788–1805. Erster Band. Stuttgart/Berlin [5]1905.

Floeck — *Floeck, Oswald (Hrsg.):* Briefe des Dichters Friedrich Ludwig Zacharias Werner. Mit einer Einführung. Zweiter Band. München 1914.

Fränkel II/III — *Fränkel, Jonas (Hrsg.):* Goethes Briefe an Charlotte von Stein. Umgearbeitete Neuausgabe. Zweiter Band. Dritter Band. Berlin 1960.

Geiger-Weimar — *Geiger, Ludwig:* Aus Alt-Weimar. Mittheilungen von Zeitgenossen nebst Skizzen und Ausführungen. Berlin 1897.

Gille — *Gille, Carl:* Goethe-Erinnerungen. Frankfurt am Main 1899 [Separat-Abdruck aus der Frankfurter Zeitung vom 16. April 1899].

Golz — *Golz, Jochen [u. a.] (Hrsg.):* Johann Wolfgang Goethe. Tagebücher. Historisch-kritische Ausgabe. Stuttgart/Weimar 1998 ff.

Gräf-Voß — *Gräf, Hans Gerhard (Hrsg.):* Goethe und Schiller in Briefen von Heinrich Voß dem jüngeren. Briefauszüge, in Tagebuchform zeitlich geordnet und mit Erläuterungen herausgegeben. Leipzig 1896.

Grüner — *[o. Hrsg.]:* Briefwechsel und mündlicher Verkehr zwischen Goethe und Grüner. Leipzig 1853.

Grumach	*Grumach, Ernst:* Kanzler von Müller: Unterhaltungen mit Goethe. Kritische Ausgabe. Weimar 1956.
Guhrauer I/II	*Guhrauer, G.F. (Hrsg.):* Briefwechsel zwischen Goethe und Knebel (1774–1832). Erster und zweiter Theil. Leipzig 1851.
Hahn	*Hahn, Karl-Heinz:* Goethe beim Tode seines Sohnes. In: Goethe-Jahrbuch 18 (1956), S. 180 bis 189.
Hecker	*Hecker, Max (Hrsg.):* August von Goethes Rede bei Niederlegung des Schiller'schen Schädels auf der Grossherzoglichen Bibliothek in Weimar. In: Goethe-Jahrbuch 25 (1904), S. 46 bis 52.
Herwig	*Herwig, Wolfgang (Hrsg.):* Goethes Gespräche. Eine Sammlung zeitgenössischer Berichte aus seinem Umgang auf Grund der Ausgabe und des Nachlasses von Flodoard Freiherrn von Biedermann. Zweiter Band 1805–1817. Zürich/Stuttgart 1969.
Holtei I	*Holtei, Karl von (Hrsg.):* Johanna Schopenhauer: Briefe an Karl von Holtei. Leipzig 1870.
Holtei II	*Holtei, Karl von:* Vierzig Jahre. Fünfter Band. Breslau 1845. [Eine Auswahl befindet sich in: Holtei, Karl von: Goethe und sein Sohn. Weimarer Erlebnisse in den Jahren 1827–1831. Hamburg 1924].
Jacobi	*Jacobi, Max (Hrsg.):* Briefwechsel zwischen Goethe und F[riedrich] H[einrich] Jacobi. Leipzig 1846.
Jonas	*Jonas, Fritz (Hrsg.):* Schillers Briefe. Kritische Gesamtausgabe. Erster Band. Stuttgart [u. a.] [o. J.].
Kasten	*Kasten, Hans (Hrsg.):* Goethes Bremer Freund Dr. Nicolaus Meyer. Briefwechsel mit Goethe und dem Weimarer Kreise. Bremen 1926.
Kestner	*Kestner, August:* Römische Studien. Berlin 1850.
Köster	*Köster, Albert (Hrsg.):* Das Tagebuch der Demoiselle Ernestine Engels vom Jahr 1816. In: Jahrbuch der Sammlung Kippenberg 1 (1921), S. 79–122.
Krabiel/ Korfsmeyer	*Krabiel, Klaus-Dieter/Korfsmeyer, Marlies (Hrsg.):* Joseph von Eichendorff. Werke. Band IV. Nachlese

der Gedichte, Erzählerische und dramatische Fragmente, Tagebücher 1798 bis 1815. München 1981.

Kretschman II — *Kretschman, Lilly von (Hrsg.):* Aus Goethes Freundeskreise. Erinnerungen der Baronin Jenny von Gustedt. Braunschweig 1892.

Leitzmann — *Leitzmann, Albert:* Goethe nach dem Tode seines Sohnes. Zwei Briefe Dr. Karl Vogels an Rahel. In: Jahrbuch der Goethe-Gesellschaft 4 (1917), S. 251 bis 259.

Luden — *Luden, Heinrich:* Rückblicke in mein Leben. Aus dem Nachlasse. Jena 1847.

Müller — *[o. Hrsg.]:* Briefe des Kanzlers Müller an Reinhard. In: Chronik des Wiener Goethe-Vereins 23 (1909), S. 17–30.

Oettingen I/II — *Oettingen, Wolfgang von (Hrsg.):* Aus Ottilie von Goethes Nachlaß. Briefe von ihr und an sie 1806 bis 22 [Bd. 1], bis 1832 [Bd. 2]. Nach den Handschriften des Goethe- und Schiller-Archivs. Weimar 1912 f. (Schriften der Goethe-Gesellschaft, Bd. 27, Bd. 28).

Pfeiffer-Belli — *Pfeiffer-Belli, Wolfgang (Hrsg.):* Johann Caspar Goethe, Cornelia Goethe, Catharina Elisabeth Goethe. Briefe aus dem Elternhaus. Zürich/ Stuttgart 1960 (Goethe-Gedenkausgabe, erster Ergänzungsband).

Pollmer — *Pollmer, Arthur (Hrsg.):* Friedrich Wilhelm Riemer: Mitteilungen über Goethe. Auf Grund der Ausgabe von 1841 und des handschriftlichen Nachlasses. Leipzig 1921.

Riemer — *Riemer, Friedrich Wilhelm:* Mittheilungen über Goethe. Aus mündlichen und schriftlichen, gedruckten und ungedruckten Quellen. Zweiter Band. Berlin 1841.

Rohmann — *Rohmann, Ludwig (Hrsg.):* Briefe an Fritz von Stein. Leipzig 1907.

Sadler — *Sadler, Thomas:* Diary, Reminiscences, and Correspondence of Henry Crabb Robinson, Barrister-At-Law, F. A. In three volumes, Vol II. London ^{2}1869.

Schmidt	*Schmidt, Karl:* Schillers Sohn Ernst. Eine Briefsammlung mit Einleitung. Paderborn 1893.
Schmitz/ Steinsdorff	*Schmitz, Walter/von Steinsdorff, Sibylle (Hrsg.):* Bettine von Arnim: Goethes Briefwechsel mit einem Kinde. Frankfurt am Main 1992 (Bettine von Arnim: Werke und Briefe, Bd. 2).
Schopenhauer I/II	*Schopenhauer, Adele:* Tagebücher. Erster und zweiter Band. Leipzig 1909.
Schrickel	*Schrickel, Leonhard (Hrsg.):* Goethes Familie in Bad Frankenhausen. Mit bisher unveröffentlichten Briefen und Tagebuchblättern von Ottilie und Walther von Goethe. Bad Frankenhausen 1930.
Schwabe	*Schwabe, Julius (Hrsg.):* Schillers Beerdigung und Die Aufsuchung und Beisetzung seiner Gebeine. 1805, 1826, 1827. Nach Aktenstücken und authentischen Mitteilungen aus dem Nachlasse des Hofrats und ehemaligen Bürgermeisters von Weimar Carl Leberecht Schwabe. Weimar 1852 (Reprint Leipzig 1980).
Soret	*Soret, Frédéric:* Zehn Jahre bei Goethe. Erinnerungen an Weimars klassische Zeit 1822–1832. Aus Sorets handschriftlichem Nachlaß, seinen Tagebüchern und seinem Briefwechsel zum erstenmal zusammengestellt, übersetzt und erläutert von H. H. Houben. Leipzig 1929.
Steffens	*Steffens, Heinrich:* Was ich erlebte. Aus der Erinnerung niedergeschrieben. 5. Band. Breslau 1842.
Suphan	*Suphan, Bernhard:* Briefe von Goethe und Christiane von Goethe, von F. W. Riemer und Christian August Vulpius an August von Goethe in Heidelberg (1808–1809), nebst drei Briefen von Goethe an Thibaut. In: Goethe-Jahrbuch 10 (1889), S. 3–45, 70–89.
Taylor	*Taylor, Bayard:* Critical Essays and literary Notes. New York 1880.
Tewes	*Tewes, Friedrich (Hrsg.):* Aus Goethes Lebenskreise. J. P. Eckermanns Nachlaß. 1. Band. Berlin 1905.

Uhde — *Uhde, Hermann (Hrsg.):* Seidler, Louise: Erinnerungen. Berlin 1922 [Erste Buchausgabe 1873].

Urlichs I — *Urlichs, Ludwig (Hrsg.):* Charlotte von Schiller und ihre Freunde. Erster Band. Stuttgart 1860.

Urlichs II — *Urlichs, Luise:* Briefe von Goethe an Johanna Fahlmer. Leipzig 1875.

Voß — *Voß, Ernestine:* Über Voßens Verhältnis zu Schiller und Goethe. In: Abraham Voß (Hrsg.): Briefe von Heinrich Voß nebst erläuternden Beilagen. Dritter Band, zweite Abtheilung. Leipzig ^{2}1840, S. 41–68.

Wachler — *Wachler, Albrecht (Hrsg.):* Franz Passow's Leben und Briefe. Eingeleitet von Dr. Ludwig Wachler. Breslau 1839.

Wahl I/II — *Wahl, Hans (Hrsg.):* Briefwechsel des Herzogs-Großherzogs Carl August mit Goethe. I. Band 1775–1806. II. Band 1807–1820. Berlin 1915 (Reprint Bern 1971).

Zimmer — *Zimmer, Hans (Hrsg.):* Körners Werke. Kritisch durchgesehene und erläuterte Ausgabe. Erster Band. Leipzig/Wien 1893.

Zipper — *Zipper, Albert (Hrsg.):* Aus Odyniec' Reisebriefen. In: Max Koch (Hrsg.): Studien zur vergleichenden Literaturgeschichte, Band 4. Berlin 1904, S. 175 bis 187. [Auch in: Frankfurter Zeitung 48 (104), 25. Juli 1904].

August von Goethes Stammbücher

Goethe- und Schiller-Archiv Weimar:

Hauptstammbuch (1800–1828) (ohne Signatur).

Denkmal der Freundschaft I. Faksimile-Ausgabe des Hauptstammbuches (37/XXIII,4).

Reisestammbuch (1800 bis 1825) (37/XXIII,4a).

Studentenstammbuch (1808–1811) (37/XXIII,4b).

Lose Stammbuchblätter (1811–1827) (37/XXIII,4c).

Goethe-Museum Düsseldorf, Anton- und Katharina-Kippenberg-Stiftung:
Stammbuch (1805–1812) (NW 1971/1255).

Zeitgenössische Rezensionen

Hoffmann, H.: Bode, W., Goethes Sohn. Mittler & Sohn. Berlin 1918. In: Zeitschrift für die gesamte Neurologie und Psychiatrie, Bd. 19, Heft1/2, 6. September 1919, S. 116.

Lorentz, Paul: Literaturübersicht 1917/18: Goethe. II. Goethe-Personen und Goethe-Stätten. In: Zeitschrift für den deutschen Unterricht 33 (1919), S. 586 f.

Schöndörffer, Otto: Goethes Sohn. In: Königsberger Hartungsche Zeitung, Nr. 431, 14. September 1919.

Schwalbe, J.: W. Bode (Berlin): Goethes Sohn. In: Deutsche Medizinische Wochenschrift 45 (1919), S. 25.

Stegemann, Herbert: Goethes Sohn. In: Tägliche Rundschau 39 (1919), Nr. 35, 17. Februar 1919, Unterhaltungsbeilage, S. 1.

Witkowski, Georg: Wilhelm Bode: Goethes Sohn. Berlin, E. S. Mittler & Sohn, 1918. In: Zeitschrift für Bücherfreunde Neue Folge 10 (1919), Heft 12, Spalte 583 f.

Zimmermann, Richard: Wilhelm Bode, Goethes Sohn. Mit sechzehn Bildnissen. E. S. Mittler und Sohn. Berlin 1918. XII. 409 S. In: Preußische Jahrbücher 175 (1919), Februar 1919, S. 258 f.

Forschungsliteratur

[o. A.]: Göthe, Vater und Sohn. In: Der Freimüthige oder Berliner Conversationsblatt 27 (1830), Nr. 171, 27. August 1830.

[o. A.]: Großvater und Enkel. In: Carl Schüddekopf (Hrsg.): Goethe-Kalender auf das Jahr 1911. Leipzig 1910, S. 96 f.

[o. A.]: Schreiben aus Weimar, vom 19. September. In: Berlinische Nachrichten von Staats- und gelehrten Sachen, Nr. 223, 23. September 1826, S. 1 f.

[o. A.]: Das Stammbuch von August von Goethe. In: Deutsche Rundschau 18 (1892), S. 156.

[o. A.]: Unglück eines berühmten Namens. Walther von Goethe. In: Didaskalia, Nr. 121, 2. Mai 1842, S. 4.

[o. Hrsg.]: In August von Goethe's Stammbuch Heidelberg den 24 Dec. 1808. In: Morgenblatt für gebildete Stände 1809, Nr. 45, 22. Februar 1809, S. 180.

Arnhold, Erna: Goethes Berliner Beziehungen. Gotha 1925.

Bagusch, Hermann: Goethes Sohn als Heidelberger Student. In: Straßburger Post 1918, Nr. 288, 30. Mai 1919, S. 2.

Bath, Bertha: Aus Goethes Hause. In: Königlich privilegierte Berlinische Zeitung von Staats- und gelehrten Sachen Vossische Zeitung, Nr. 148, 22. März 1914, Sonntagsbeilage Nr. 12, S. 89 f.

Becker, Albert: Tragik in Goethes Geschlecht. Heidelberger Erinnerungen um des Dichters Sohn und beide Enkel. In: Zeitschrift für die Geschichte des Oberrheins 97 (1949), S. 341–346.

Bergmann, Eugen: An der Pyramide des Cestius. Eine römische Erinnerung. In: Didaskalia 106 (1928), Nr. 5, 29. Januar 1928, S. 17 f., und Nr. 6, 5. Februar 1928, S. 24.

Beyer, Andreas: Reisen – Bleiben – Sterben. Die Goethes in Rom. In: Klaus Manger (Hrsg.): Italienbeziehungen des klassischen Weimar. Tübingen 1997, S. 63–84.

Biedrzynski, Effi: Goethe, Julius August Walther von. In: E. B.: Goethes Weimar. Das Lexikon der Personen und Schauplätze. Zweite, überarbeitete Auflage Zürich 1993, S. 143–148.

Bluhm, Heinz: Goethe inquires about his son's Studies at the University of Heidelberg. In: Publications of the English Goethe Society New Series 29 (1960), S. 86–92.

Bode, Wilhelm: Charlotte von Stein. Berlin 1910.

Bode, Wilhelm: Goethes Leben im Garten am Stern. Berlin 1922.

Bode, Wilhelm (Hrsg.): Stunden mit Goethe. Für die Freunde seiner Kunst und Weisheit. Erster Band, Erstes Heft. Berlin 1904.

Boerner, Nancy und Peter: Auch ein Glückliches Ereignis: Funde zu Ottilie von Goethe in der Newberry Library. In: Alo Allkemper/Norbert Otto Eke (Hrsg.): Literatur und Demokratie. Festschrift für Hartmut Steinecke zum 60. Geburtstag. Berlin 2000, S. 23–34.

Bojardzin, Otto: August von Goethes Heidelberger Studentenjahre. Herausgegeben von Marianne Bojardzin. Wolfenbüttel 1917.

Bott, Gerhard/Spielmann, Heinz (Hrsg.): Künstlerleben in Rom. Berthel Thorvaldsen (1770–1844). Der dänische Bildhauer und seine deutschen Freunde. Nürnberg 1991.

Brausewetter, Artur: Goethes Sohn. In: Konservative Monatsschrift 76 (1919), S. 391–396.

Castle, Eduard: Charakterköpfe aus der Goethezeit. VI. August von Goethe. Erinnerung an seinen 150. Geburtstag. In: Chronik des Wiener Goethe-Vereins 45 (1940), S. 25–31.

D.: Goethes Sohn. In: Schwäbischer Merkur 1899, Nr. 503, 27. Oktober 1899, Abendblatt, S. 2070.

Damm, Sigrid: Christiane und Goethe. Eine Recherche. Frankfurt am Main/Leipzig [5]1998.

Deneke, Otto: Aus Göttingen und Weimar. Kleine Funde und Geschichten. Göttingen 1938 (Göttingische Nebenstunden 17).

Döbereiner, Johann Wolfgang: Lehrbuch der allgemeinen Chemie. Zum Gebrauche seiner Vorlesungen entworfen. 3 Bände. Jena 1811/12.

Dr. S.: Woran starb August von Goethe? In: Die Umschau in Wissenschaft und Technik 34 (1930), Heft 43, S. 875.

Düntzer, Heinrich: Abhandlungen zu Goethes Leben und Werken. Erster Band. Leipzig 1885.

Düntzer, Heinrich: Aus Goethe's Freundeskreise. Darstellungen aus dem Leben des Dichters. Braunschweig 1868.

Düntzer, Heinrich: Goethes Leben. Leipzig 1880.

Eissler, Kurt Robert: Goethe. Eine psychoanalytische Studie. 1775–1786. 2 Bände. München [2]1987.

Elster, Hanns Martin: Goethes unglücklicher Sohn. Zur 100. Wiederkehr seines Todestages am 26./27. Oktober. In: Propyläen 28 (1930), Nr. 4, 24. Oktober 1930, S. 27 f.

Eulenberg, Herbert: Goethes Sohn. Zu seinem hundertsten Todestag. In: Die literarische Welt 6 (1930), Nr. 43, 24. Oktober 1930, S. 3 f.

Fink, Reinhard: Das »Chaos« und seine Mitarbeiter. In: Heinrich Schreiber (Hrsg.): Otto Glauning zum 60. Geburtstag. Festgabe aus Wissenschaft und Bibliothek. Band 1. Leipzig 1936, S. 43–53.

Fischer, Paul: Goethe-Wortschatz. Ein sprachgeschichtliches Wörterbuch zu Goethes sämtlichen Werken. Leipzig 1929 (Reprint Leipzig 1984).

Francke, Otto: Geschichte des Wilhelm-Ernst-Gymnasiums in Weimar. Weimar 1916.

Geiger, Ludwig: Aus Alt-Weimar. Mittheilungen von Zeitgenossen nebst Skizzen und Ausführungen. Berlin 1897.

Geiger, Ludwig: Ein wenig bekannter Freund Goethes. In: Goethe-Jahrbuch 24 (1903), S. 256–261.

Geiger, Ludwig: Goethe und die Seinen. Quellenmäßige Darstellungen über Goethes Haus. Leipzig 1908.

Geiger, Ludwig: Sechs und Dreissig Briefe von Goethe. In: Goethe-Jahrbuch 1 (1880), S. 225–289.

Geiger, Ludwig/Suphan, Bernhard (Hrsg.): 81 Briefe. In: Goethe-Jahrbuch 8 (1887), S. 3–120.

Gensichen, Otto Franz: August von Goethe. Ein Gedenkblatt zu seinem fünfzigsten Todestage. In: Nationalzeitung 33 (1880), Nr. 503, 27. Oktober 1880 (Morgen-Ausgabe) [Teil I.], Nr. 525, 9. November 1830 (Morgen-Ausgabe) [Teil II.], Nr. 527, 10. November 1830 (Morgen-Ausgabe) [Teil III.].

Gensichen, Otto Franz: August von Goethe. Ein Gedenkblatt zu seinem hundertsten Geburtstage. In: Schorers Familienblatt 10 (1889), S. 809–812.

Goetz, Wolfgang: Augusts Stammbuch. Auch ein Kapitel »Kulturpolitik«. In: Der Kurier 1 (1945), Nr. 8, 28. November 1945, S. 3.

Goetz, Wolfgang: Goethe Filius. Zum 100. Todestag von August von Goethe (27. Oktober). In: Deutsche Allgemeine Zeitung, 26. Oktober 1930, Donnerstagsbeilage.

Grünfeld, Siegfried: August von Goethe. In: Jahresbericht des k. k. I. Staatsgymnasiums in Czernowitz. Veröffentlicht am Schlusse des Schuljahres 1910/11 von Karl Wolf. Czernowitz 1911, S. 3 bis 41.

Hampel, Julius Richard: Die Welt um Goethe. Eine literarische Kostbarkeit wurde wiederentdeckt. In: Leipziger Neueste Nachrichten, Nr. 157, 5. Juni 1944, S. 2.

Hecker, Max: Ferdinand Heinke in Weimar. In: Jahrbuch der Goethe-Gesellschaft 13 (1927), S. 251–306.

Hein, Karsten: Ottilie von Goethe (1796–1872). Biographie und literarische Beziehungen der Schwiegertochter Goethes. Frankfurt am Main [u. a.] 2001 (Europäische Hochschulschriften Reihe I, Bd. 1782).

Hinneschiedt, Dominik: August von Goethe und Johann Peter Eckermann. In: Die Grenzboten 59 (1900), Bd. 1, S. 516.

Houben, H. H.: J. P. Eckermann. Sein Leben für Goethe. Leipzig 1925.

Huener, Wilhelm: Goethes Bekanntschaft mit dem Mühlhäuser Theater. In: Mühlhäuser Geschichtsblätter 28 (1927/28), S. 32–37.

Karpeles, Gustav: August von Goethe. Ein Gedenkblatt zum 28. August. In: Der Zeitgeist 34 (1890), 25. August 1890, Beiblatt zum Berliner Tageblatt.

Kettig, Konrad: Goetheverehrung in Berlin. Ein Besuch von August und Ottilie v. Goethe in der preußischen Residenz 1819. In: Schriften des Vereins für die Geschichte Berlins Heft 61 (1977), S. 83–132.

Kopp, Jenny: Die Vererbung in Goethes Geschlecht. In: Volksaufartung, Erbkunde, Eheberatung 3 (1928), Nr. 7, 25. Juli 1828, S. 155–158.

Maltzahn, Hellmuth Freiherr von: August von Goethes Bibliothek. In: Philobiblon 6 (1933), Nr. 5, Beiheft.

Mejer, Otto: Der römische Kestner. In: Nord und Süd 23 (1882), S. 344–369.

Meyer, Richard M.: Goethe als Studentenvater. In: Goethe-Festschrift zum 150. Geburtstage des Dichters. Redigiert von August Ströbel, hrsg. von der Lese- und Redehalle der deutschen Studenten in Prag. Prag 1899, S. 148–153.

Müller, Lothar: Abgründige Spiegelungen. Johann Wolfgang und August von Goethe. In: [o. Hrsg.]: Väter und Söhne. Zwölf biographische Porträts. Reinbek 1998 (Rororo Sachbuch 60431), S. 40–88.

Neumann-Strela: Goethe im Kreise seiner Familie. In: Heimgarten 20 (1896), S. 756–761.

Noack, Friedrich: Der Nachlaß August von Goethes in Rom. In: Goethe-Jahrbuch 29 (1908), S. 206 f.

Pfister, Kurt: Der Sohn Goethes. In: K. Pf.: Söhne großer Männer. Mit 48 Bildtafeln. München 1941, S. 138–191.

Rahmeyer, Ruth: Ottilie von Goethe. Das Leben einer ungewöhnlichen Frau. München [2]1994 (Heyne Sachbuch 19/359).

Resenhöfft, Wilhelm: Goethes Euphorion: August von Goethe. In: Dichtung und Volkstum 41 (1941), S. 78–87.

Schäffer, C./Hartmann, C.: Die königlichen Theater in Berlin. Statistischer Rückblick auf die künstlerische Tätigkeit und die Personalverhältnisse während des Zeitraums vom 5. 12. 1786 bis 31. 12. 1885. Berlin 1886.

Schleif, Walter: Goethes Diener. Berlin/Weimar 1965 (Beiträge zur deutschen Klassik).

Schmidt, Hartmut: Goethes Sohn August. Düsseldorf 1980 (Anmerkung 23).

Schröer, Karl Julius: An der Pyramide des Cestius. Erinnerungen an August v. Goethe. In: Westermanns Monatshefte 27 (1883), S. 799 bis 804.

Schröer, K[arl] J[ulius]: August von Goethe. In: Vom Fels zum Meer 1 (1882), S. 297–306.

Schuchardt, Christian: Goethe's Kunstsammlungen. 3 Bände. Jena 1848 (Reprint Hildesheim/New York 1976).

Schütze, Stephan: August von Goethe. In: Der Gesellschafter oder Blätter für Geist und Herz 1831, 63stes Blatt, Mittwoch, den 20. April 1831, S. 304.

Schulz, Hans: Hallische Einträge in den Stammbüchern Augusts von Goethe. In: Thüringisch-Sächsische Zeitschrift für Geschichte und Kunst 9 (1919), 2. Heft, S. 129–137.

Sedlacek, Carola: Goethe, August von. In: Hans-Dietrich Dahnke/Regine Otto (Hrsg.): Goethe-Handbuch, 4 Bände in 5 Teilbänden. Bd. 4/1: Personen, Sachen, Begriffe A-K. Stuttgart/Weimar 1998, S. 391–393.

Springer, Robert: Charakterbilder und Scenerien. Darstellungen aus der Litteratur- und Kunst-Geschichte. Minden 1886.

Steig, Reinhold: August von Goethe während seiner Heidelberger Studentenzeit. In: Königlich privilegierte Berlinische Zeitung von Staats- und gelehrten Sachen Vossische Zeitung, Nr. 128, 10. März 1912, Sonntagsbeilage Nr. 10, S. 73 f.

Stolzenberg, Ingeborg: Ein Stammbuch Ottilie von Goethes. In: Jahrbuch der Sammlung Kippenberg Neue Folge 3 (1974), S. 85 bis 147.

Uhde, Hermann: Goethe über den Tod seines Sohnes. In: Im neuen Reich 1875, Nr. 29, 16. Juli 1875, S. 90–93.

Völker, Werner: Der Sohn August von Goethe. Frankfurt am Main/Leipzig [2]1993.

Vulpius, Walther: Zu August von Goethes Gedächtnis. In: Jahrbuch der Goethe-Gesellschaft 17 (1931), S. 114–131.

Vulpius, Wolfgang: Rinaldo Vulpius in seinen Beziehungen zur Familie von Goethe. In: Archiv für Sippenforschung und alle verwandten Gebiete 9 (1932), S. 91–98.

Vulpius, Wolfgang: Das Stammbuch von August von Goethe. In: Deutsche Rundschau 17 (1891), S. 71–85 [Teil I], S. 241–270 [Teil II].

Weissel, Otto: Drei italienische Reisen (Großvater, Vater und Sohn). In: Chronik des Wiener Goethe-Vereins 37 (1932), S. 41–48.

Werner, Hans: Goethe als Vater. In: Goethe-Kalender auf das Jahr 1934. Hrsg. vom Frankfurter Goethe-Museum. Leipzig 1934, S. 213–227.

Wilpert, Gero von: August von Goethe. In: G. v. W.: Goethe-Lexikon. Stuttgart 1998 (Kröner Taschenausgabe, Bd. 407), S. 389 f.

Wollkopf, Roswitha: Archivalien aus den Nachlässen von Goethe, Christian August Vulpius und weiteren Familienmitgliedern. In: Stiftung Weimarer Klassik (Hrsg.): Verlassenschaften. Der Nachlaß Vulpius. Weimar 1995, S. 81–97.

Wollkopf, Roswitha: »Goennern reiche das Buch und reich' es Freund und Gespielen ...« – August von Goethes Hauptstammbuch kehrte zurück nach Weimar. In: Weimarer Kultur Journal, Dezember 2000.

Personenregister

Das annotierte Register bezieht sich auf alle in Wilhelm Bodes Text genannten Personen und ihre Werke. Indirekte Erwähnungen werden in den Anmerkungen identifiziert und finden sich dann im Register unter dem aufgelösten Namen. Anonyma, die sich nicht ermitteln ließen, wie zum Beispiel ein Kutscher oder ein Wirt, sind nicht verzeichnet. Die fehlerhafte Schreibweise bei Bode oder in den von ihm zitierten Passagen ist in den Anmerkungen richtiggestellt und im Register korrekt wiedergegeben. Wenn Mehrfachschreibungen für Personennamen geläufig gewesen sind, sind diese im Register beibehalten worden. Die heterogene Schreibweise der Vornamen Kajetan, Karl, Karoline und Luise ist vereinheitlicht, die einzelnen Herrscher sind unter den entsprechenden Staaten gruppiert worden.

Für die Recherche wurden neben den allgemeinen Nachschlagewerken auch folgende Register dankbar genutzt:

Beutler, Ernst (Hrsg.): Johann Wolfgang Goethe. Gedenkausgabe der Werke, Briefe und Gespräche. 28. August 1949. Registerband bearb. von Martin Müller. Zürich/Stuttgart 1971.

Herwig, Wolfgang (Hrsg.): Goethes Gespräche. Eine Sammlung zeitgenössischer Berichte aus seinem Umgang auf Grund der Ausgabe und des Nachlasses von Flodoard Freiherrn von Biedermann. Fünfter Band: Nachklang, Nachträge, Register. Zürich/München 1987.

Richter, Karl [u. a.] (Hrsg.): Johann Wolfgang Goethe. Sämtliche Werke nach Epochen seines Schaffens. Münchner Ausgabe. Bd. 20.2: Briefwechsel zwischen Goethe und Zelter in den Jahren 1799 bis 1832. Text 1828–1832, Dokumente, Register. Hrsg. von Edith Zehm, Sabine Schäfer [u. a.]. München 1998.

Stiftung Weimarer Klassik Goethe- und Schiller-Archiv (Hrsg.): Briefe an Goethe. Gesamtausgabe in Regestform. Bd. 6: 1811–1815, Teil 2: Register, bearb. von Manfred Koltes [u. a.]. Weimar 2000.

Stiftung Weimarer Klassik (Goethe- und Schiller-Archiv) (Hrsg.): Johann Gottfried Herder. Briefe. Gesamtausgabe 1763–1803. Zehnter Band: Register. Bearb. von Günter Arnold [u. a.]. Weimar 1996.

Abbildungsverzeichnis

Karl August Böttiger
Literarische Zustände
und Zeitgenossen
Begegnungen und Gespräche
im klassischen Weimar

601 Seiten. Gebunden
ISBN 3-351-02829-6

Worüber plauderten Goethe und Wieland beim Abendessen? Wie klang eine Predigt Herders »live«? Karl August Böttiger, der von 1791 bis 1804 bei den Dichtern und Denkern der Weimarer Klassik ein und aus ging, protokollierte selbst die ausgedehntesten Gespräche. Seine authentischen Aufzeichnungen, mit denen er sich bei den Betroffenen schnell verhaßt machte, erschließen eine verblüffend neue Sicht auf Schiller, Goethe & Co.

»Es ›menschelt‹ gewaltig, und selbst die Größten führen sich gern wie Lausbuben auf. Provinzposse, Heldenverehrung, Verleumdung und ein bißchen Metaphysik: Böttiger demontiert – aber nur das, was die Klassikerverehrung im 19. Jahrhundert am Mythos aufgebaut hat.«

Süddeutsche Zeitung

»Eine Fundgrube herrlich respektloser Details. Fabelhaft!«

Marcel Reich-Ranicki

Aufbau-Verlag

Werner Liersch

Goethes Doppelgänger

Die geheime Geschichte des Doktor Riemer

399 Seiten
Mit 20 Abbildungen
Band 1748
ISBN 3-7466-1748-0

In eindrücklichen Szenen gestaltet Werner Liersch die Persönlichkeit Friedrich Wilhelm Riemers, der 29 Jahre lang Goethes engster Mitarbeiter und Vertrauter war. Sie wohnten und reisten zusammen, und sie liebten dieselbe Frau, Carolin Ulrich. Riemer hat längst seinen Platz in der Literaturgeschichte eingenommen. Was aber war er für ein Mensch, und wie sah das Leben aus, das er tagtäglich führte?

»Es wird konzentriert, temperamentvoll, zuweilen auch wunderbar pointiert und mit einer Eindringlichkeit erzählt, die ganz auf die Kraft der Archiventdeckungen und des Tagebuchs setzt. Liersch holt fast das ganze Personal Weimars in sein Buch und die Stürme, die über das Nest fegen ...«

Klaus Bellin, Neues Deutschland

AtV
Aufbau Taschenbuch Verlag

Gabriele Büch
Alles Leben ist Traum

Adele Schopenhauer
Eine Biographie

Originalausgabe

418 Seiten
Band 1797
ISBN 3-7466-1797-9

»Mich kennt fast Niemand, denn meine Seele hat ein Gesellschaftskleid wie einen venezianischen Schleier u. Masken, von mir selbst sieht man nicht viel.«

Dem diffusen Bild Adele Schopenhauers im Schatten der populären Schriftsteller-Mutter und des berühmten Philosophen-Bruders setzt Gabriele Büch das einfühlsame Porträt einer Frau mit speziellen Fähigkeiten und eigenen Bestrebungen entgegen.

Intelligent, aber in der äußeren Erscheinung reizlos, talentiert, aber unschlüssig in der Wahl des Weges, nach Liebe und Partnerschaft sich sehnend, aber enttäuscht in allen Erwartungen, berührt Adeles Mut zum Leben.

Die Freundin der eigenwilligen Ottilie von Goethe, die Gefährtin der gescheiten Sibylle Mertens-Schaaffhausen, die Vertraute der geistvollen Annette von Droste-Hülshoff muß Konflikte bewältigen und Hemmnisse überwinden, ehe der Aufbruch in ein selbstbestimmtes Leben gelingt.

AtV
Aufbau Taschenbuch Verlag

Mary und Charles Lamb

Shakespeare für Eilige

Die zwanzig besten Stücke als Geschichten

Herausgegeben von Günther Klotz

Aus dem Englischen von Karl Heinrich Keck

396 Seiten
Band 1744
ISBN 3-7466-1744-8

Die berühmte Sammlung der Geschwister Lamb erschien 1807 in London. Sie besteht aus einfühlsamen Nacherzählungen der zwanzig bekanntesten Shakespeare-Stücke. Konzentration auf die Hauptpersonen und übersichtliche Wiedergabe der oft verwirrenden Handlungsstränge sind die Vorzüge dieser märchenhaften Geschichten.

Ein vorzügliches Geschenk für Schüler, Studenten, das junge Kinopublikum der letzten Shakespeare-Verfilmungen und alle, die raschen Überblick suchen. Auch zum Vorlesen für Kinder hervorragend geeignet.